10
建築知識の本

彦根 明

最高に美しい住宅をつくる方法

完全版

HOW TO DESIGN THE ULTIMATE BEAUTIFUL HOUSES COMPLETE VERSION

JN207854

X-Knowledge

はじめに

２０１１年12月に『最高に美しい住宅をつくる方法』がムックとして出版され、ご好評を受けて２０１５年１月に書籍化。同年の５月には、『最高に美しい住宅をつくる方法２』も出版された。この２冊は、住宅を建てたい一般の人からプロ設計者までを対象に、写真中心のイメージ集としてまとめられたものであったが、「もう少し詳しく知りたい。図面も見たい」という声を受け『建築知識２０１７年２月号』で〝彦根明の住宅デザイン塾〟と題して、たくさんの図面を掲載した80ページの特集を組んでいただいた。以下はその序文である。

「住宅の設計は時に、宇宙のような奥深さを呈する。住まい手の要望を分析し、土地の条件や特徴を読み取り、法規の制限のなかで構造的な安全性と住居としての基本性能を担保しつつ、限られた予算と工期でその要望を実現しなければならない。さらに、美しく機能的で既成概念を打ち破るようなオリジナリティと、将来を見据えたエネルギー性能を併せもつ提案も求められる。しかし、どんなに複雑で難しい条件の仕事であろうとも、住まい手の希望やライフスタイル、生活パターンや好みを聞き取って整理し、その土地に立って周辺環境の声に耳を傾けることが、設計という行為の原点であることに変りはない。」

本書は、この特集号をさらに補強・補足し、大きな写真によるイメージを組み合わせることで、改めて伝わりやすくなるように再編集したものである。家づくりに関するちょっとした工夫やアイデアをオープンソース化し、共有することで、家を建てたい人、住宅の設計に関わる人がいつも直面する問題解決の一助となれば幸いである。

彦根　明

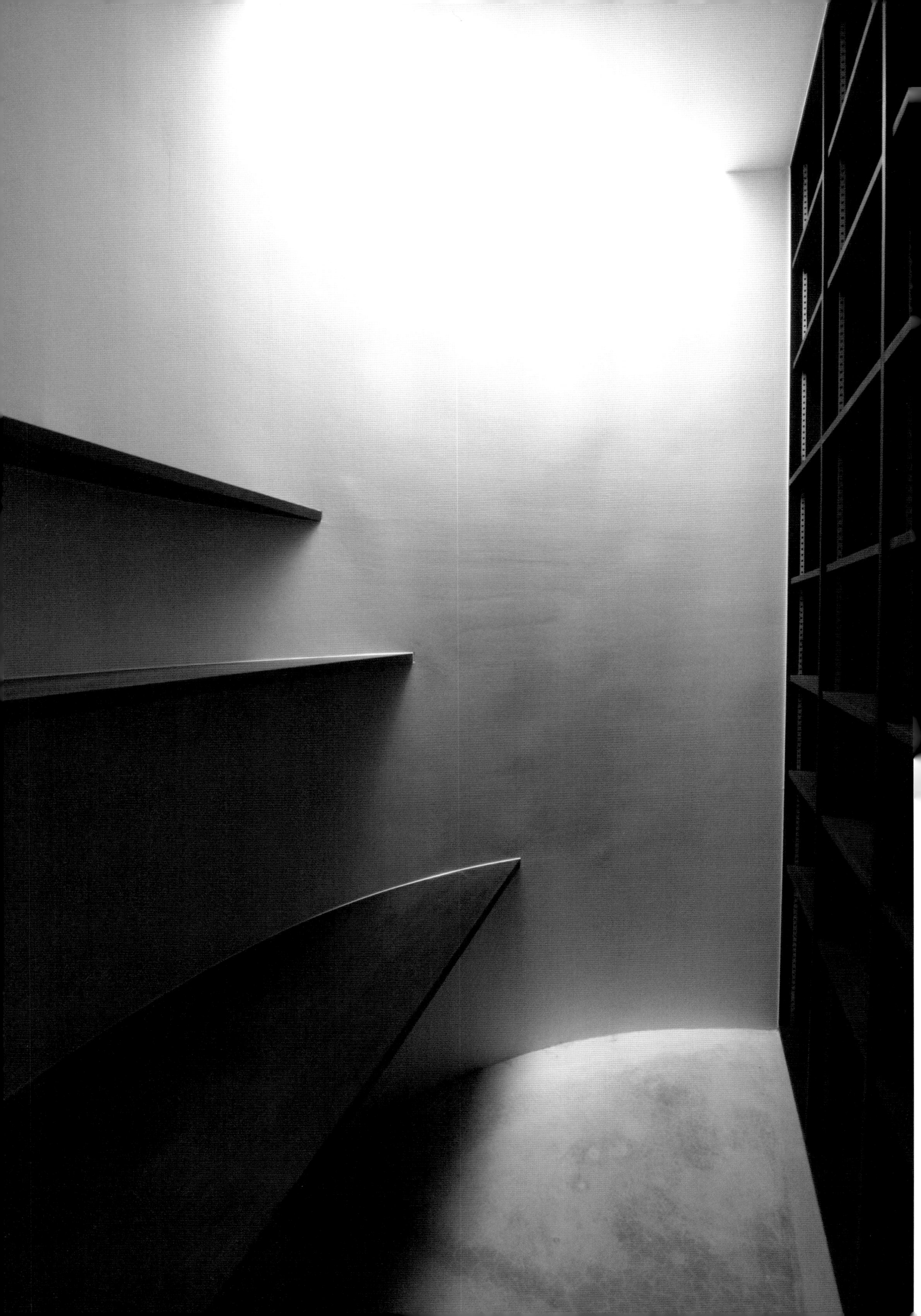

目次

協力／相川藍

デザイン／工藤亜矢子（OKAPPA DESIGN）

印刷／シナノ書籍印刷株式会社

EXTERIOR

1章　外観

EXTERIOR

01

屋根の形状を生かした空間づくりのトリック

北向きに45°振れた敷地の場合、2方向から北側斜線の制限を受けるため、これをそのまま屋根形状に生かせば、切妻が傾いたような印象的な外観になる。さらに、屋根形状に合わせた勾配天井とすれば、外観と内観のイメージが一致する魅力的な空間となる。ただし、プランニングによっては、小屋組みの稜線と勾配天井の稜線を完全に一致させてしまうと、どちらかの稜線が中途半端な位置で壁とぶつかることになってしまう。そのような場合は、天井懐を使って、小屋組みと天井それぞれに適切な稜線を設定するとよい。

【小屋組と天井の稜線をずらす】

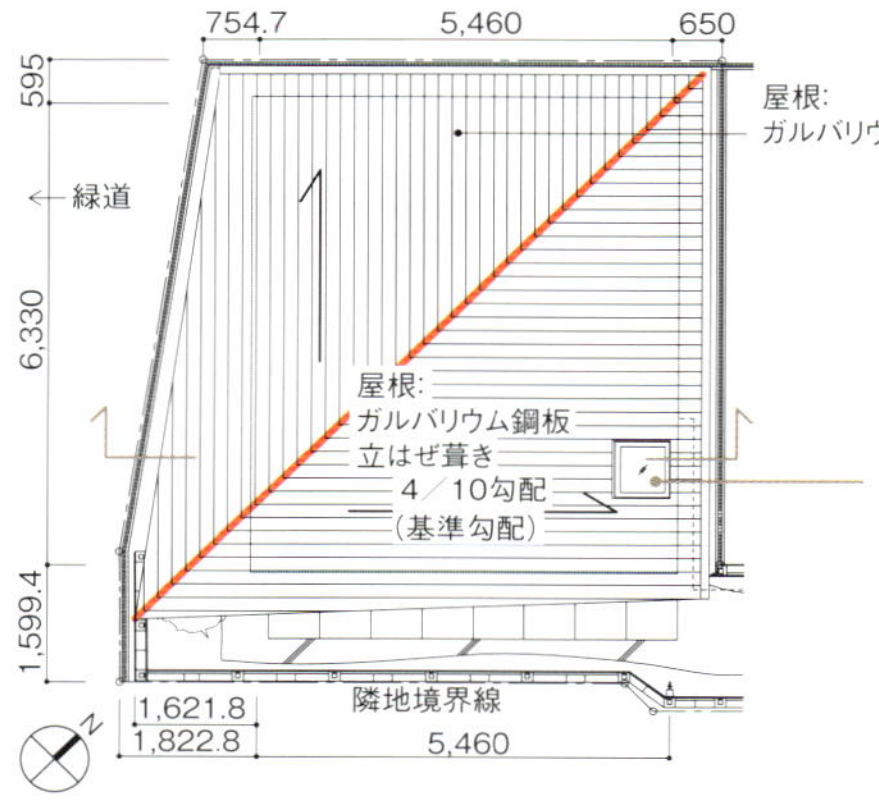

スケルトンの螺旋階段上部のトップライト。階段の吹抜けを介して、地下の寝室への採光を確保している

屋根伏図 S＝1:200

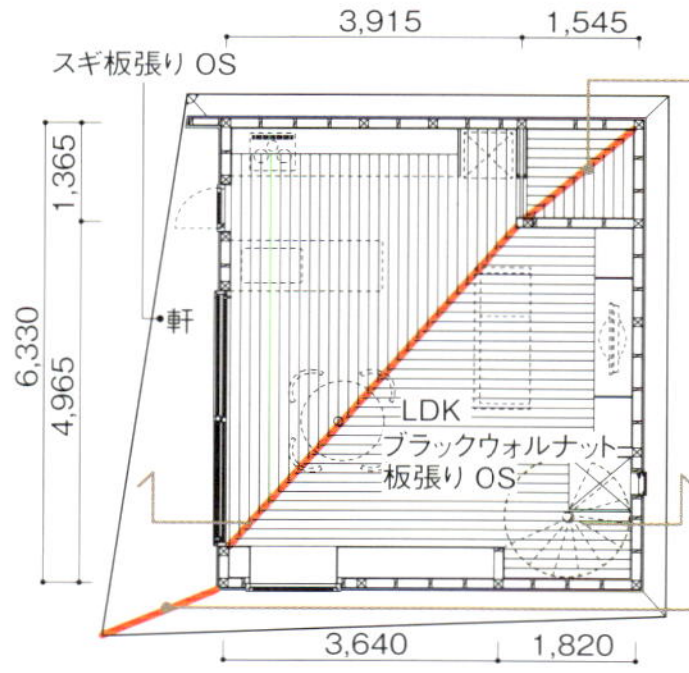

天井の稜線を部屋の入隅に合わせる

小屋組みの稜線にあわせて軒裏の稜線を出してしまうと、中途半端な位置から軒裏の稜線が出てしまい外観上望ましくない。外壁の出隅部分に軒裏の稜線を設定することで、美しい軒を演出した

天井伏図 S＝1:200

【天井懐で仕上げを調整】

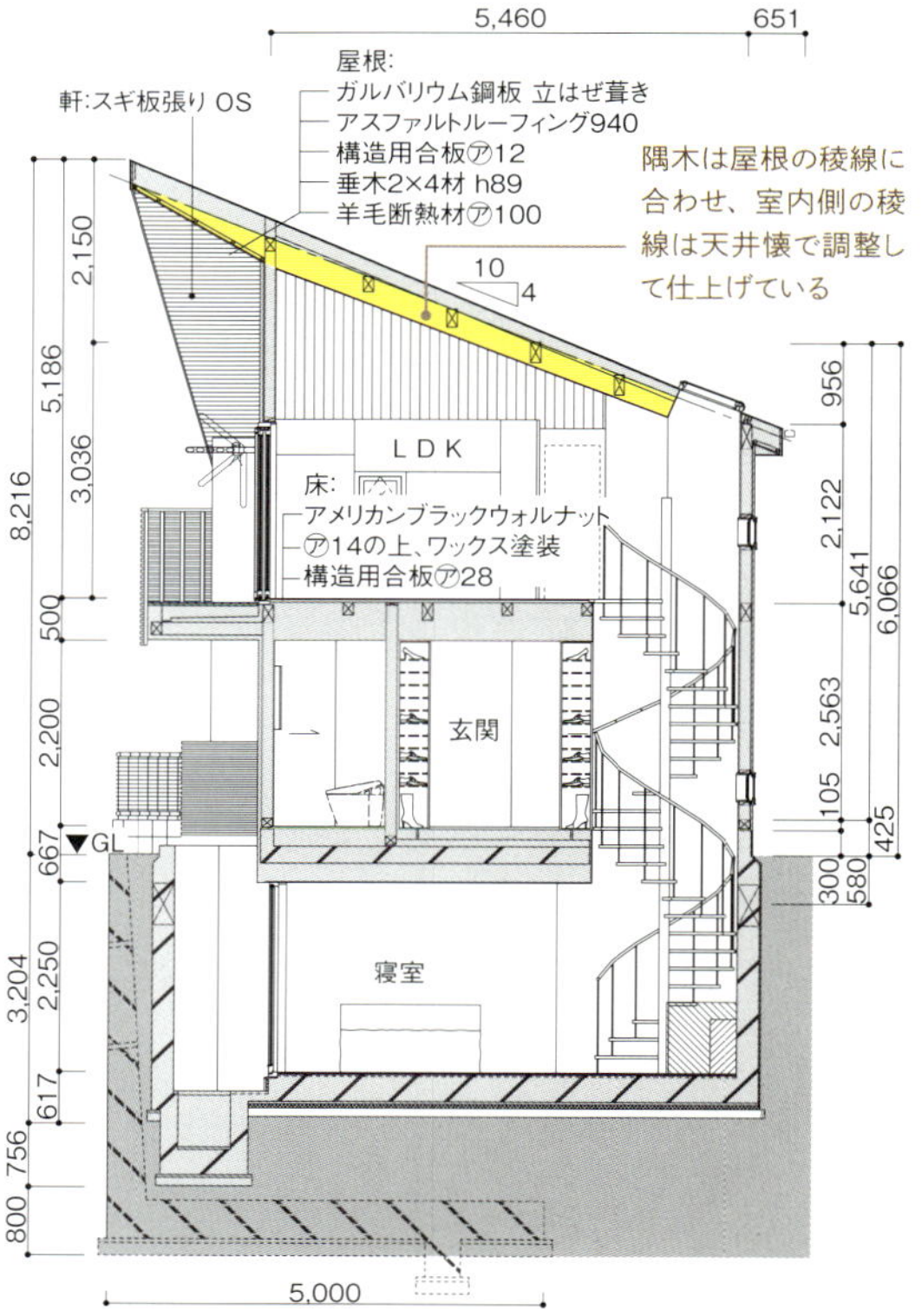

隅木は屋根の稜線に合わせ、室内側の稜線は天井懐で調整している

断面図 S＝1:150

【小屋組の架構】

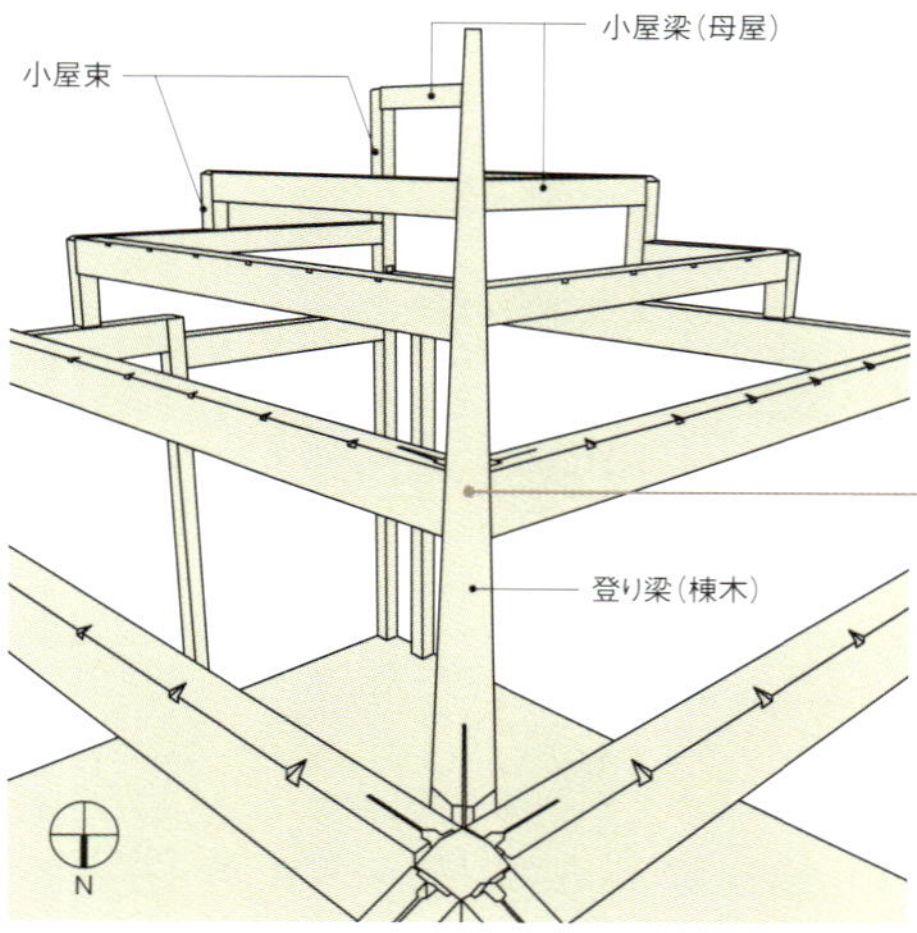

切妻屋根の母屋は、対角線上に北から南に向って高くなる棟木が支えている

屋根の稜線をそのまま内部にあらわすと、部屋の対角線からずれてしまい居心地の悪い空間となる。そこで、室内では空間の対角線を結び、屋根の稜線とはあえてずらした。もちろん、空間の印象としては、屋根の形状と呼応しているような感覚をもたせることができる

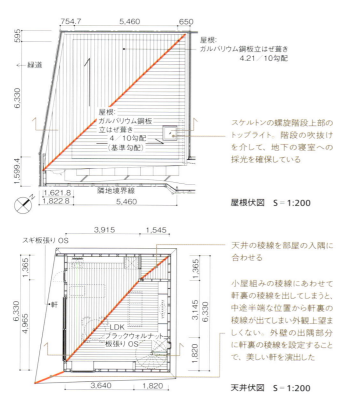

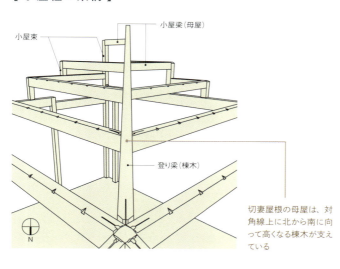

斜線制限から生まれた、南向きに高い天井をもつ空間は、敷地自体が南側の緑道よりも高い位置にあり、日が入りやすい。そこで、あえて壁面上部は開口を設けず、日照を調整しながら緑道の景色を取り入れている

EXTERIOR

02

建物のボリューム内にバルコニーを設ける

一般的に南面接道の敷地では、道路側に大きな開口部と1m程度跳ね出したバルコニーを設けることが多い。しかし、明るい空間がつくれる一方、プライバシーの確保の難しさや、ありふれたファサードになってしまうなどの欠点もある。ここでは、建物のボリューム内にバルコニーを設けることで、開放感を確保しながらも、前面道路からのプライバシーを守っている。ファサードに面するバルコニーの開口部は、掃出し窓のサイズや形状に左右されることなく、大きさや配置を調整できるので、外観を整えるのにとても有効。

【内部は中庭で開放的に】

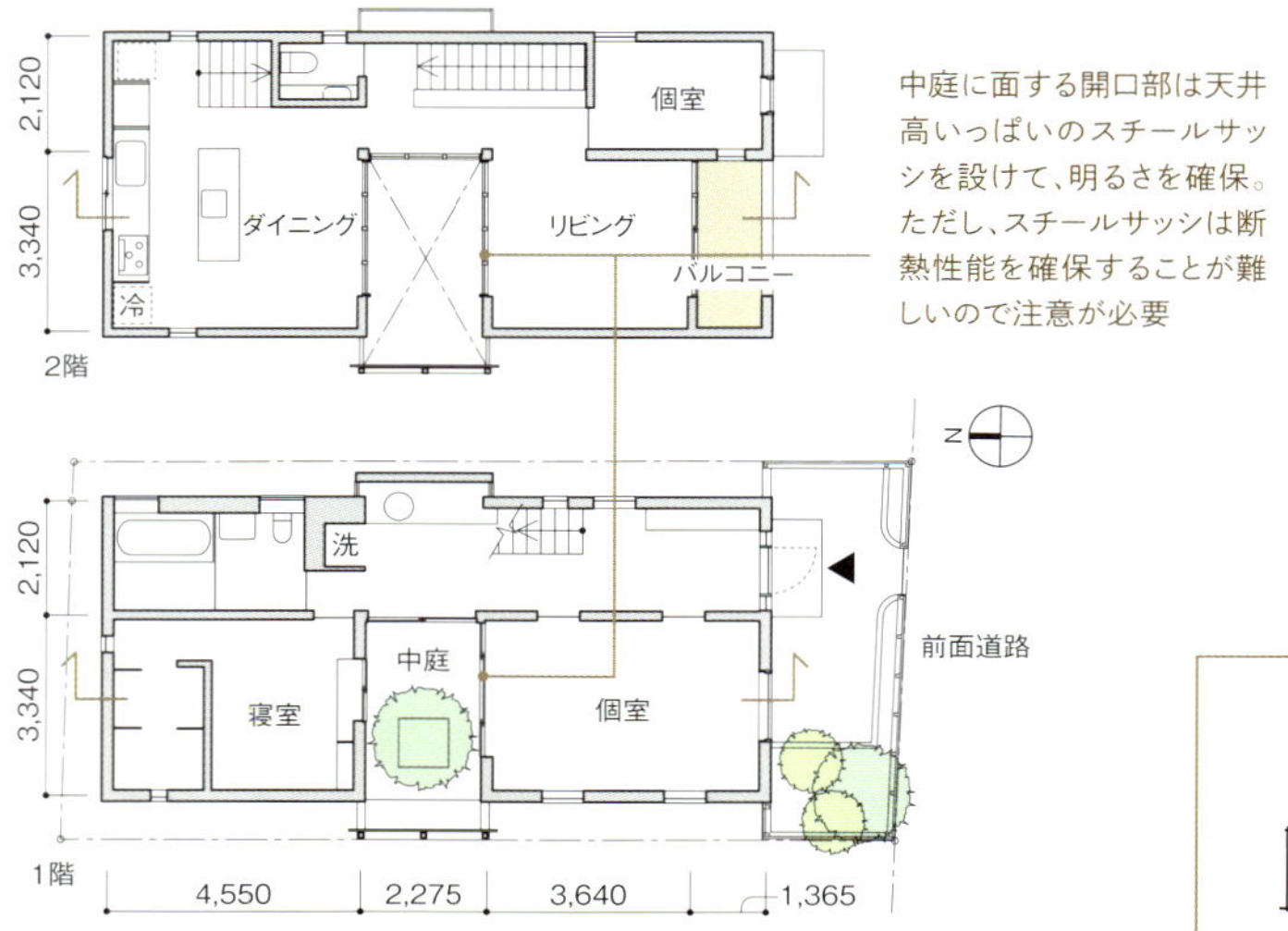
2,120
3,340
個室
ダイニング
リビング
バルコニー
冷
2階
中庭に面する開口部は天井高いっぱいのスチールサッシを設けて、明るさを確保。ただし、スチールサッシは断熱性能を確保することが難しいので注意が必要
N
洗
中庭
寝室
個室
前面道路
1階
4,550
2,275
3,640
1,365

平面図　S＝1:250

【バルコニーの腰壁で外観の見え方を調整】

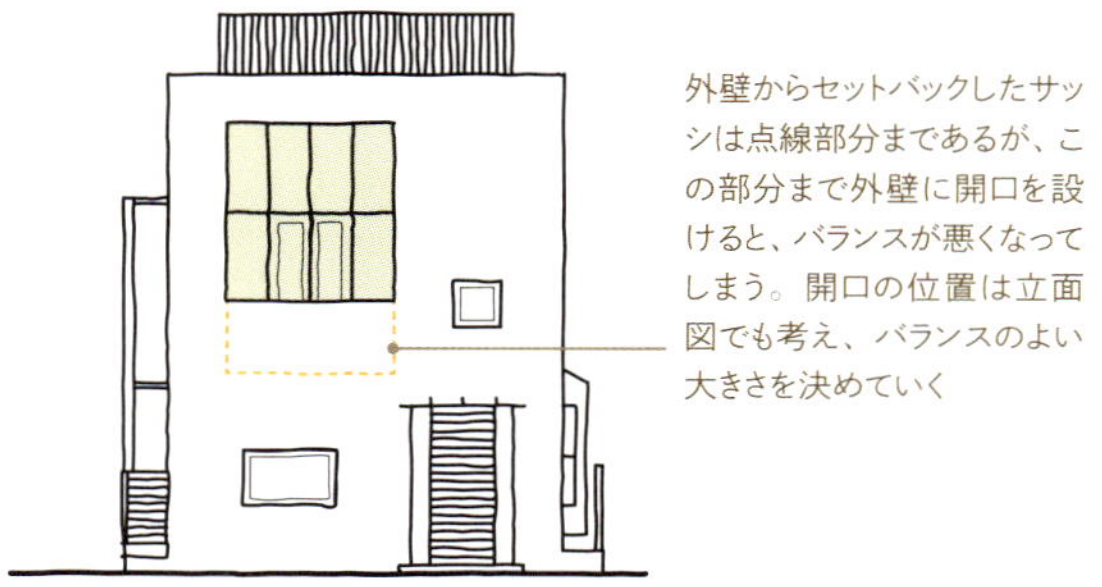
外壁からセットバックしたサッシは点線部分までであるが、この部分まで外壁に開口を設けると、バランスが悪くなってしまう。開口の位置は立面図でも考え、バランスのよい大きさを決めていく

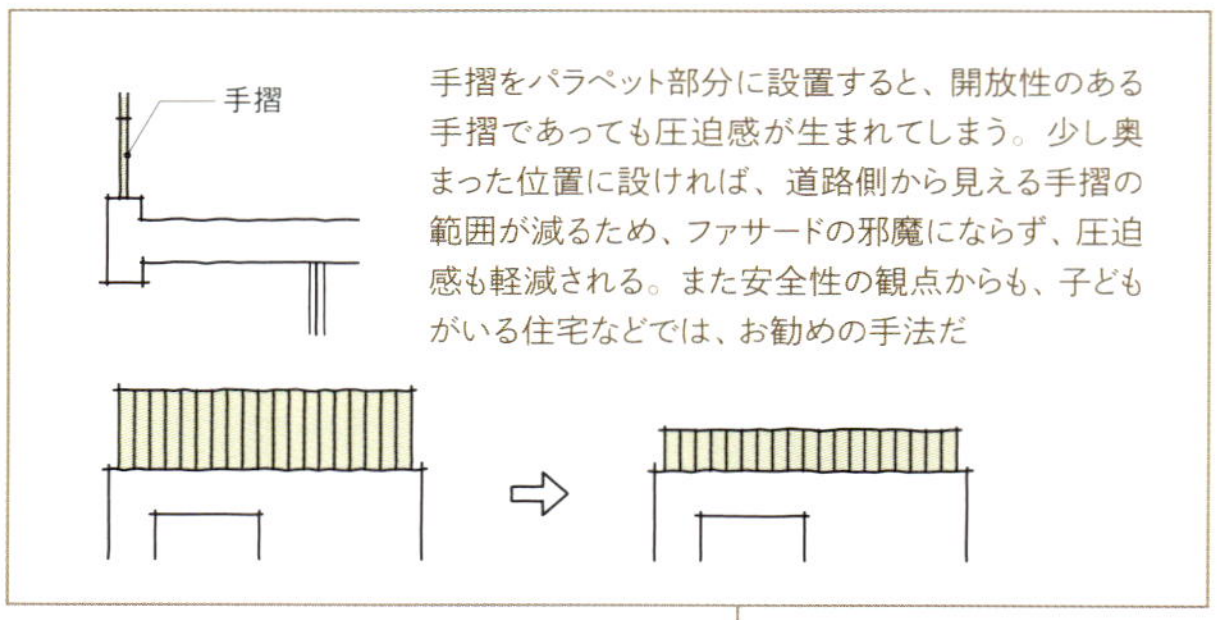
手摺
手摺をパラペット部分に設置すると、開放性のある手摺であっても圧迫感が生まれてしまう。少し奥まった位置に設ければ、道路側から見える手摺の範囲が減るため、ファサードの邪魔にならず、圧迫感も軽減される。また安全性の観点からも、子どもがいる住宅などでは、お勧めの手法だ

【大きく開きつつ内部は見せない】

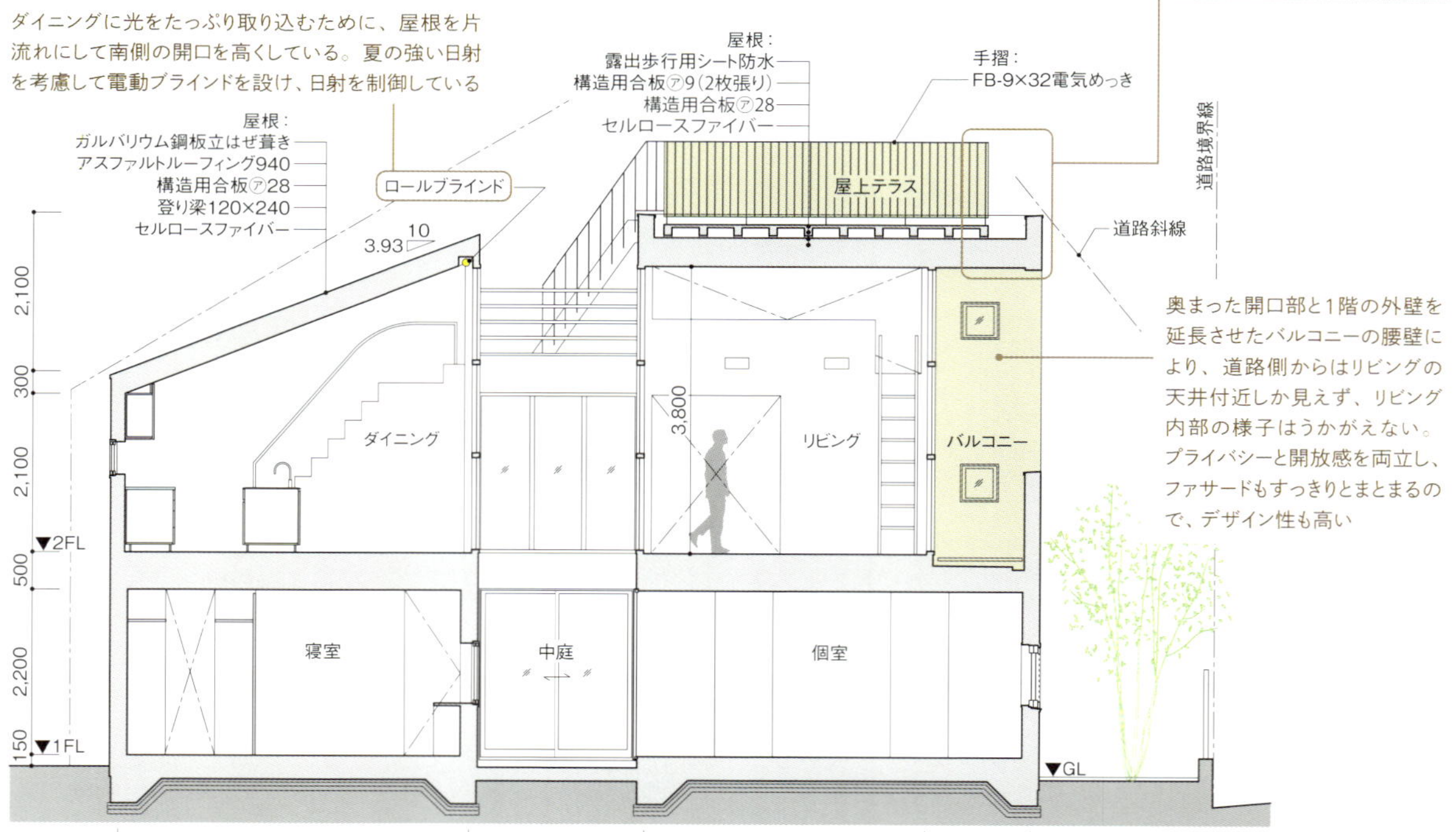
ダイニングに光をたっぷり取り込むために、屋根を片流れにして南側の開口を高くしている。夏の強い日射を考慮して電動ブラインドを設け、日射を制御している
屋根：
ガルバリウム鋼板立はぜ葺き
アスファルトルーフィング940
構造用合板㋐28
登り梁120×240
セルロースファイバー
ロールブラインド
屋根：
露出歩行用シート防水
構造用合板㋐9(2枚張り)
構造用合板㋐28
セルロースファイバー
手摺：
FB-9×32電気めっき
道路境界線
屋上テラス
道路斜線
3.93
10
奥まった開口部と1階の外壁を延長させたバルコニーの腰壁により、道路側からはリビングの天井付近しか見えず、リビング内部の様子はうかがえない。プライバシーと開放感を両立し、ファサードもすっきりとまとまるので、デザイン性も高い
2,100
300
2,100
500
2,200
150
▼2FL
▼1FL
▼GL
ダイニング
3,800
リビング
バルコニー
寝室
中庭
個室
4,550
2,275
3,640
1,365

断面図　S＝1:120

窓と玄関の４つの開口がバランスよくファサードに並ぶ。内部の空間のことだけを考えて開口の大きさを決めると、バランスが悪くなりかねないので、内部と外部（立面）を同時進行で考えていくことが大切

EXTERIOR

03

変形した敷地を活用して外観を美しくまとめる

敷地が多角形に変形している場合は、居室部分を四角形にまとめ、残りの変形部分を駐車場やバルコニーなどの屋外空間に当てるとよい。居室空間が効率的にプランニングできるうえ、変形部分を前面道路との緩衝帯として有効活用できる。その際、駐車場やバルコニーを外壁で囲って建物と一体化させれば外観を整えやすく、周囲の視線にもさらされにくい。採光や屋内からの視線の抜けを得やすいという利点もある。

三方道路に面しているので、1階の駐車場入口のみを開口として、それ以外は壁を立てプライバシーを確保している

【外壁を延長させて駐車場を囲う】

駐車場とバルコニーを囲う壁には1階の駐車場入口のみ開口部を設ける。開口部を最小限にした外壁によって、多面体の建物の特徴的なボリュームが強調される

シンプルな多面体で外観をまとめるために、玄関ポーチをボリュームに引き込んでいる

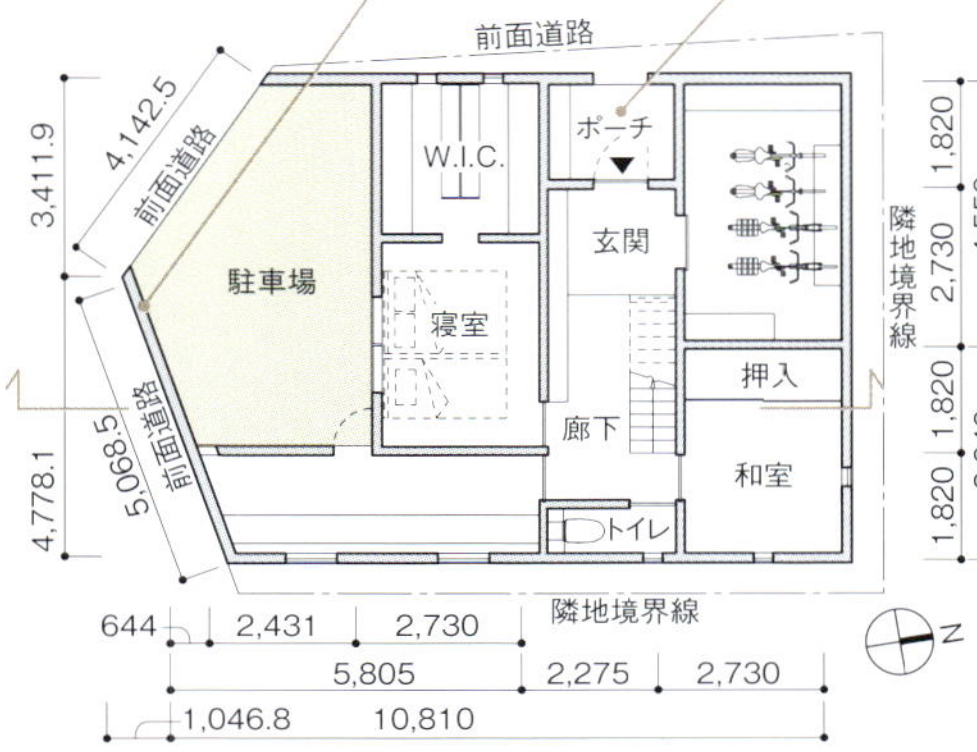
前面道路
4,142.5
3,411.9
前面道路
駐車場
W.I.C.
ポーチ
玄関
寝室
廊下
押入
和室
トイレ
隣地境界線
5,068.5
前面道路
4,778.1
1,820
2,730
1,820
1,820
4,550
3,640
隣地境界線
644
2,431
2,730
5,805
2,275
2,730
1,046.8
10,810
N

1階平面図　S＝1:250

【駐車場の外壁はバルコニーの壁にもなる】

駐車場の上部にバルコニーを設けることで、変形敷地部分を立体的に有効活用している

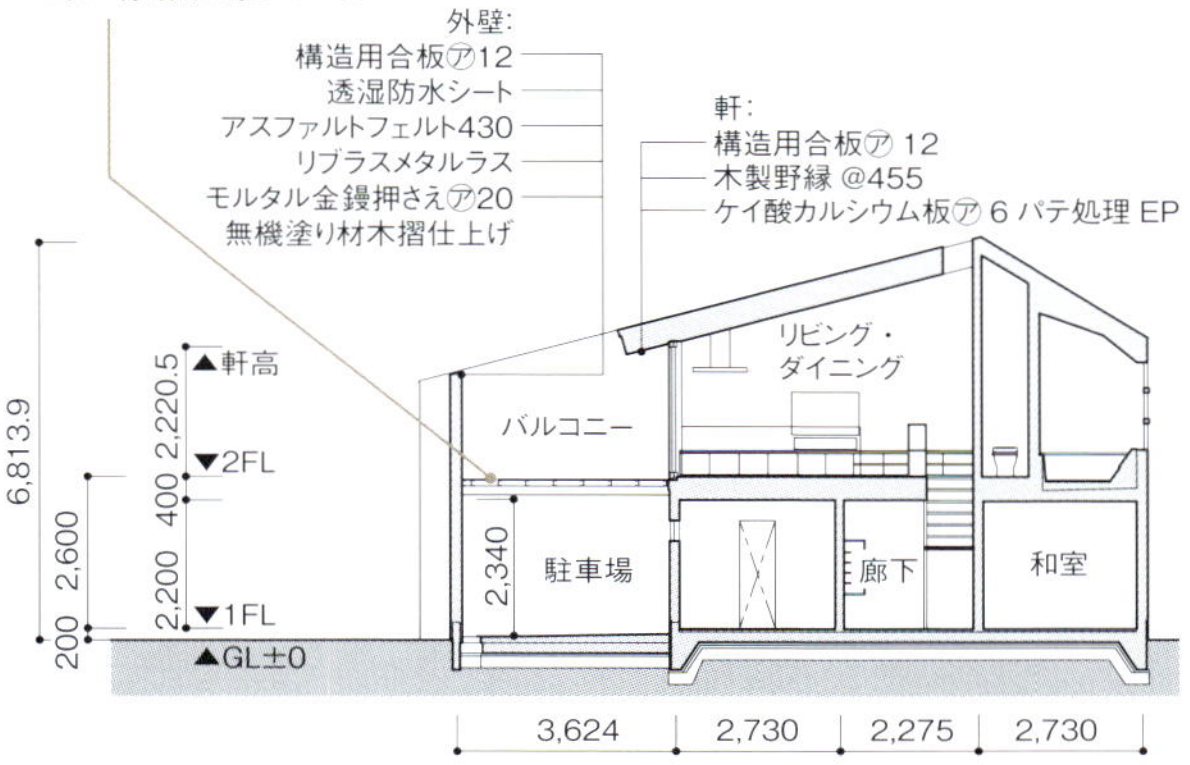
外壁:
構造用合板㋐12
透湿防水シート
アスファルトフェルト430
リブラスメタルラス
モルタル金鏝押さえ㋐20
無機塗り材木摺仕上げ
軒:
構造用合板㋐ 12
木製野縁 @455
ケイ酸カルシウム板㋐ 6 パテ処理 EP
リビング・
ダイニング
バルコニー
駐車場
廊下
和室
▲軒高
▼2FL
▼1FL
▲GL±0
6,813.9
2,220.5
400
2,200
2,600
200
2,340
3,624
2,730
2,275
2,730

断面図　S＝1:250

屋根勾配に合わせて、バルコニーを囲う外壁も斜めに下げている。こうすることで、壁を一定の高さで立ち上げるよりも、室内からバルコニーを眺めたときに、広々とした開放感を得られる

前面道路から玄関ポーチを見る。垂壁と袖壁でポーチの入り口を絞ることで、建物に穴があいているだけのような印象に。すぐ外が前面道路になっているが、周囲の視線が気にならない落ち着いた空間となる

ポストや収納は袖壁の裏に隠されている。玄関廻りの要素が目立たないので、ポーチをすっきりとした印象にまとめられる

EXTERIOR

04

ロフト階の屋根は道路から見えない位置に

建物の形状を美しいスクエアにしたいという要望を叶えるのは、敷地面積に余裕がない場合は難しい。ここでは、面積を最大限に活用するために設けたロフト階を、前面道路から離れた隣地側にセットバックさせ、建物の形状をスクエアに見せている。道路から見えない部分は勾配屋根として、斜線制限をかわすとともに、前面道路から見上げたときに隠れる高さに抑え、すっきりとしたファサードを実現した。

道路から見ると、高さを抑えたスクエアな外観の住宅に見える。住宅密集地では、全体像が見えにくい隣地側のボリュームを道路側の外壁で隠すとよい

【2項道路という敷地条件を外観に生かす】

狭小地の場合、道路斜線・北側斜線などで建物の形状が制限されてしまうことが多い。ここではロフト位置を調整することで、奥行きが狭い敷地の両側の境界からくる斜線をかわしている

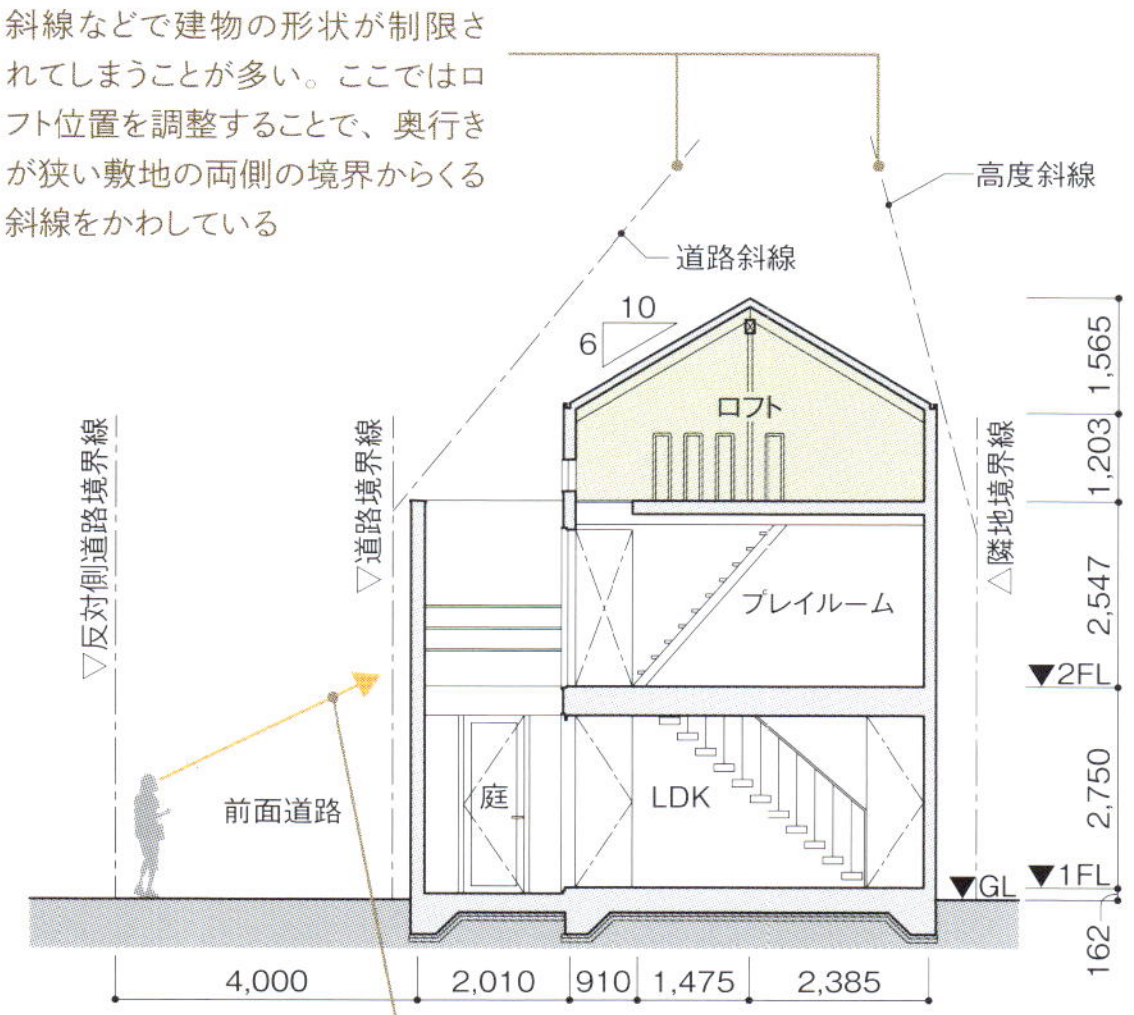

平面図　S＝1:200

前面道路は2項道路のため、幅が4mしかない。そのため道路の反対側から見ても、ロフト部分の勾配屋根は見えず、スクエアなファサードとして認識される

【通路側の外壁で室内のプライバシーを守る】

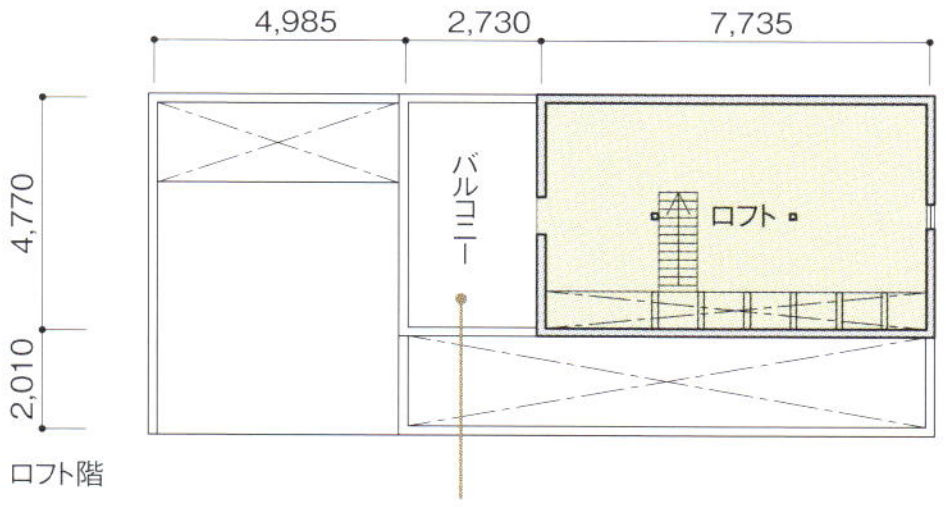

ロフトからバルコニーにアクセス可能。周囲の視線を気にすることなく、バルコニーから遠くの景色を眺められる

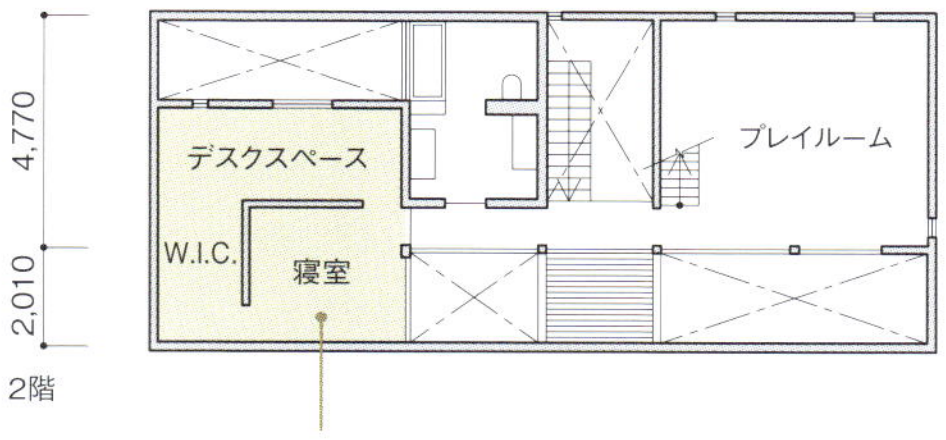

寝室は、明るく開放的な中庭に向けてベッドを配置。ベッドを囲う壁の裏側にはウォークインクロゼットやデスクスペースが設えられている

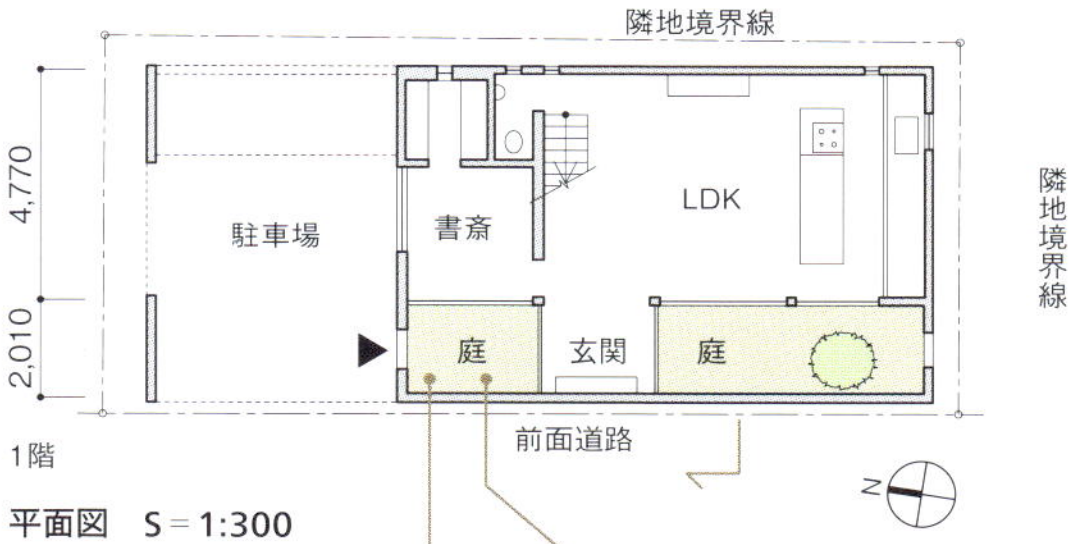

平面図　S＝1:300

面積に余裕がない場合は外部（庭）を袖壁で囲い、内部のようにプライベート化するとよい。この住宅のように庭とLDKを同じタイル仕上げとすれば、視覚的に内部と外部がつながり、広がりを感じられる

アプローチ空間を庭と兼ねれば、都市部などの住宅密集地や狭小地でも、玄関ドアが直接道路に面することを避けられる

寝室から中庭を見る。中庭が高い外壁に囲われ、敷地外からの視線が届かないため、大きな開口部で外につながる開放的な寝室を実現している

【建物を俯瞰《ふかん》すると……】

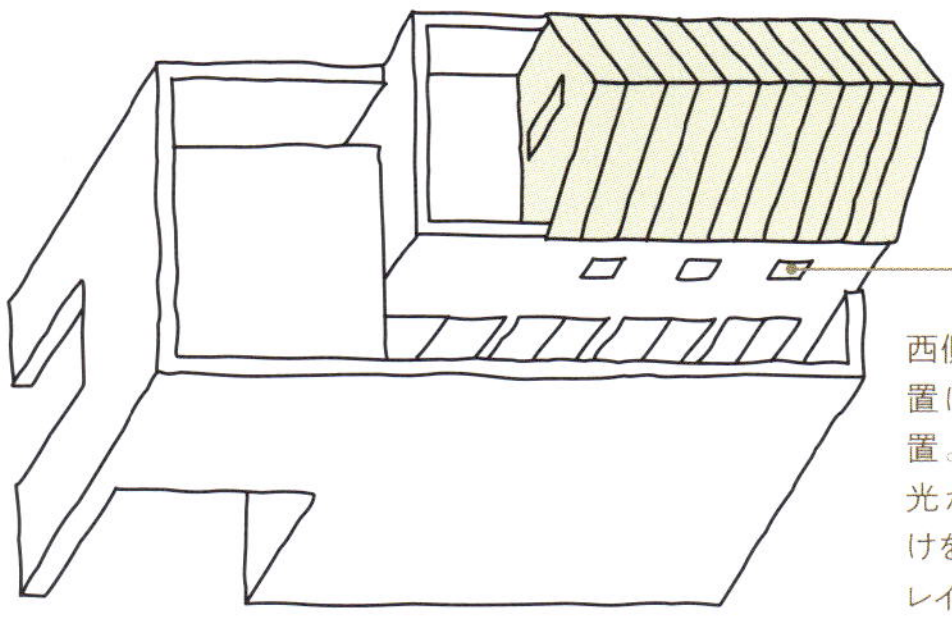

西側外壁の高い位置に小窓を3つ配置。小窓から入る光がロフトの吹抜けを通って2階のプレイルームまで届く

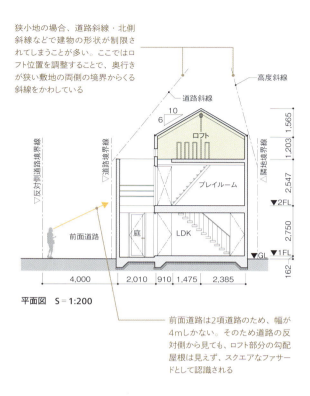

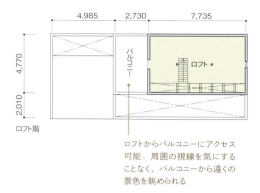

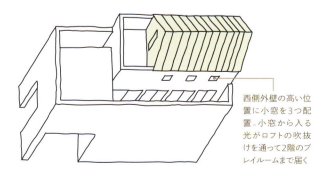

EXTERIOR

05

門扉をドアのように見せファサードを整える

開口部の位置や大きさを、部屋の配置や機能に応じて決めるのは当然だが、ファサードに設ける開口部は、プロポーションの美しさにも配慮したい。プランニングによって大まかな開口部の配置が決定したら、全体の見え方を考えて一つひとつのバランスを調整していくといい。ここでは、玄関ドアのような門扉と横長の書斎の窓、2階子ども室のポツ窓によって、愛嬌のある顔のように見せている。

ポツ窓、水平窓、垂直の門扉が、内部の機能に対応しながらも、それぞれが異なる大きさ、形状となっている。あえて上下のずれをつくることで、抜け感を出して堅苦しい印象をなくしている

自宅で仕事をするために設けた書斎。本や資料をしっかりと収納できるように天井高いっぱいに棚を造付け、十分な収納量を確保している

【部屋を分割する可能性も視野に入れる】

将来的に分割する可能性がある子ども室などは、ポツ窓を分散させて設けるとよい。ただし、分割を前提にするので自由に開口を設けにくい。ほかの開口部でバランスをとることを考えたい

書斎部分は分割を前提としないので、子ども室などに比べると窓の位置や大きさを多少選べる。ここでは、横長にすることで、内部からの眺めを広く確保すると同時に、外観のバランスにも配慮した

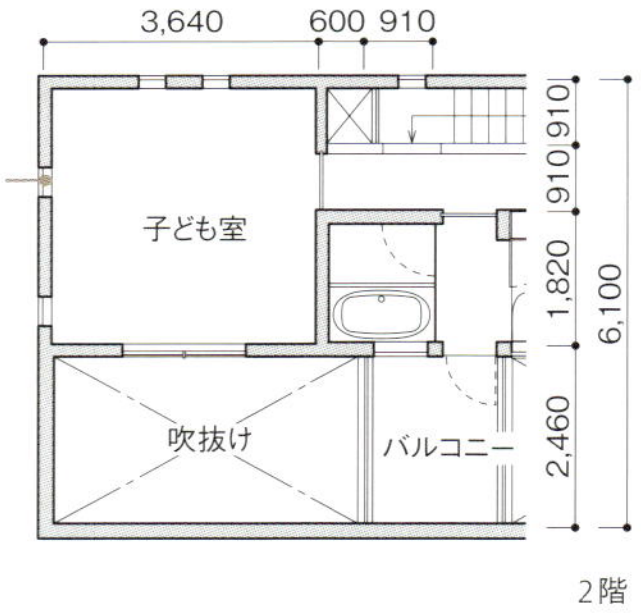

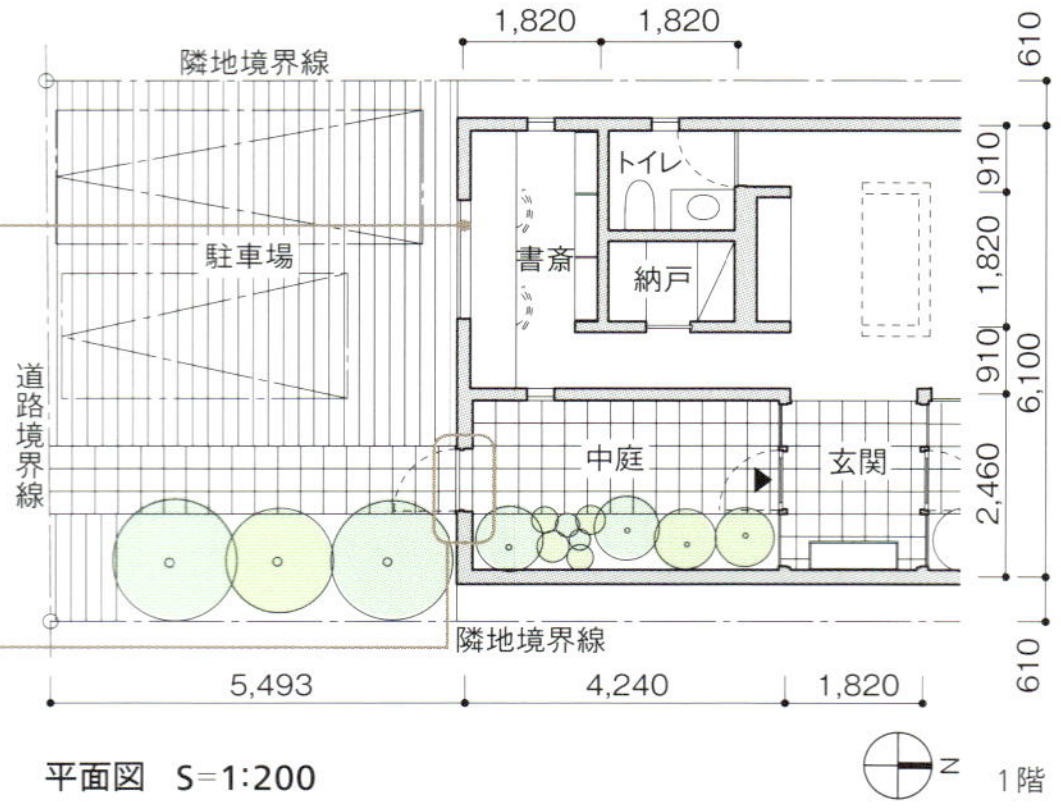

平面図 S=1:200

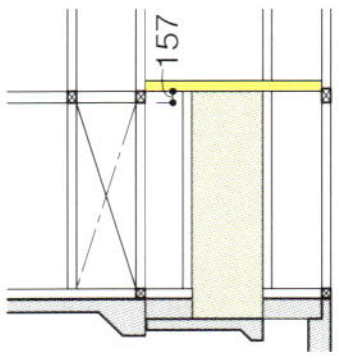

一度中庭に入ってから玄関に到達する平面計画。中庭に入る部分のファサードの門扉の高さは、2階床がないので自由に調整できる。ここでは2階床レベルよりも157㎜高く設定し、垂直の要素を強調している

門扉軸組図

EXTERIOR

06

水切りをなくしてすっきりとした外壁に

外壁（基礎と外壁の取合い部など）に水切があると、壁の垂直方向の連続性を分断してしまう。筆者は、外壁に通気層を設けない納まりとし、水切を省略することが多い。ただし、その場合は調湿性に優れたセルロースファイバーを断熱材に用いたり、室内側に気密シートを張らないなど、内部結露を抑える工夫が必要になる。風通しがよく、湿気の少ない敷地なら検討可能な方法である。

外壁に水切の水平方向のラインが一切入っていない。スリット状の窓の存在感がファサードのアクセントとして強調されている

The Other Cases

外壁を木板張りで仕上げる場合など、水切が必要な場合でも、水切と基礎の色を外壁仕上げの色に合わせることで、統一感のある印象となる。ここでは、金属板の外壁仕上げに合わせて、水切と基礎のモルタルの色味をダークグレーにそろえている

事例：ウンノハウス天童ショールーム

【室内側に気密シートは張らない】

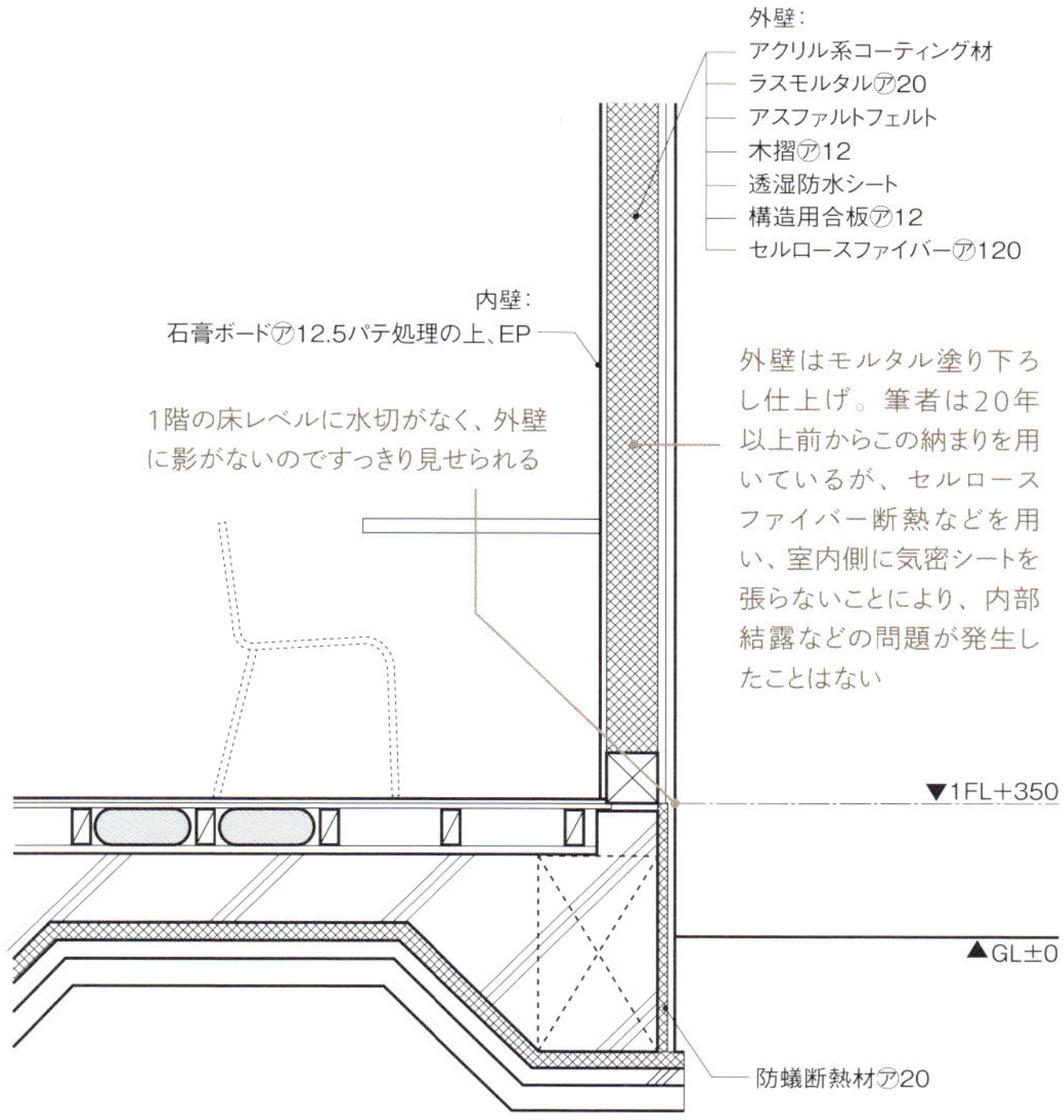
外壁：
アクリル系コーティング材
ラスモルタル㋐20
アスファルトフェルト
木摺㋐12
透湿防水シート
構造用合板㋐12
セルロースファイバー㋐120
内壁：
石膏ボード㋐12.5パテ処理の上、EP
1階の床レベルに水切がなく、外壁に影がないのですっきり見せられる
外壁はモルタル塗り下ろし仕上げ。筆者は20年以上前からこの納まりを用いているが、セルロースファイバー断熱などを用い、室内側に気密シートを張らないことにより、内部結露などの問題が発生したことはない
▼1FL+350
▲GL±0
防蟻断熱材㋐20

断面図　S=1:30

EXTERIOR

07

要素をそぎ落とした
スクリーンのような壁面

外観の印象を強める手法は、2つに大別できる。ファサードの「面」をシンプルにする方法と、建物の「かたち」を彫塑《ちょうそ》的につくる方法だ。ここでは前者を用いて、「あるのが当たり前」と思われている窓、雨樋、土台水切などの要素を可能な限りそぎ落とすことで、ファサードをシンプルにまとめている。矩形の外観は陸屋根にする方法以外にも、奥に向かって勾配を取る方法がある。実質的に勾配屋根なので、雨仕舞いがしやすい。

前面道路側からの外観。外壁に付随する要素（窓や軒など）がないため、外壁面が強調される。外構は外壁面とケヤキのミニマルな構成にして、印象をより強くしている

【中庭に開いて採光と通風を確保】

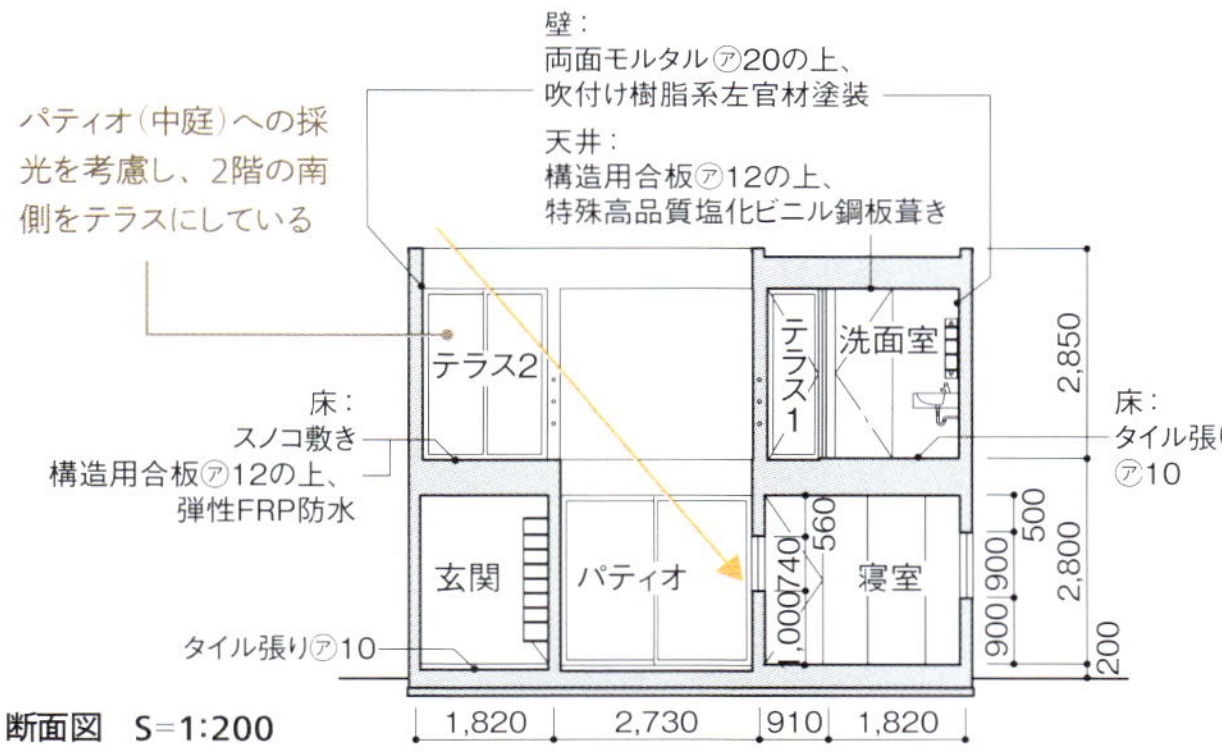
壁：
両面モルタル㋐20の上、
吹付け樹脂系左官材塗装
天井：
構造用合板㋐12の上、
特殊高品質塩化ビニル鋼板葺き
パティオ（中庭）への採
光を考慮し、2階の南
側をテラスにしている
テラス2
テラス1
洗面室
床：
スノコ敷き
構造用合板㋐12の上、
弾性FRP防水
床：
タイル張り
㋐10
玄関
パティオ
寝室
タイル張り㋐10
2,850
2,800
200
500
900
900
560
740
1,000
1,820
2,730
910
1,820

断面図　S=1:200

【ポーチの奥行も外観の一部】

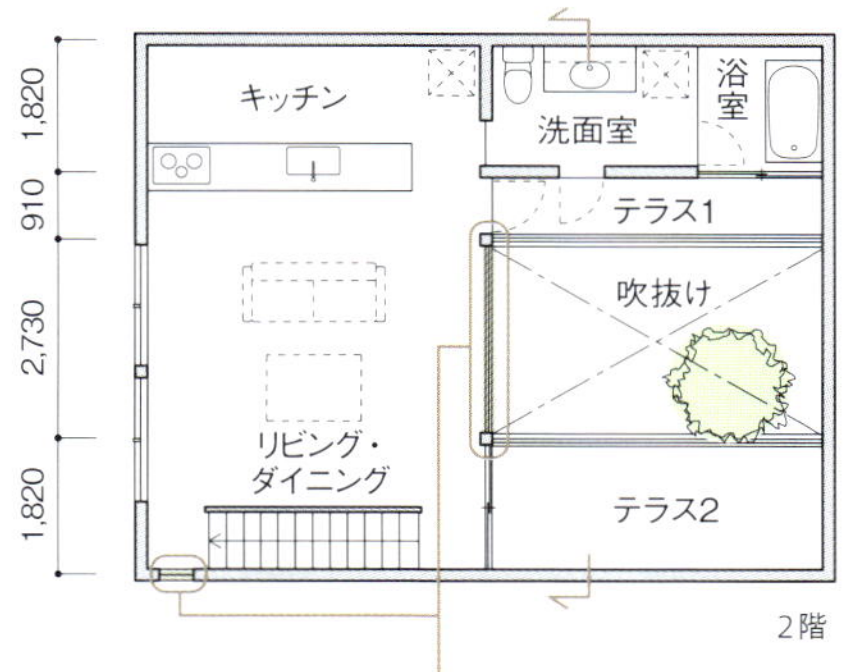
キッチン
洗面室
浴室
テラス1
吹抜け
リビング・
ダイニング
テラス2
1,820
910
2,730
1,820

2階

諸室の開口部を中庭側に大きく設け、道路側には通風用の窓のみを小さく開けている

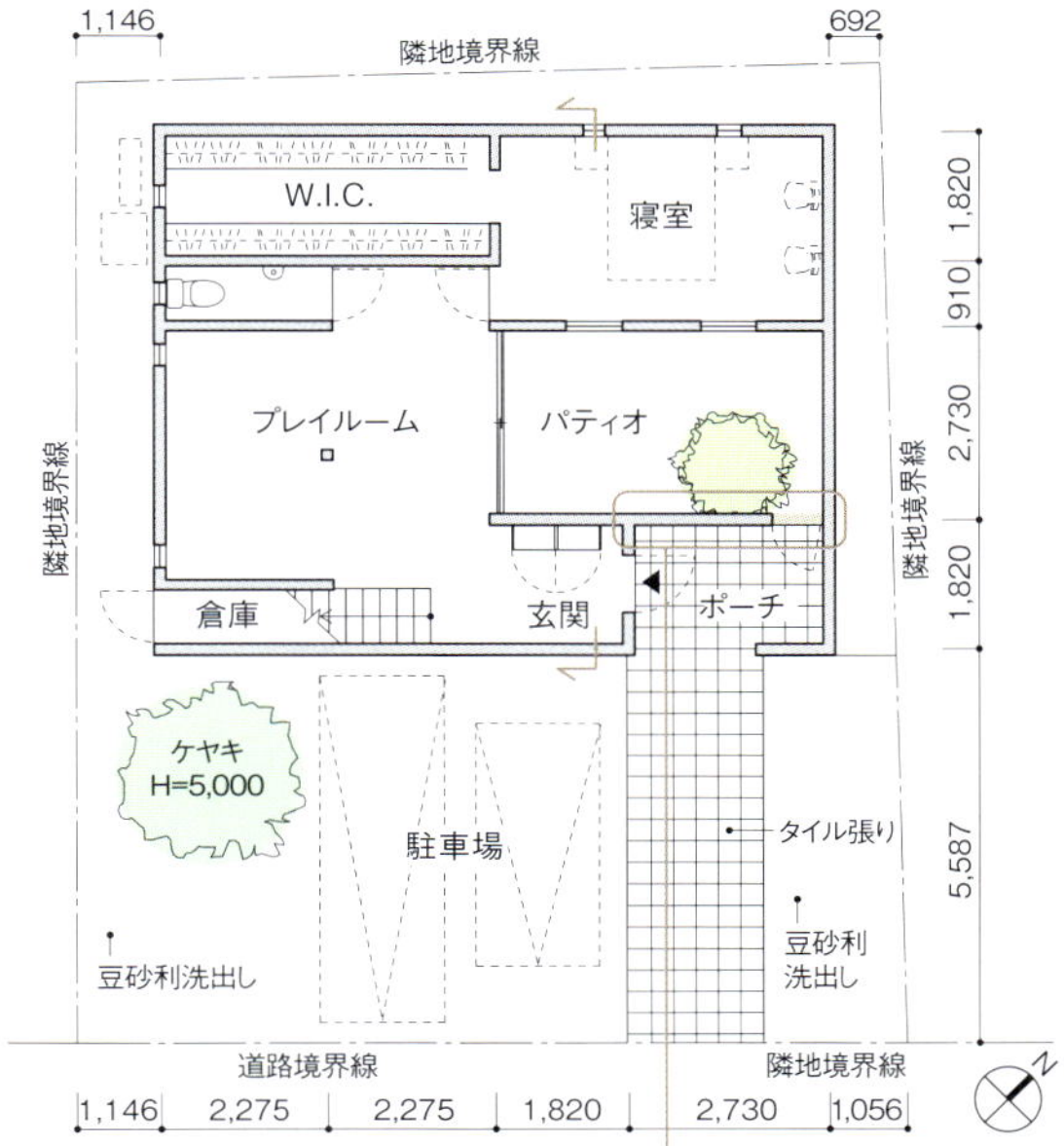
1,146
692
隣地境界線
W.I.C.
寝室
プレイルーム
パティオ
倉庫
玄関
ポーチ
隣地境界線
隣地境界線
ケヤキ
H=5,000
駐車場
タイル張り
豆砂利洗出し
豆砂利
洗出し
道路境界線
隣地境界線
1,820
910
2,730
1,820
5,587
1,146
2,275
2,275
1,820
2,730
1,056
N

平面図　S=1:200　　1階

ポーチの突きあたりを壁にすることで、ポーチ部分がえぐられたように見え、ファサードが厚みのある塊に見える

2階のリビング・ダイニングから南側のテラス2を見る。テラス2はリビングの延長として使えるくつろぎのスペースとして活用。北側のテラス1は日当たりがよいため物干し用の竿受けを設けて洗濯物干し場とした

2階テラス2から吹抜け越しにリビング方向を見る。ファサードとは一転、開口部が大きく開放的な空間となっている

EXTERIOR

08

外観とドアを印象的な縦長に見せる

ドアとその上部の外壁を同素材のベイスギで仕上げているため、まるで〝高さ5mのドア〟のように見えるトリックアート的な玄関。夜は、下からアッパーライトで照らすことでドアの素材感が引き立つ。同時に、内側の玄関ドア上部の壁面にも、外壁と同様のベイスギ仕上げを施した。屋外と屋内の仕上げを裏表でリンクさせることで、印象的なファサードのイメージをインテリアにも生かしている。

密集地に建つため、中庭に向けて窓を開き、外側を閉じる設計とした。白い外壁と、木質感のある“高さ5mのドア”との対比をアッパーライトがより際立たせる

【防雨型のアッパーライトをアプローチに埋め込む】

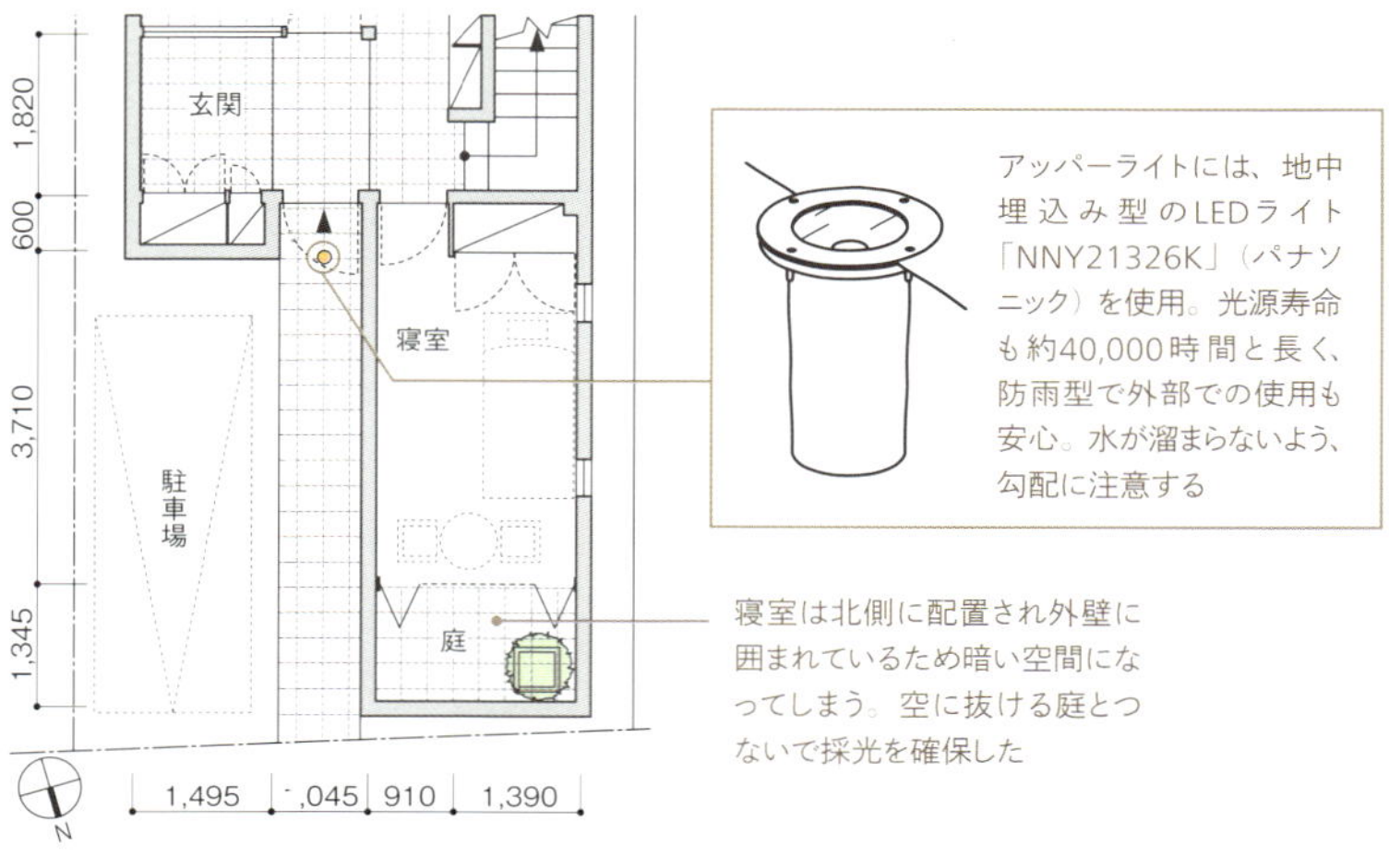

玄関
寝室
駐車場
庭
1,820
600
3,710
1,345
1,495
,045
910
1,390
N
アッパーライトには、地中埋込み型のLEDライト「NNY21326K」（パナソニック）を使用。光源寿命も約40,000時間と長く、防雨型で外部での使用も安心。水が溜まらないよう、勾配に注意する
寝室は北側に配置され外壁に囲まれているため暗い空間になってしまう。空に抜ける庭とつないで採光を確保した

1階平面図　S=1:150

模型の断面。前面道路側（写真右側）の外壁を中心のボリュームと同じ高さに設定している。壁を高くして中央部のボリュームを前面道路から隠すことで、外観をシンプルに見せている

【玄関ドアと外壁の仕上げを連続させる】

奥のボリュームは、手前よりも1,740㎜高くなっており、内部に天井高1,400㎜のロフト収納を設けて高さを活用している

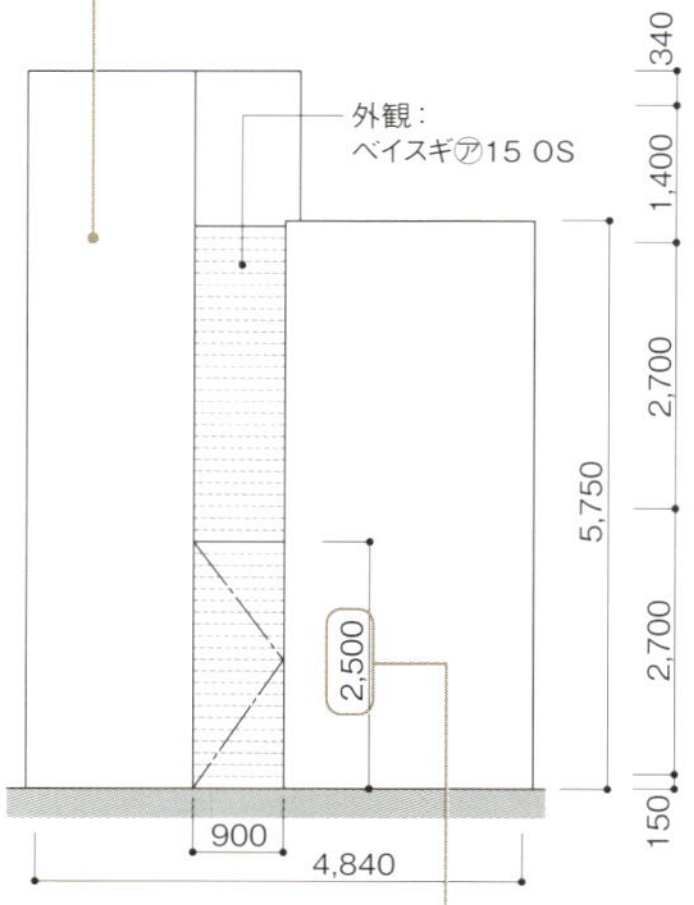

外観：
ベイスギ㋐15 OS
340
1,400
2,700
5,750
2,700
150
2,500
900
4,840

立面図　S=1:150

玄関ドア自体の高さは一般的な2,500㎜

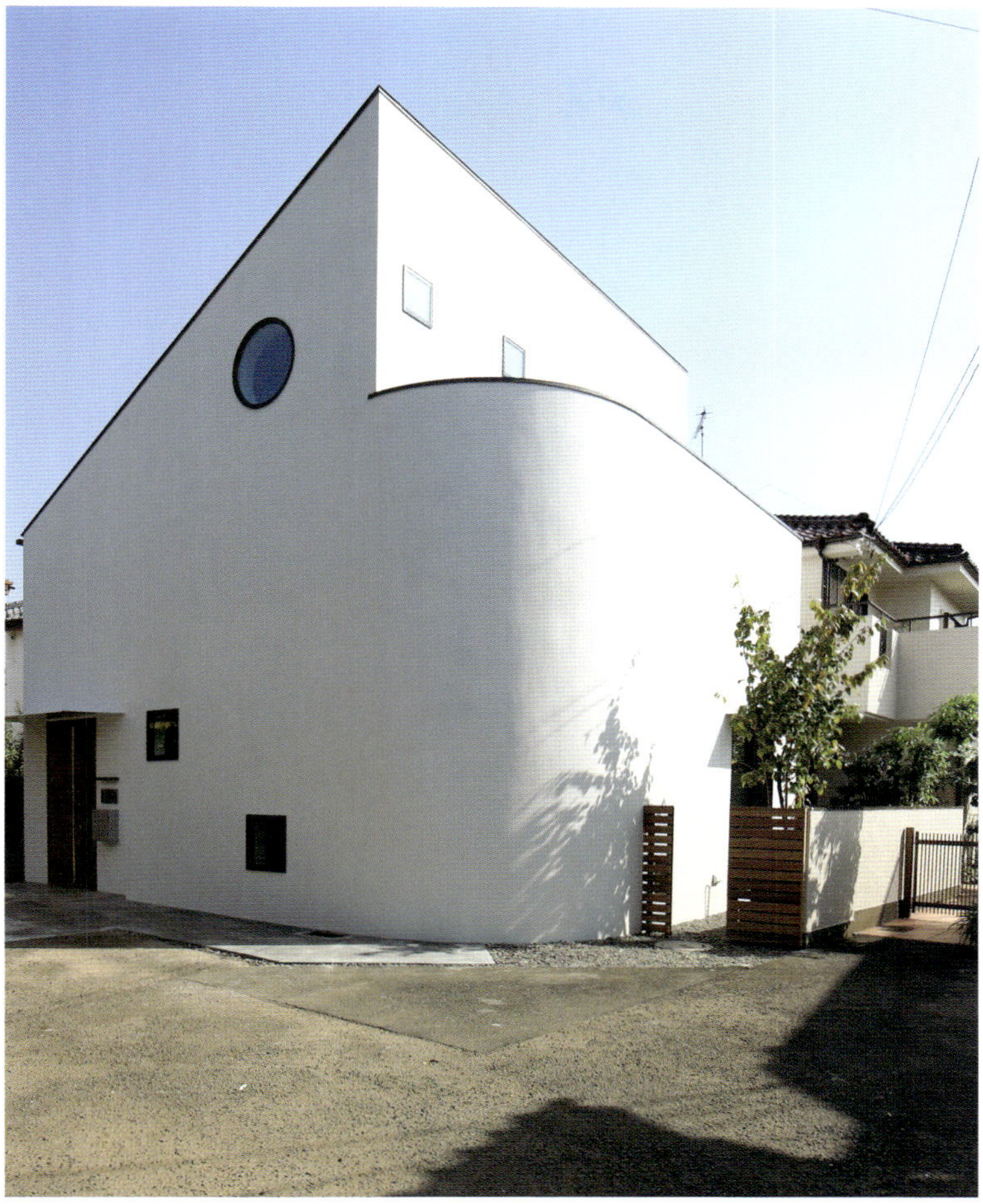

EXTERIOR

09

部分的に曲面壁を取り入れる

敷地いっぱいに建物を建てる場合、敷地形状に沿って多角形の外壁面になることが多い。その際、隅切りなどの変形部分の外壁に曲面壁を用いれば、建物の硬い印象がやわらぎ、時間とともに陰影が変わり、表情が移ろう個性的な建物になる。外壁に曲面を用いた部分では、内部空間にもその効果を利用したい。

道路側からの外観。前面道路から最も目につく場所に設けられた曲面壁が建物を特徴づけている

【曲面壁部分は採光用の吹抜けにする】

テラスに面した掃出し窓と東西の丸窓に加え、LDKの北側に2つのトップライトを設置。安定した北側からの光がリビング・ダイニングを照らす

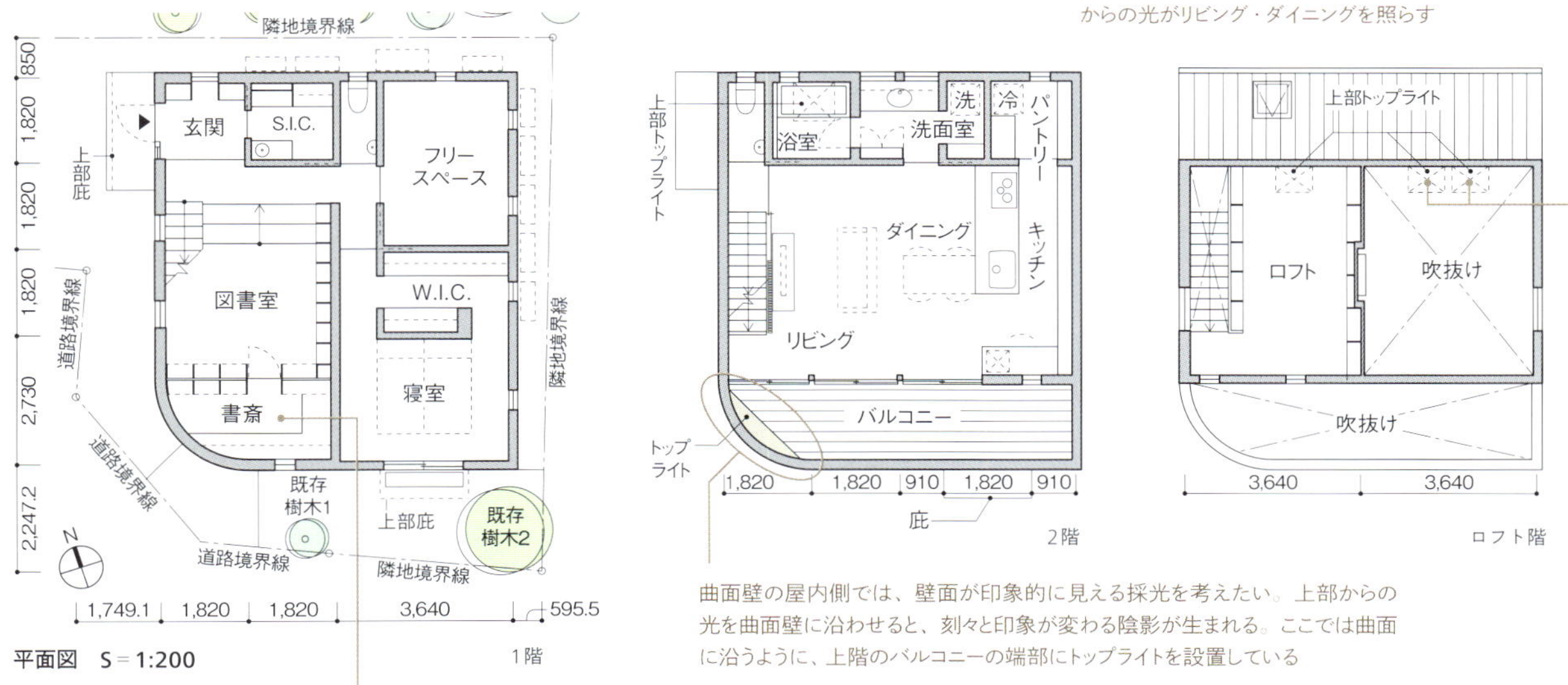

平面図　S＝1:200

曲面壁の屋内側では、壁面が印象的に見える採光を考えたい。上部からの光を曲面壁に沿わせると、刻々と印象が変わる陰影が生まれる。ここでは曲面に沿うように、上階のバルコニーの端部にトップライトを設置している

書斎は、少しだけ地面に潜り込んだような籠り空間。採光用のトップライトのほかに、通風用に小さな小窓を設けた

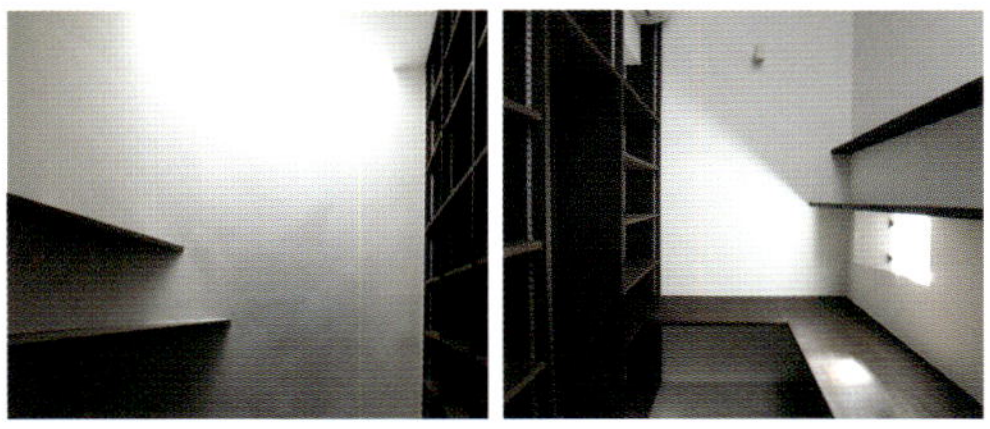

左：書斎のトップライトを見る。床・壁・天井の仕上げをモノトーンにすることで、トップライトからの微妙な光の移ろいが感じ取れる｜**右：**トップライト側から書斎の入り口側を見る。入り口の正面には、採光と通風のために小窓を設けた（写真右側）。小窓を閉めれば完全に遮光することも可能

EXTERIOR

10

柔らかなグラデーションの光を楽しむ卵型の建物

建物形状に曲面を用いる場合は、曲面壁の陰影がきれいに見えるよう、できるだけ連続した面で見せたい。この住宅は円筒形の外壁を全て左官仕上げで統一し、ファサード側の窓をなくすことで、壁面の連続性を強調した。また、室内側も壁が連続して見えるような間取りとしている。間仕切壁が必要な水廻りや収納などの要素をできるだけ中央に配置してコア的にレイアウトすれば、壁面を遮ることなく空間を見せられる。

【家具や収納は中央にレイアウトする】

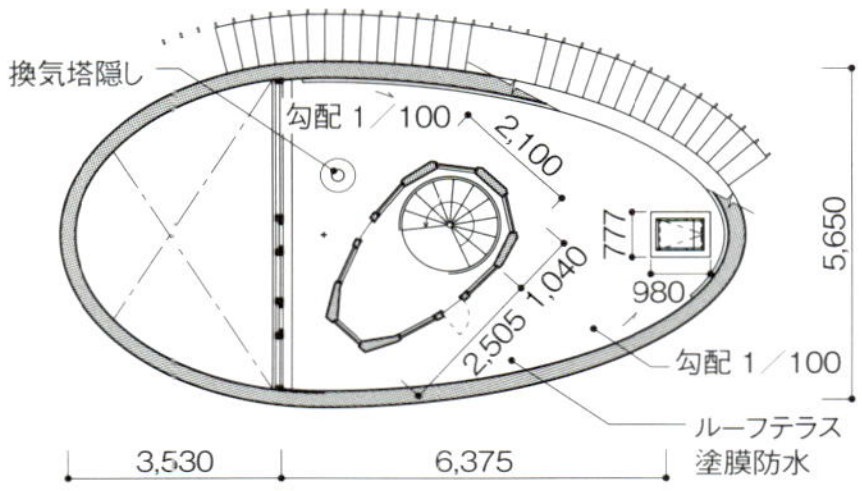

PH階

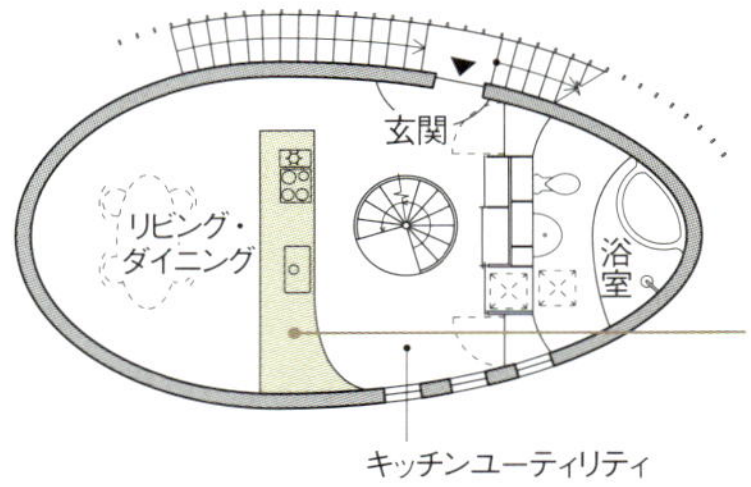

「キッチンカウンターを壁面につなげたい」という住まい手の要望を取り入れて、曲面のカウンターにし、壁まで連続させている

2階

2階キッチンや屋上と直接つながる屋外階段が、外壁の曲面を美しく強調している

引戸は使用時だけ閉じて通常は開けたままにできるので、連続して壁面を見せたい場合には好ましい。通常閉じておきたい場所には扉を使用する

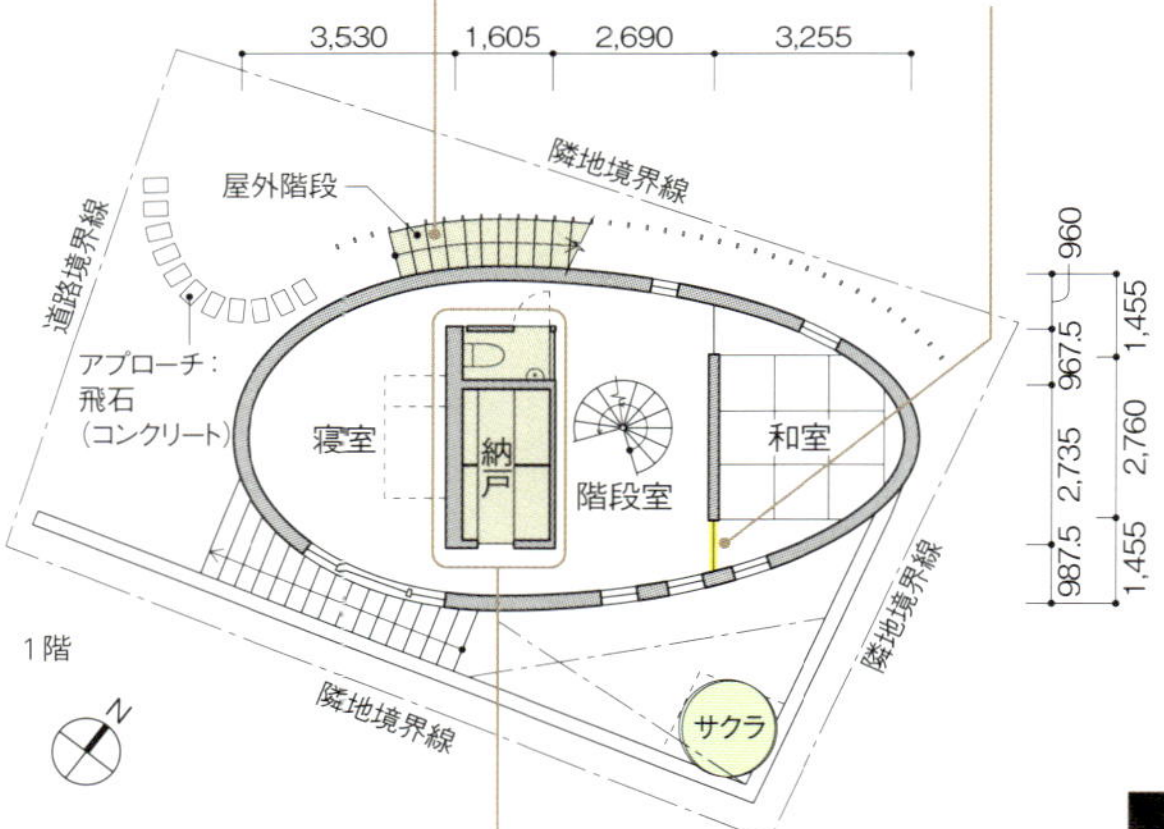

1階

平面図　S＝1:250

トイレと納戸をまとめてコアにして、寝室と階段室の間仕切にしている

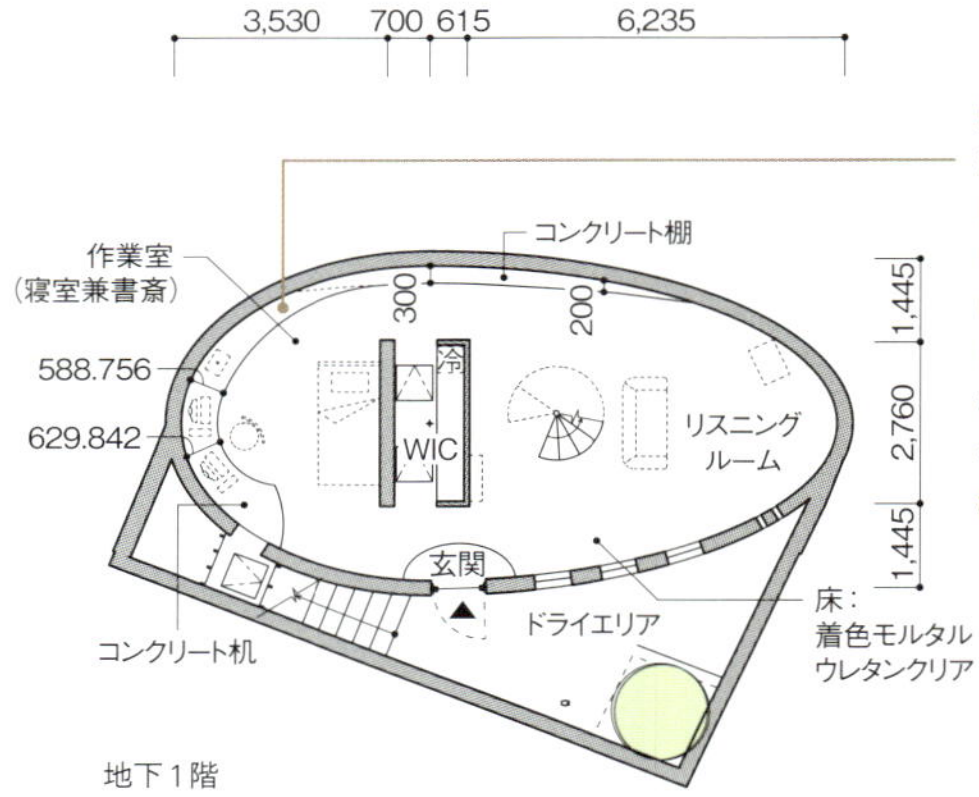

壁の曲線に沿ってコンクリートの棚を設けている。棚は作業室に行くに従って奥行きを増し、デスクとしても機能する

地下1階

2階螺旋階段からキッチン方向を見る。螺旋階段上部とリビング・ダイニング上部（写真奥）のハイサイドライトから、採光を得ている

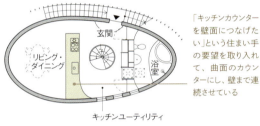

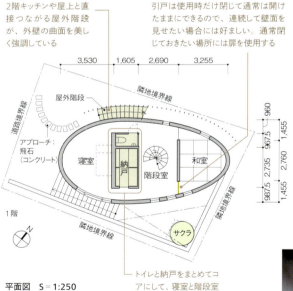

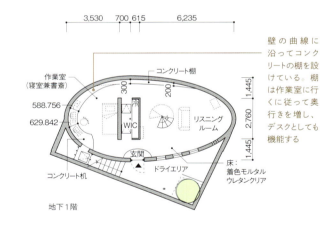

ユニークな卵型の外観に合わせて、飛石も緩やかなカーブを描く配置としている。飛石からの光が建物を効果的に浮かび上がらせる

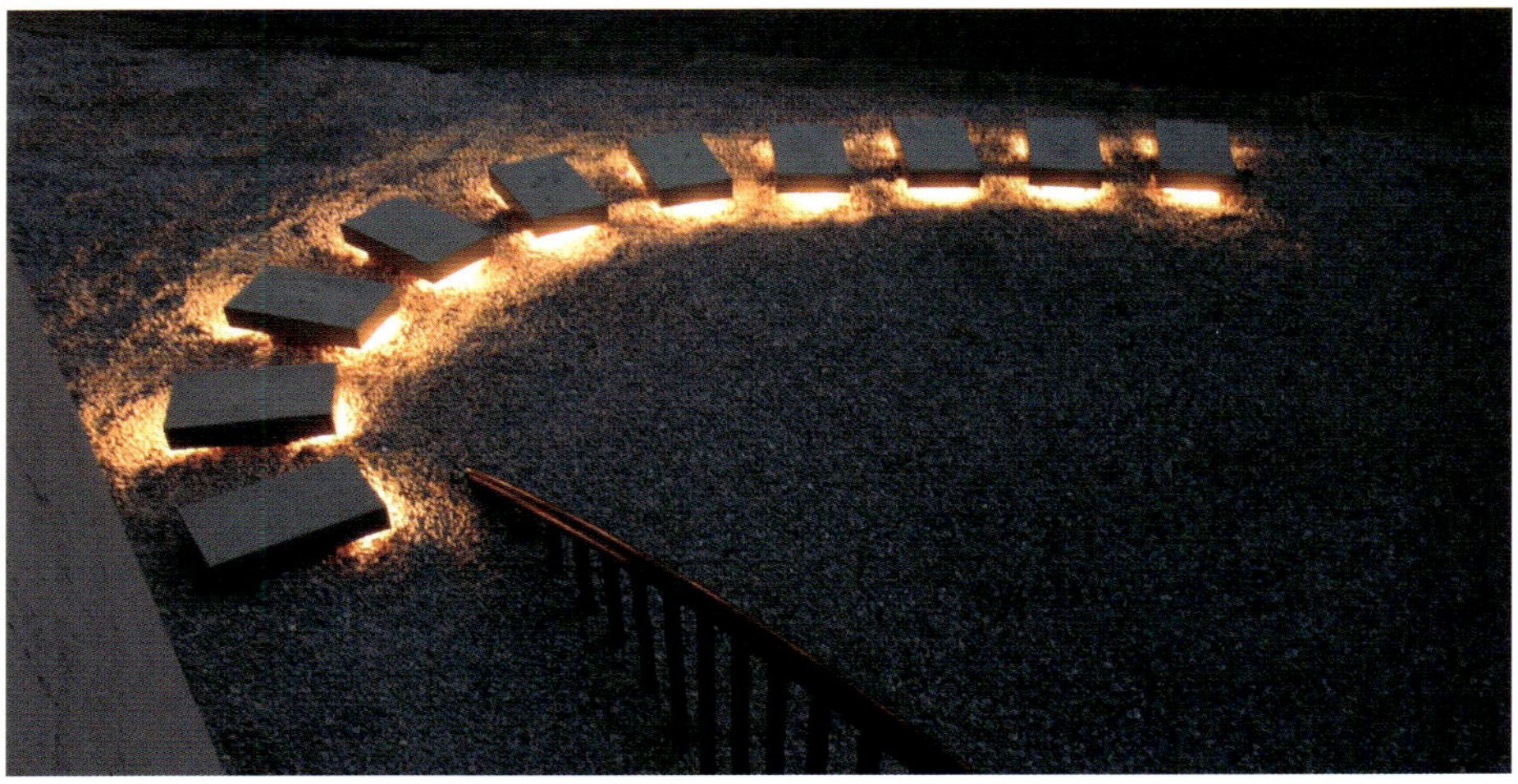

足元灯を設けず、飛石そのものを光らせることでアプローチをドラマティックに演出した。裏に LED ライン照明を仕込むことで、あたかも光の上に飛石が浮いているかのように見える。防水性も高く、野外での使用にも適した「ハイパワー LED テープライト 5050（電球色 2500K）」（ファインリンクス）を使用している

【飛石の下に LED を仕込む】

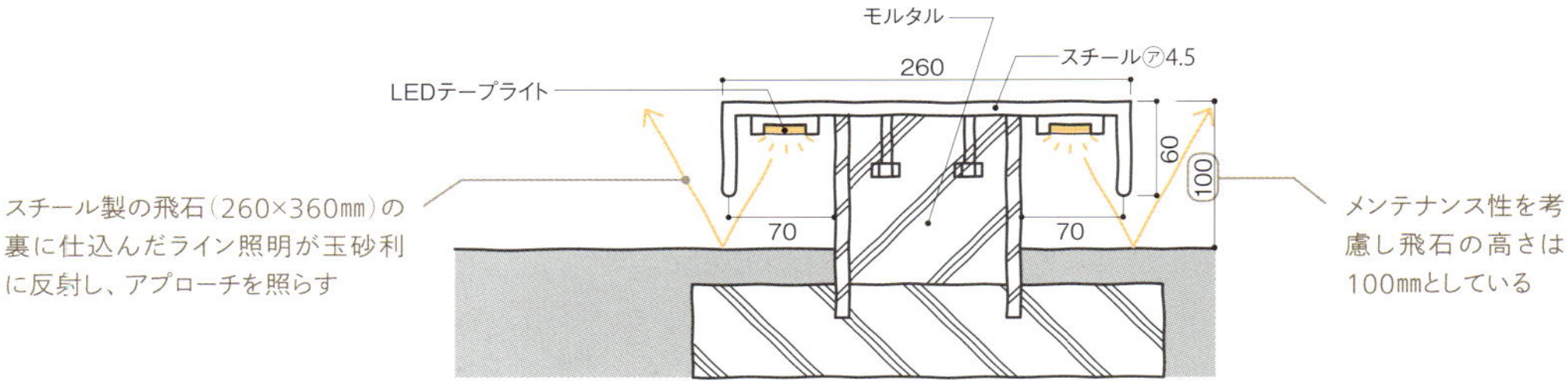
モルタル
260
スチール㋐4.5
LEDテープライト
60
100
70
70
スチール製の飛石（260×360㎜）の裏に仕込んだライン照明が玉砂利に反射し、アプローチを照らす
メンテナンス性を考慮し飛石の高さは100㎜としている

The Other Cases

【アプローチ階段を LED で彩る】

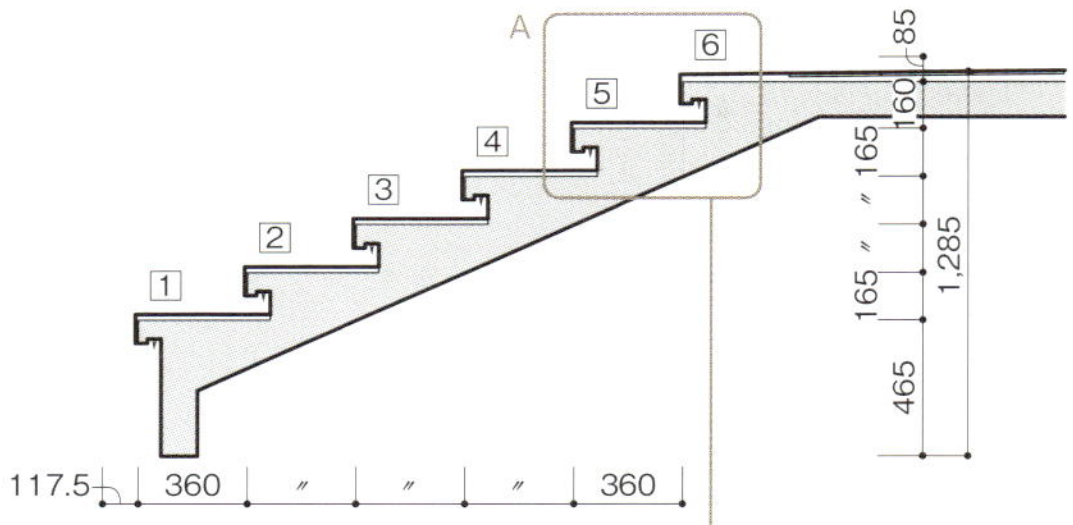
A
1
2
3
4
5
6
85
160
165
〃
165
1,285
465
117.5
360
〃
〃
〃
360

階段断面図　S=1:50

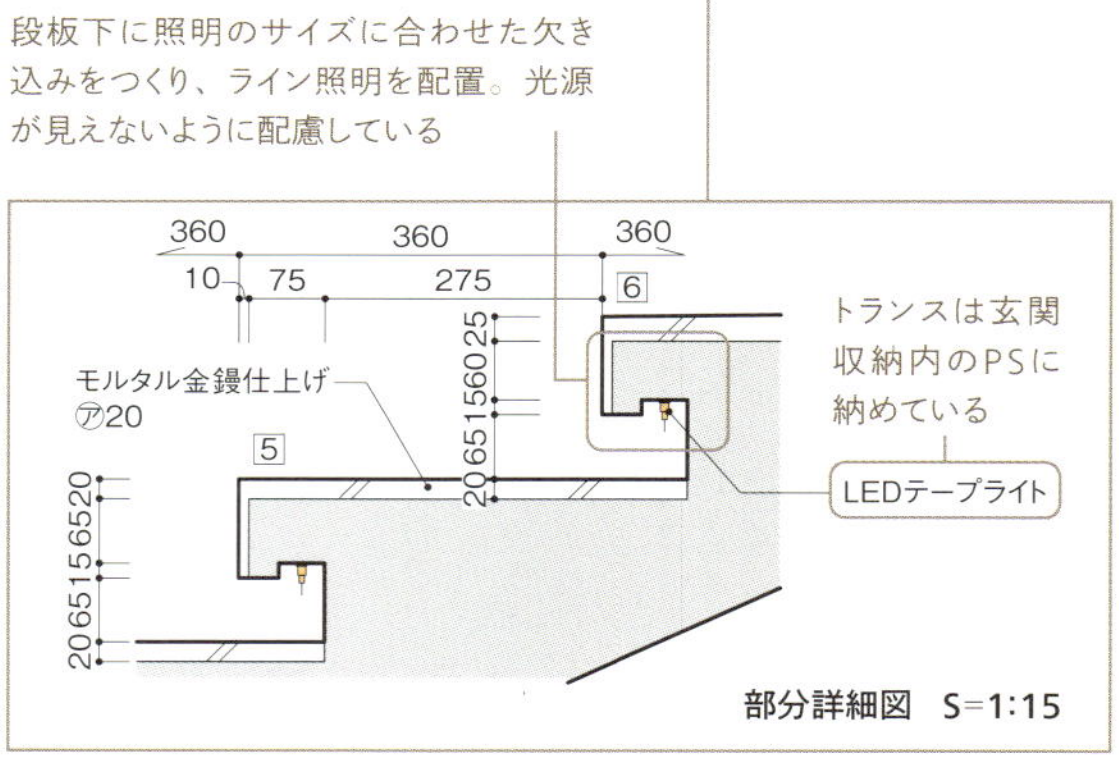
段板下に照明のサイズに合わせた欠き込みをつくり、ライン照明を配置。光源が見えないように配慮している
360
360
360
10
75
275
6
5
モルタル金鏝仕上げ
㋐20
25
60
15
65
20
20
65
15
65
20
トランスは玄関収納内のPSに納めている
LEDテープライト

部分詳細図　S=1:15

玄関に至るアプローチの階段に、LED テープライト［※］を設置。フットライトと意匠を兼ねる、華やかな外部照明とした。段板の表面はモルタルの金鏝仕上げで光沢を出し、ライン照明の光を美しく反射させている。蹴込みをやや深く取り、階段を上る際に光源が直接見えないよう配慮している。夜間でも足元がくっきりと浮かび上がるので安全。照明に誘われ、玄関に自然と導かれるような仕掛けとなっている

事例：TNG

※「LED テープライト屋外用 ウォームホワイト 3000K」（トキ・コーポレーション）

ENTRANCE&APPROACH

2章　玄関・アプローチ

ENTRANCE & APPROACH

01 玄関・アプローチと庭を兼ねる開放的な空間

密集地であっても中庭が欲しい場合は、玄関・アプローチを兼ねた路地のような細長い中庭を設けるのもよい。家に入る際に必ず通るアプローチ部分を緑や光で演出できる。中庭に面した部分に大開口を設けることも可能なうえ、玄関・アプローチの植栽が暮らしに彩を添える効果もある。その際、建物の平面形状を整形につくるのではなく、あえて凸形にすると空間が生まれ、2つの中庭ができる。この住宅では中庭に突き出たかたちで玄関を配置。建物の顔である玄関にも、居室と同様の開放感を感じられる。

【玄関の奥と手前に庭を設けて一体感を演出】

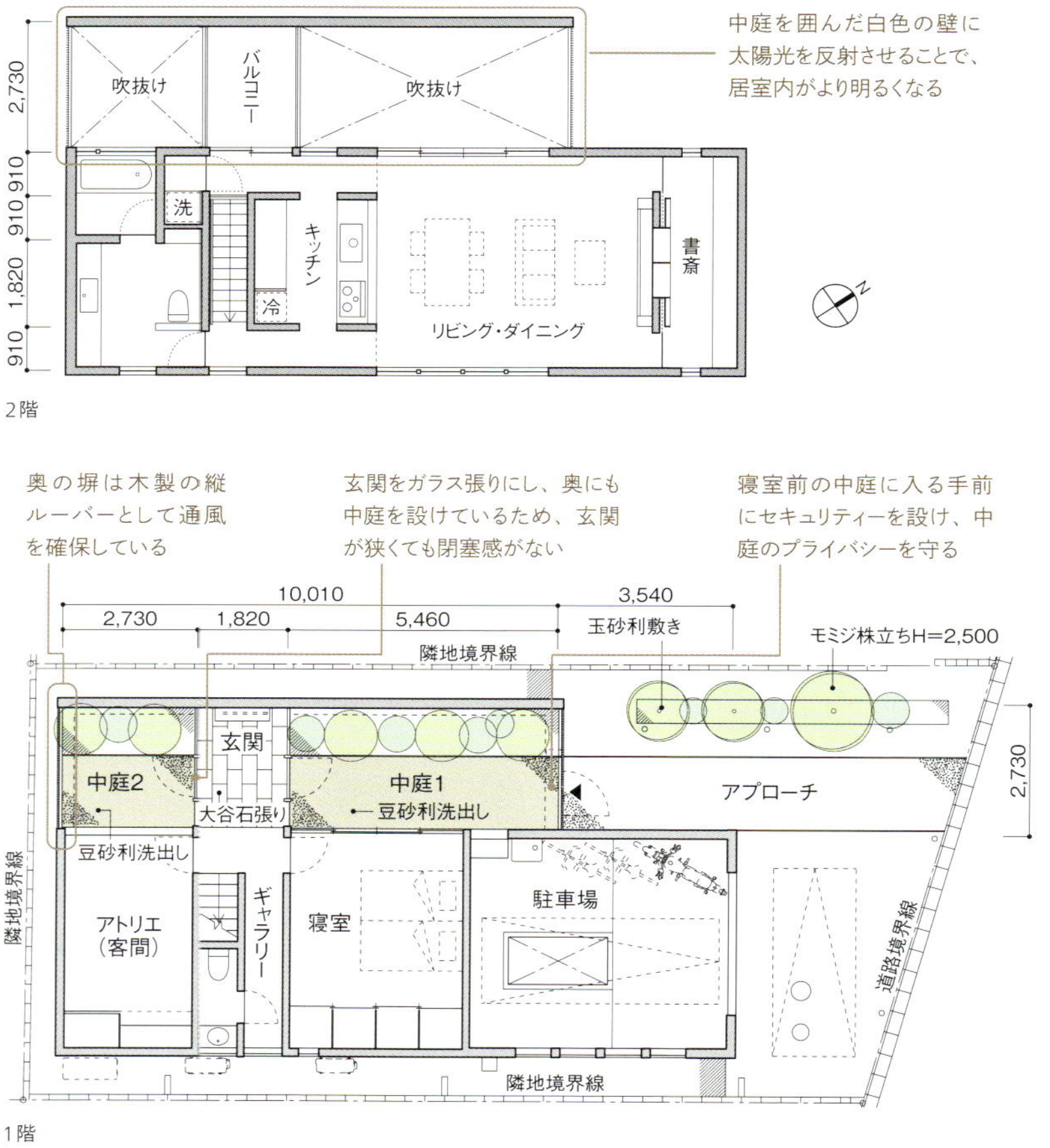

中庭を囲んだ白色の壁に太陽光を反射させることで、居室内がより明るくなる
2,730
910
910
1,820
910
吹抜け
バルコニー
吹抜け
洗
キッチン
冷
リビング・ダイニング
書斎
2階
奥の塀は木製の縦ルーバーとして通風を確保している
玄関をガラス張りにし、奥にも中庭を設けているため、玄関が狭くても閉塞感がない
寝室前の中庭に入る手前にセキュリティーを設け、中庭のプライバシーを守る
10,010
3,540
2,730
1,820
5,460
玉砂利敷き
モミジ株立ちH=2,500
隣地境界線
玄関
中庭2
中庭1
豆砂利洗出し
大谷石張り
アプローチ
2,730
豆砂利洗出し
隣地境界線
アトリエ（客間）
ギャラリー
寝室
駐車場
道路境界線
隣地境界線
1階

平面図　S＝1:200

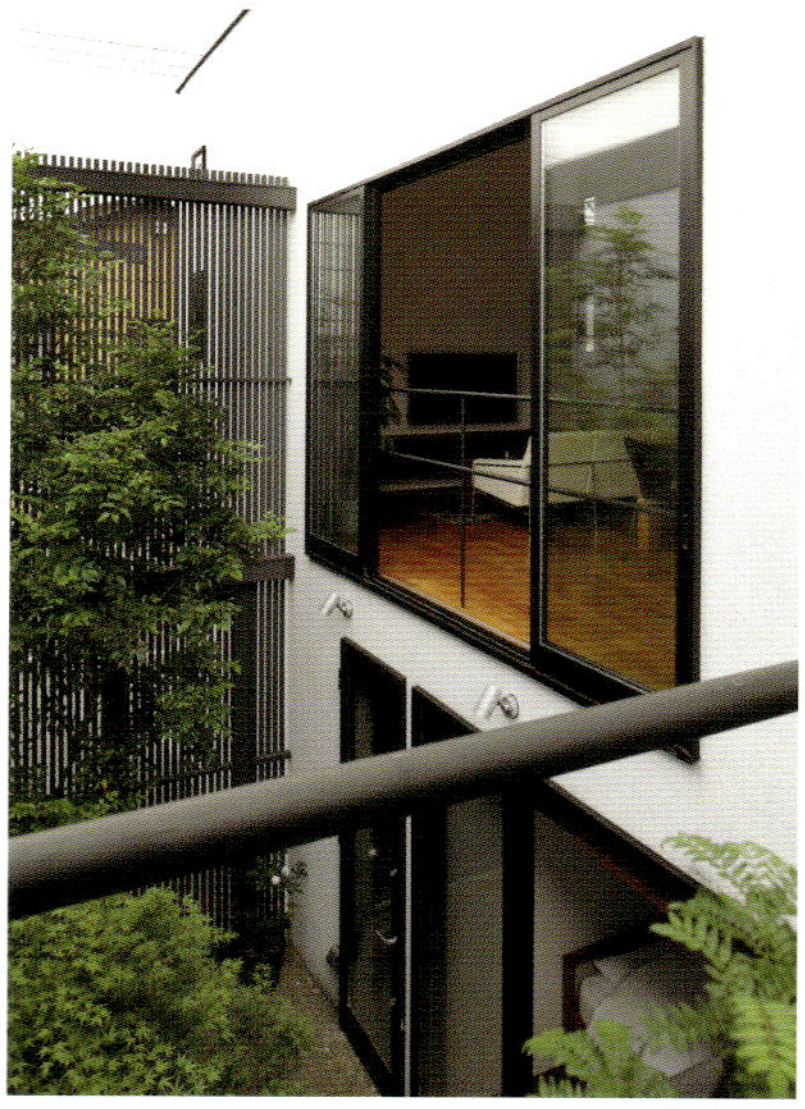

上：庭との一体感を高めて、空間を広々と感じられるように、2階のリビング・ダイニングに大きな掃出し窓を設けている。バルコニーに面していない掃出し窓には落下防止用の手摺が必須｜下：バルコニーからリビング・ダイニングを見る。前面道路側のルーバーによってプライバシーを守りつつ眺望と通風を確保

1階のアトリエから中庭を見る。庭は玄関を挟んで2つに分割されている。それぞれ寝室とアトリエから別々に庭を楽しめる

玄関がガラス張りなので奥の中庭まで視線が通り、広々とした玄関・アプローチとなっている。玄関上部はテラスとすることで、手前と奥の中庭を分断せず一体的な外部空間にできる

ENTRANCE & APPROACH

02

敷地の余白に緑を植えて街に溶け込む佇まいに

敷地を目一杯使い切ることは住空間を豊かにするうえで重要だが、敷地境界線ぎりぎりに塀や壁が高くそびえる計画にしてしまうと、地域に対して閉鎖的で、圧迫感のある住宅となってしまう。街並みの景観にも配慮するのであれば、敷地境界線沿いに余白をつくり植栽を施すとよい。敷地と道路の境界線があいまいになり、自然な佇まいとなるとともに、美しい緑を街に提供できる。さらに、行政庁の許可が必要になるが、敷地と公道の間の余白部分まで植栽を拡張すれば、より街並みに溶け込んだ住宅となる。

【道路沿いの緑で街と建物を彩る】

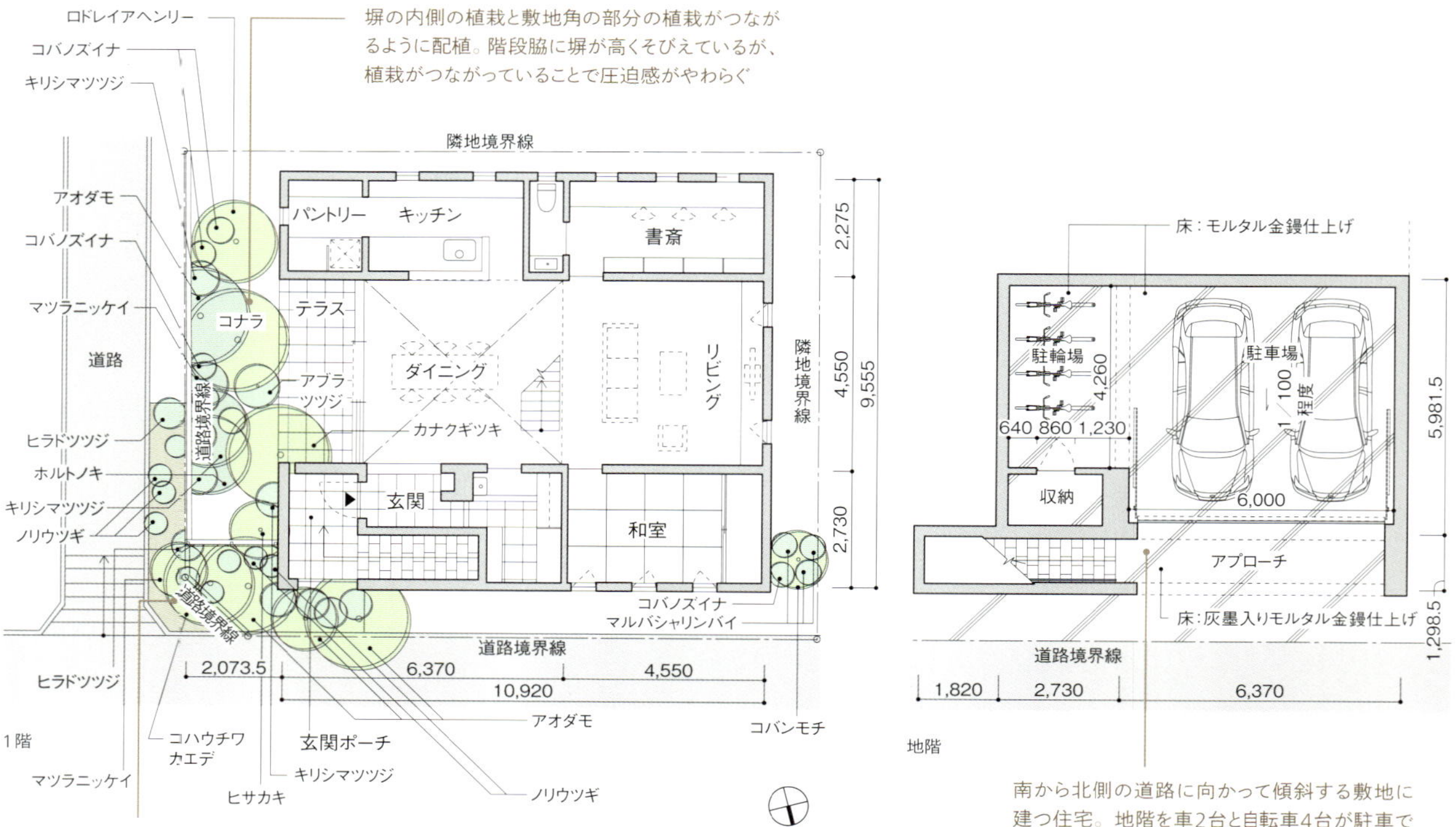

塀の内側の植栽と敷地角の部分の植栽がつながるように配植。階段脇に塀が高くそびえているが、植栽がつながっていることで圧迫感がやわらぐ
ロドレイアヘンリー
コバノズイナ
キリシマツツジ
アオダモ
マツラニッケイ
道路
コナラ
ヒラドツツジ
ホルトノキ
ノリウツギ
隣地境界線
パントリー
キッチン
書斎
テラス
ダイニング
リビング
アブラツツジ
カナクギツキ
玄関
和室
道路境界線
2,275
4,550
9,555
2,730
2,073.5
6,370
4,550
10,920
コバノズイナ
マルバシャリンバイ
アオダモ
コバンモチ
1階
コハウチワカエデ
玄関ポーチ
キリシマツツジ
ヒサカキ
ノリウツギ
階段脇の舗装されていた部分（敷地外）に植栽を拡張し、街に豊かな緑を提供している
床：モルタル金鏝仕上げ
駐輪場
4,260
640 860 1,230
駐車場
1/100程度
5,981.5
収納
6,000
アプローチ
床：灰墨入りモルタル金鏝仕上げ
1,298.5
1,820
2,730
6,370
地階
南から北側の道路に向かって傾斜する敷地に建つ住宅。地階を車2台と自転車4台が駐車できるビルトインガレージとした。ガレージの入り口は玄関へのアプローチも兼ねている

平面図 S＝1:200

【外壁は植栽を引き立たせるキャンバス】

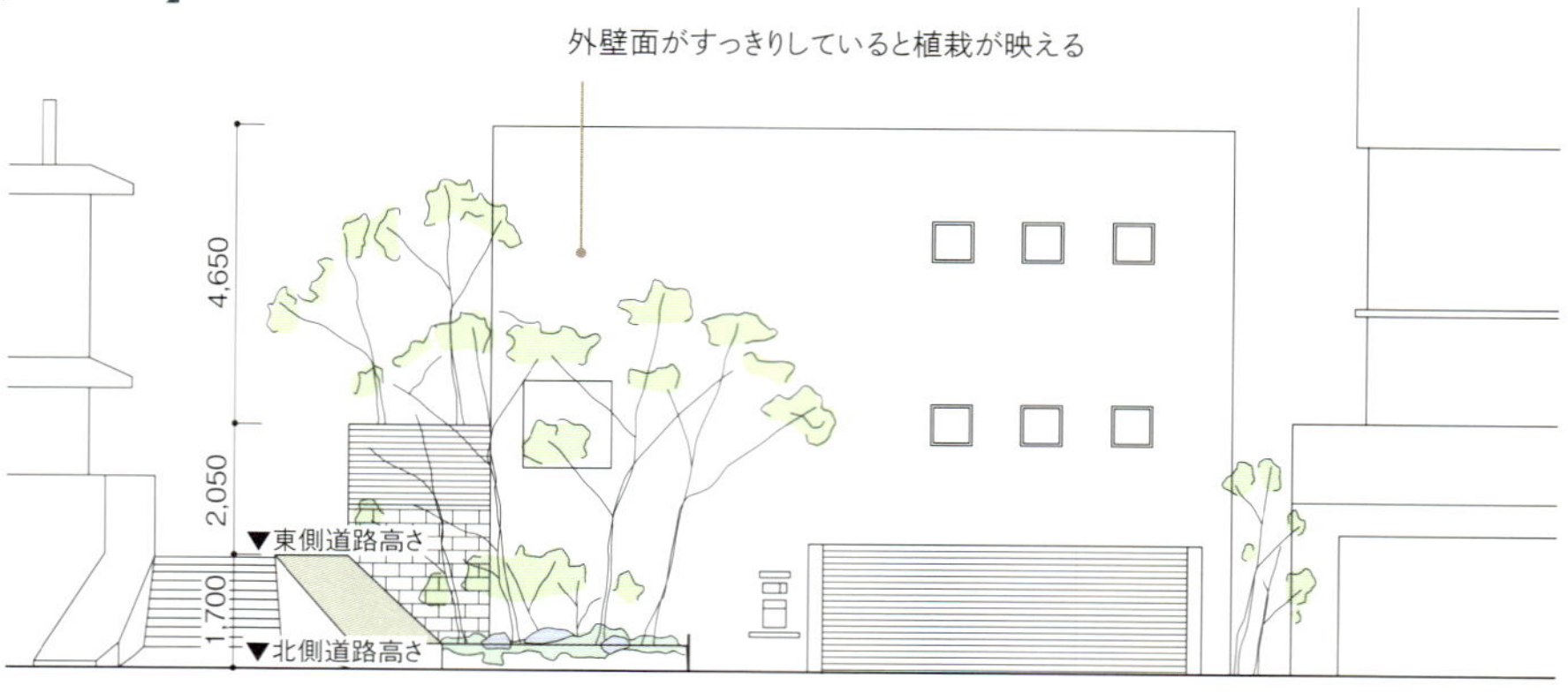

外壁面がすっきりしていると植栽が映える
4,650
2,050
1,700
▼東側道路高さ
▼北側道路高さ

立面図 S＝1:200

外壁面の要素を減らして白っぽい色に仕上げれば、植栽を美しく強調しやすい。本事例では、北側の前面道路に面する外壁のしつらえをシンプルにすることで、建物のファサードに配置された植物を美しく見せている

敷地内部分にも階段脇に植えたものと同じ植栽を植えることで、道路と敷地の境界線があいまいになっている

ENTRANCE & APPROACH

03

玄関までの道のりを豊かに演出する

道路と玄関を結ぶアプローチは、公共空間と私的空間の中間領域である。そのアプローチを緑豊かな空間に仕上げ、街に対して開放的な計画とすれば、街と住宅の良好な関係を築くことができる。特に道路と玄関にレベル差がある場合は、アプローチを長くとれば勾配が緩やかになり、玄関までの道のりが魅力的な場所になる。アプローチ沿いの植栽が充実していれば、その効果はさらに高まるだろう。

アプローチ部分の植栽は建物の引渡し後、住まい手によって手が加えられ、さまざまな表情に変化する。住まい手の趣味がガーデニングならば、最初から手を加える余白を残した植栽計画としてもよいだろう

【2階玄関に向かう緑豊かなアプローチ】

道路から玄関までの高低差を利用し、住まい手が幼少のころに遊んだ思い出の土手を再現している。芝生と季節の花が植えられた土手は、つくり込まれた植栽とは違い、住まい手が自由に植栽を楽しむことができる

1階のほぼすべてが駐車場と駐輪場であることから、玄関は中2階に設けている。玄関を1階に設けた場合に比べ、玄関から居室階までの階段が半分になり、室内の移動が楽になる効果もある

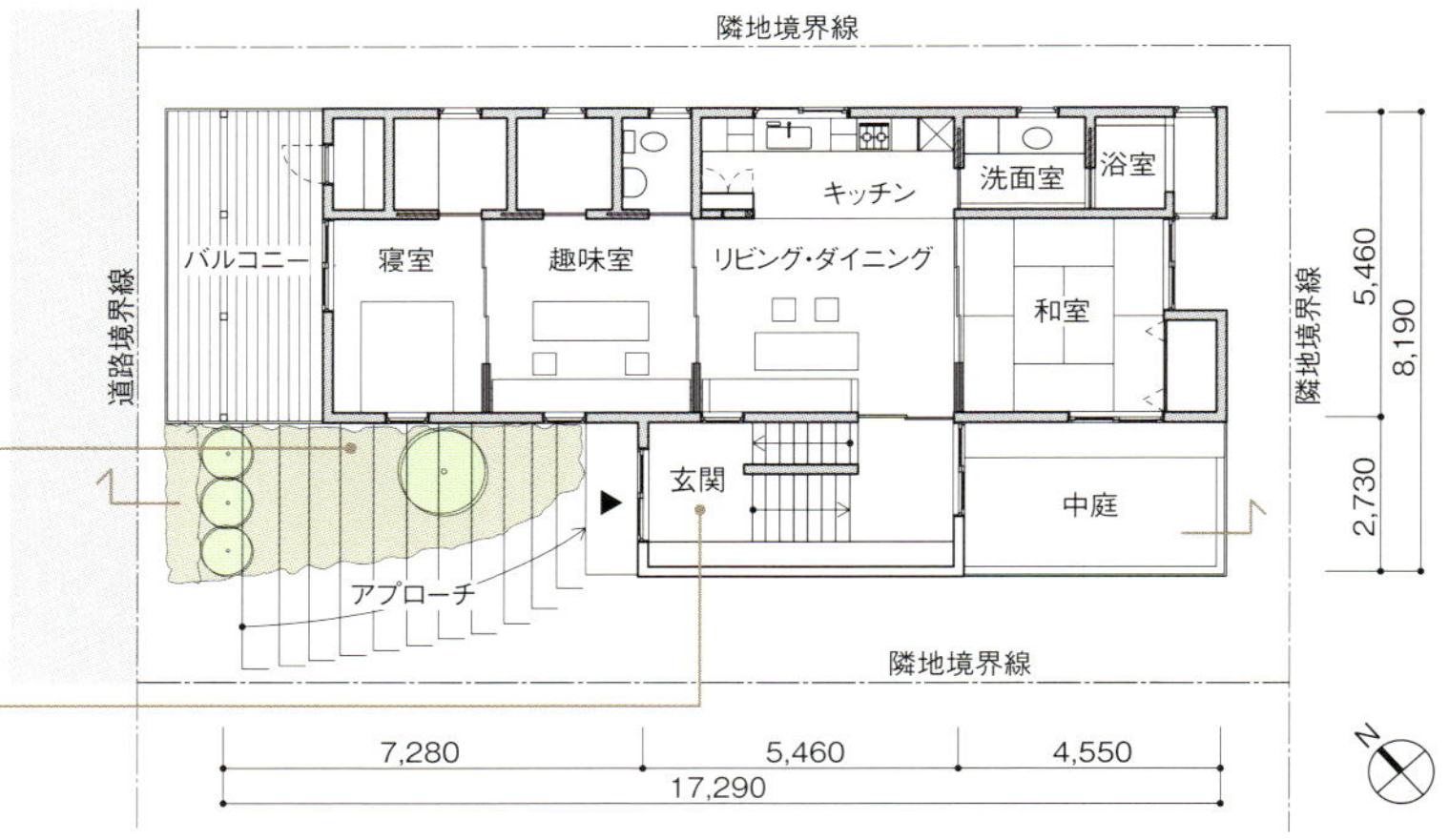

2階平面図　S＝1:250

アプローチ部分の盛土には、基礎工事をした際の残土を利用することでコスト削減になる

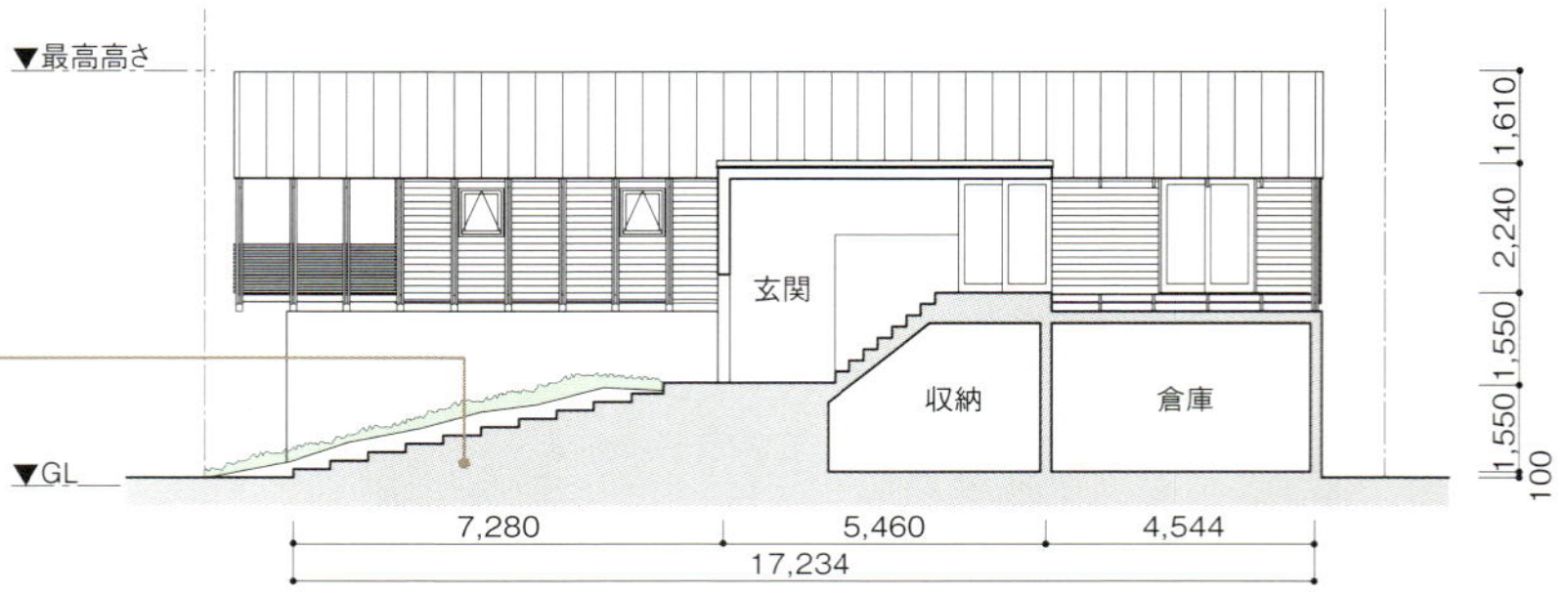

断面図　S＝1:250

ENTRANCE & APPROACH

04

アプローチを家の顔にする

アプローチは、家族や来客を迎え入れる最初の空間だ。前面道路と建物の間に駐車場を広く確保しなければならない場合でも、アプローチをしっかりつくり込み、温かみのある雰囲気をつくりたい。植栽や石壁などを生かして、この空間に視線を集めれば、無機質な駐車場が家の正面に配置されていても、住宅の印象は格段によくなる。

両脇に植えられた植栽がアプローチを包み込む。住宅の佇まいに温もりと安心感を与えられる

【車の間を抜けて玄関へ】

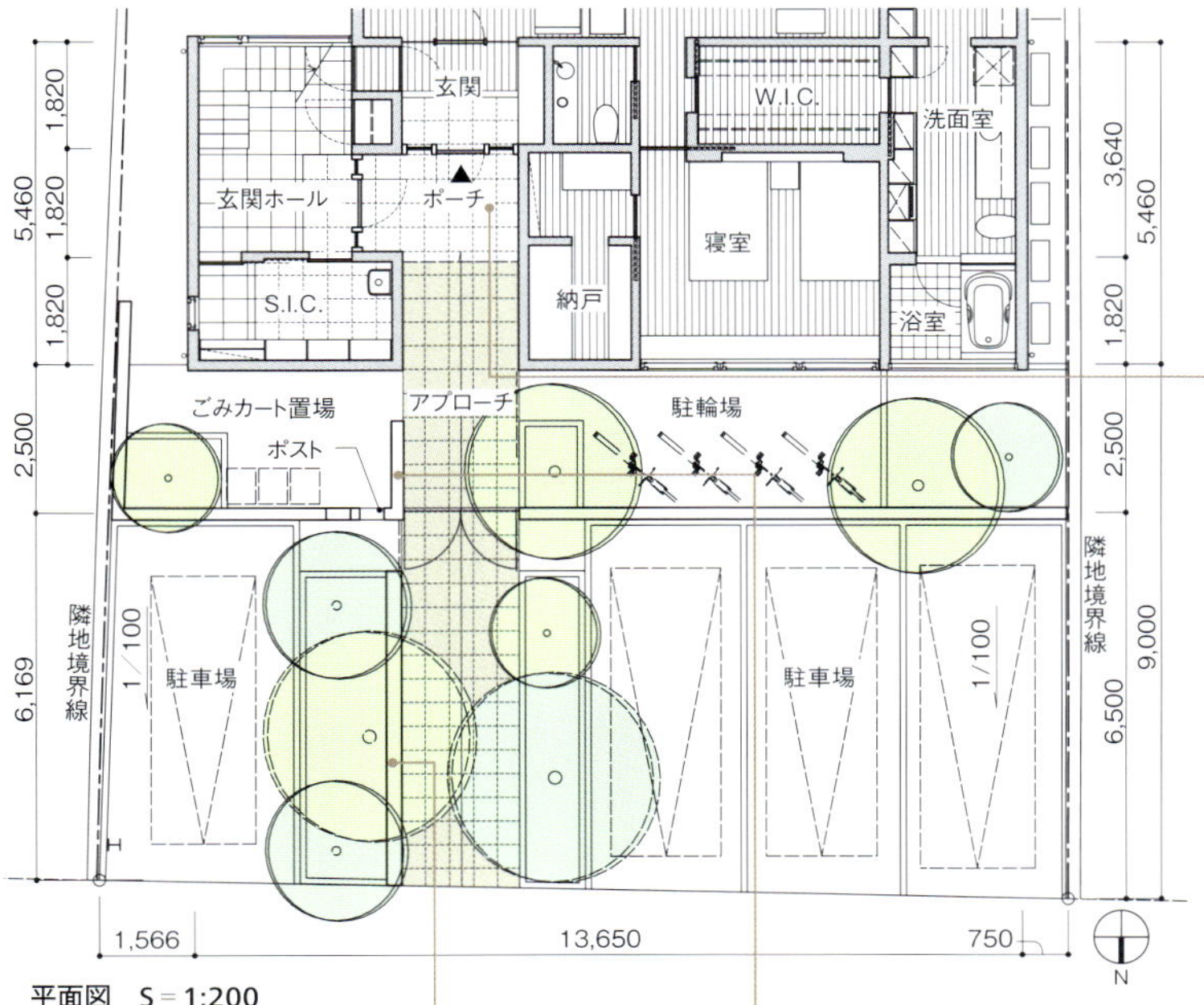

平面図 S＝1:200

夜間は、石畳に埋め込まれたアッパーライトで石壁全体を照らす。夜でも石壁がアイストップとして機能するだけでなく、反射光によりアプローチ全体の明るさを確保できる

アプローチに沿って、小端積みの石壁を設けた。帰宅時に前面道路からまず目に付く場所にアイストップとなる壁を設けて、アプローチを印象付けた

塀の内側には、ごみの仮置き場や駐輪場などが配置されている。袖壁と植栽を活用して雑多なモノを隠すことで、門をくぐった後でもアプローチの美しさが損なわれないようにしている

部分的にセットバックしているポーチ上部の外壁を門扉と同じ木で仕上げて、ファサードとアプローチの一体感を高めた。アプローチの温かみが建物へと連続していく

ENTRANCE & APPROACH

05

外壁の内側に開放的な玄関を

隣地や前面道路側に寄せて建物を建てる場合、隣家や道路からの人の視線をいかに回避し、住宅内のプライバシーを確保するかが課題となる。解決策として、隣地境界や道路境界側に外壁を立て、その内側に沿って玄関への動線を兼ねたアプローチ（中庭）を設ける方法がある。建物と外壁に挟まれてはいるものの視線は外壁に沿って空へと誘導されるので、圧迫感を感じることはない。

アプローチ（中庭）から玄関を見る。玄関や書斎（写真左側）の開口部は全開口にして、奥の中庭までひとつながりに広がる空間に感じさせている

【白い壁で採光と防音とプライバシーを確保】

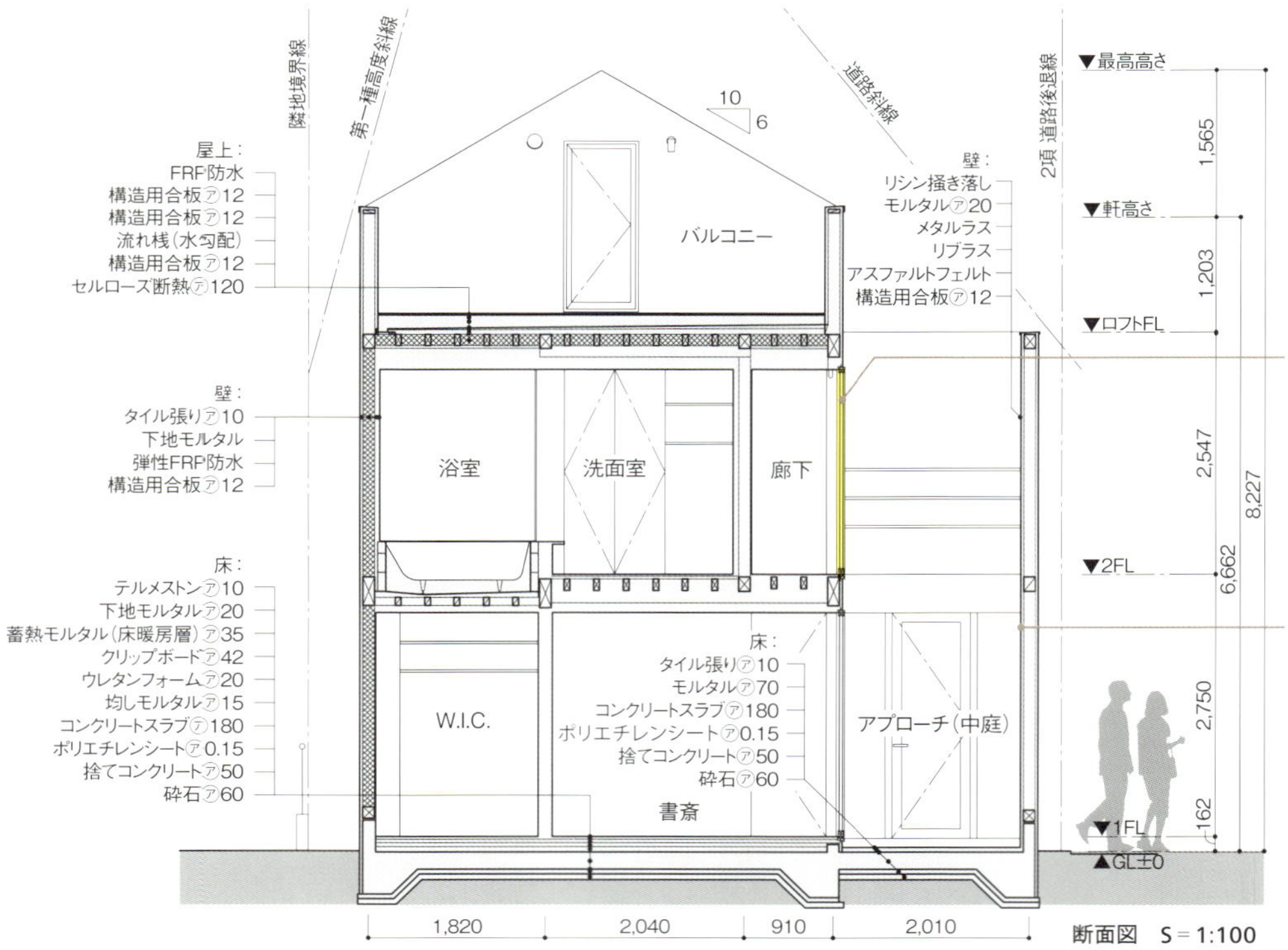

断面図　S＝1:100

建物の道路側の開口部はアプローチ（中庭）に向けて開くため、プライバシーを確保しながら開放感を得ることができる。カーテンやブラインドは不要

外壁の仕上げ材の色を明るくすれば光の反射率が高まり、1階室内への光の拡散効果を高められる。また外壁によって道路側の騒音を低減することもできる

ENTRANCE & APPROACH

06

住まい手を誘い込む小さなアプローチ

都市部の小さな敷地に駐車場を設けると、自動車の間をすり抜けて玄関にアクセスするケースは多い。そのような限られたスペースでも、しっかりとアプローチを設ければ、敷地の小ささを住宅の魅力に転換できる。ここでは、駐車場の脇にコンクリートの壁と木の庇に囲われた小さなアプローチを設けている。前面道路から玄関までの奥行きを強調することで、プライベート感のある特別な空間が生まれた。

複数の素材の組み合わせによってアプローチを構成すれば、空間の奥行きはさらに強調される。ここでは、打ち放しコンクリートとガルバリウムの壁、レッドシダーの天井や建具、玄昌石張りの床など、さまざまな素材を使用している。小さな空間は人と仕上げ面の距離が近づくため、無垢材や天然石などの素材感を感じられるモノを使いたい

【奥行きのある空間は奥を明るく】

車1台と自転車3台を置けるように、奥に深い駐車場とした。駐輪場の屋根は、玄関付近が明るく見えるように、光を透過するポリカーボネート製としている

玄関までのアプローチはあえて光の差さない暗い空間とし、玄関前を明るい空間とすることで、人を奥へと誘い込むような構成とした

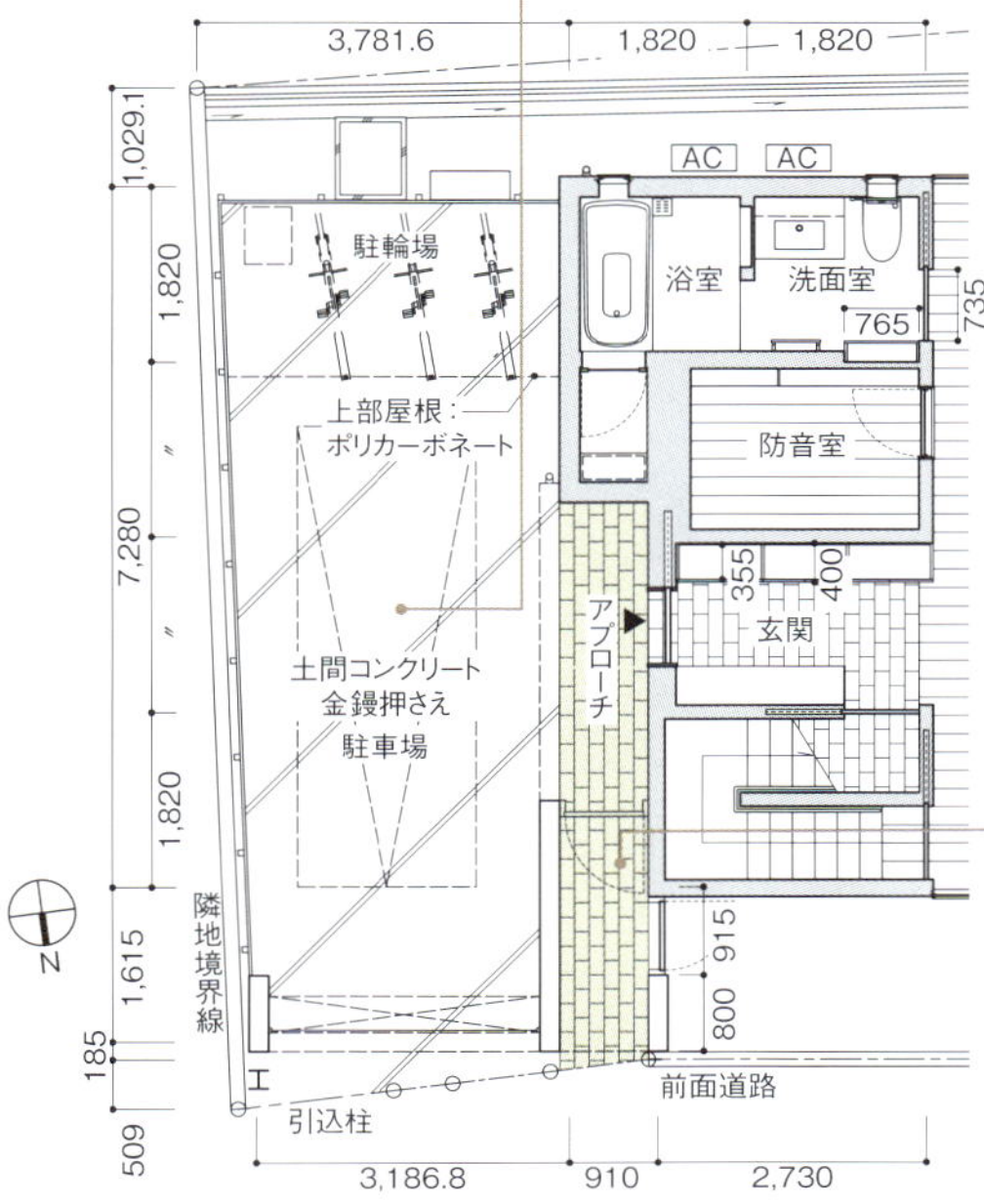

1階平面図　S＝1:150

駐車場とアプローチを隔てるコンクリートの壁は、アプローチから車を隠すだけでなく、アプローチに籠り感と奥行きを演出する効果も発揮する

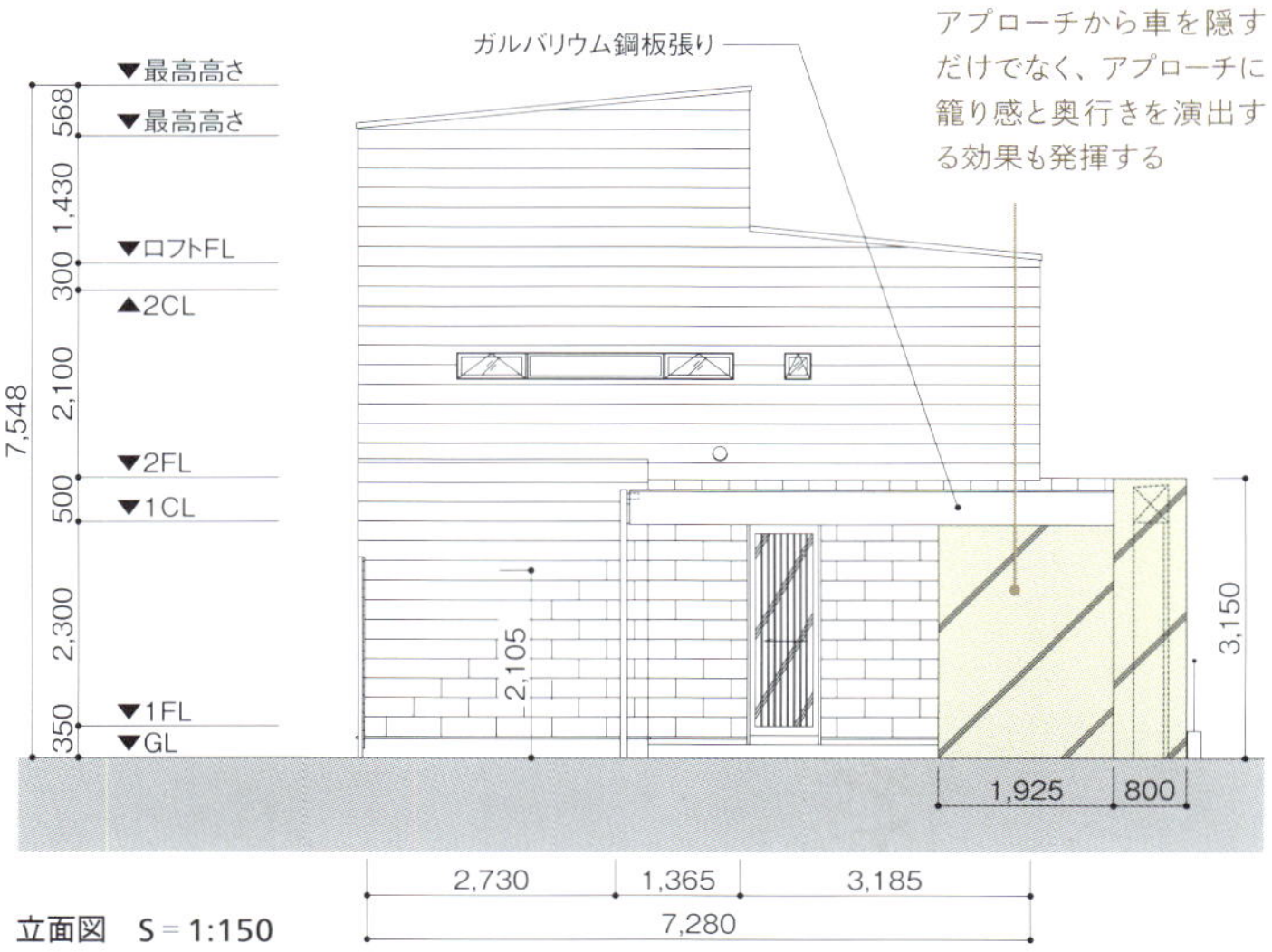

立面図　S＝1:150

ENTRANCE & APPROACH

07

枠のない建具で玄関ホールを広々と

玄関ホールを広々とした美しい空間に仕上げることで、住宅の雰囲気にゆとりが生まれる。この住宅では、広い玄関ホールを家の中央に配置することで、シューズインクロゼット・階段・寝室・水廻りに効率よくアクセスできる間取りとした。建具を額縁のないシンプルな引込み戸に設えることで、壁と建具が一体的に見え、開放時も閉鎖時も玄関ホール全体がすっきりとした印象にまとまる。額縁のない建具は、開閉の際にドアが当たるので戸先側の柱や戸尻側の壁に強度が必要となる。下地材で補強をするなどの工夫が必要だ。

【広い玄関ホールで住宅にゆとりを】

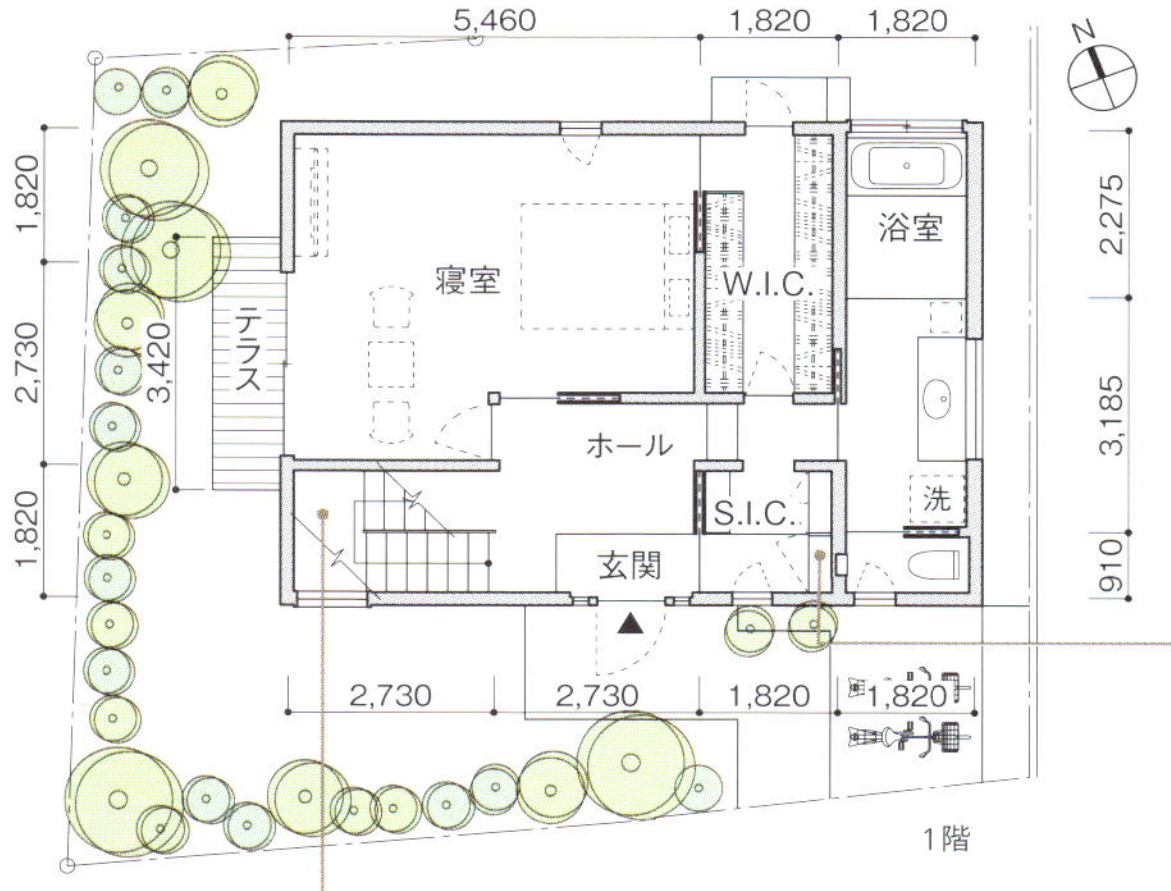

2階のLDKを開放的なワンルーム空間とするために、1階に個室と水廻りを集約させている

シューズインクロゼットの収納の扉に大きな鏡を張り、靴を履いた状態でも全身を確認できるようにしている。鏡の存在によって、シューズインクロゼットが開放されていても、玄関ホールが美しく見える

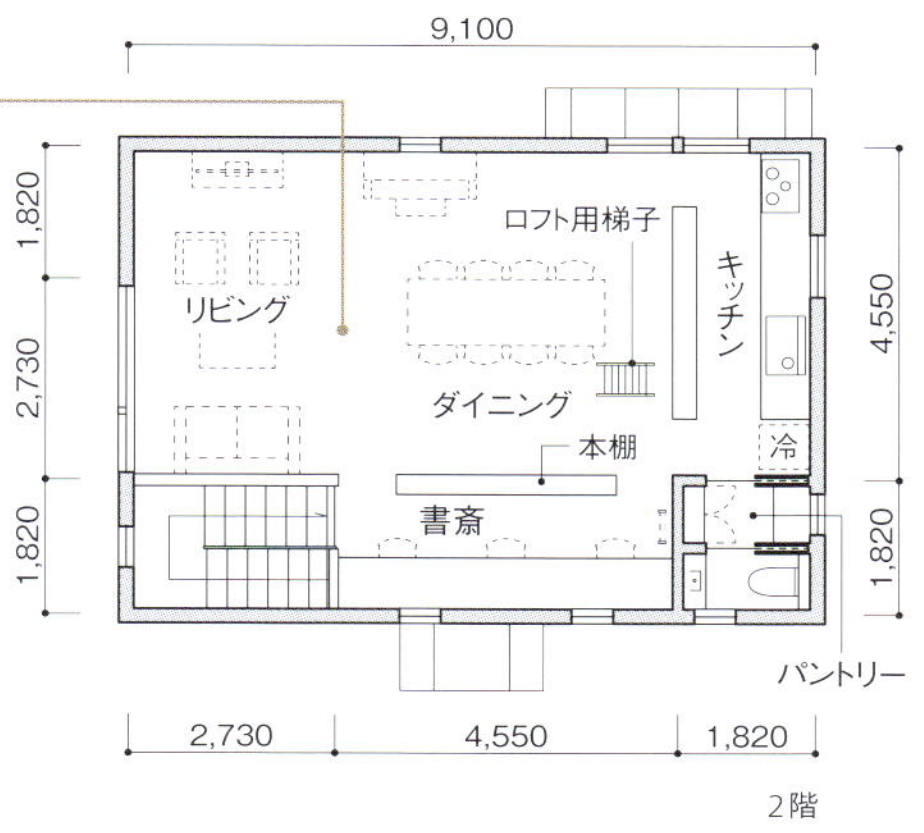

階段は玄関ホールに設けられているため、空間の印象を左右する重要な要素となる。玄関ホールのオブジェのような存在となるように、片持ちのシンプルなスケルトン階段とした[46頁参照]

平面図　S＝1:200

【戸の変形を防止する】

戸先側の柱や戸尻側の壁には、ライナー紙を表面に張り付けたクロス下地用合板の「Mクロス」（丸玉産業）を張り、耐久性を高める

戸尻側の壁の下地には、アルミのフラットバーを入れて、扉の変形を防止する

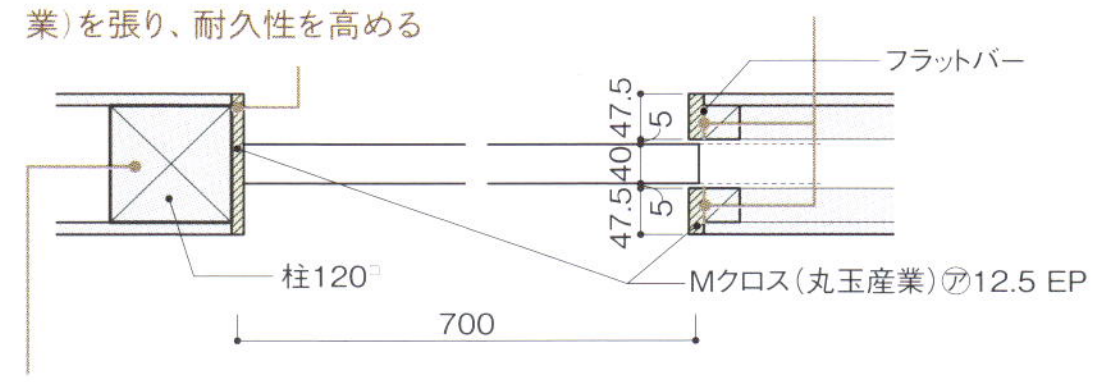

引込み戸平面詳細図　S＝1:15

戸が反ったり変形したりすることを考慮し、柱は120角以上のものを使うと精度が出しやすい。105角以下では、木の変形などにより、うまく納まらない場合がある

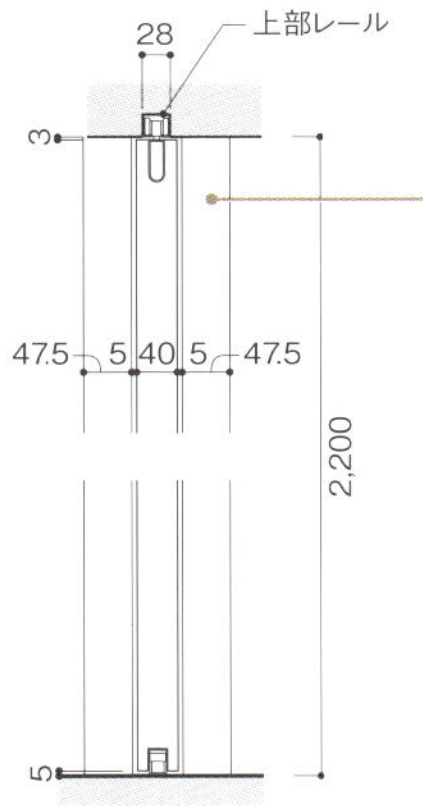

水廻りなどの湿気の多い場所では、木が動く場合があるので戸を引き込む壁側の下地にフラットバーを入れるとよい。ここは玄関廻りの建具なので木に変形の心配がないため石膏ボードで壁を構成している

引込み戸断面詳細図　S＝1:15

右：シューズインクロゼットの戸を開けた様子。額縁がなく、視線が奥まで抜けるため奥行感が強調される｜左：シューズインクロゼットの戸を閉めた様子。壁と戸を一体に見せることができるため、要素が多くなりがちな玄関もきれいに仕上げることができる

ENTRANCE & APPROACH

08

玄関ポーチの庇を外観のアクセントに

この住宅では、壁面を開口部のない四角い箱のように見せる一方で、厚みのある玄関ポーチの庇や、壁面を縦断するベイスギの格子といった要素を組み込むことで、バランスのよいファサードをつくっている。アプローチを覆う玄関ポーチの庇は、見付けの高さが620㎜。アプローチに沿ってファサードの側面に突き出すだけでなく、庇を正面の壁面にも回すことで厚みを強調し、存在感を強めている。ベイスギのルーバーは、2階浴室とバルコニーの目隠しと通風の機能を兼ねている。1階までルーバーを延長させて、装飾的な性質を強めた。

外観には窓が一切見えず、庇とスリットのみが際立つように、プランを整えている

【側面の庇は厚みをもたせて】

薄い鉄板の庇[38頁参照]は、正面から見る場合は、ファサードをすっきりと整えるうえで非常に効果的。しかし、真横から見える位置に設けてしまうと、庇上面のリブが目立ってしまい少し安っぽい印象になる

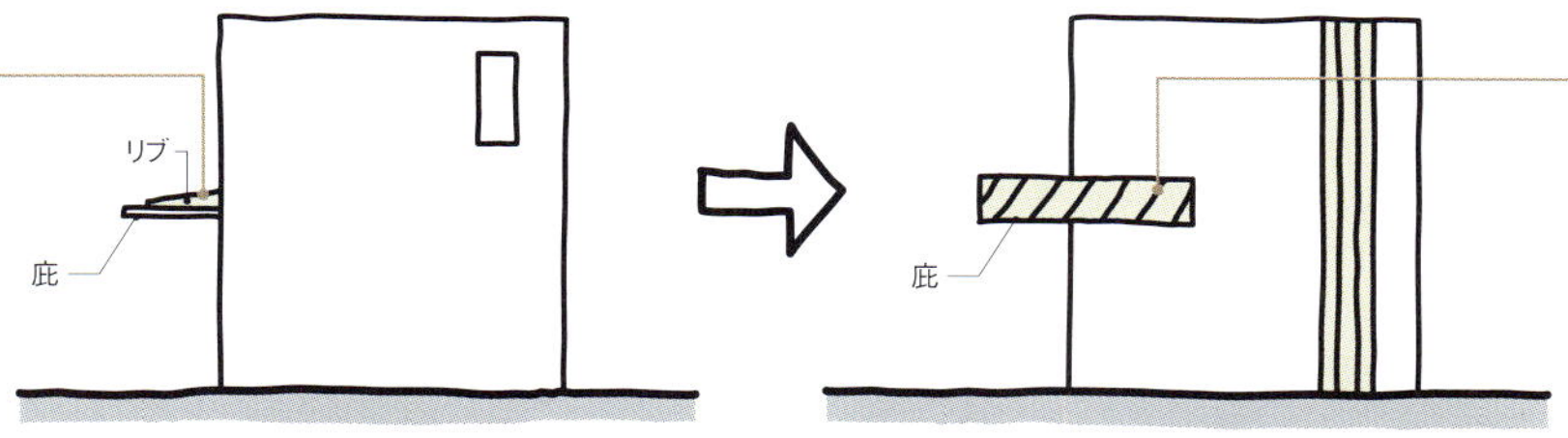

庇が間横から見えるファサードは、庇に厚みをもたせて存在を強調するとよい。ボリュームの出隅部分で庇が切れるとバランスが悪くなるが、正面に少し巻き込ませることで、外観がまとまる

【庇を際立たせたシンプルな外観】

立面図上は最高高さ7,970㎜の切妻が最も高く描かれるが、実際は奥行きがあるため、陸屋根のみが外観として現れる

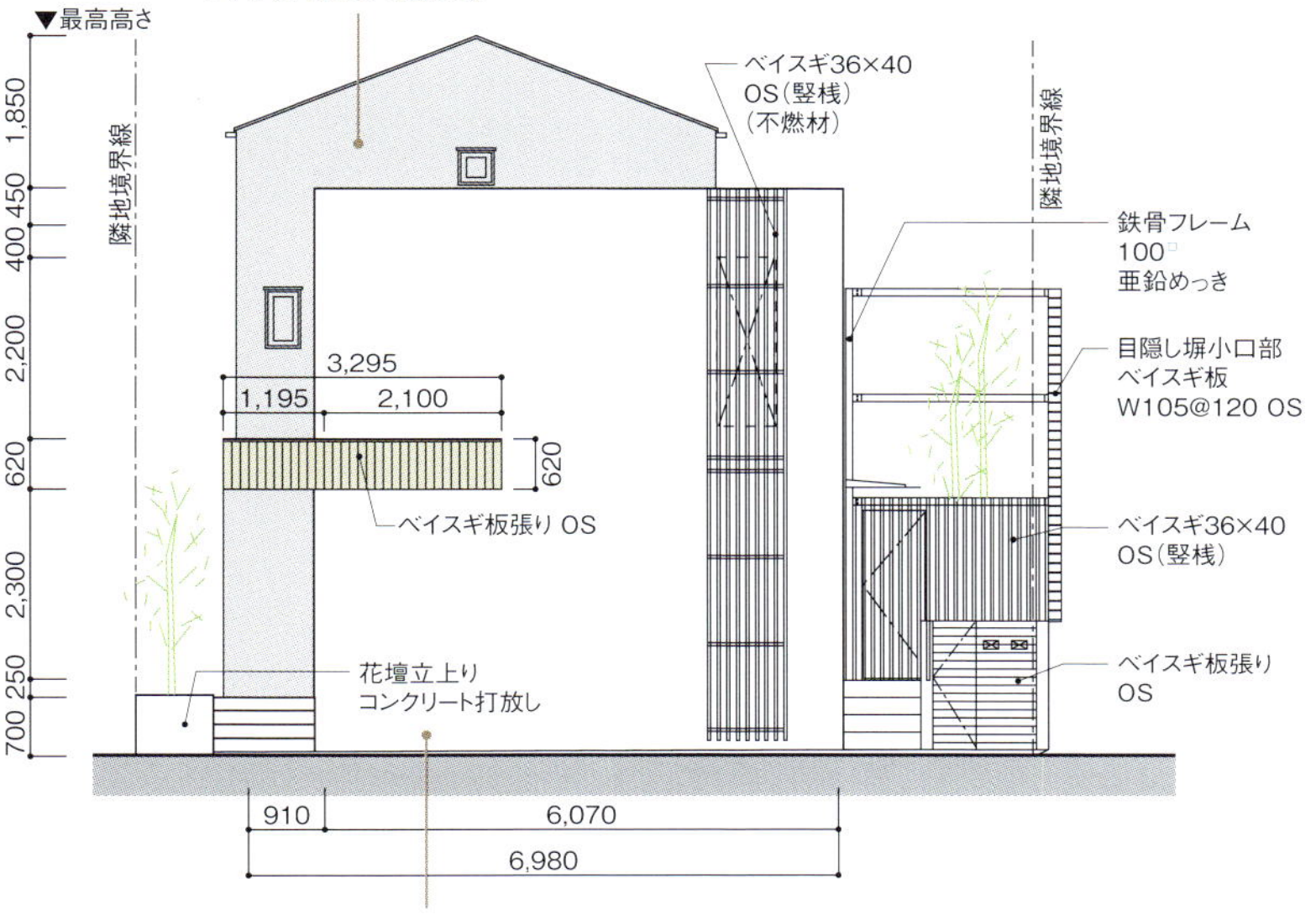

外観は白の左官仕上げ。木製の庇とルーバーを組み合わせることで、素材感が際立つ

立面図　S=1:150

プランの都合上、ファサード側に水廻りなどの空間が集中している。ファサードにトイレや洗面浴室などの換気口や換気窓を配置するのを避けるために、建物の側面壁やトップライトを換気窓に活用した

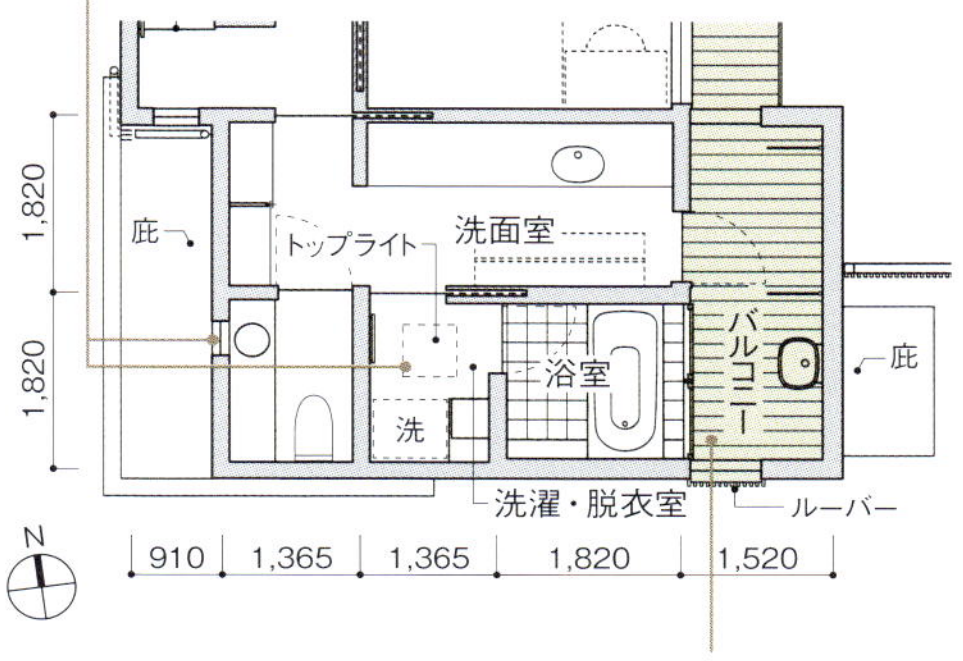

浴室の換気窓は、2階の物干し用のバルコニーに面している。前面道路からのプライバシーとバルコニーの通風を両立させるために、道路側の外壁面にルーバーを設けた。ルーバーは1階まで延長させることで、ファサードのデザイン要素としての存在感を強調している

2階平面図　S=1:150

【3つの屋根形状を組み合わせる】

外観をスクエアに見せるために道路側のボリュームは陸屋根、2番目のボリュームは小屋裏空間を得るために切妻、最も奥のボリュームは北側斜線をかわすために片流れとしている

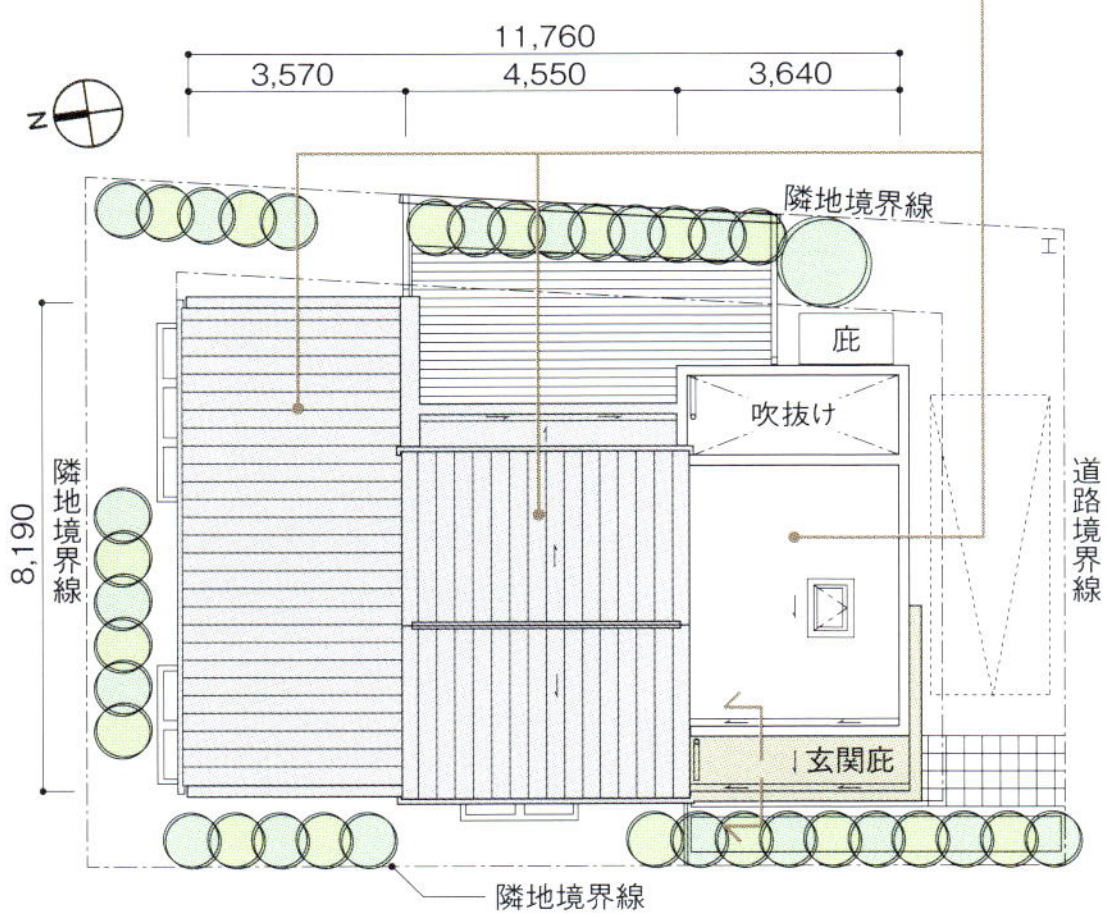

配置平面図　S=1:250

【厚い庇はしっかり防水】

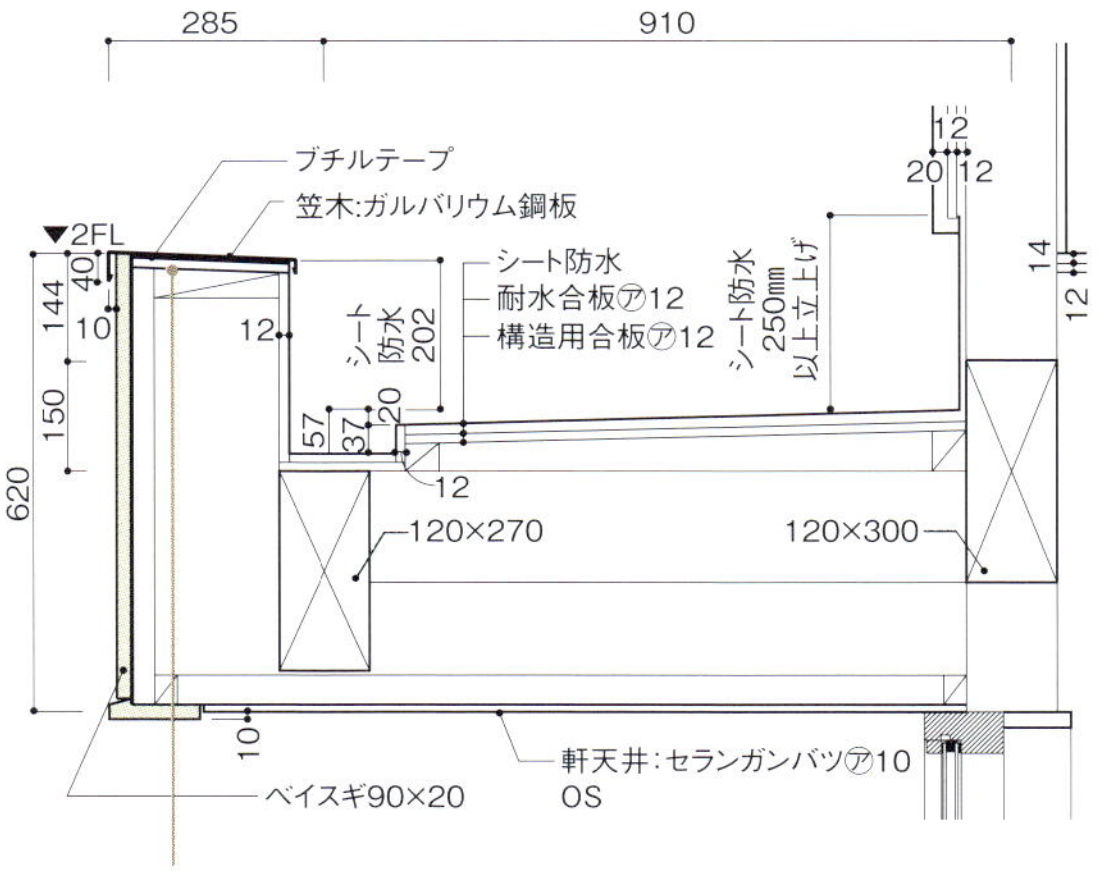

木庇の笠木部分は笠木下にもシート防水を施工し、雨漏りを防ぐ。また、シート防水の上端にもブチルテープを施し、内部に水が入らないようにしている

玄関庇断面詳細図　S=1:20

ENTRANCE & APPROACH

09

鉄板1枚のシャープな玄関庇

玄関をファサードの正面に配置する場合、鉄板を用いて庇を薄く見せることで、すっきりとした印象にまとめやすい。庇の色を外壁の色に合わせてなじませれば、よりシンプルな印象にできる。庇の出幅は、玄関ドアが雨に濡れないように、ドアの軌跡が庇の下にしっかりと隠れる程度は確保したい。また、強風の吹き上げによって、庇が飛ばないように、下地に確実に固定する必要がある。

2階には小窓が等間隔でリズムよく並んでいる。庇をシャープに仕上げれば、そのリズムを崩すこともない

【庇の上部はリブで補強】

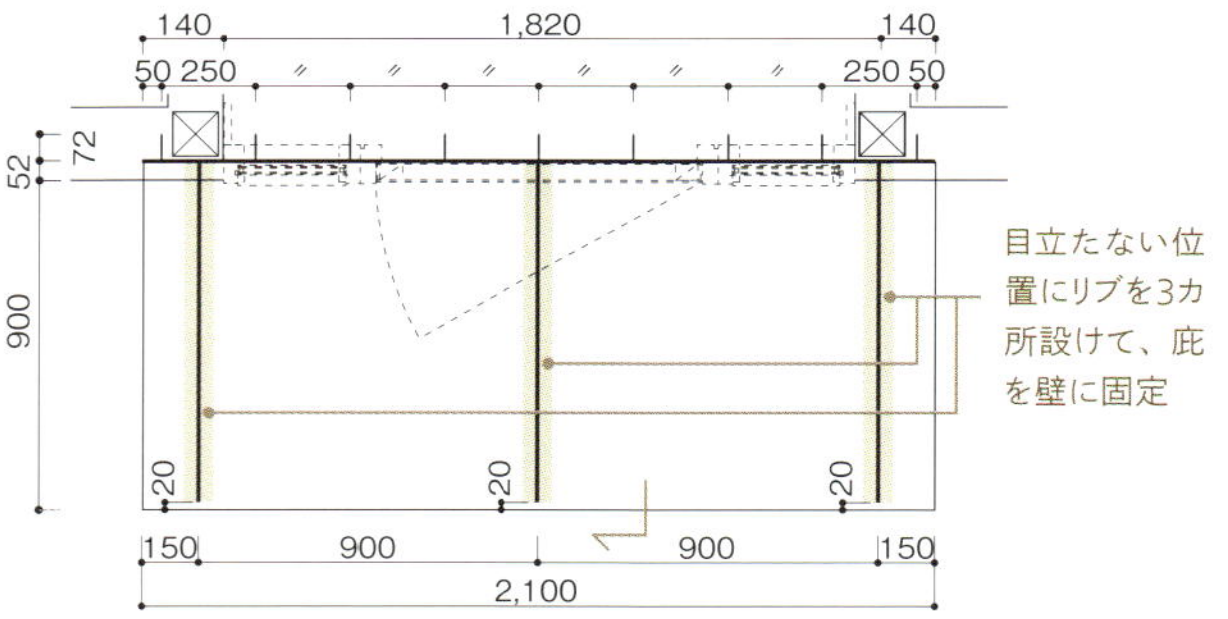

平面図　S＝1:40

【防水と雨仕舞いはしっかりと】

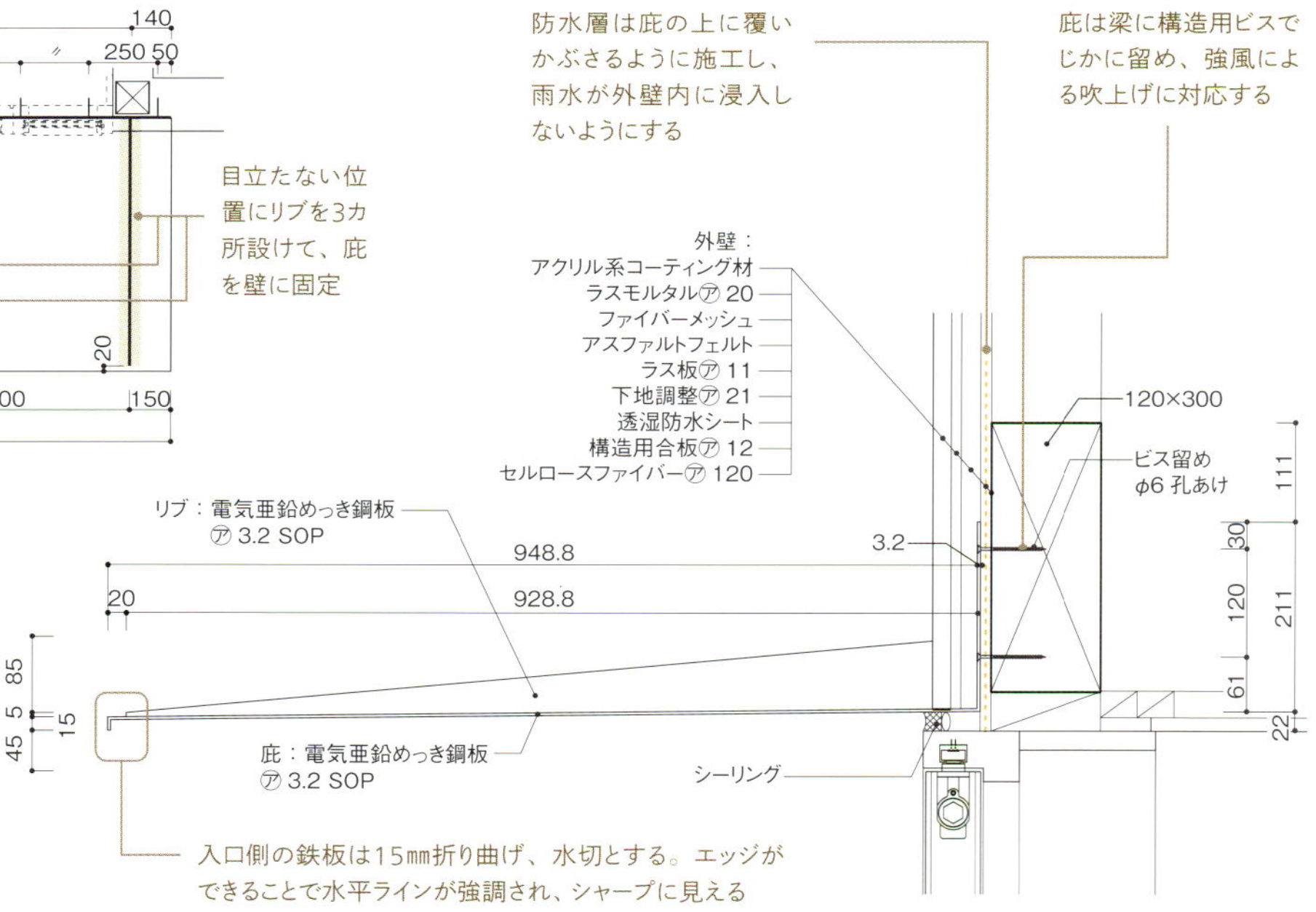

断面図　S＝1:12

STAIRS

3章　階段

STAIRS

01

片持ちの折板階段を空間のアクセントに

白を基調とした1階の廊下に黒い直階段を設けて階段を空間の見せ場としている。片持ちの折板階段を採用することで、軽やかでありながら安定した印象の階段となった。また、ここでは階段下のスペースが洗面台となっているが、折板階段の蹴込み板が、階段を降りた先にある玄関から、洗面台の様子を隠す役割も担っている。手摺は、太めのスチールパイプを細い手摺子1本だけで支えているかのようなデザイン。2階の壁に手摺を固定することで手摺子の数を省略した。

【 安定感のある黒い直階段 】

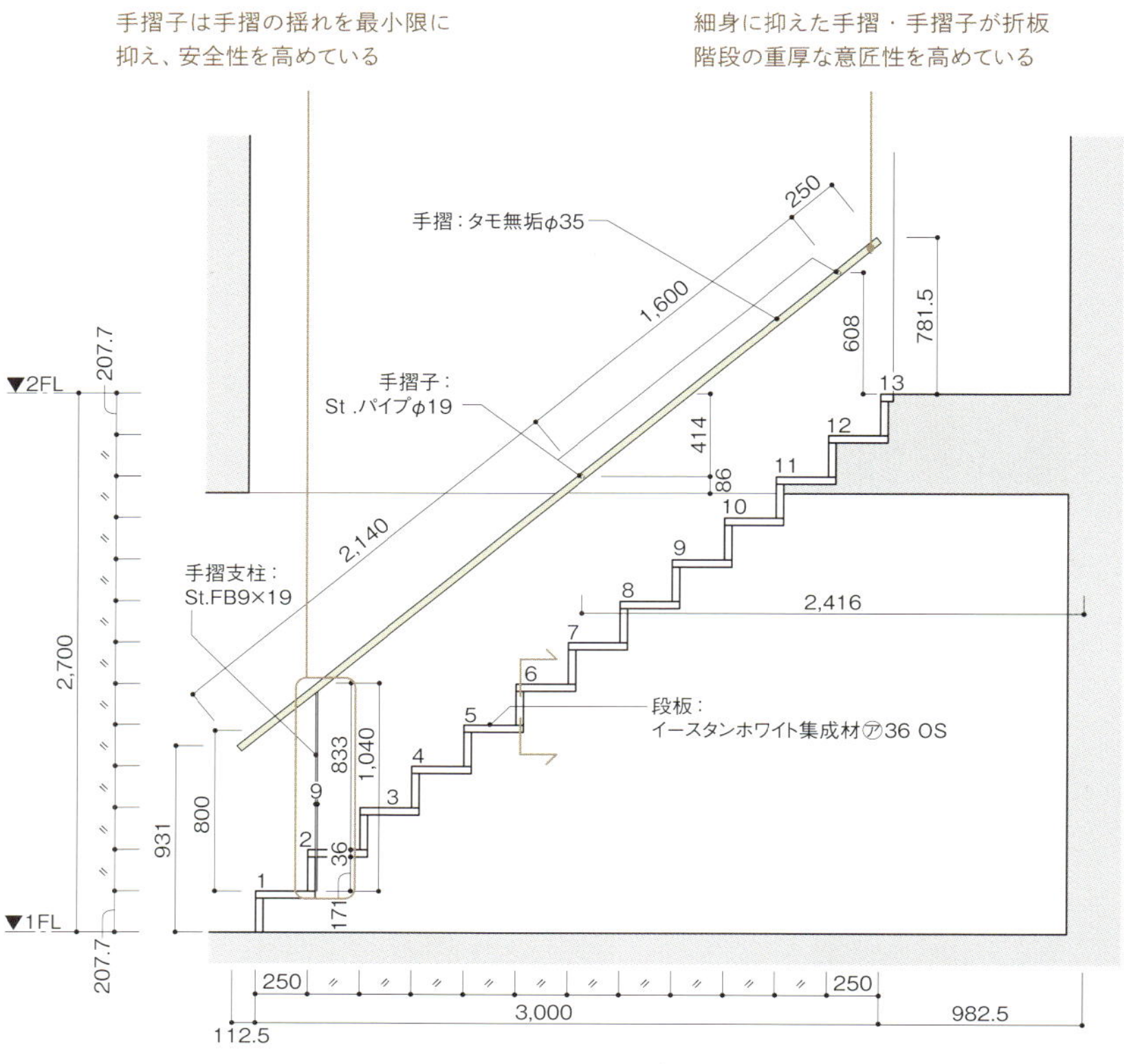

断面図　S＝1:50

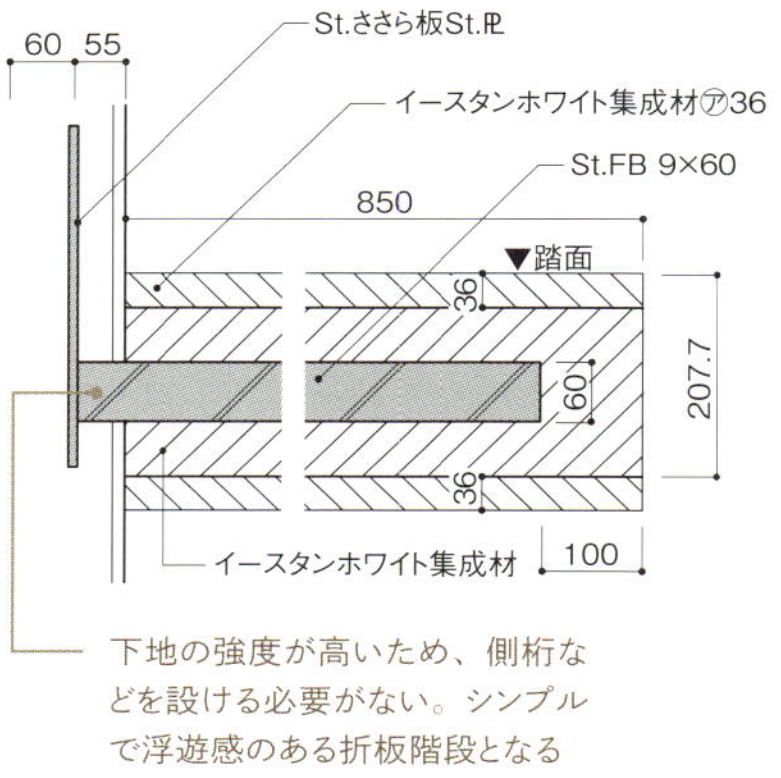

階段断面詳細図　S＝1:15

下地の強度が高いため、側桁などを設ける必要がない。シンプルで浮遊感のある折板階段となる

1階平面図　S＝1:200

小さな住宅でスペースを有効活用するために、1階の廊下に洗面台を設けた。洗面台の部分を外側に突き出すことで必要な奥行きを確保し、玄関から洗面台の存在が目立たないようになっている

南側の個室から階段下の洗面台を見る。洗面台の部分のみ外壁を外側に突き出して奥行きを確保。また、上部と左右の隙間を開口部とすることで通風と採光を得ている

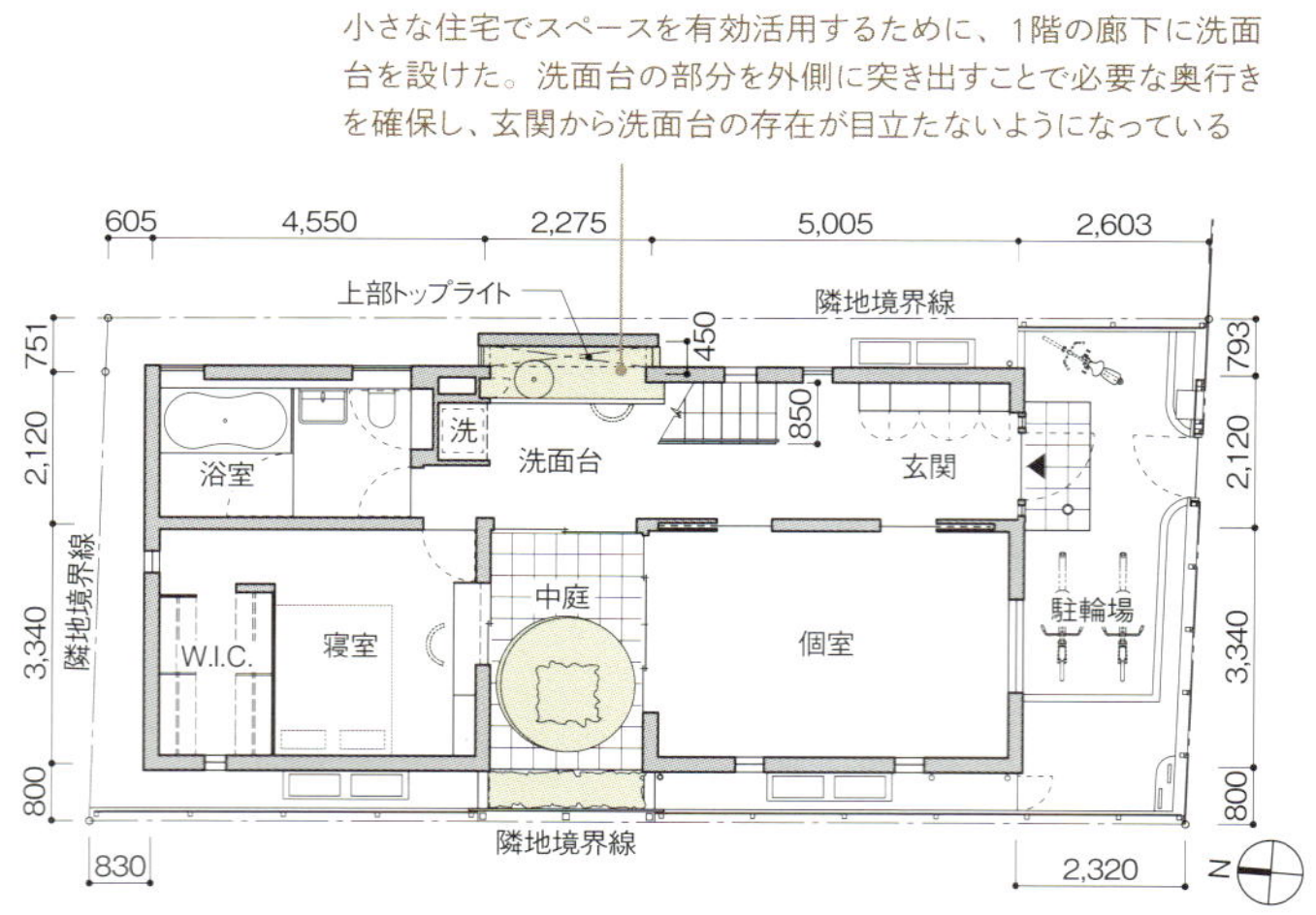

1階の床の白いタイルに光が落ちると、
階段の輪郭がより強く浮かび上がる。
階段の色は2階の床材であるウォルナ
ットに合わせ、床がそのまま降りてきた
ような印象をもたせている

片持ちの直階段は側面からの見え方に配慮したい。ここでは1階の図書スペースに面した階段の上下に、同じ大きさの小窓を対角に配置してバランスをとった。上下の窓は、それぞれの用途や周辺の建築要素に応じて適切な配置が微妙に異なるため、段板と開口部の距離ができるだけ均等に見えるように調整しながら位置を決定する必要がある。また、手摺子には細いスチールバーを採用。親柱を省略してシンプルにまとめ、片持ち階段の軽やかさを生かしている。

STAIRS

02

開口部の配置で直階段を印象的に見せる

【親柱のないシンプルな手摺】

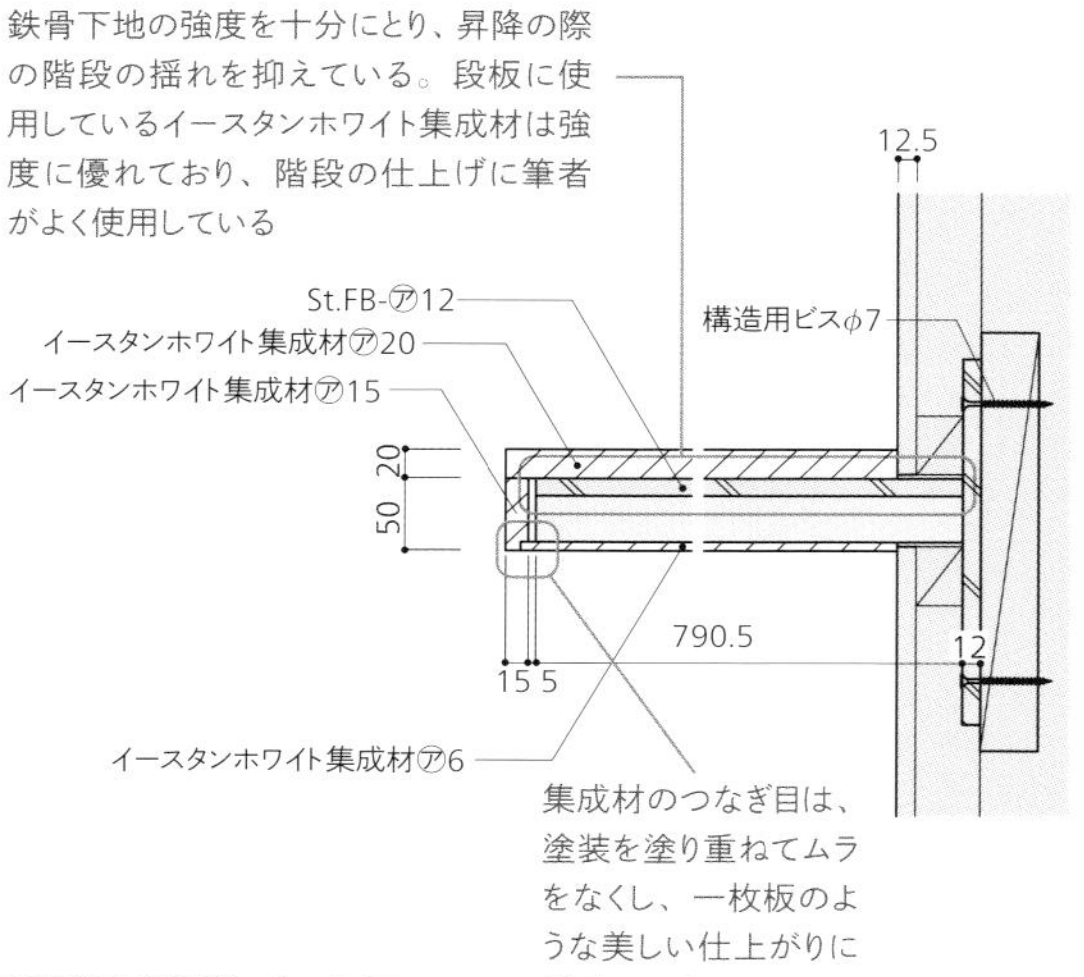

階段断面詳細図 S＝1:10

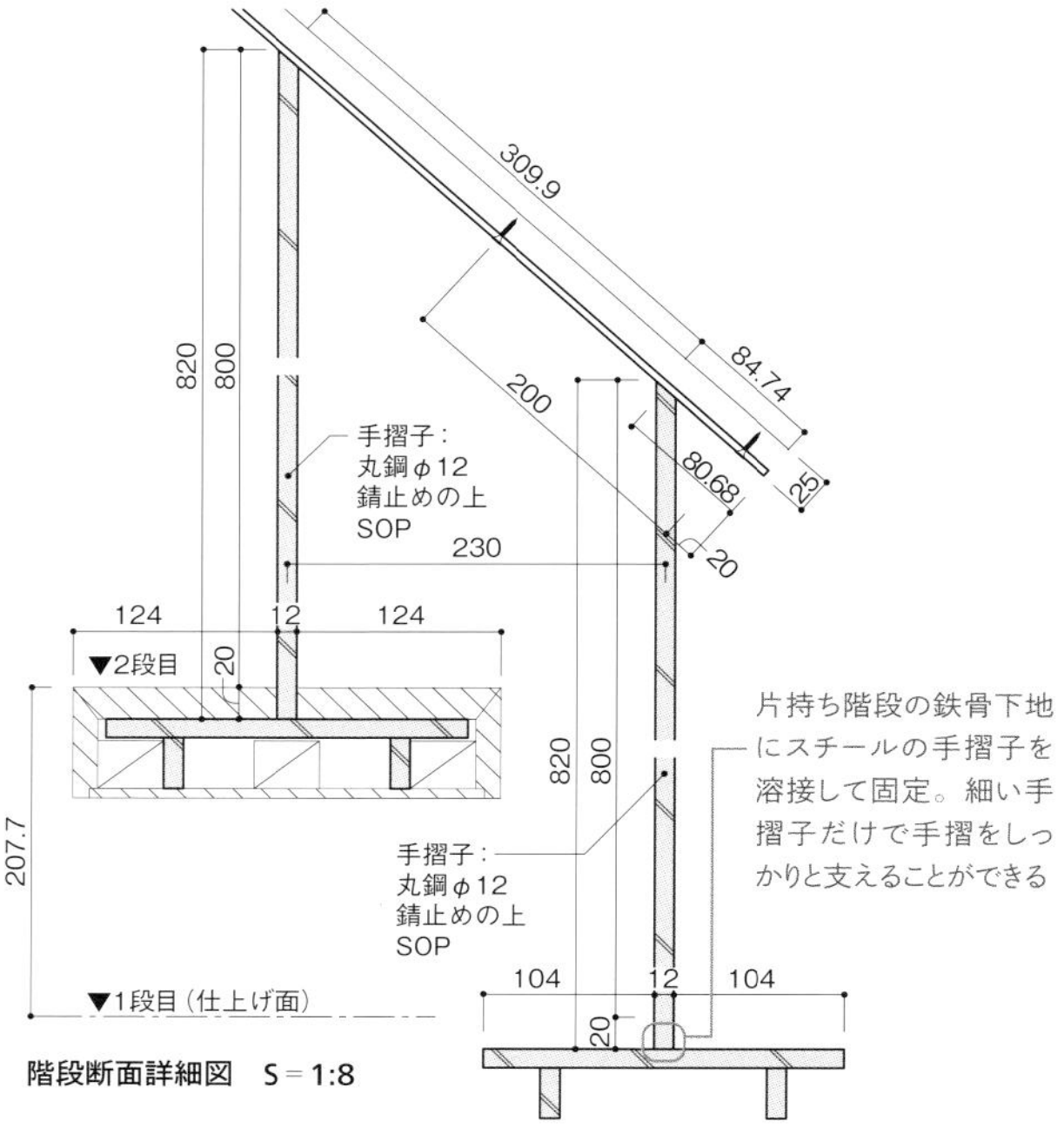

階段断面詳細図 S＝1:8

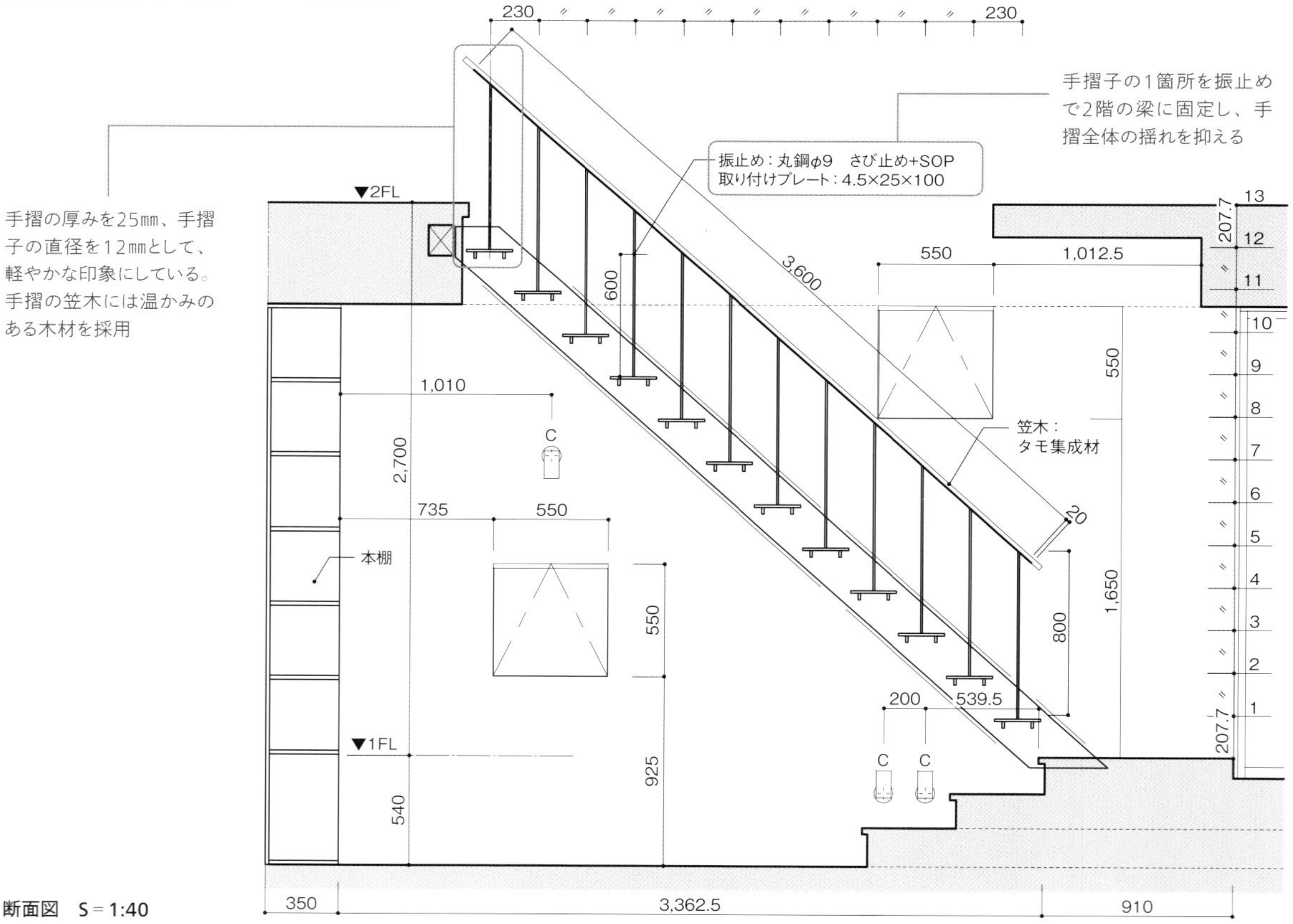

断面図 S＝1:40

階段下から光を当て、階段をオブジェのように見せている。段板の間から漏れる光は、昇降する際の安全確保にも役立つ

STAIRS

03

中庭で分割された空間を シンプルな階段でつなぐ

敷地の高低差を生かすため、スキップフロアとした住宅。交通量の多い道路に面した小さな角地で、周囲に住宅が密集しているため、建物の外周に開口部を設けにくい敷地条件であった。ここでは、スキップフロアをつなぐ中央階段の両脇に小さな中庭を設け、この庭に向けて大きな開口部を設けている。階段室に大きな開口を設けたことで吹抜けを介して採光・通風・視線が抜けるため、プライバシーを守りつつ心地よい空間が実現した。階段は鉄骨のささら桁で構成されたシンプルなスケルトン階段。光と風が通りやすく、小さな住宅を開放的に演出できる。

スキップフロアは、フロアどうしを直接結ぶことで空間のつながりを強める効果があるが、ここでは中庭をあえて配置することで、各フロアどうしの関係に適度な距離感を生みだし、家全体に採光を得ている

【階段と中庭を介して空間がゆるやかにつながる】

【手摺をシンプルに納めて階段をすっきり】

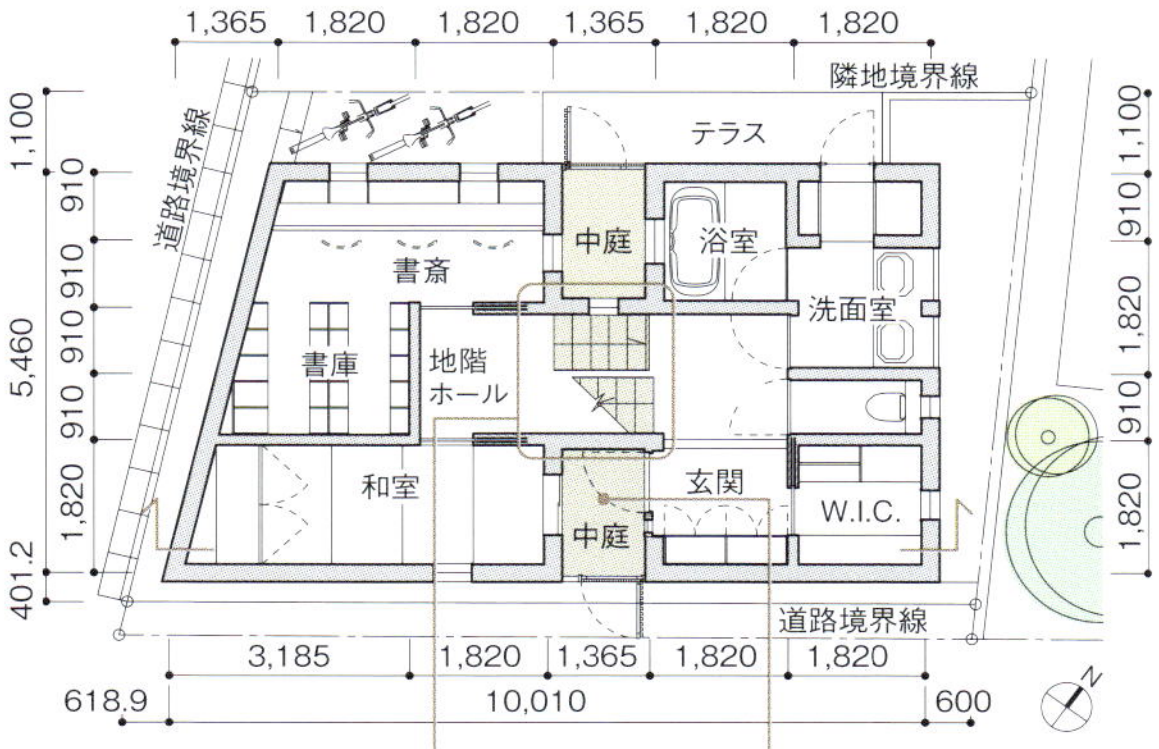

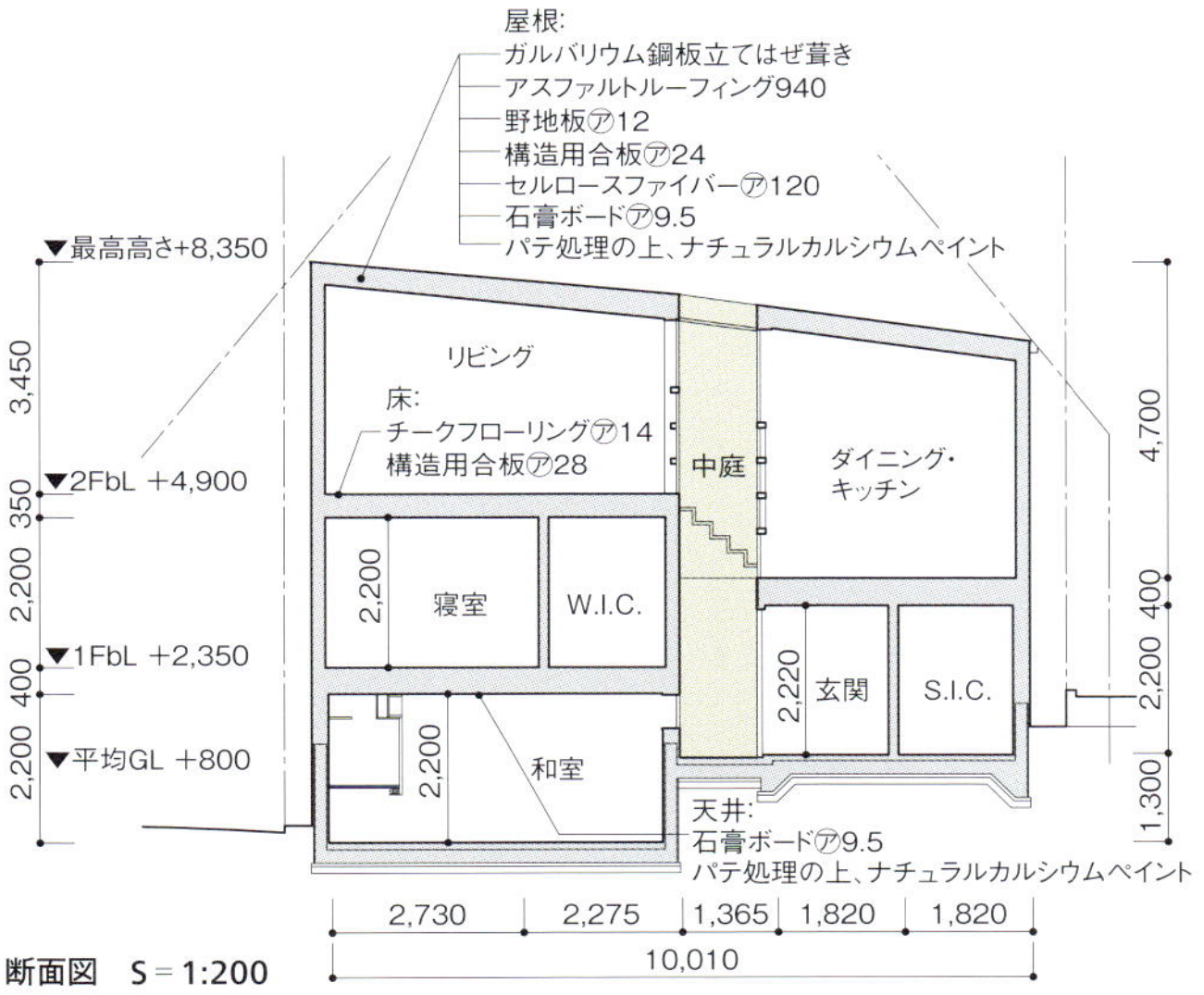

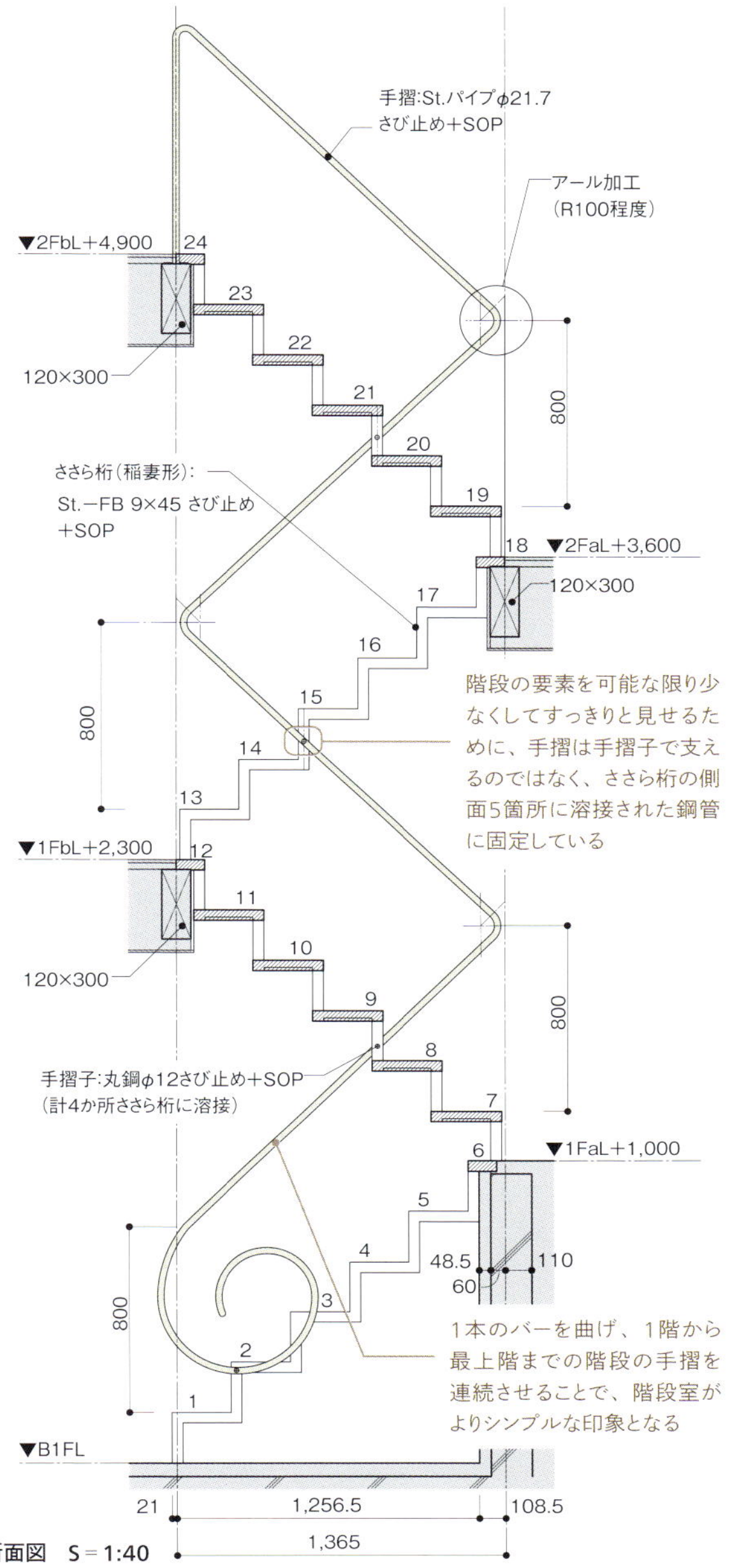

階段断面図　S＝1:40

1階平面図　S＝1:200

フロアどうしの視線の抜けを確保するために、スケルトン階段のようなすっきりとした設えが求められた。開口部があるため階段室の壁には段板を固定できず、ここでは鉄骨のささら桁で段板を支える納まりを採用

2つに分かれた建物のボリュームを折返し階段がつなぐ。建物の中央に配置された階段室には、2つの中庭に開く大きな開口部が設けられており、階段室から建物全体に採光を得ている

断面図　S＝1:200

階段の要素を可能な限り少なくしてすっきりと見せるために、手摺は手摺子で支えるのではなく、ささら桁の側面5箇所に溶接された鋼管に固定している

1本のバーを曲げ、1階から最上階までの階段の手摺を連続させることで、階段室がよりシンプルな印象となる

【採光と通風用のルーバーを外観のアクセントに】

2方向からの道路に挟まれているので、プライバシーのため開口部を大きさ、数ともに最小限にしぼった。外壁に開口部が少ないので、視線は中庭へと向かう

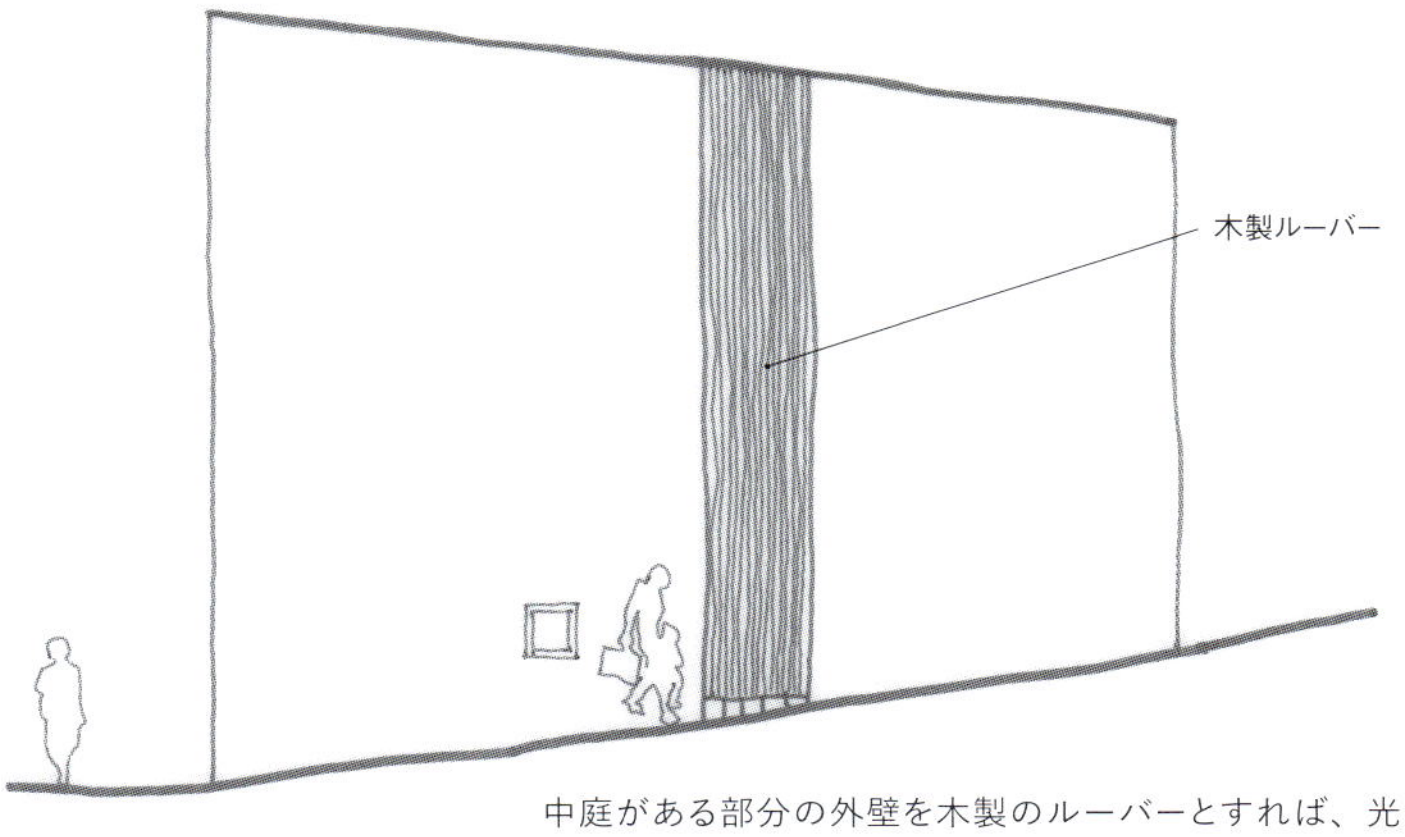

中庭がある部分の外壁を木製のルーバーとすれば、光と風を通しながら視線を遮ることができる。ルーバーは、シンプルな外観に変化をつけるアクセントにもなる

事例：NGC

STAIRS

04

彫刻のように美しい片持ちのスケルトン階段

限られたスペースを活用し、かつ、階段廻りをすっきりと見せるために、折返し階段を片持ちのスケルトン階段とした。2階や階段下の開口部から届く光が、逆光の効果でスケルトン階段の段板を美しく強調している。ただし、片持ち階段の段板は厚すぎると野暮ったく、薄すぎると頼りない印象になり、どちらも軽やかなイメージにはならない。段板の仕上がりは70~80㎜厚程度が程よく、これならば見た目が軽快で構造的にも安定した階段になる。

【鉄骨の下地を木で覆う】

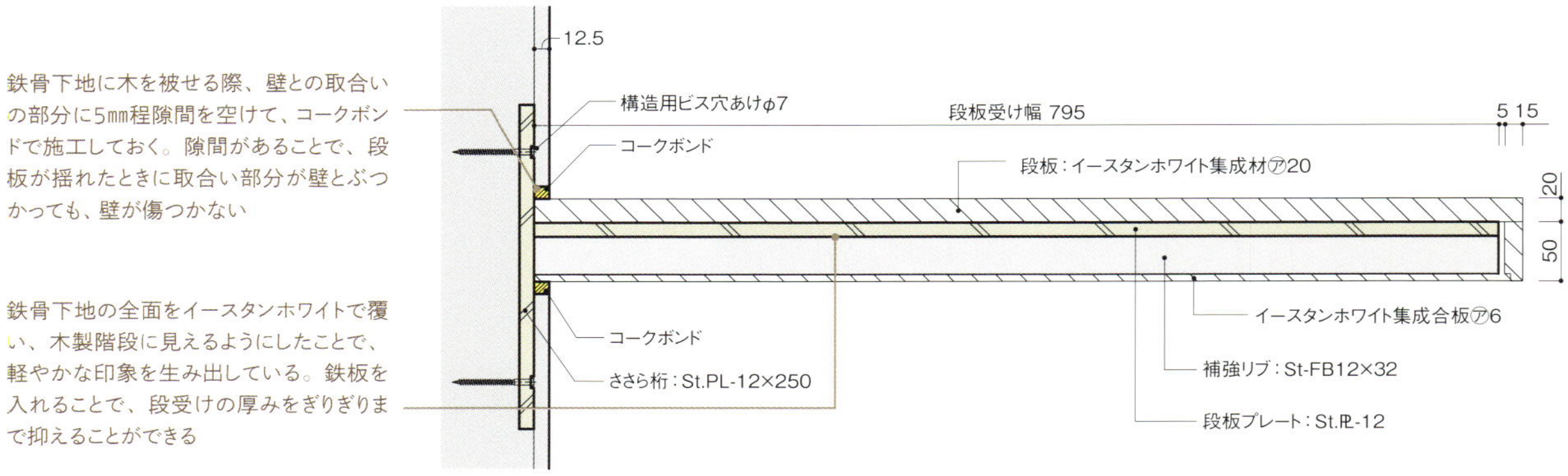

鉄骨下地に木を被せる際、壁との取合いの部分に5㎜程隙間を空けて、コークボンドで施工しておく。隙間があることで、段板が揺れたときに取合い部分が壁とぶつかっても、壁が傷つかない
鉄骨下地の全面をイースタンホワイトで覆い、木製階段に見えるようにしたことで、軽やかな印象を生み出している。鉄板を入れることで、段受けの厚みをぎりぎりまで抑えることができる
12.5
構造用ビス穴あけφ7
段板受け幅 795
5 15
コークボンド
段板：イースタンホワイト集成材㋐20
20
50
イースタンホワイト集成合板㋐6
コークボンド
ささら桁：St.PL-12×250
補強リブ：St-FB12×32
段板プレート：St.PL-12

階段断面詳細図 S＝1:8

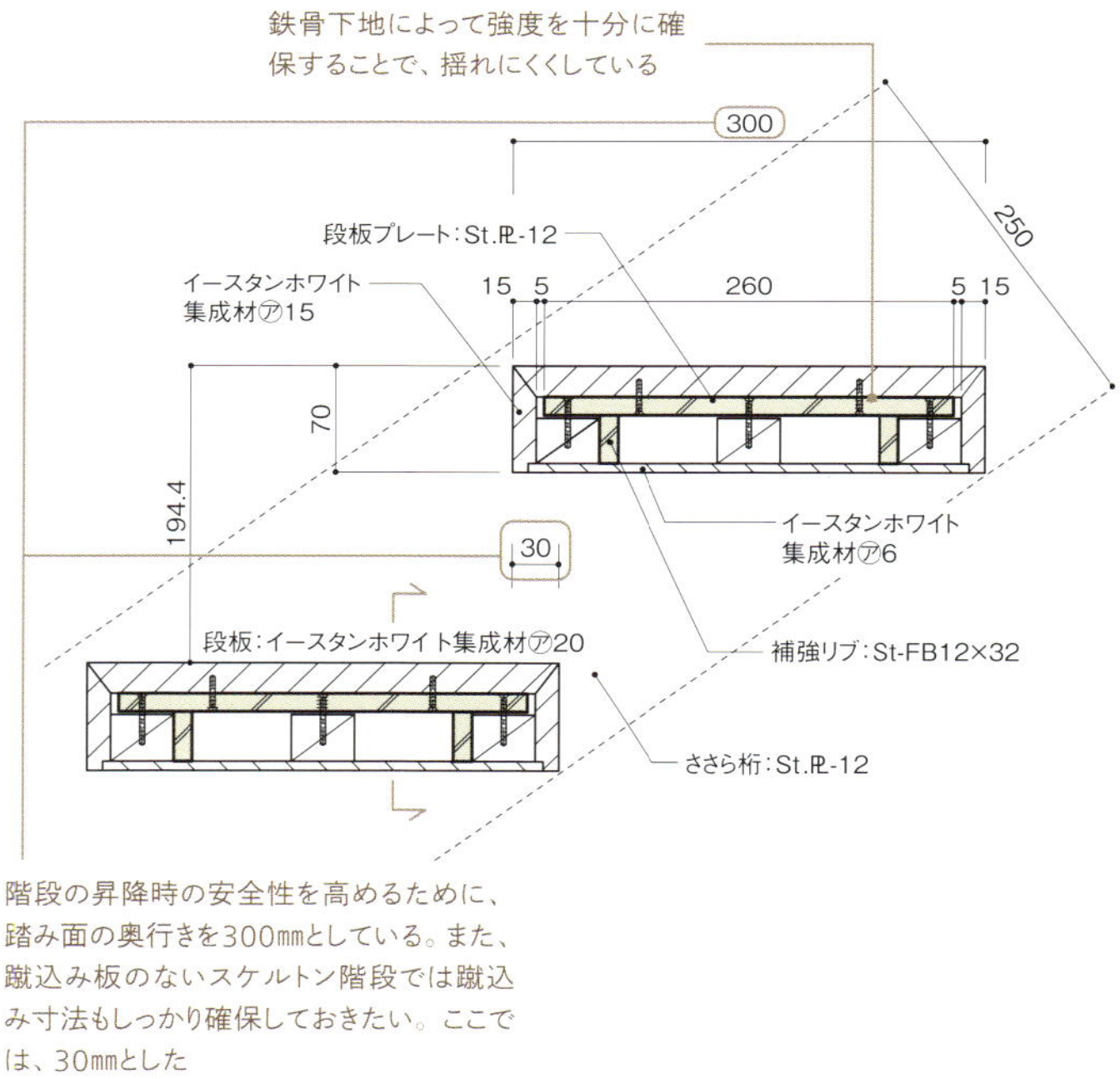

鉄骨下地によって強度を十分に確保することで、揺れにくくしている
300
250
段板プレート：St.PL-12
イースタンホワイト集成材㋐15
15 5 260 5 15
70
194.4
30
イースタンホワイト集成材㋐6
段板：イースタンホワイト集成材㋐20
補強リブ：St-FB12×32
ささら桁：St.PL-12
階段の昇降時の安全性を高めるために、踏み面の奥行きを300㎜としている。また、蹴込み板のないスケルトン階段では蹴込み寸法もしっかり確保しておきたい。ここでは、30㎜とした

階段断面詳細図 S＝1:8

2階のキッチンからリビング・ダイニングを見る。段板を印象的に見せている1階とは対照的に、低めの腰壁でさりげなく階段を隠すことで、階段室が空間に自然と溶け込んでいる。階段室の存在が空間になじみ、2階のワンルームに広がりと統一感が生まれた

手摺もシンプルな形状にすることで、階段の軽やかさを演出している。手摺子が存在しないので、片持ち階段の印象が損なわれない。日中は階段下にある地窓から光が入り、段板を浮かび上がらせ印象的に見せる

住宅の面積が小さいからといって、階段を単なる窮屈な移動空間としてしまうのはもったいない。小さな家こそ、階段を遊びのある空間にすれば、住宅全体の雰囲気に余裕が生まれる。なかでも1820×1820㎜のスペースに収めることができる螺旋階段は、小さな住宅で印象的な階段室をつくるのに適している。螺旋階段特有の形状を生かして、階段をオブジェのように見せてもよいし［50頁参照］、壁で囲われた特別な空間にしてもよい。この住宅では、螺旋階段を円筒形の左官壁で包み込んで、住宅の見せ場としている。

STAIRS

05

壁に囲われた安心感のある螺旋階段

【全フロアを貫く家の見せ場】

廊下に光を取り込むために、突き当りに開口を設け、その手前にルーバーの扉を設置。ルーバーで光の量をコントロールできる

諸室の配置の関係で階段の位置は、ほかの部屋とのつながりが生かせない場所となってしまったため、あえて囲い、特別な空間にしている

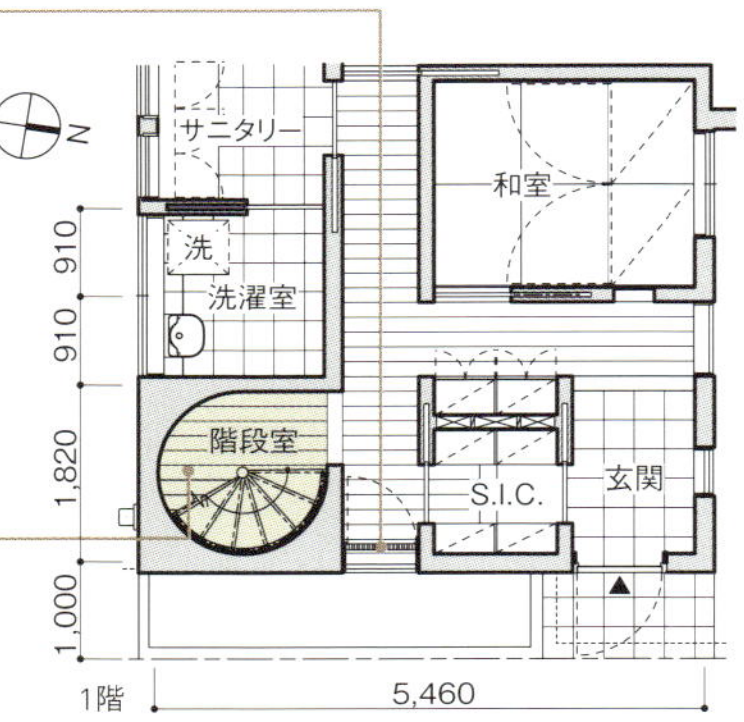

平面図　S＝1:150

リビングを入ってすぐの天井は、上部の3階廊下とつながる吹抜け。階段室からリビングに入ってすぐに視線が上に抜けるので、空間を広く感じられる

2階の階段室の入り口はキッチン側が袖壁で仕切られている。2階に登ってきた際に、雑然としがちなキッチンではなく、リビングに視線を誘導できる

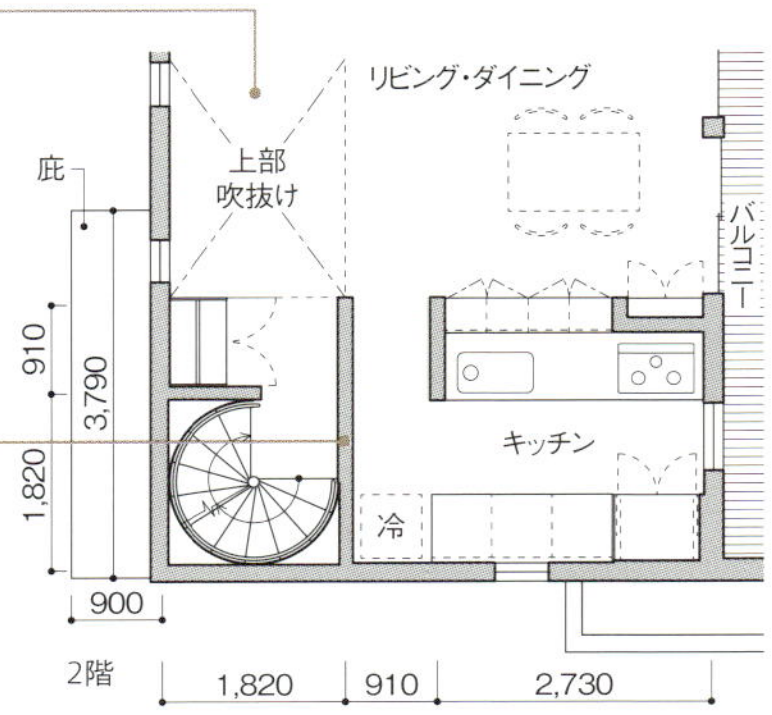

【段板下地のアングルを隠す】

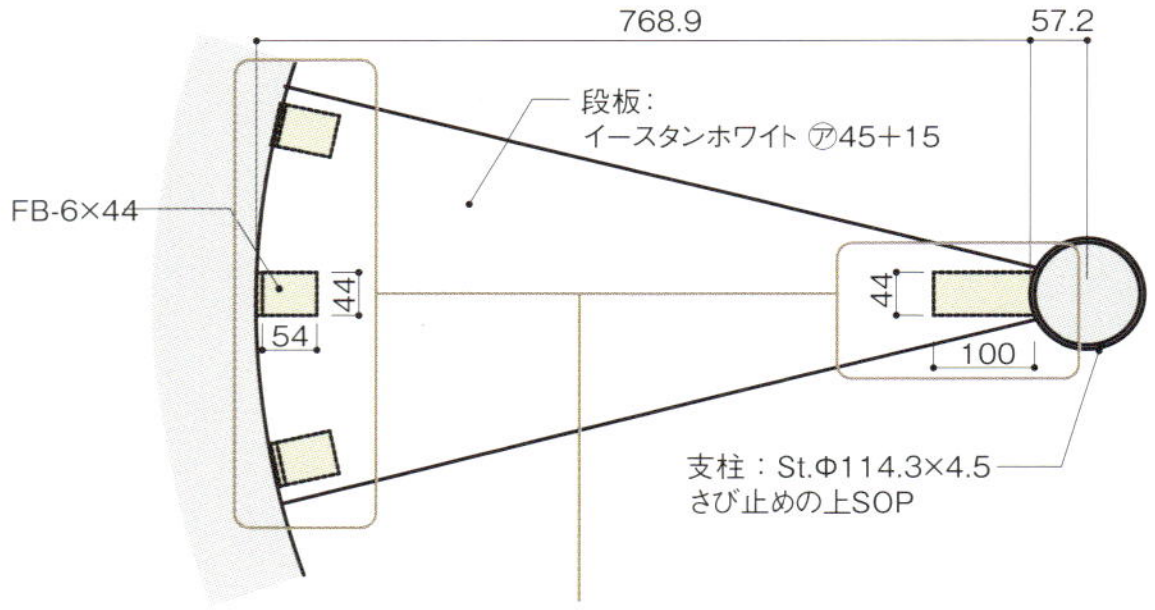

壁と鉄骨の支柱に、鉄のアングルをつけ、木板でサンドイッチするように挟む。アングルを隠すことで、階段の見た目がすっきりとする

階段平面詳細図　S＝1:15

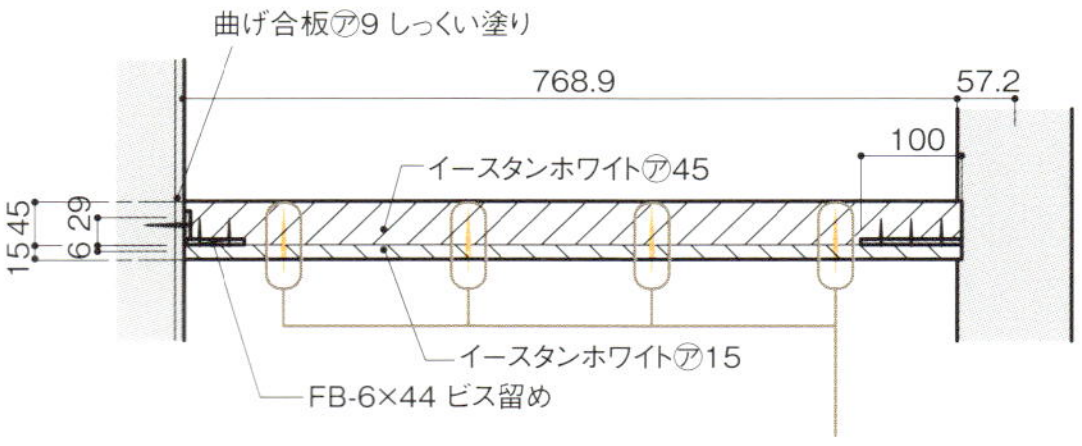

下から打ち込んだビスの穴に埋木をすると、段裏を美しく仕上げることができる。段板のイースタンホワイトは安価で加工性に優れているので階段に使用するのにお薦めだ

階段断面詳細図　S＝1:15

中心の黒い支柱から扇形の板が片持ちで跳ね出しているかのような軽やかな螺旋階段。螺旋階段を包む漆喰仕上げの壁面が、最上階のリビングから落ちる光を階段室全体にやわらかく広げる

螺旋階段を筒で包めば、階段脇から落ちる心配がなくなり、安全性を高めることができる。また、白などの明るい色で仕上げれば、各階の入口から差し込む光で、筒の中が照らされ、心地よい空間となる

STAIRS 06

段受けのない螺旋階段

片持ちの螺旋階段を美しく見せたい場合、段板を支柱に固定するのに必要となる受け材が野暮ったい印象を与えてしまうのが難点だ。ここでは、木製の段板を支える下地のスチールを上に向かって開くコの字型とすることで、段板の下に取り付く受け材を省略した。受け材が省略されたことで、支柱に取り付く段板のデザインがシンプルになり、階段そのものが空間を彩る大きな要素となっている。また、階段室の壁と天井が白一色で統一されているため、黒い階段の存在が一層引き立つ。

【 手摺子を段板に貫通させて2点で支える 】

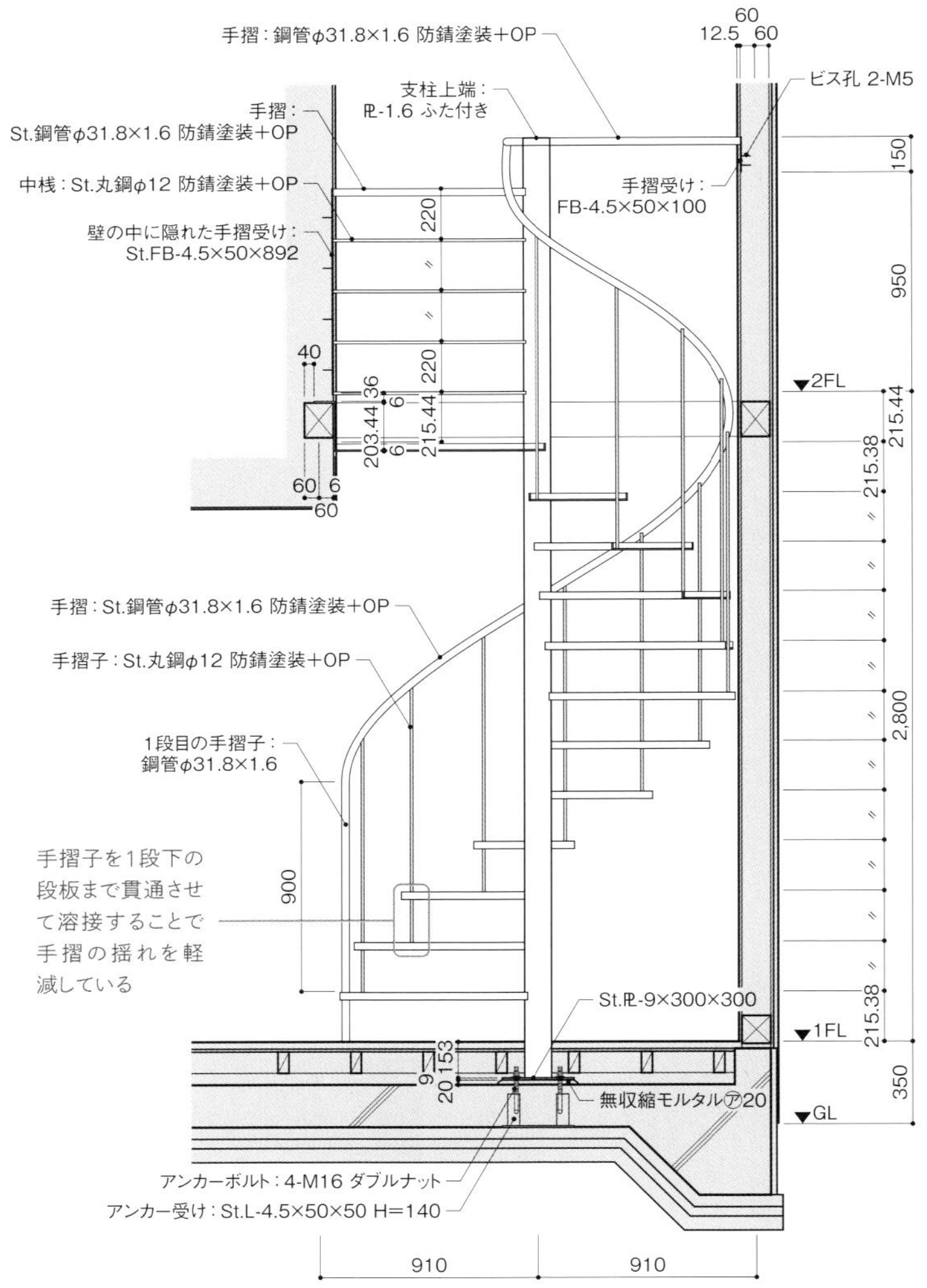

断面図　S＝1:40

【 下地の断面をコの字にして受け材をなくす 】

コの字形に加工した下地で強度を確保し、段板だけが見えるようにして、すっきりとした印象にまとめている

階段断面詳細図　S＝1:12

段鼻と段尻のフラットバーの厚さは6㎜。6㎜厚なら小口が目立たず下地の存在が気にならない。下から見ると段板と一体に見える

階段平面詳細図　S＝1:12

事例：NDT

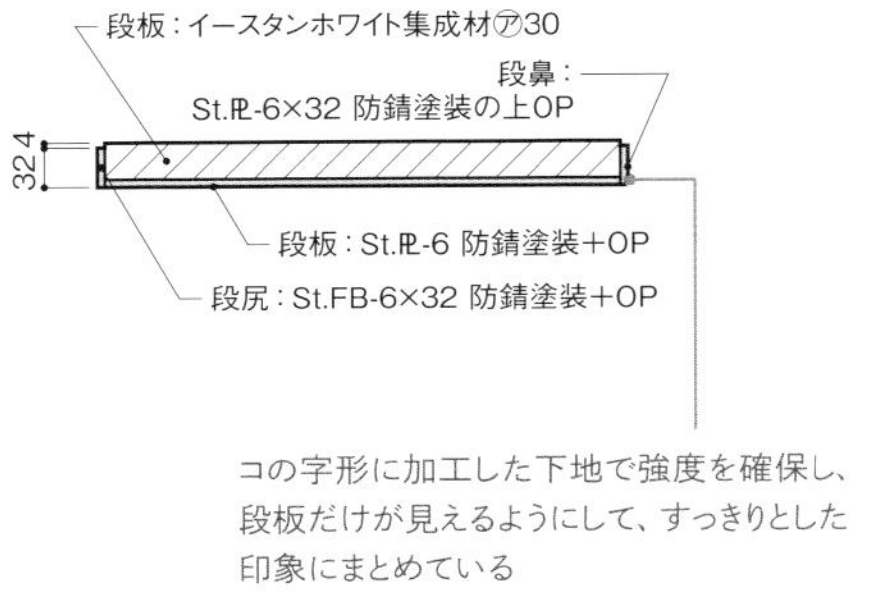

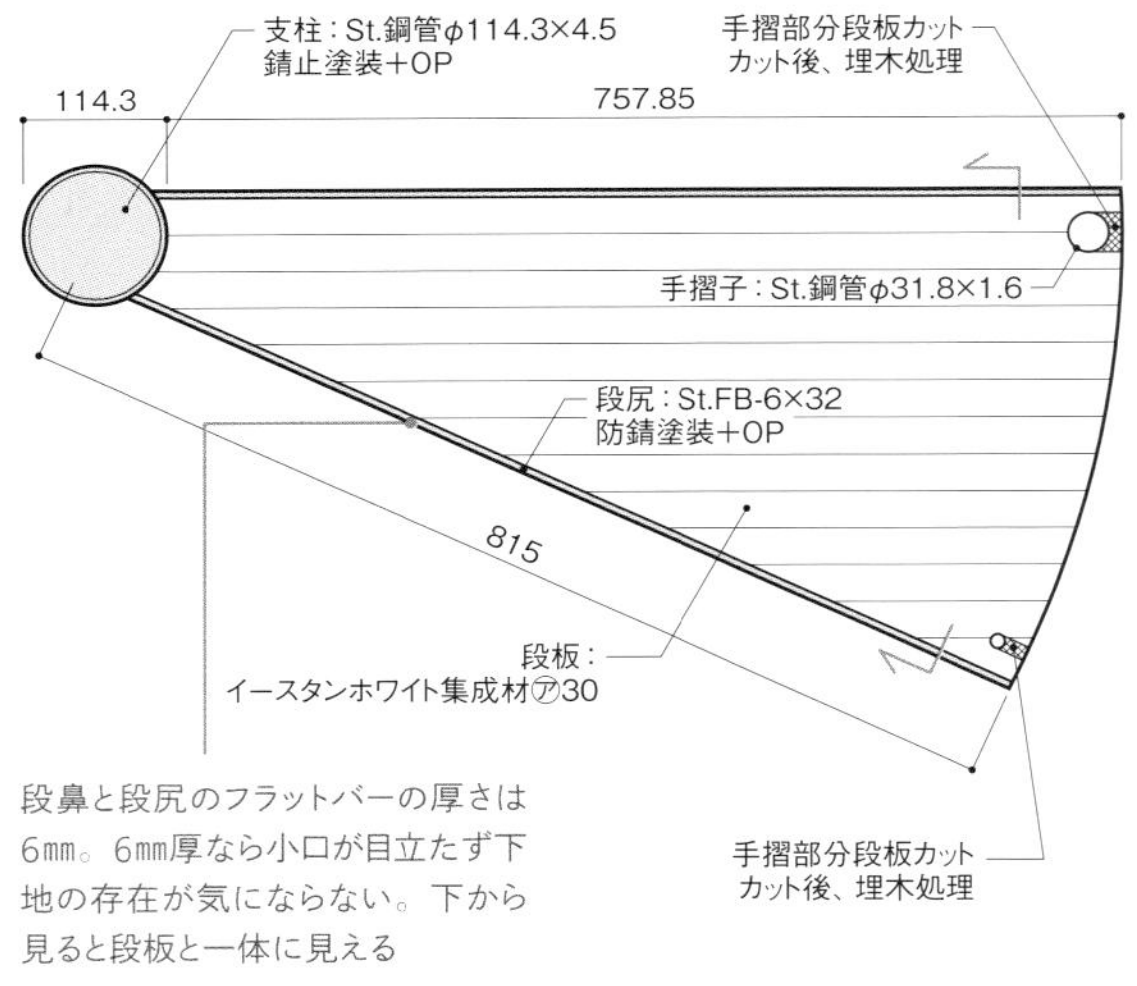

手摺と手摺子を細くして華奢な印象に。手摺、手摺子、段板が連続したひとつながりの軌跡を描き、螺旋階段の美しさが際立つ。ダークグレーの階段が白い空間に映えると同時に、2階から差し込む光で階段のシルエットが壁面にやさしく浮かびあがる

STAIRS 07
螺旋階段の下を収納スペースにする

広さ二畳ほどの小さなスペースに階段室を無理なく納めるのに螺旋階段はとても便利だ。螺旋階段はスケルトンにしてもよいが、ここでは折板の螺旋階段とすることで階段下の空間を収納場所に活用できるようにした。面積の制約が厳しい条件のなか、居室の広さを最大限に確保しつつ、収納も設けたコンパクトな階段が実現した。

折板階段は蹴込み板が段板を支えるので、安定感を確保しやすいという利点もある。螺旋階段としたことで隣接するLDKから階段が目立たなくなり、空間をシンプルに見せる効果も生まれている。

【 折返し階段のような四角い螺旋階段 】

断面図　S = 1:40

段板を設置する際に金物を一切使っていないので、段裏に余計なものがなく、すっきりとした仕上がりになっている。余計なものがないので塗装がしやすく、塗りムラもでない。支柱を段板と同じダークグレーに塗ることで、統一感を出しながらも、コントラストが印象的な階段としている

平面図　S = 1:40

着色しやすいイースタンホワイトを段板に使用。床材のウォルナットに近い色を塗装できるうえ安価

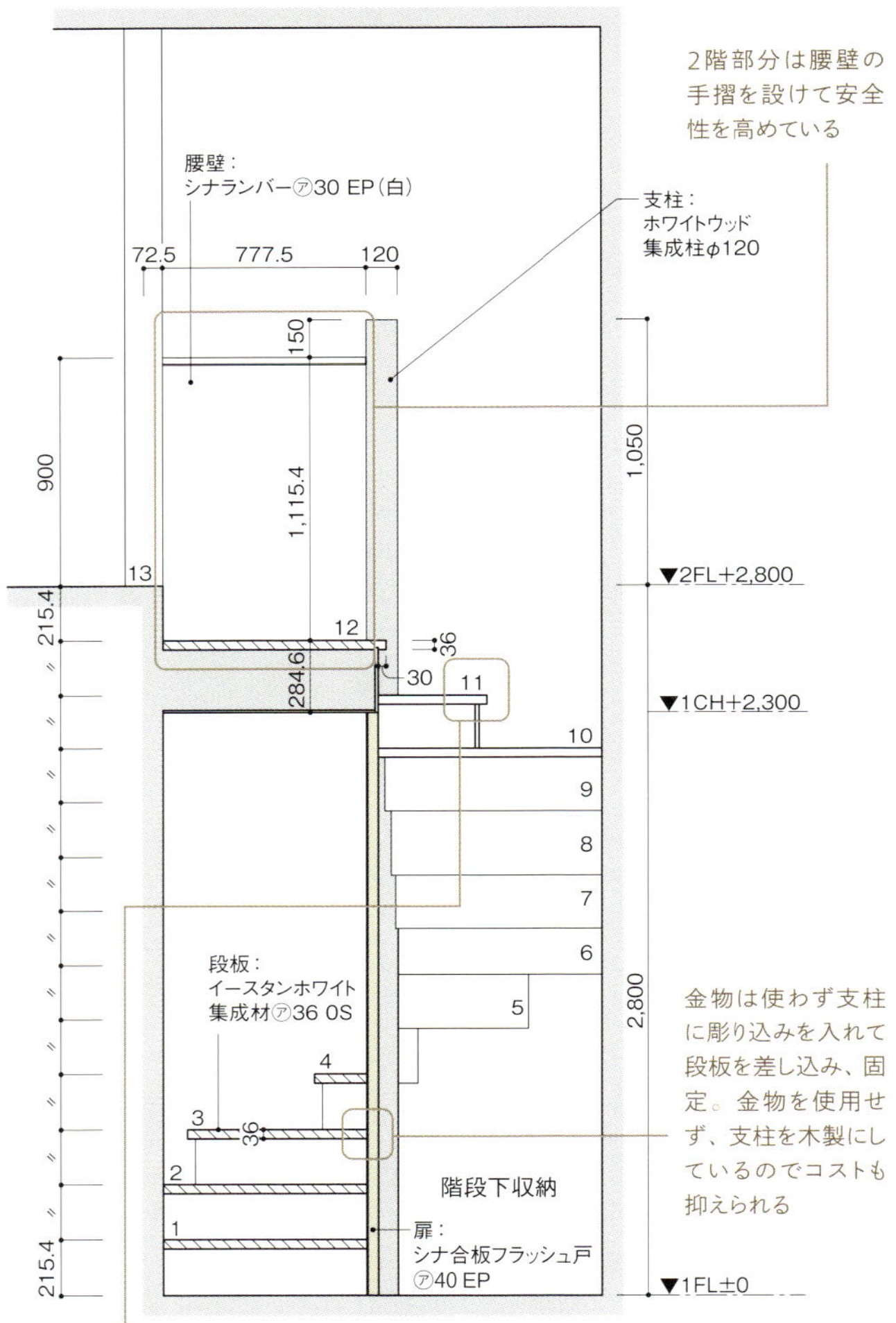

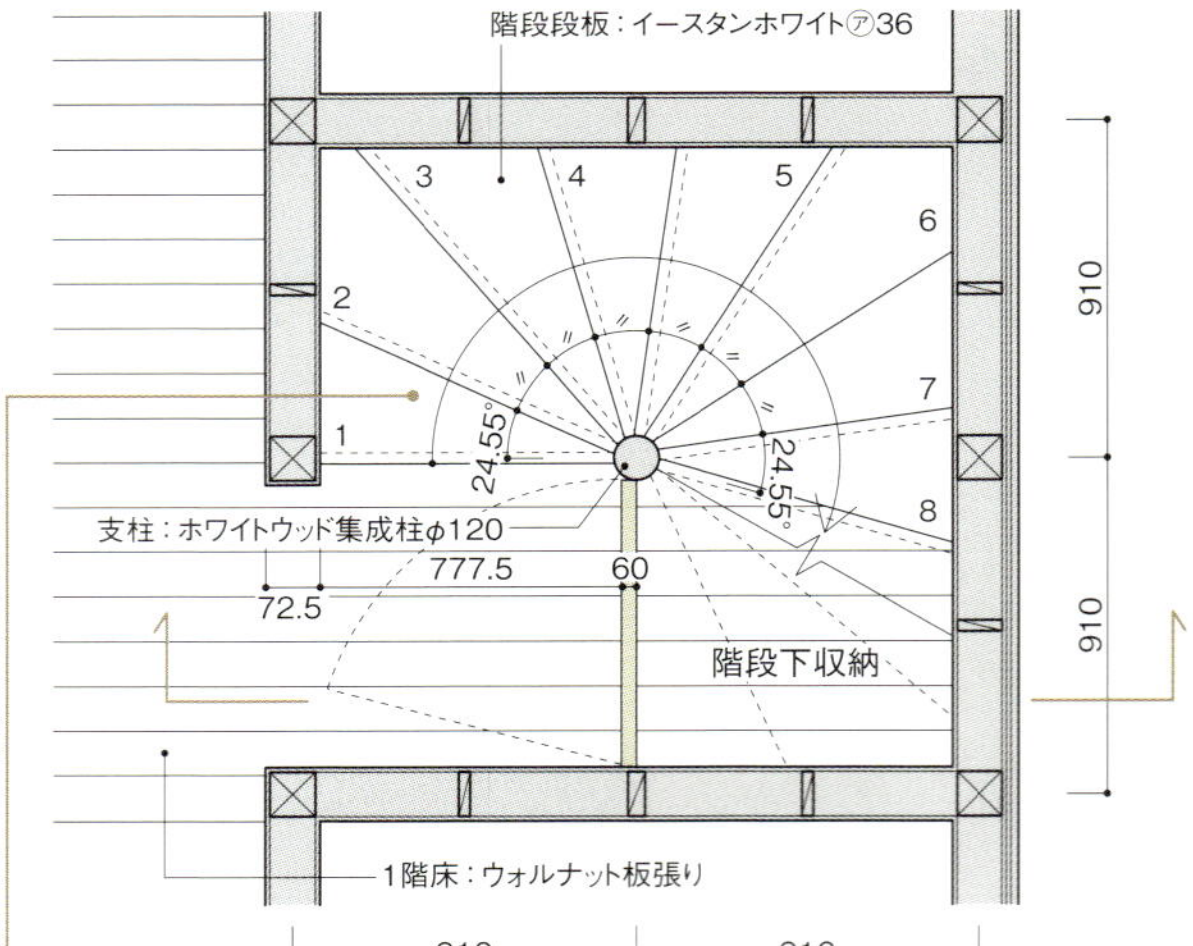

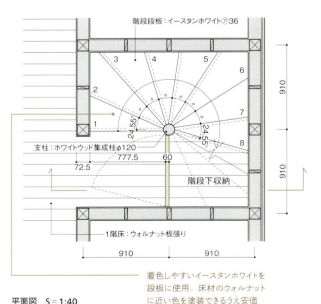

階段下収納の扉が閉まった状態。壁と色を合わせることで、収納庫の存在を感じさせない

STAIRS

08

螺旋階段で空間を区切る

階段そのものだけでなく「階段室の壁」の設えにも工夫を施せば、住宅をより豊かなものにできる。ここでは、間口が狭く奥行きのある住宅の中央に螺旋階段を配置して、空間をゆるやかに区切っている。小さな住宅でも閉塞感を感じないように、階段室の壁に小さな開口部を設けるなどして、視線の抜けを確保した。また、1階の壁の一部が階段室の内側に巻き込まれるようなデザインとしたのは、ワークルームへのピアノの搬入を可能にするため。独特の壁の形状が、螺旋階段の美しさを引き立てる要素となった。

間取りの中央に置かれた螺旋階段。床・壁・天井を白を基調に仕上げることで明るい室内となっている

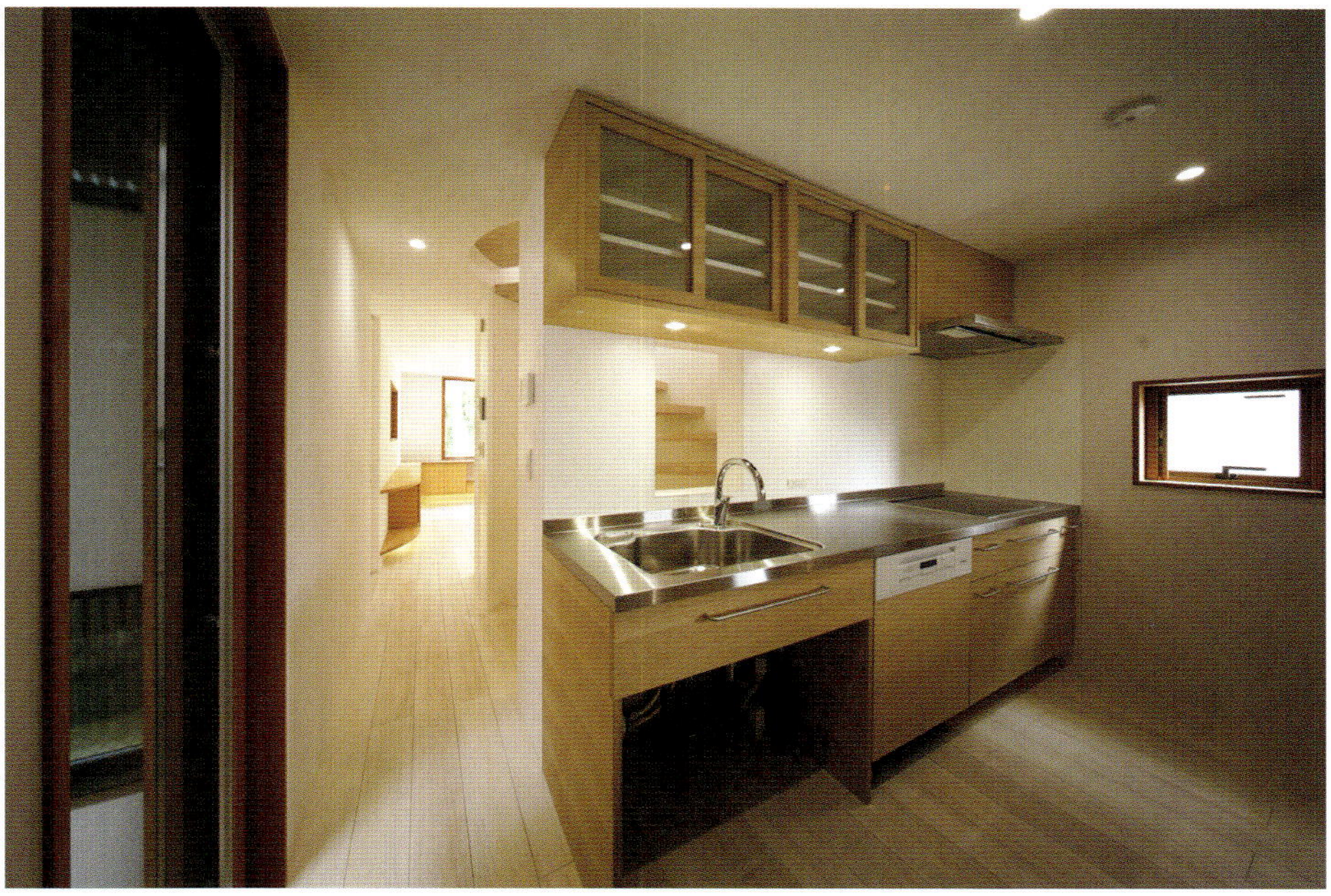

2階キッチンからリビング・ダイニングを見る。階段室の壁に設けられた開口部から階段が見えている（写真中央）。

【螺旋階段を活用したプランニング】

一番高い位置から緑道を望める3階東面に寝室を配置し、安らげる空間としている

階段を中央に置けば廊下スペースを最小限に抑えることができる

螺旋階段廻りの壁の一部を開けることで、キッチンからリビングを、さらには緑道までを見通せる

ワークルームの西側にピアノを設置する計画だったために、搬入経路を確保しなければならなかった。ここでは、階段室の壁を薄くしたり、内側に巻き込むことで、通路幅を広げてピアノの搬入を可能にした

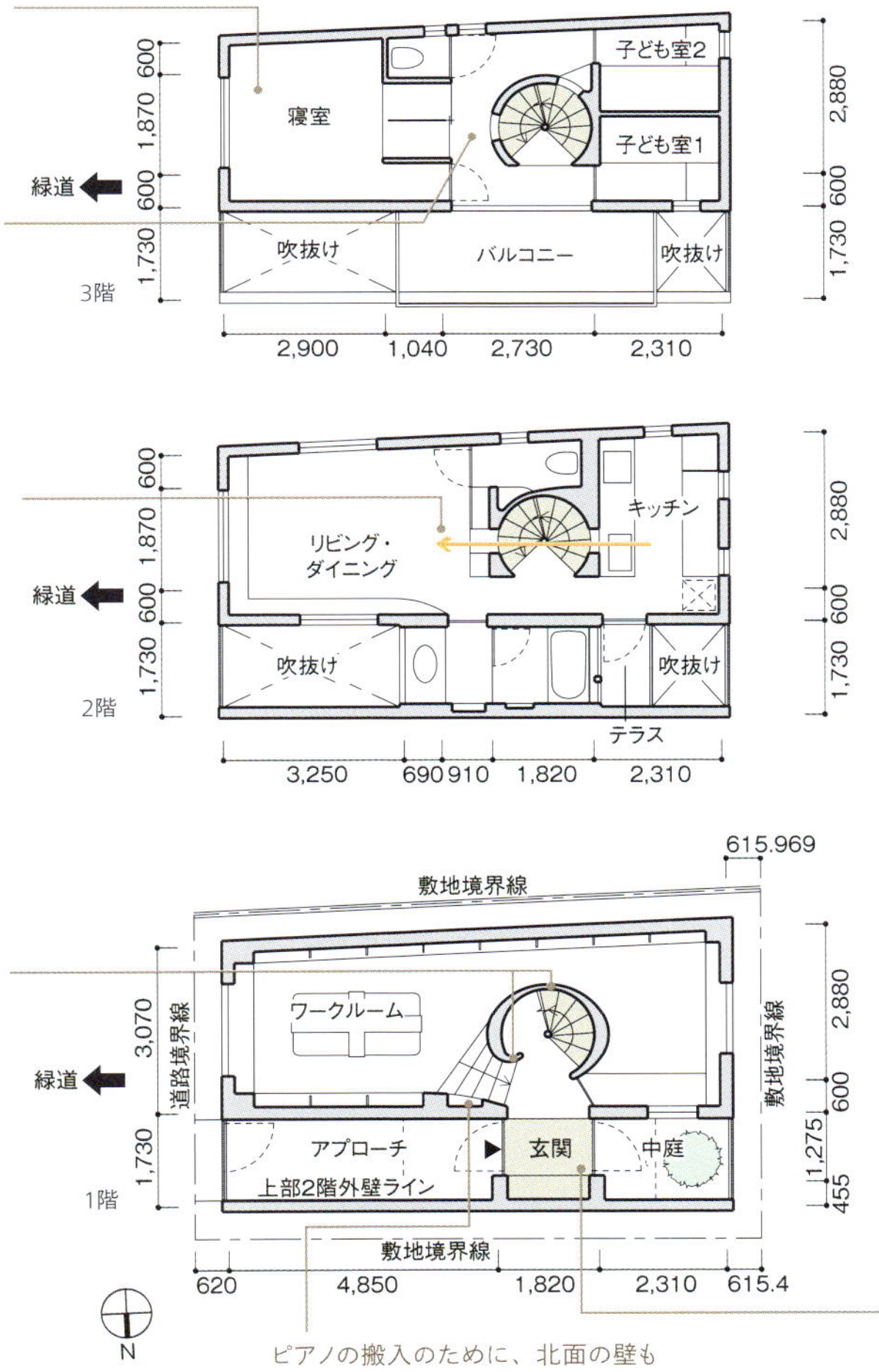

ピアノの搬入のために、北面の壁も玄関に向って壁厚を薄くしている

平面図　S＝1:200

玄関から階段室を見る。ワークルームに設置するピアノの搬入経路を確保するために、階段室の壁（写真左側）が内側に巻き込まれるような形になっている。階段室の壁が階段と並んで空間の印象的なアクセントとして機能している

2階の水廻りを突き出すことで玄関前にポーチができる。また、玄関の扉はガラス張りにすることで、門扉から中庭までの抜けをつくっている

【「の」の字に変形する階段室の壁】

階段平面図　S＝1:15

【突き出たボリュームを玄関・浴室・バルコニーにする】

断面図　S＝1:200

間口が狭く高さのある建物前面に、リズミカルに窓を配置。通風を得やすい突き出し窓とした

玄関の突出し部分にバルコニーを設け、中庭を見下ろせるようにした

アプローチから中庭までのゾーンを2層分の高さの塀で囲み、敷地内に居ながらも外部の気配を感じられる空間とした

壁の厚みが確保できる限られた部分に耐力壁を設けて、構造を成立させている

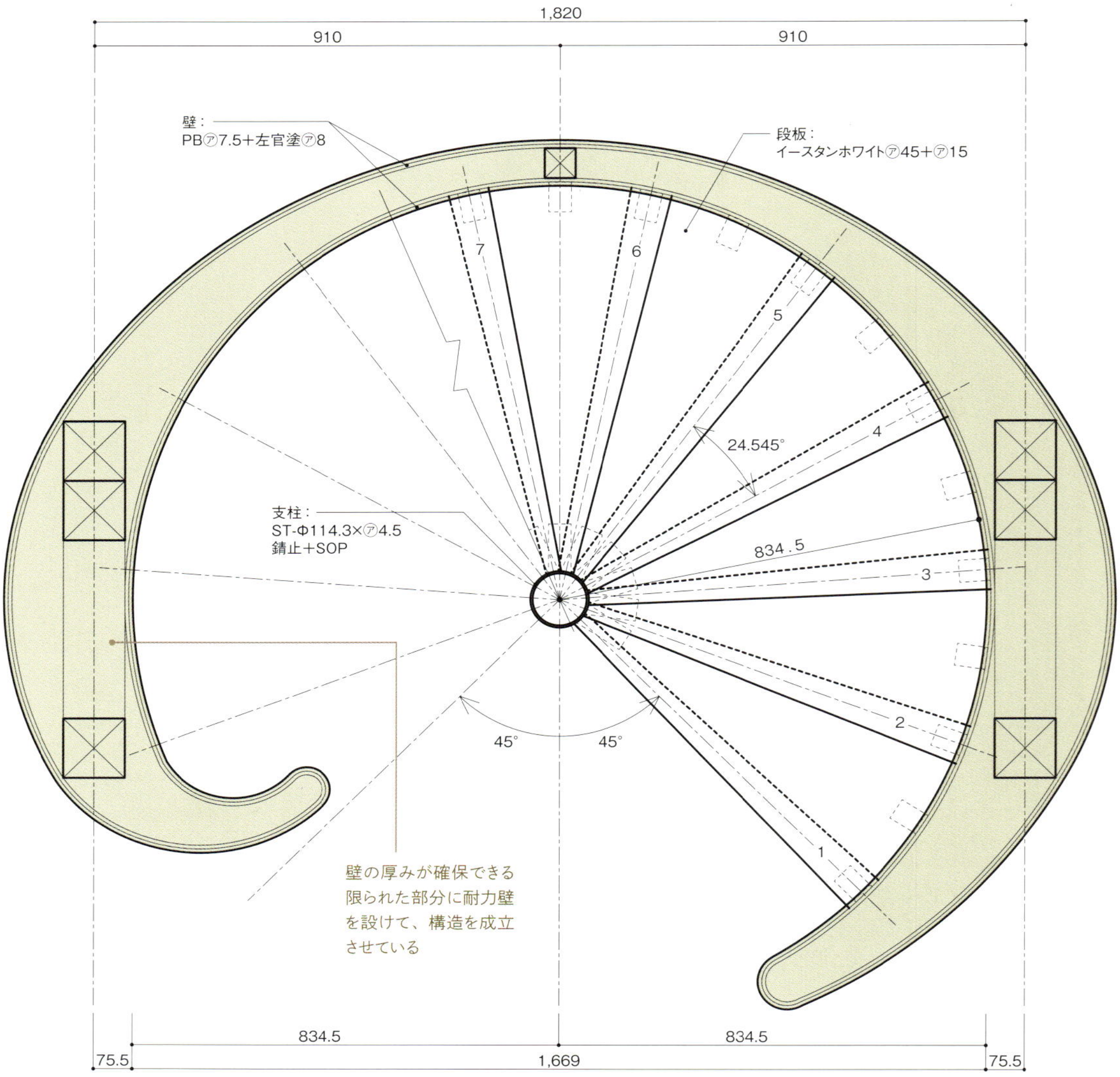

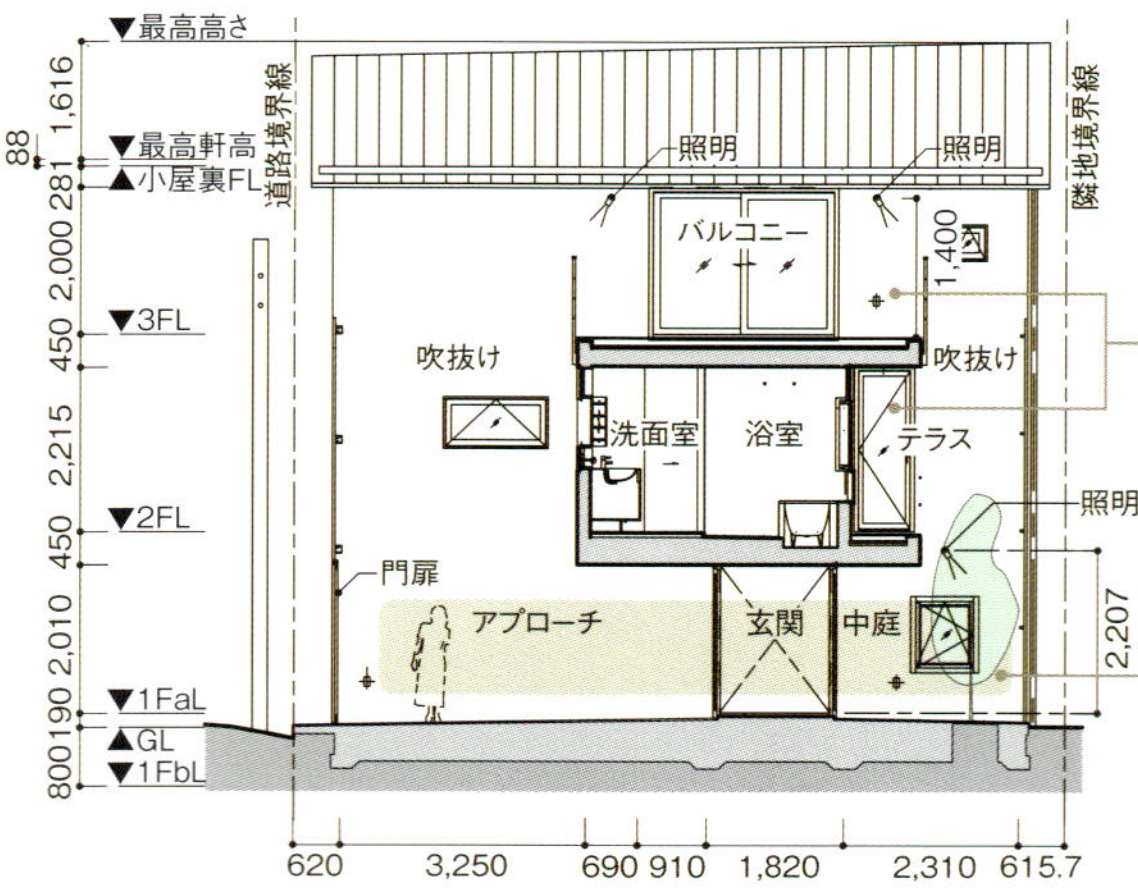

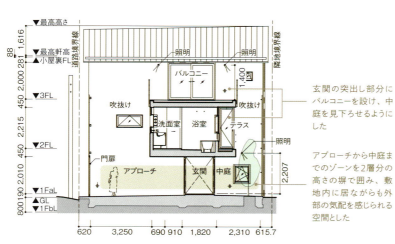

LIVING&DINING

4章　リビング・ダイニング

LIVING&DINING

01

天然素材とEPを塗り分ける

「チャフウォール」（チャフローズコーポレーション）はホタテの貝殻を主原料とする左官系塗り材。主原料が天然素材なので、有害物質を一切含まず安全だ。室内の有害物質や臭い物質を吸着して空気をきれいにするうえ、調湿性と防火性にも優れさまざまな空間に使用できる。ローラーで簡単に塗布できるので、竣工後の補修も住まい手自身で対応可能である。

水溶性のチャフウォールは水分に触れると変色してしまうことがあるため、トイレや洗面脱衣所のように湿気の多い水廻りには適さない。同じ理由で、手摺壁の上部、窓台、家具の上部など、水拭きが必要になりそうな部分への使用も避けたい。これらの場所には部分的にEPを施して、チャフウォールと統一感のある仕上がりにするとよい

【水廻りはEP塗装】

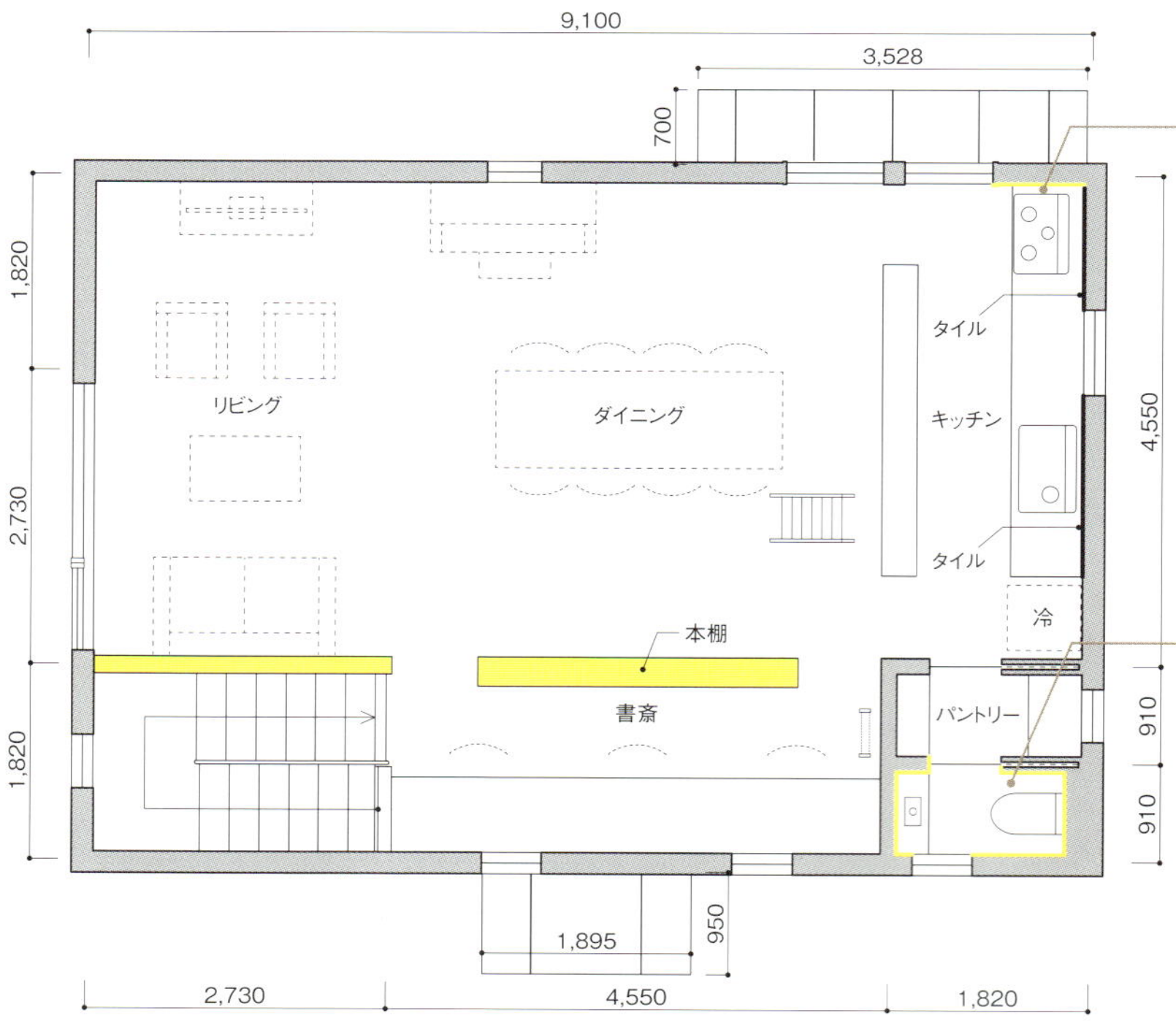

チャフウォールは水溶性の塗装材なので、水を使用したり、水拭きが必要な場所の仕上げには使えない。ここでは、階段の手摺壁の上端やキッチン作業台周辺の壁・トイレ（洗面台）の壁には白のEP塗装を施している

キッチンやトイレでも天井部分は水がかかる心配がないので、チャフウォールで仕上げた

2階平面図　S＝1:100

EP仕上げ部分

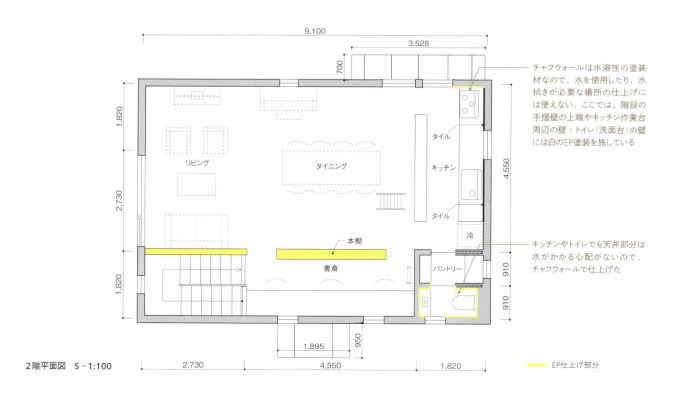

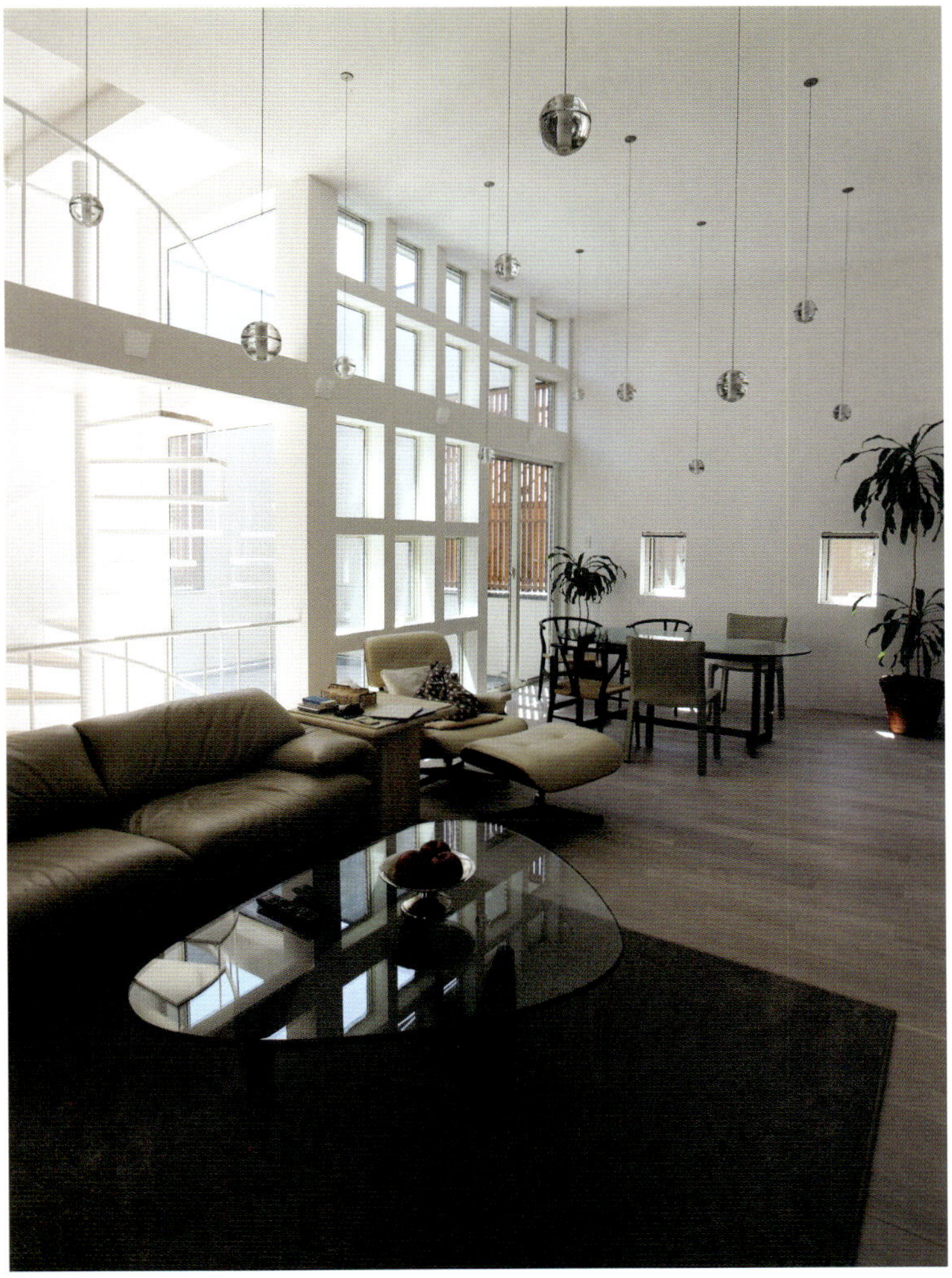

LIVING&DINING

02

ペンダントライトの高さを変えて配置

直径約10㎝のリサイクルガラス製照明器具「BOCCI」（スタジオノイ）を、リビング・ダイニング全体に12灯配置した。照明器具の高さを2600㎜、2300㎜、2000㎜の3パターンに設定し、同じ高さの照明を横列で隣り合わせにしないようにするというルールを決めて配置している。そうすることで空間全体にランダムな浮遊感を生み出した。

約3.6mの天井高を生かし、浮遊感のある照明器具を採用。直径約10㎝のシンプルな球状で、見る方向や角度によって、光の位置関係が徐々に変化する様子を楽しめる。現場で実物大の発泡スチロール球を実際につるし、バランスを入念に確認したうえで照明器具を発注した

【3つのパターンを組み合わせる】

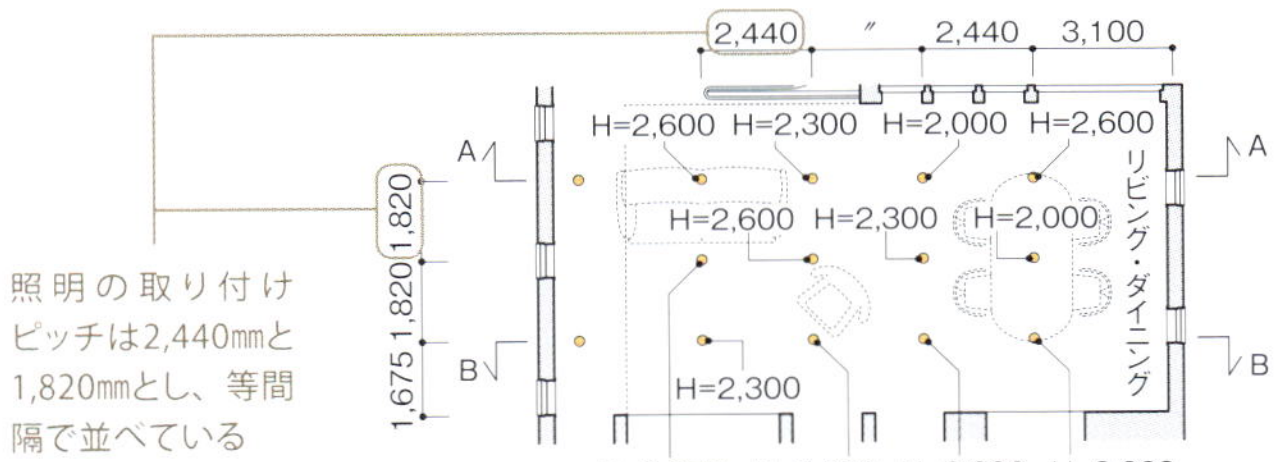
照明の取り付けピッチは2,440㎜と1,820㎜とし、等間隔で並べている
2,440
〃
2,440
3,100
1,820
1,820
1,675
A
B
H=2,600
H=2,300
H=2,000
H=2,600
H=2,600
H=2,300
H=2,000
H=2,300
H=2,000
H=2,000
H=2,300
H=2,000
リビング・ダイニング

リビング・ダイニング天井伏図　S＝1:300

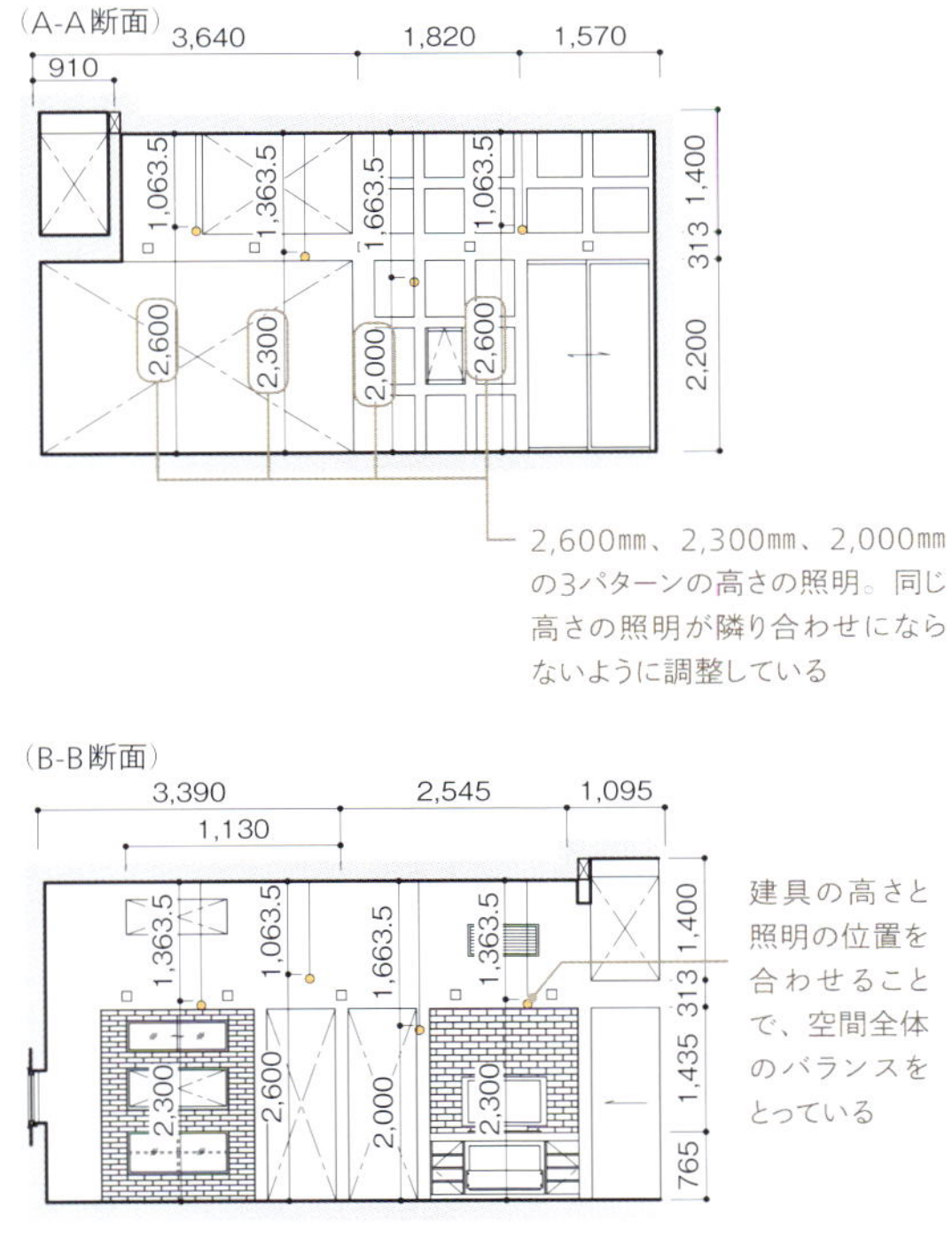
(A-A断面)
3,640
910
1,820
1,570
1,063.5
1,363.5
1,663.5
1,063.5
2,600
2,300
2,000
2,600
1,400
313
2,200
2,600㎜、2,300㎜、2,000㎜の3パターンの高さの照明。同じ高さの照明が隣り合わせにならないように調整している
(B-B断面)
3,390
1,130
2,545
1,095
1,363.5
1,063.5
1,663.5
1,363.5
2,300
2,600
2,000
2,300
1,400
313
1,435
765
建具の高さと照明の位置を合わせることで、空間全体のバランスをとっている

リビング・ダイニング断面図　S＝1:150

複数のペンダントライトを高さを変えながら配置している

LIVING&DINING

03

大きなワンルームの中心に開放的な吹抜けを

決められた面積のなかで、その面積以上の広さを感じられるようにするには、「抜け」をつくることがポイント。ワンルームや吹抜けは広々とした空間をつくるための基本手法。だが、それらを単独で設けただけでは物足りないこともある。ここでは田の字プランを仕切らずにワンルームとし、その天井の一部に吹抜けを設けた。広々としたワンルームと垂直方向の抜けによって1階と2階がダイナミックにつながっている。さらに大開口に面したデッキテラスによって開放感がより高まっている。

住宅の周囲には緑落葉樹をできるだけ配した。これにより、夏には葉の蒸散作用による涼やかな風が室内に吹き込む

屋根には17.745kWの太陽光発電パネルを設置[※]。発電効率を高めるため、片流れ屋根を南に向けて架けた

床には90㎜、壁には120㎜、屋根には175㎜の乾式セルロースファイバーを充填。断熱材で隙間なく家を包むことで、夏は日射熱による室温上昇を抑え、冬は暖気を外部に逃がさない効果がある

温かい空気は室内上部に溜まる。室内の高い位置に開口を設け、そこから温かい空気を抜けば、煙突効果により外部の風が室内に取り込まれ、夏でも南側の緑を介した涼やかな風が室内を吹き抜ける

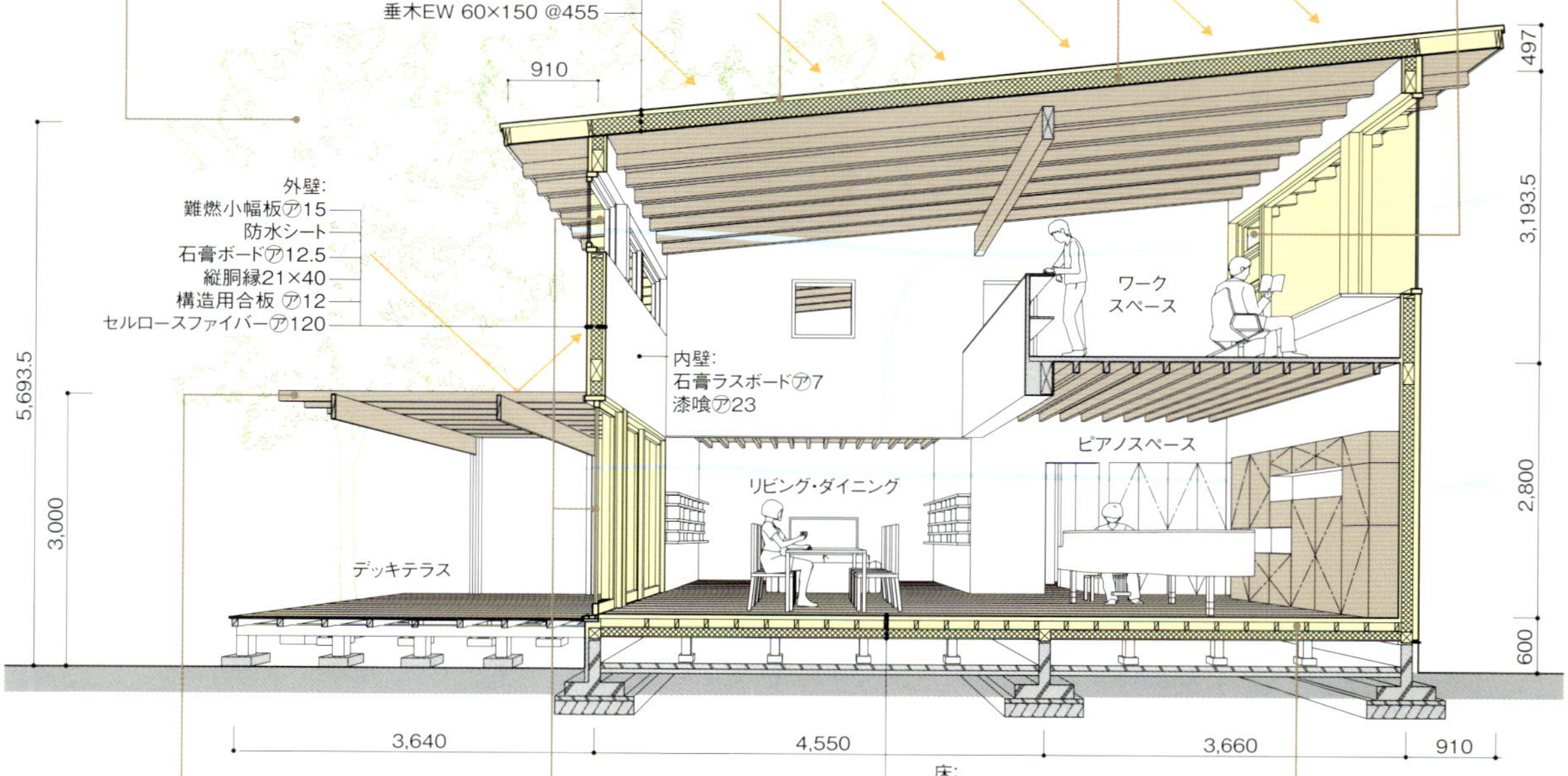

屋根:
ガルバリウム鋼板
瓦棒葺きの上、太陽光発電システム
アスファルトルーフィング940
構造用合板F1㋐12
通気桟 21×40
構造用合板㋐12
セルロースファイバー㋐175
構造用合板㋐12 OS
垂木EW 60×150 @455
910
外壁:
難燃小幅板㋐15
防水シート
石膏ボード㋐12.5
縦胴縁21×40
構造用合板 ㋐12
セルロースファイバー㋐120
内壁:
石膏ラスボード㋐7
漆喰㋐23
ワーク
スペース
ピアノスペース
リビング・ダイニング
デッキテラス
5,693.5
3,000
497
3,193.5
2,800
600
3,640
4,550
3,660
910
床:
チーク㋐18
パーティクルボード㋐10
石膏ボード㋐9.5
構造用合板㋐12
根太40×90@303
蓄熱式床暖房システム㋐90
構造用合板㋐12
大引90□@910
セルロースファイバー㋐90
構造用合板㋐12

デッキテラスの屋根を藤棚にすれば、夏は緑が日射を遮り、冬は躯体の合間から室内に日射を取り込める

窓はすべてLow-e のトリプルガラスの木製サッシを用い、エネルギーのロスを防いでいる

床全面には蓄熱式床暖房を敷きつめ、家全体の温度にムラが出ないよう配慮している

断面パース

1階は間仕切のないワンルーム。さらにその中央に吹抜け(垂直方向の抜け)をつくり、空間を最大限つなげて広げている

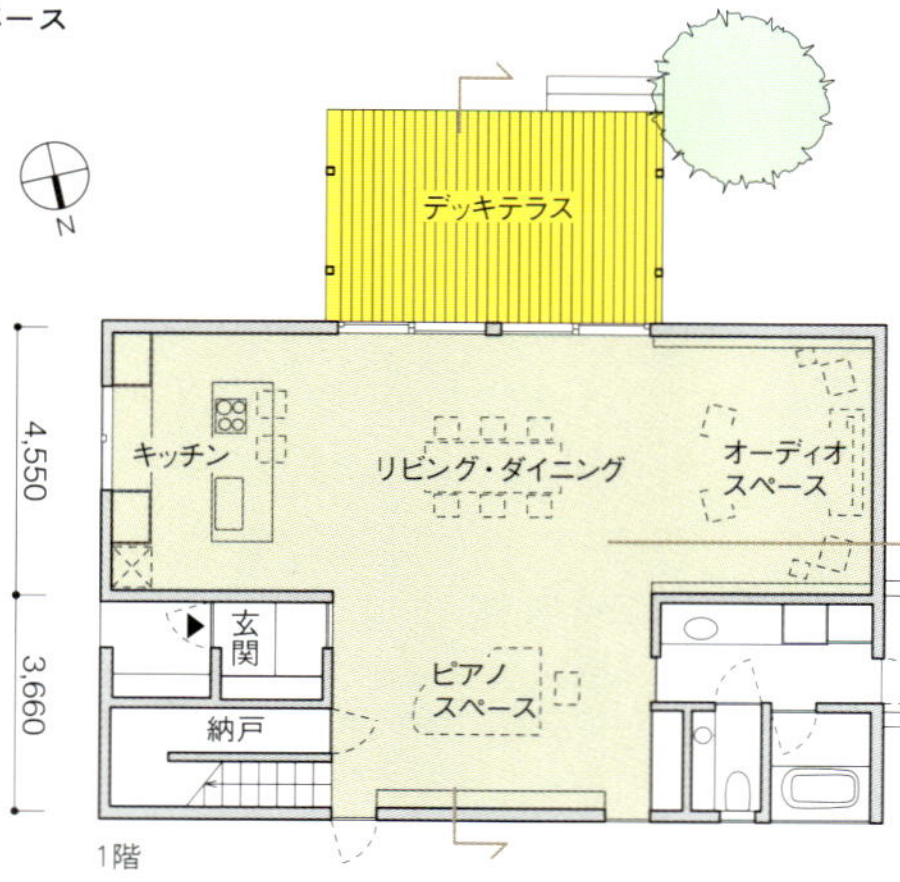

N
デッキテラス
キッチン
リビング・ダイニング
オーディオ
スペース
玄関
ピアノ
スペース
納戸
4,550
3,660
1階

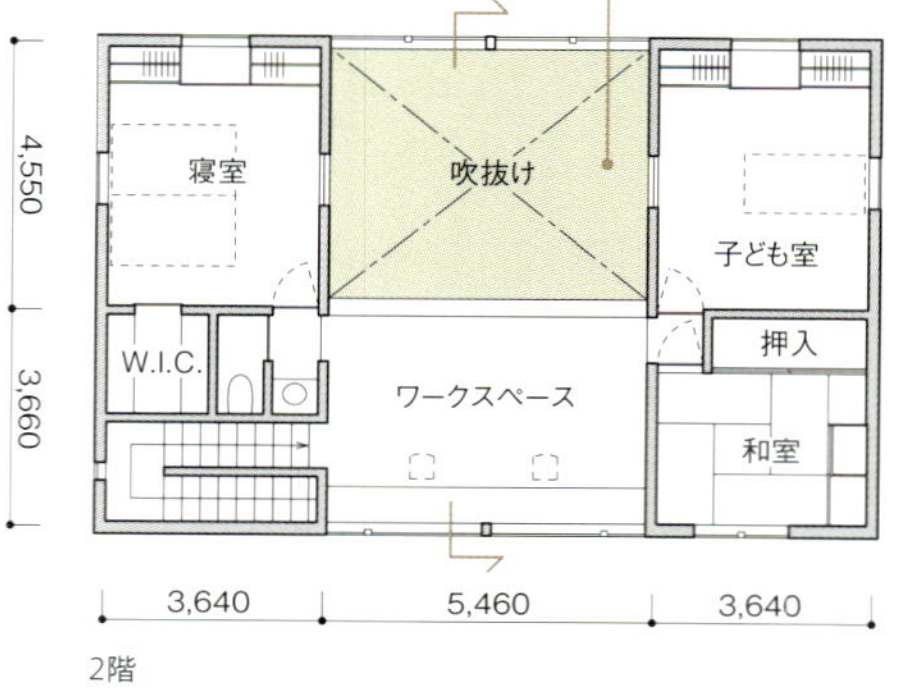

寝室
吹抜け
子ども室
押入
W.I.C.
ワークスペース
和室
4,550
3,660
3,640
5,460
3,640
2階

平面図 S=1:250

※ 10kWを超える場合は事業契約扱い

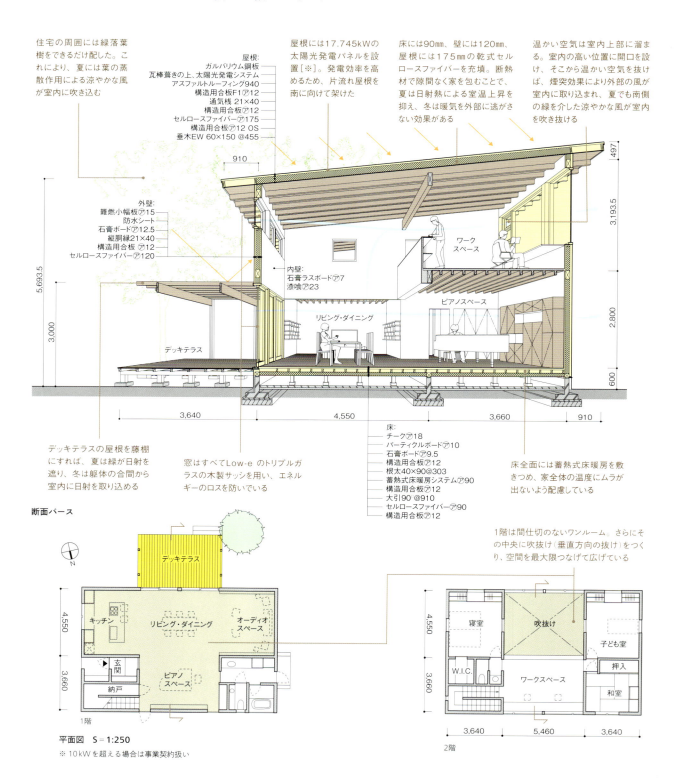

凸形平面のワンルームにして、さらに一部を吹抜けの天井にすれば、仕切りのないワンルーム一角一角に用途を異にするさまざまな居場所が生まれる

LIVING&DINING
04

間口の狭い敷地も
中庭で印象的な空間に

間口が狭く奥行きのある敷地の中央部に中庭を設け、コの字形のボリュームで囲った住宅。敷地の両側に隣家が迫っていたが、中庭に高めの目隠し塀を設置することで、周囲の視線を気にせず開放的な空間を実現している。中庭に面した大きな開口部は、窓枠を強調した印象的なデザインとすることで、細長い住宅の室内に光と風を取り込むだけでなく、空間の見せ場にもなっている。

【 中庭で光と広がりを 】

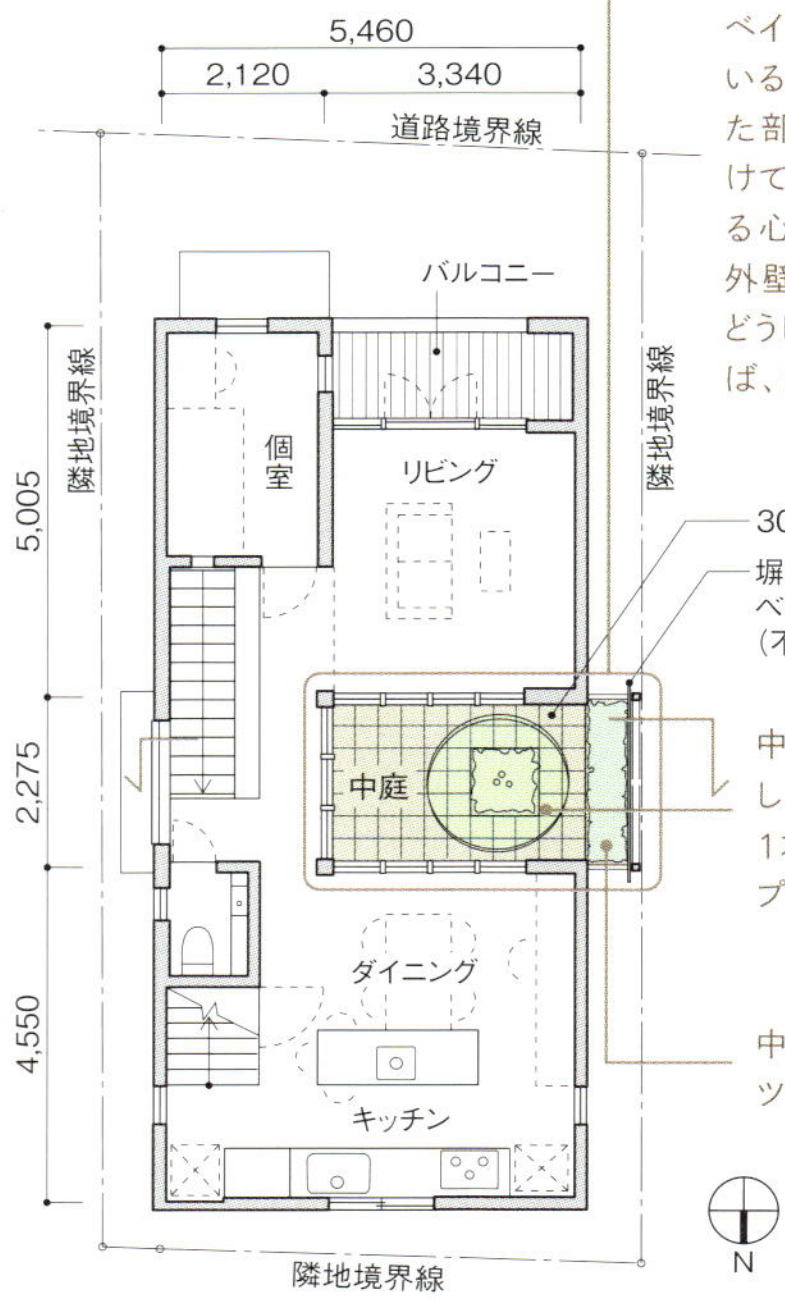

2階平面図　S＝1:200

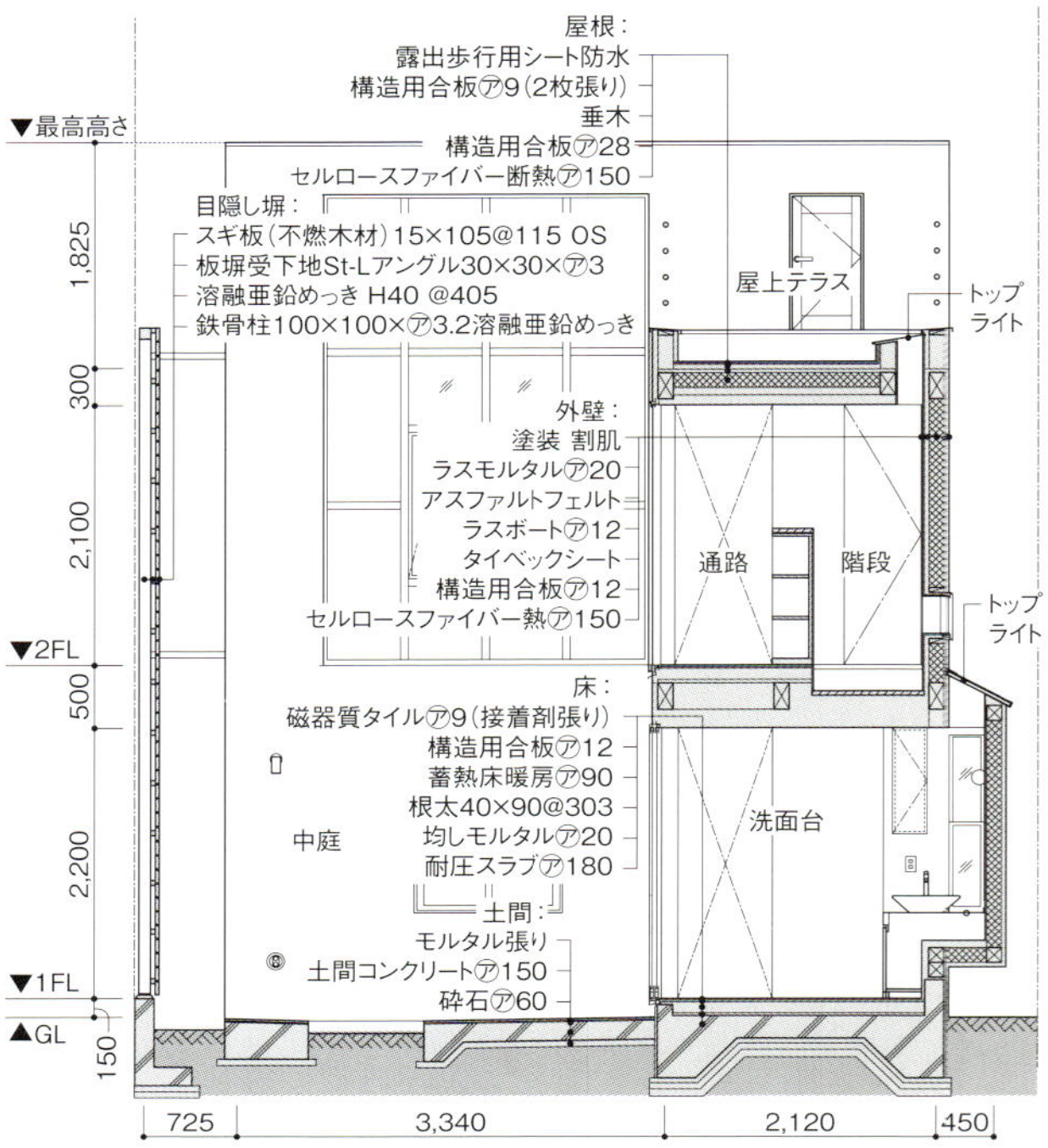

断面図　S＝1:100

隣地境界線沿いにはベイスギ板塀を設けているので、中庭に面した部分は大開口を設けても外部から覗かれる心配がない。塀と外壁の間や、塀の板どうしの隙間をあければ、通気が確保できる

300 タイル張り
塀：
ベイスギ板㋐15 W105
（不燃木材）OS

中庭はタイル張りとし、シンボルツリーを1本だけ植えたシンプルなつくり

中庭の背景としてツツジを植えている

中庭を囲む開口部を見上げる。すべてのサッシのデザインが統一されている

事例：ONZ

密集地ながら中庭から日光をたっぷり取り込め、明るいダイニングとなっている

LIVING&DINING

05

田の字プランで水平方向に視線を抜く

住宅の中心を貫く大きなリビングの周りに諸室を配置した田の字プランの住宅。リビングがまるで巨大な廊下のように各部屋への動線の起点となっているため、無駄なくスペースを使い切る広い空間を実現している。内部建具だけでなく、外部開口部の位置もすべて通りをそろえて配置することで、開け放てば水平方向に抜群の抜け感が生まれる。この住宅では、住まい手が床座の生活を希望していた。目線が低くなることで、水平方向への抜けの効果は更に大きくなる。

【建具の通りをそろえて抜けをつくる】

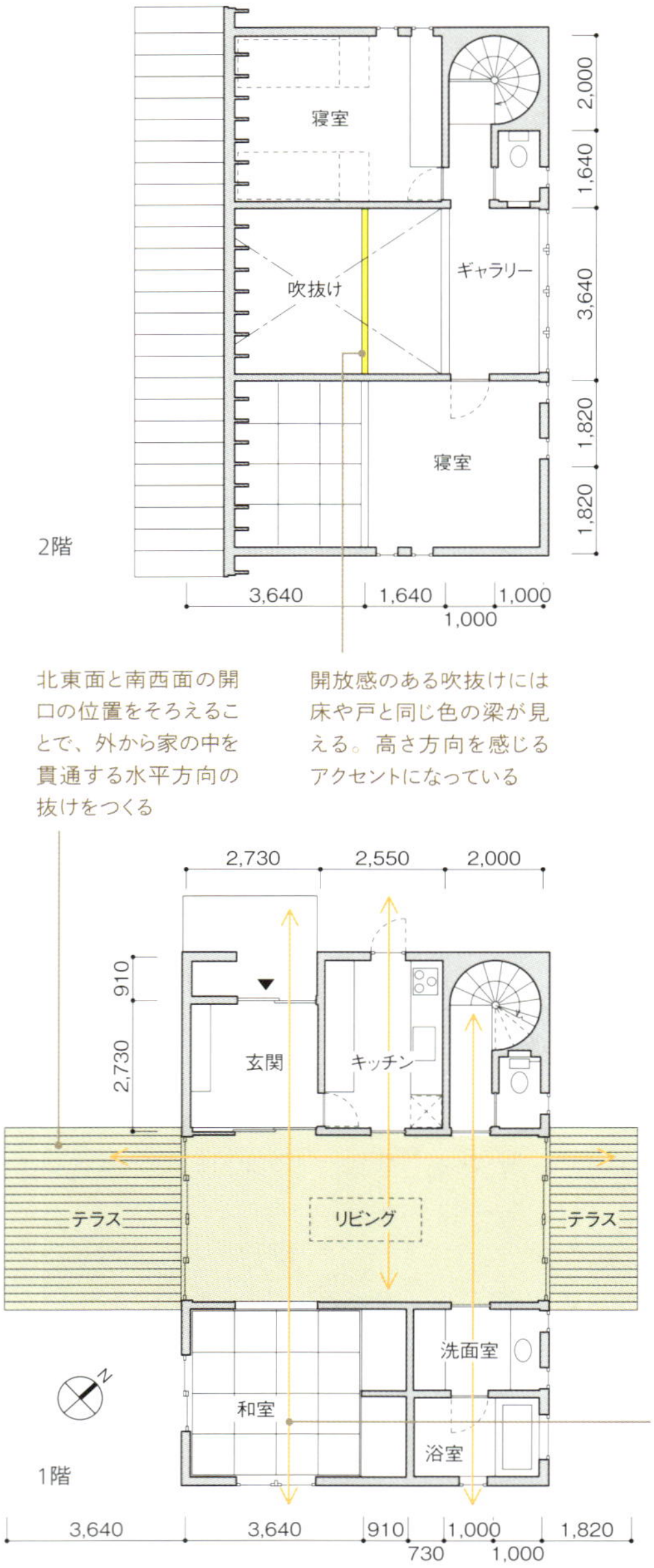

寝室
ギャラリー
吹抜け
寝室
2階
2,000
1,640
3,640
1,820
1,820
3,640
1,640
1,000
1,000
北東面と南西面の開口の位置をそろえることで、外から家の中を貫通する水平方向の抜けをつくる
開放感のある吹抜けには床や戸と同じ色の梁が見える。高さ方向を感じるアクセントになっている
2,730
2,550
2,000
910
2,730
玄関
キッチン
テラス
リビング
テラス
洗面室
和室
浴室
1階
3,640
3,640
910
1,000
1,820
730
1,000
リビングを介して、和室、玄関、キッチン、階段、浴室と、つながる空間の開口位置をすべてそろえているので、戸を開けばより広々と感じられる

平面図　S＝1:200

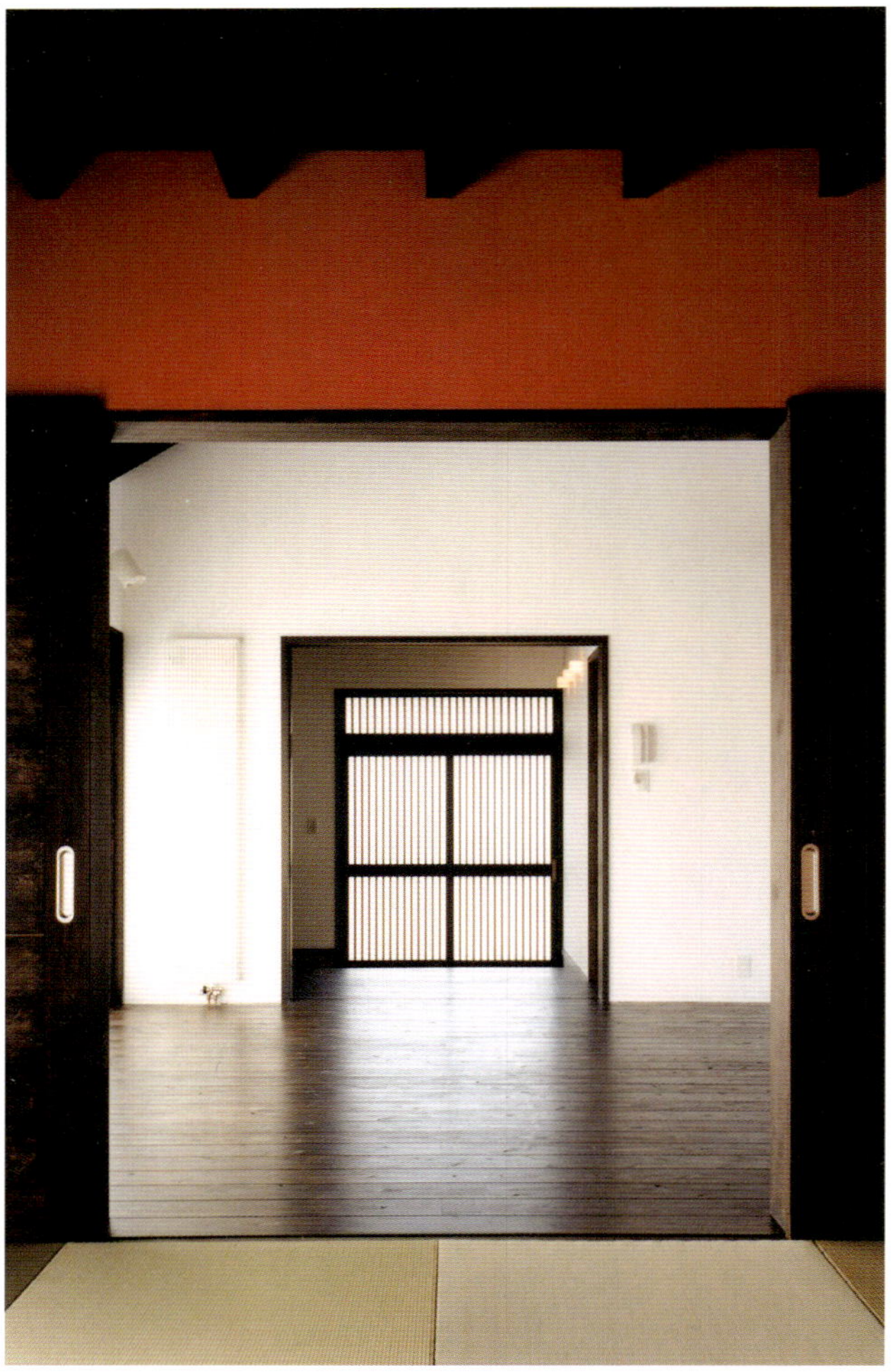

和室から玄関を見る。和室と玄関の建具が同じ通りに配置されているので、引戸を開け放てば玄関スペースをリビングの一部に参加させることができる。田の字プランは引戸を活用すれば、居室以外の空間も必要に応じて有効活用できる

南側のテラスからリビングを見る。テラスの床高をリビングに近づければ、リビングで過ごす際にテラスも同じ空間のように感じられる

LIVING&DINING

06

密集地ではロの字で中庭を設ける

周囲に魅力的な景色は望めないものの、敷地の短辺方向に、ある程度の余裕がある場合は、ロの字形の建物で庭を囲うとよい。隣家が迫っていても隣人の視線を気にすることなく、開放的なプランにできるうえ、室内に光と風を取り込める。中庭に面する外壁を白くすれば、中庭が一畳程度の広さしか取れなくても壁の反射により、1階の奥まで光が届く。

中庭が広くなくても吹抜けをつくって大開口を設ければ、空も見えて開放的な空間となる

【家中から中庭が臨める】

中庭は四畳ほどの広さしかないが、植栽を片隅に寄せることで、暮らしに彩を添えるとともに室内の延長としても使える空間になっている

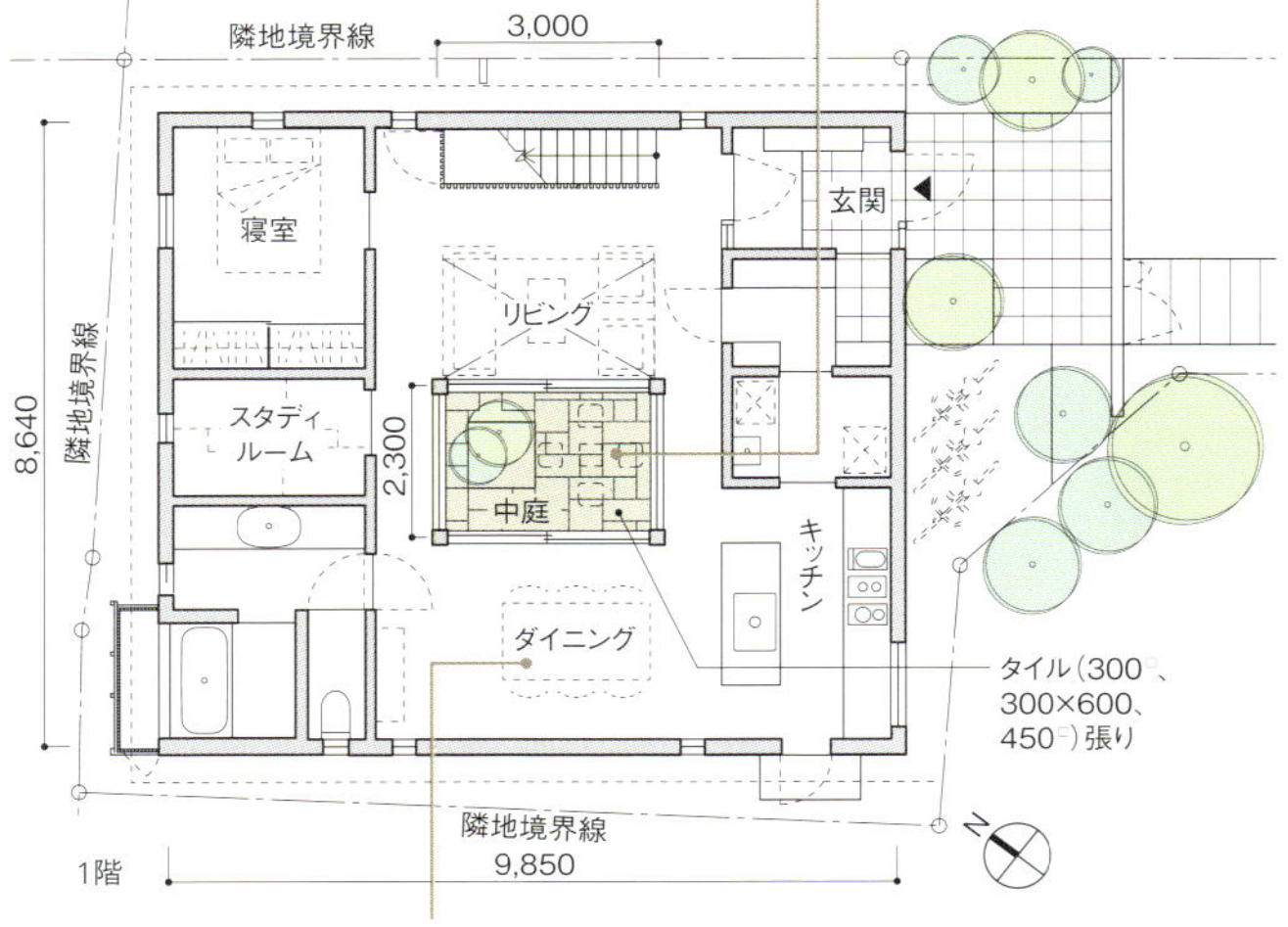

ロの字形建物とする場合は、各部屋への動線が中庭を中心に回ることになるので、せっかくの開口部廻りがすべて通路にならないよう注意が必要。床レベルをそろえるなど、中庭を住空間の一部に取り込めるような設計も心がけたい

中庭と吹抜けが一つの大きな吹抜けとして感じられるため、2階の廊下も見通しがよく、広々とした心地よい空間になっている

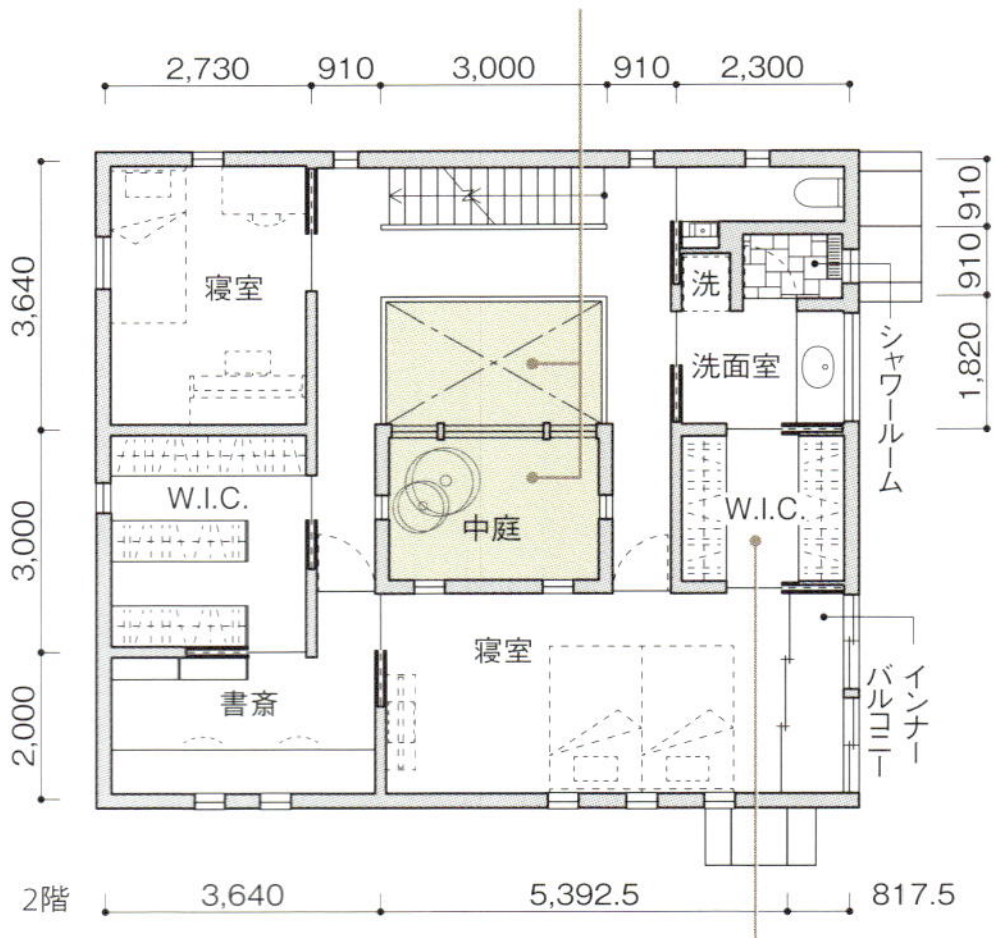

夜遅くに帰宅する住まい手が効率よく就寝できるように、寝室・ウォークインクロゼット・洗面室・シャワールームを一直線につなぐ専用の動線を設けている

平面図　S＝1:200

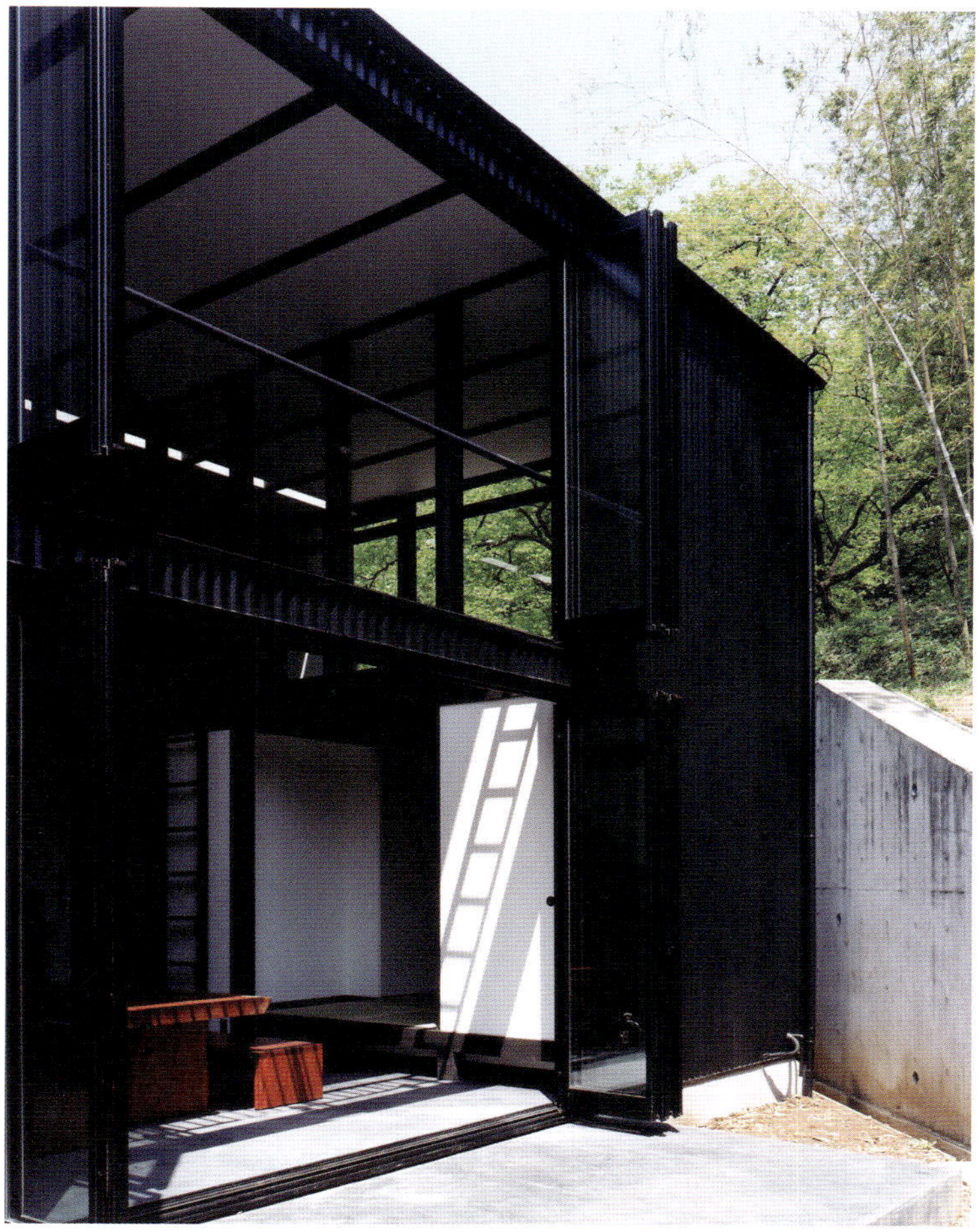

LIVING&DINING

07

見たい景色に大きく開く

周辺に魅力的な景色が広がっている住宅は、景色に向かって目いっぱい開いた開放的な計画としたい。この事例では、敷地東側から南側にかけて、竹や柿の木が生い茂る林が開けていたため、南の吹抜けに面した上下階の壁と、2階の東面に大きな開口部を設けた。一方、隣家が並ぶ北と西側は幅150㎜のハイサイドライトに窓を限定し、プライバシーに配慮している。

東西には、全面を開口できる高さ4,800㎜、横3,520㎜の折戸を採用。開放的な印象がさらに高まる

【外とつながるリビング・ダイニング】

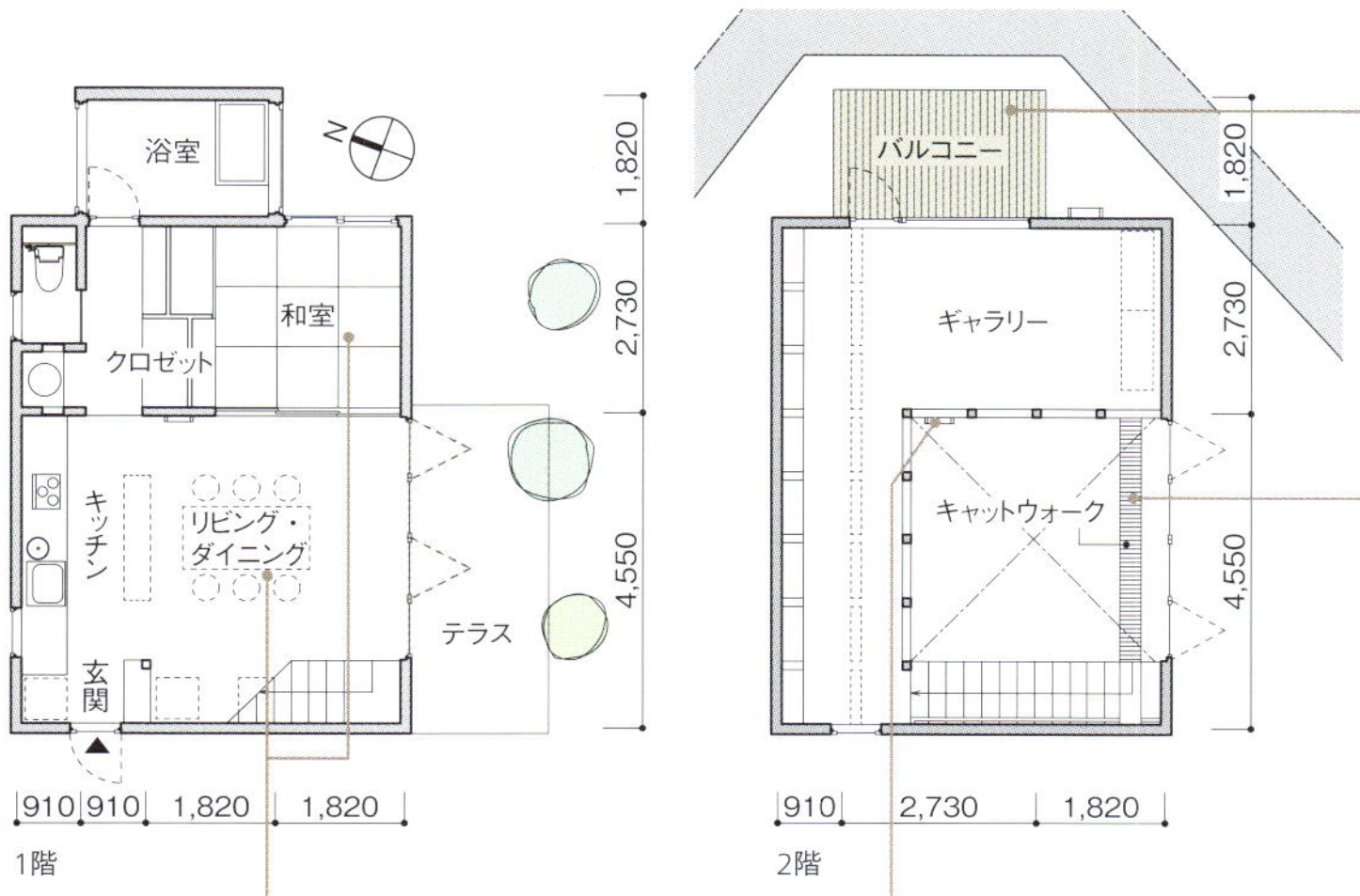

2階の東側には、擁壁の上に緑豊かな林が広がっていたので、バルコニーに面した大きな掃出し窓を設けて開放的な眺望を得ている

大きな吹抜けに面した間仕切壁のないワンルームのギャラリースペース。南面の大開口も1階と同様の折戸を採用。キャットウォークを使って開け閉めできるようにしている。1・2階の開口部を同時に開放すれば屋内外の一体感がさらに高まる

和室と水廻りだけを間仕切、ほかは遮らずに1つの空間としてつながりをもたせ、広く使う

階段と反対側の吹抜けに梯子を設置。立体的な回遊性を確保することで、最短の動線を生み出した

東側の林から住宅を見る。緑に囲まれた美しい景色が広がる

平面図 S=1:200

LIVING&DINING

08

家具や階段を活用して回遊性のあるリビングに

吹抜けや大開口が設けられなくても、回遊動線をつくればリビングを広く感じさせられる。ポイントは、単なる円形の動線ではなく、8の字形にリビング全体を余さず縫って移動できる動線にすること。そのためには、家具などを一箇所にかためて配置するのではなく、適宜分散して置くのがよい。回遊動線は、吹抜けなどの「視線の抜け」に対し、「動きの抜け」ともいえる。キッチン・ダイニング・リビングは暮らしの中心的な場所になる。リビング周辺における住まい手の日常動作を想定して、間取りや家具の配置を計画したい。

アイランドキッチンやダイニングテーブルを活用すれば、8の字形の回遊動線をつくりやすい

【動線の自由度を高める】

寝室と書斎の間に本棚を置き、回遊動線をつくる

2階は階段と吹抜けで2つの寝室を隔てる

インテリアを分散配置して、シンプルな円形ではなく8の字形の回遊動線をつくり、家の中を自在に巡れるプランとする

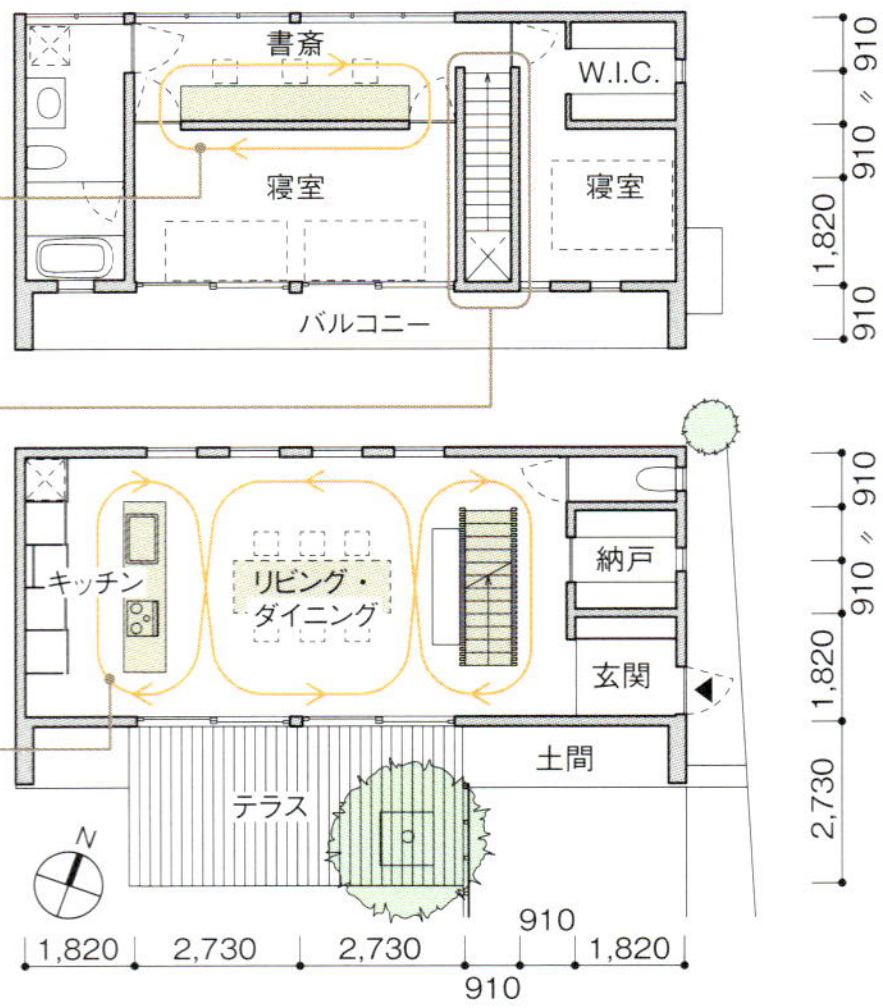

平面図 S＝1:250

階段を下から見上げる。閉塞感をなくすため蹴込み板を抜き、袖壁を縦格子にして抜けをつくっている

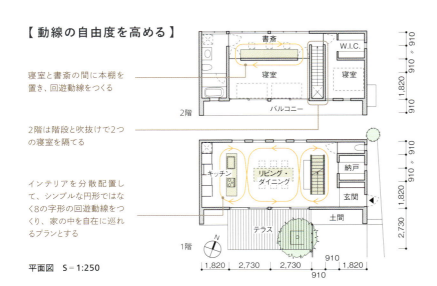

LIVING&DINING

09

節の目立たない白木で床を上品に仕上げる

壁や天井だけでなく床も白くシンプルな空間にしたいという要望に応えるために、バーチ（カバ）のフローリングを白く塗装してLDKの床を仕上げた。節のあるパイン材を脱色して白い木の床にすることもあるが、節がほとんど目立たないバーチ材にオイルステインで白をかけることで、木目の温かみを生かしつつ、薄化粧の肌のように上品な風合いの床に仕上げることができる。また、バーチは比較的硬いので、この点においても床材に適した樹種といえる。

バーチは白木のなかでも比較的硬く、床仕上げに向いている。白くて清潔感のある空間にしたい場合に採用するとよい。この住宅では、中庭に面した大開口のある2階ダイニングの床をバーチ材で明るく、開放的に仕上げた。白さを際立たせるために「プラネットカラー」（プラネットジャパン）のOPホワイトで塗装。プラネットカラーは、速乾性で施工がしやすく、塗装のもちもよい

暗めの木材で仕上げた床には、色に深みのある家具を合わせると、高級感のある空間を演出しやすい

LIVING&DINING

10

見た目に心地良く足触りもよいスギ板の床

日本の民家で古くから床材として使われているスギは、足触りが良く、心地よい空間をつくるのに最適な木材だ。軟らかく傷つきやすいが、その特性を理解したうえで採用すれば、温かみのある快適な床になる。この住宅では、柿渋と煤《すす》で黒くなった民家の床のような色にスギ板を仕上げた。実際にこのような色になるには長い年月を要するため、黒やこげ茶色のオイルステインで塗装している。完成後のお宅にお邪魔することも多いが、このような黒っぽい色の落ち着いた空間には、ついつい長居してしまう。

事例：MSD

The Other Cases

ブラックウォルナットも、色の濃い樹種の代表格。「白太」と「赤身」の色の差が大きいので、施工の際は現場で色のバランスを見ながら配置を指示したい　事例：OON

ROOMS

5章　居室

玄関から図書スペースを見る。図書スペースの壁面に設けられた本棚は、背板を天井と同じ白色のEP塗装で仕上げている。背板を棚板と同じような暗い色で仕上げてしまうと圧迫感のある暗い空間になってしまうが、背板を白く塗れば明るく軽やかな空間になり、棚に並べたものも美しく見える

ROOMS

01

玄関ホールを共有の図書スペースにする

玄関ホールから3段下がった場所に土間床の図書スペースを設けた。玄関ホールと図書スペースを大きな階段でつなぐことで、階段をベンチのように使いながらくつろげるようにしている。段板の裏に仕込んだLEDテープライトで足元をほのかに照らし、静かな空間に落ち着きと求心性を生みだした。また、ここでは空間をRC打放しのように無機質な雰囲気にするため、モルタルの土間床としている。モルタルの床は収縮割れを完全に防ぐことができないので、住まい手によく説明して、了承を得たうえで採用したい。白華現象にも要注意だ。表面にウレタンのトップコートを施工して防止するなどの対策が必要となる。

住まい手が定期的に開催している勉強会用の図書スペース。床をモルタルで土間風に仕上げている。床のモルタル仕上げに合わせて壁と天井を白く仕上げた。照明の量を最小限に抑えても、空間が暗くなりすぎない

【床を下げて籠り感のあるスペースに】

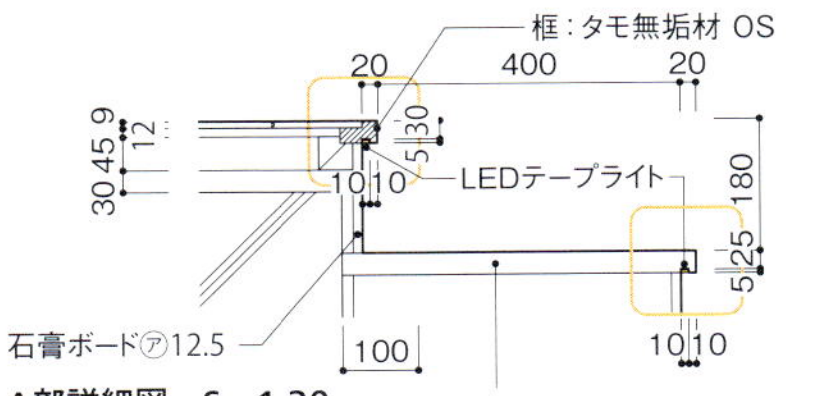

A部詳細図　S＝1:20

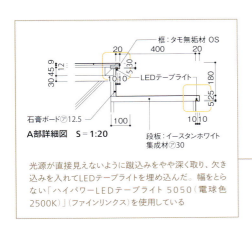

光源が直接見えないように蹴込みをやや深く取り、欠き込みを入れてLEDテープライトを埋め込んだ。幅をとらない「ハイパワーLEDテープライト 5050（電球色2500K）」（ファインリンクス）を使用している

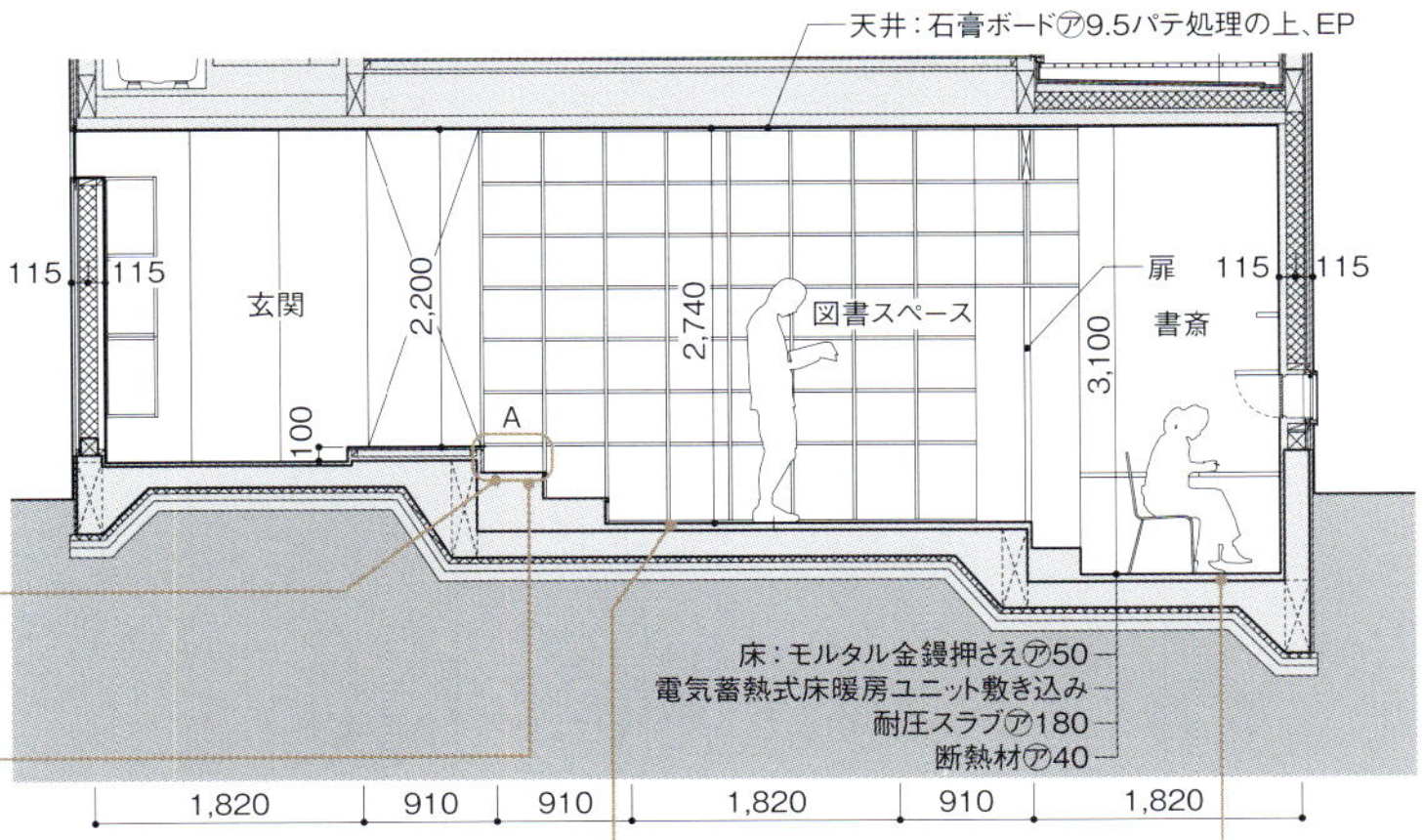

1階断面図　S＝1:100

「図書スペースでは少し埋もれて落ち着きたい」という住まい手の感覚的な希望に応じて、3段の階段を設けて玄関よりも床を下げている。階段の踏み面は本棚の寸法と合わせている

モルタルは50㎜厚。均《なら》しモルタルを20㎜厚で施工した後に、30㎜厚で仕上げモルタルを施工。収縮割れを軽減するため、仕上げモルタルに鉄製の金網を敷き込んでいる

図書スペースの扉の奥にある書斎も床をモルタルで仕上げた

ROOMS

02

石張りの床で屋内外のつながりを強くする

石の床は玄関や水廻りだけでなく、外部とのつながりが強いリビングのような空間にも最適だ。筆者は「玄昌石」「鉄平石」「ライムストーン」「大理石」などをよく使用している。玄昌石や鉄平石は仕上がりの表面が凸凹しており、設置する家具などがガタついて不安定になりやすいので、そのことを住まい手にあらかじめ説明し、理解してもらう必要がある。平滑な床面が望ましい場合は、ライムストーンや大理石が適している。「色」「割肌」「硬さ」「割付け方法」などの好みについても確認しておきたい。

右：石は蓄熱性に優れた素材なので、蓄熱床暖房に向いている。また、ベタ基礎なら基礎断熱をしっかり行っておけば、床暖房でなくとも冬場に足元が急激に冷え込む心配はない。ただし、布基礎や直下に外気と接する部分がある場合は、床下断熱を施しておく｜**左**：石の床は外部でも使えるので、本事例のように、室内・半屋外・屋外が連続した空間を一体化させるのに適している

外壁を延長させて庭を囲む外塀とした住宅。庭と室内に連続感が生まれるように屋内外の壁面仕上げを統一した。また、内と外の仕上げを連続させることに加えて、開口部の垂壁を省略して天井と庇を連続的に見せれば、屋内外のつながりをさらに強められる。壁や天井が外に延長しているように空間を演出すれば、小さな部屋の閉塞感を軽減して開放的な雰囲気にできる。

ROOMS

03

内と外の仕上げを統一して空間に広がりを生む

寝室の壁がそのまま外へと連続しているように見える。高い塀でプライバシーが確保されているので、いつでもブラインドを開放して庭との一体感を楽しむことができる

【内にも外にも使える材を選ぶ】

法規上、外壁には防火仕様が求められたので、防火認定を取得している木材を採用。この外壁に合わせて室内の仕上げにも同じ材を採用。住宅全体に統一感を出した

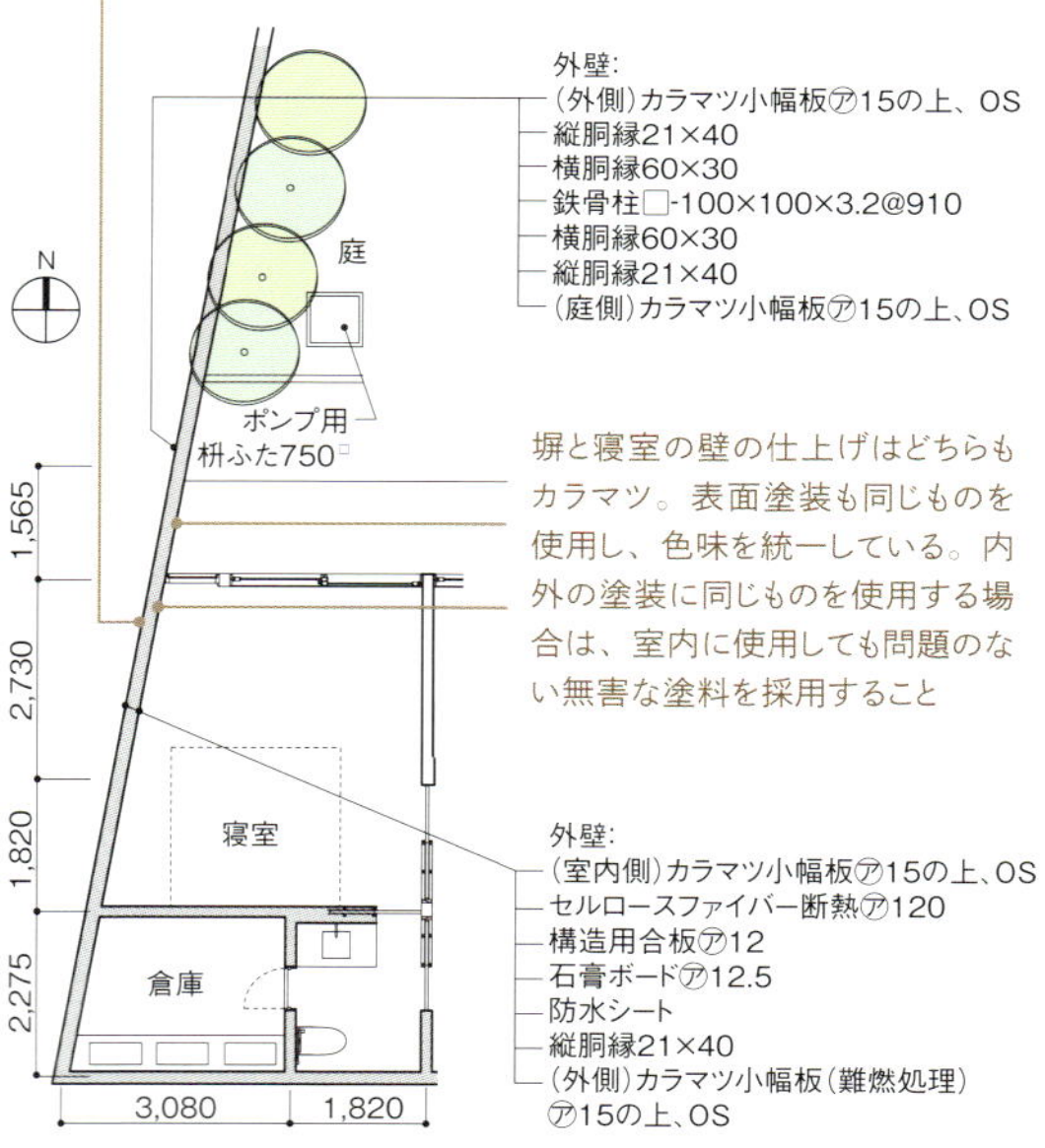
外壁:
(外側)カラマツ小幅板㋐15の上、OS
縦胴縁21×40
横胴縁60×30
鉄骨柱□-100×100×3.2@910
横胴縁60×30
縦胴縁21×40
(庭側)カラマツ小幅板㋐15の上、OS
N
庭
ポンプ用
枡ふた750□
1,565
2,730
1,820
2,275
寝室
倉庫
3,080
1,820
外壁:
(室内側)カラマツ小幅板㋐15の上、OS
セルロースファイバー断熱㋐120
構造用合板㋐12
石膏ボード㋐12.5
防水シート
縦胴縁21×40
(外側)カラマツ小幅板(難燃処理)
㋐15の上、OS

塀と寝室の壁の仕上げはどちらもカラマツ。表面塗装も同じものを使用し、色味を統一している。内外の塗装に同じものを使用する場合は、室内に使用しても問題のない無害な塗料を採用すること

平面図　S＝1:200

【屋外へ視線が誘導される】

屋内と屋外の連続性を強調するために、仕上げ板の目地のラインを内と外でそろえる

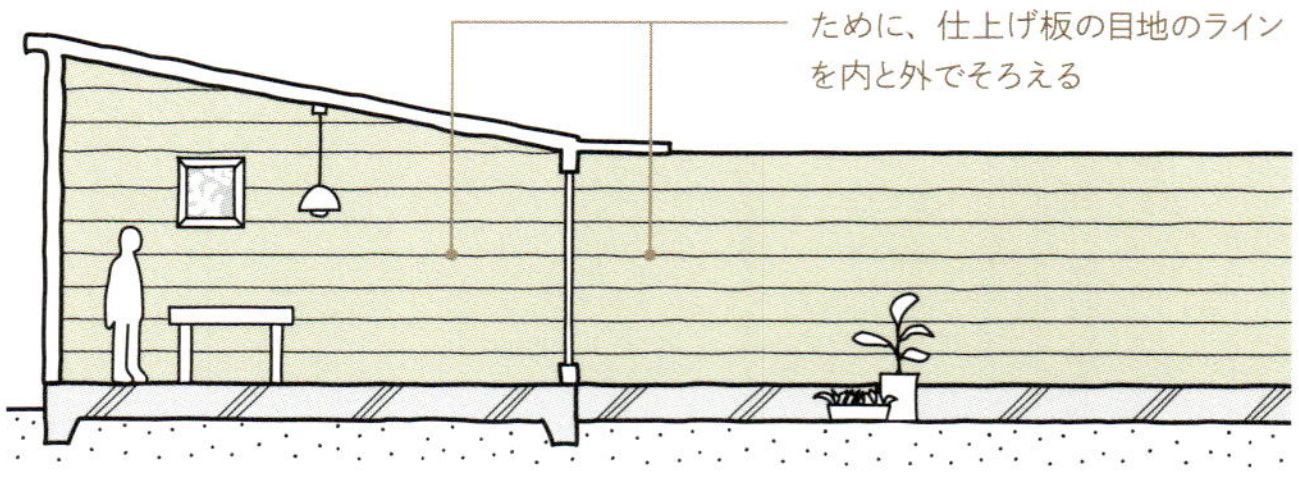

内外を隔てる窓枠の見付けを薄くすれば連続性はさらに高まる。引違い窓などはサッシ枠の見付け部分で面ずれが出やすいが、FIX窓にすれば枠をなくすことも可能

ROOMS
04
枠や蝶番の見えないシンプルな開き戸

建具をデザインしてほしいという要望を受けたら、枠・戸当り・蝶番などの部材を省略して、建具のラインを減らすとよい。この住宅では、住まい手の家族が扉の色を選ぶなど、家づくりへの参加を通じて、新しい家への愛着をより強く感じてもらえるようにした。3つの子ども部屋の建具は、3人の子どもが選んだ色にそれぞれ塗られている。

建具を使わず、扉の板しか見えないシンプルな意匠とした。扉を本棚の奥に設置することで、共有スペースからプライベートな空間への切り替え感が強まる

中庭から子ども室内を見る。3つの部屋の建具が異なる色に塗られている。扉の色はそれぞれの部屋の持ち主が選択した色を採用した

【 壁をふかして戸当たりをつくる 】

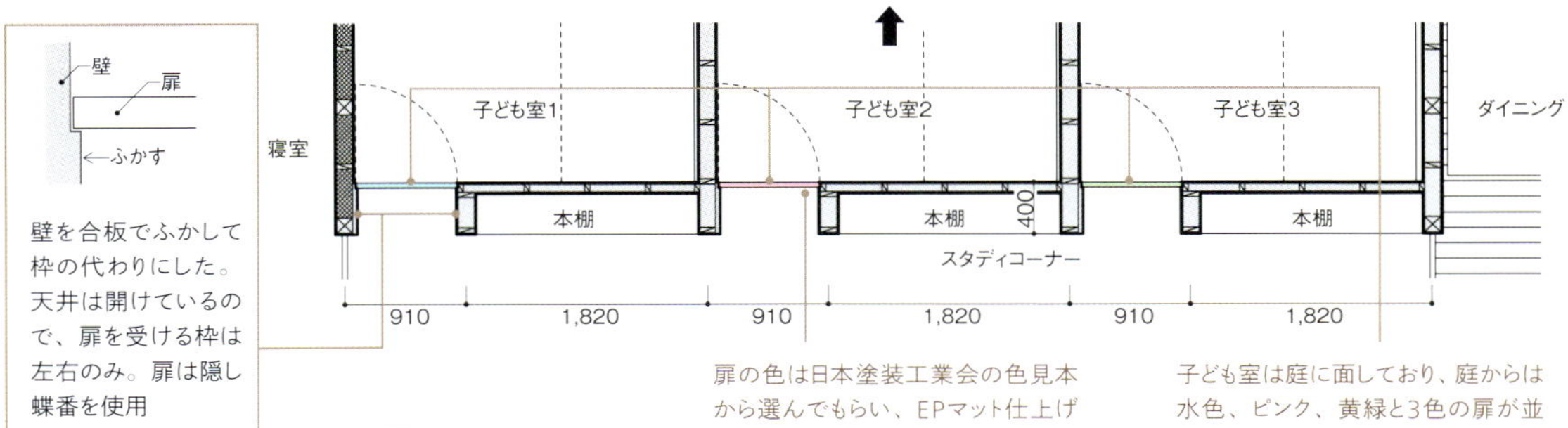

壁
扉
ふかす
壁を合板でふかして枠の代わりにした。天井は開けているので、扉を受ける枠は左右のみ。扉は隠し蝶番を使用
庭
寝室
子ども室1
子ども室2
子ども室3
ダイニング
本棚
本棚
本棚
400
スタディコーナー
910
1,820
910
1,820
910
1,820
扉の色は日本塗装工業会の色見本から選んでもらい、EPマット仕上げとした
子ども室は庭に面しており、庭からは水色、ピンク、黄緑と3色の扉が並んだ楽しい光景を一望できる

平面図　S = 1:80

ROOMS

05

円形の折上げ天井をユニークな照明に

住まい手たっての希望で、寝室の天井を遊び心たっぷりに演出した。LEDテープライトは曲面にも簡単に照明器具を取り付けられるので、円形の折上げ天井をコーブ照明にするには最適。天井を見上げる姿勢になりやすい寝室ではダウンライトなどの照明は、光源が目に入り眩しさを感じやすい。コーブ照明であれば器具が幕板に隠されるので眩しくない。

温かみのある間接照明が、天井のオリーブ色をほのかに浮き出させている

【円形のコーブ照明】

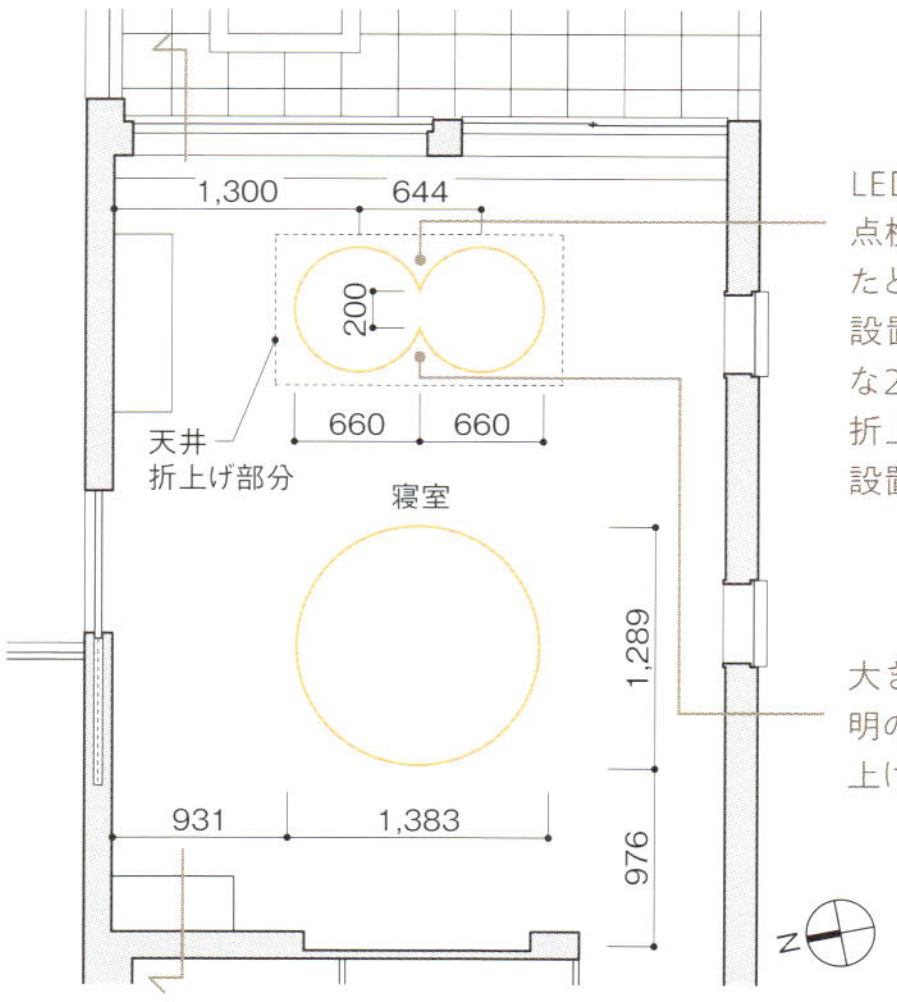
1,300
644
200
660
660
天井
折上げ部分
寝室
1,289
976
931
1,383
N
LEDテープライトのトランスは、点検しやすく、天井を見上げたときに目に入らない場所に設置したい。ここでは、小さな2つの円が重なった照明の折上げ天井の懐にトランスを設置している
大きな円の折上げ天井の照明のトランスも、小さな円の折上げ天井の懐に設置

寝室天井伏図　S＝1:120

【LEDテープライトを天井に仕込む】

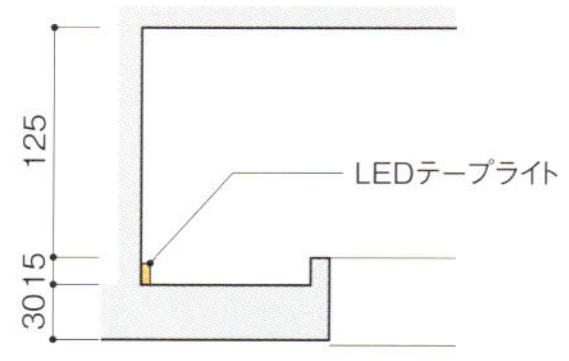
125
30
15
30
LEDテープライト

LEDテープライトは、8.5㎜と幅をとらず安価な「ハイパワーLEDテープライト3528（BJ3528WW／電光色）」（ファインリンクス）を使用している

折上げ天井断面詳細図　S＝1:8

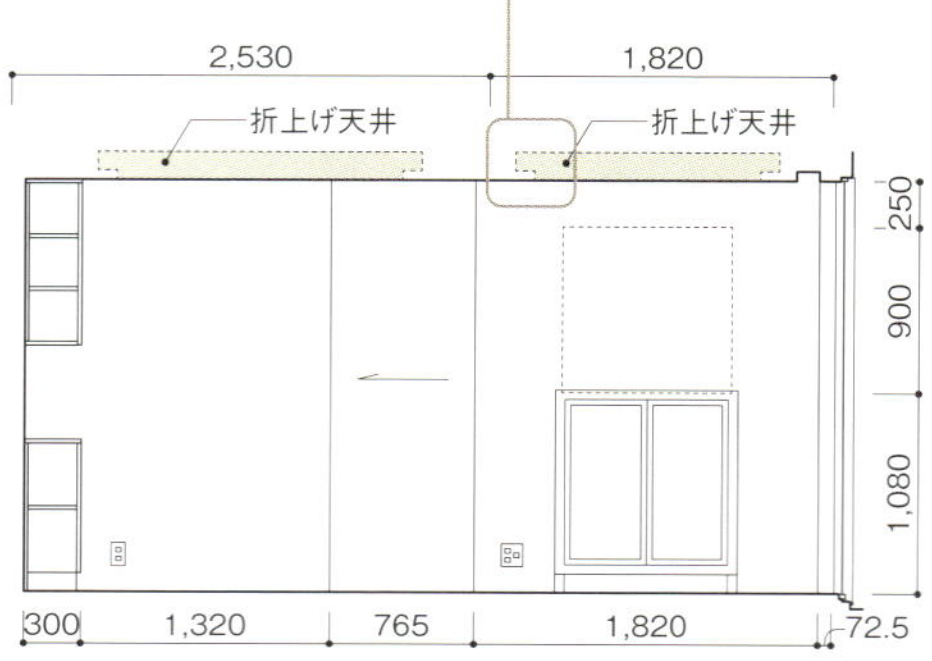
2,530
1,820
折上げ天井
折上げ天井
250
900
1,080
300
1,320
765
1,820
72.5

断面図　S＝1:80

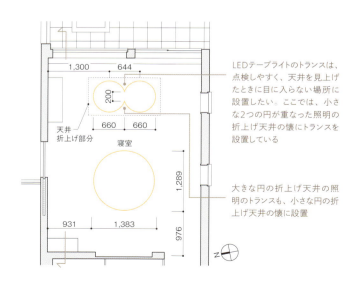

ROOMS

06

巾木の存在感を消して インテリアをすっきりと

壁と床の取合い部は巾木を付けて納めるのが一般的だが、壁に余計な線が増えて、野暮ったくなりがちだ。筆者は下地を付加して「巾木なし」とするか、壁の足元にシナランバーなどの木材を配し「隠し巾木」として納め、壁と床が直接取り合うように見せている。巾木を設けた場合と同様の強度を確保しながら、壁の取合い部分をすっきり見せられる。

巾木がないことで光が床まで回り、取り合い部のエッジが曖昧になり、空間を柔らかくみせることができる。なお、巾木や廻り縁のない納まりは、下地材が乾燥で痩せると床・壁・天井の入隅部分に小さな亀裂が入る可能性があることを住まい手に説明しておくとよい

【通常の巾木の納まり】

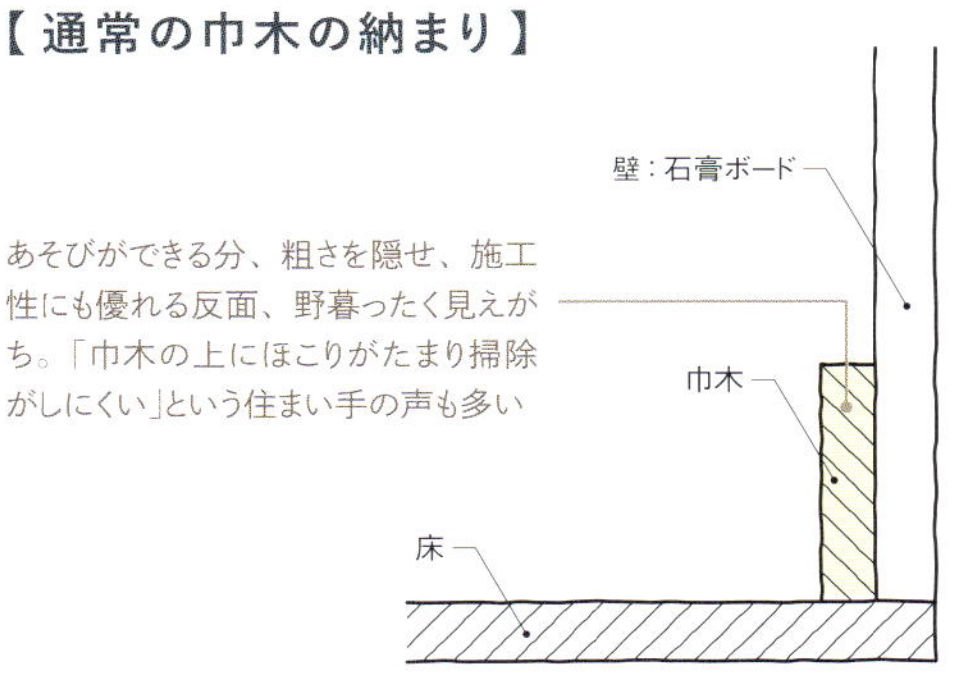
壁：石膏ボード
あそびができる分、粗さを隠せ、施工性にも優れる反面、野暮ったく見えがち。「巾木の上にほこりがたまり掃除がしにくい」という住まい手の声も多い
巾木
床

The Other Cases

巾木がないので、建具と壁が連続する部分もすっきりと見せられる

事例：OND

【巾木なしの納まり】

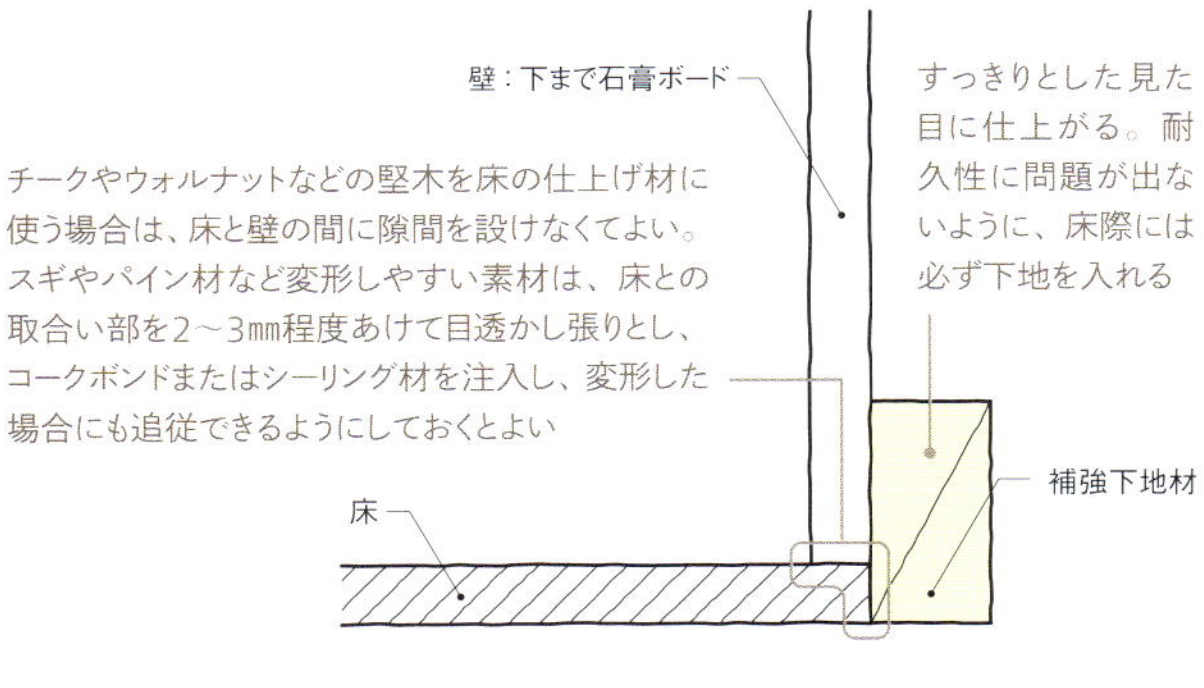
壁：下まで石膏ボード
すっきりとした見た目に仕上がる。耐久性に問題が出ないように、床際には必ず下地を入れる
チークやウォルナットなどの堅木を床の仕上げ材に使う場合は、床と壁の間に隙間を設けなくてよい。スギやパイン材など変形しやすい素材は、床との取合い部を2～3mm程度あけて目透かし張りとし、コークボンドまたはシーリング材を注入し、変形した場合にも追従できるようにしておくとよい
補強下地材
床

【隠し巾木の納まり】

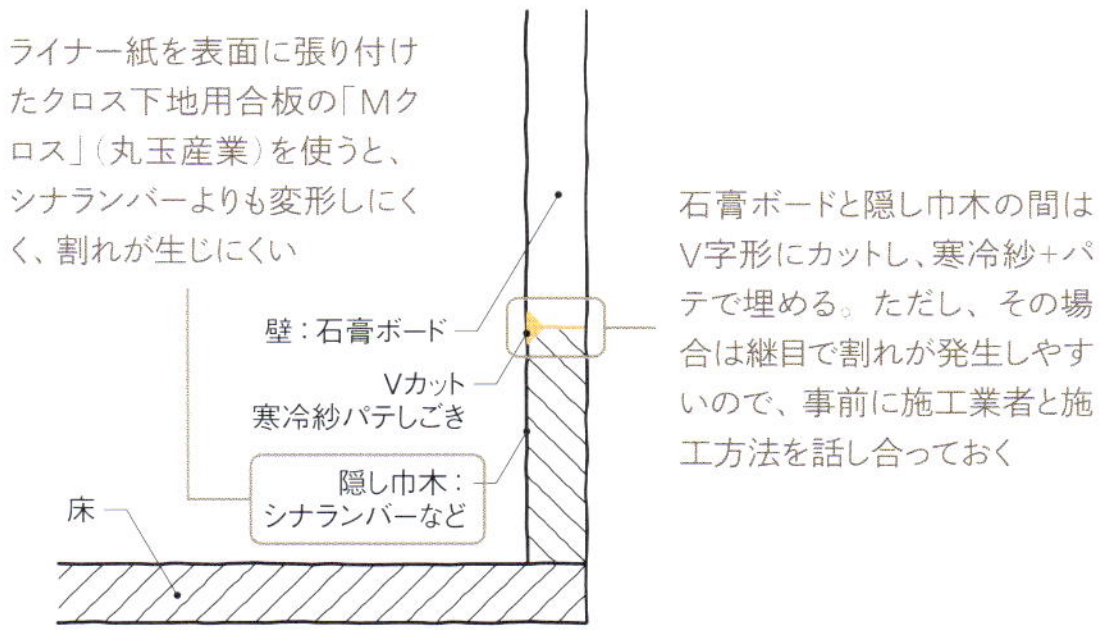
ライナー紙を表面に張り付けたクロス下地用合板の「Mクロス」（丸玉産業）を使うと、シナランバーよりも変形しにくく、割れが生じにくい
壁：石膏ボード
Vカット
寒冷紗パテしごき
隠し巾木：
シナランバーなど
床
石膏ボードと隠し巾木の間はV字形にカットし、寒冷紗＋パテで埋める。ただし、その場合は継目で割れが発生しやすいので、事前に施工業者と施工方法を話し合っておく

ROOMS

07

石張りの壁を生かして印象的な空間に仕上げる

石壁は、タイル壁とは一味違った重厚感と高級感のある魅力的な仕上げだ。材工費は比較的高いものの、部分的に採用するだけでも十分に空間のアクセントとなる。石壁を採用するときに最も気を付けたいのは、石材の剥落による事故を防止すること。確実で安全な施工を行って、石材を壁面にしっかりと固定する必要がある。そのためには、石壁の施工を専門にしている施工業者［※1］の責任施工のもとで工事を行うことが望ましい。加えて、住まい手にもその危険性についてしっかりと説明をしておきたい。

【石壁（内壁）の下地構成】

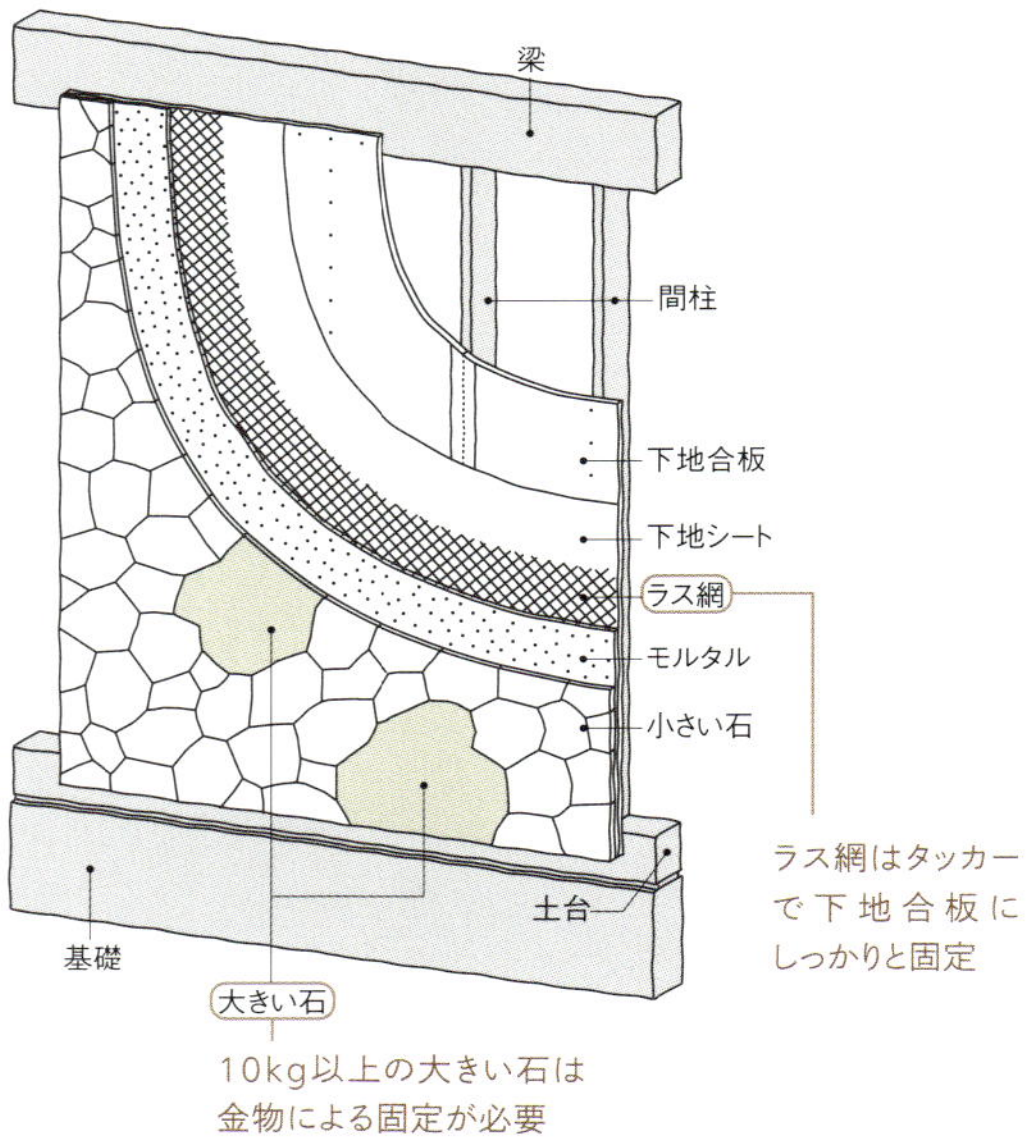
梁
間柱
下地合板
下地シート
ラス網
モルタル
小さい石
土台
基礎
大きい石
ラス網はタッカーで下地合板にしっかりと固定
10kg以上の大きい石は金物による固定が必要

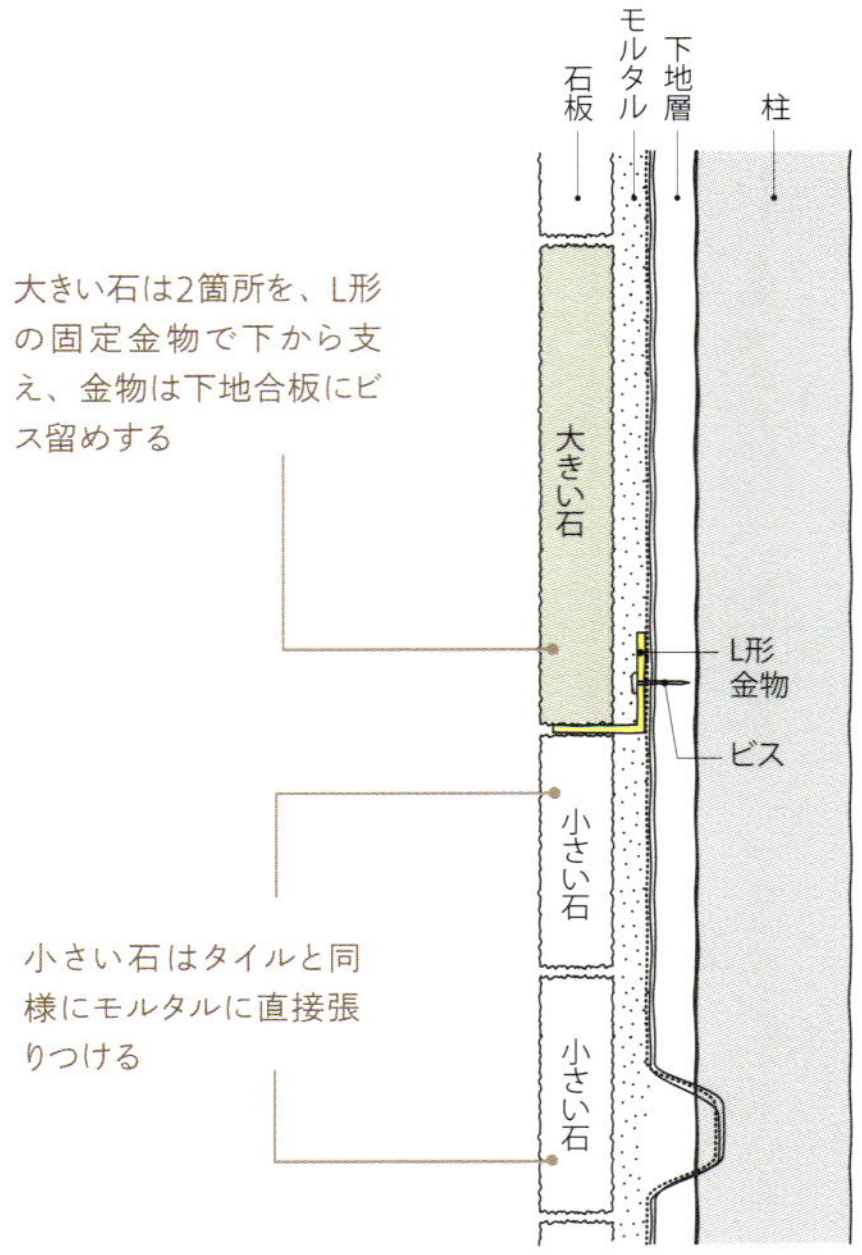
石板
モルタル
下地層
柱
大きい石は2箇所を、L形の固定金物で下から支え、金物は下地合板にビス留めする
大きい石
L形金物
ビス
小さい石
小さい石はタイルと同様にモルタルに直接張りつける
小さい石

【石壁（外壁［※2］）の固定方法】

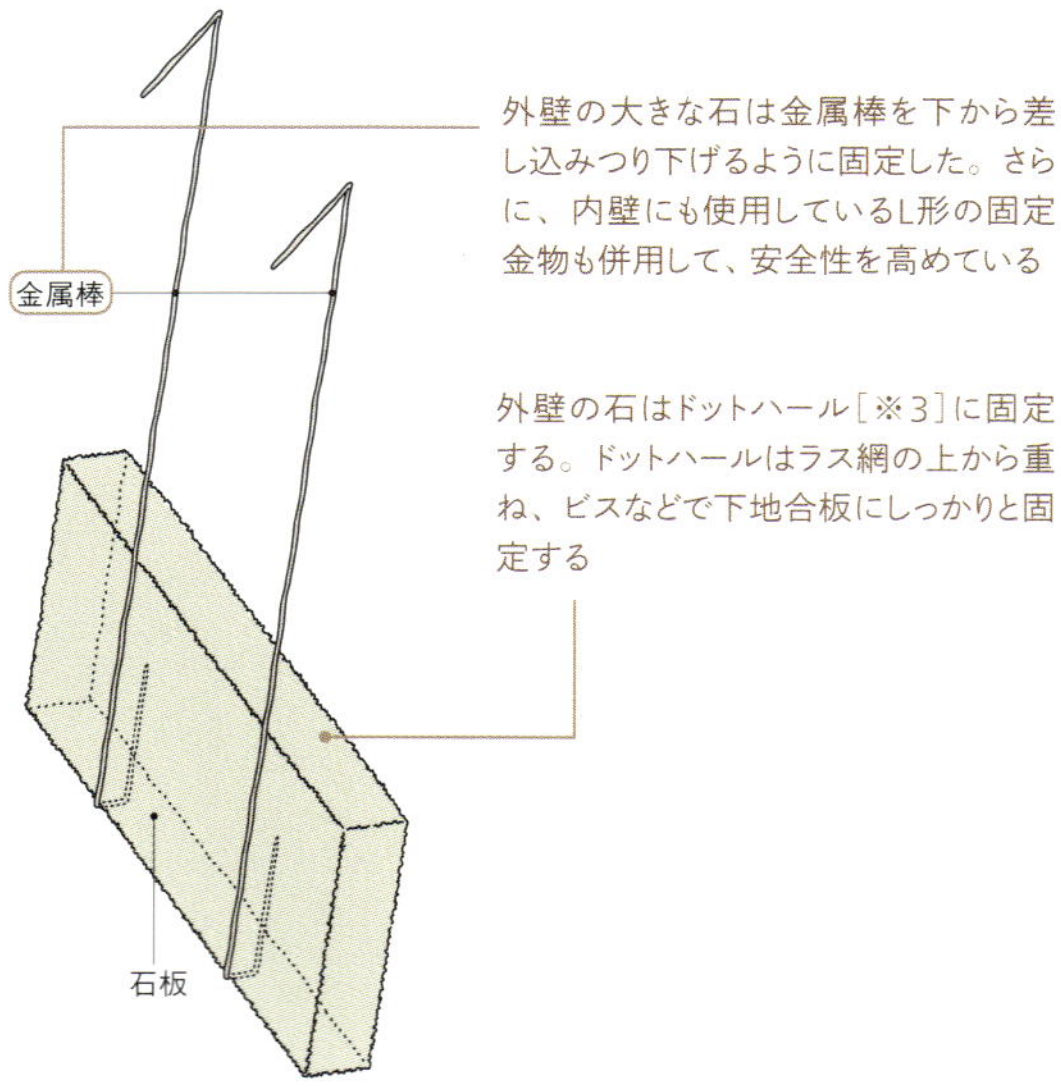
外壁の大きな石は金属棒を下から差し込みつり下げるように固定した。さらに、内壁にも使用しているL形の固定金物も併用して、安全性を高めている
金属棒
外壁の石はドットハール［※3］に固定する。ドットハールはラス網の上から重ね、ビスなどで下地合板にしっかりと固定する
石板

南側の庭に面する1階のインナーテラスの壁面。高さ5100㎜の吹抜けの壁一面を乱形の石版で仕上げている。木、石、植物の組み合わせが半屋外空間を心地よく彩る

※1 石壁の施工専門工務店には「藤森鉄平石」などがある ｜※2 外壁の下地構成も内壁の下地構成と基本的には同じ。外壁の場合はラス網の上にドットハールを重ねることになる ｜※3 石を壁に固定するための網状の金物

鉄平石を内壁の仕上げに使用。石壁の直下に植栽スペースを設けて、植物と石の対比を楽しめるようにした

ROOMS
08

廻り縁をなくして光を柔らかく回す

壁や天井の入隅に廻り縁を設けずに納めれば、光を部屋全体に軟らかく回すことができ、空間を広々と見せられる。ただし、入隅部分は割れやすいため、乾燥による変形などが生じにくい補強下地材を使用するなどの対策が必要である。特に、勾配天井の頂部などでは下地材どうしが斜めに取り合うので、接合部がぴったり合わさるように施工精度を高めるなど、割れを防止するための現場レベルでの配慮も求められる。

廻り縁のないロフト空間。勾配天井と壁の境界が曖昧になるため、曲面の壁に囲まれているような印象に見える

【勾配天井の廻り縁のない納まり】

勾配天井頂部の下地材は、斜めにカットして突き付けて接合し、木材の収縮によって割れが発生しないようにする。木材は竣工から約1年間は収縮の心配があるため、ひび割れに注意が必要(住まい手には事前に説明し、1年間はメンテナンスにも配慮する)。ただし、1年以上経てば木材の収縮がほぼ治まるため、割れの心配はほとんどないと考えてよい

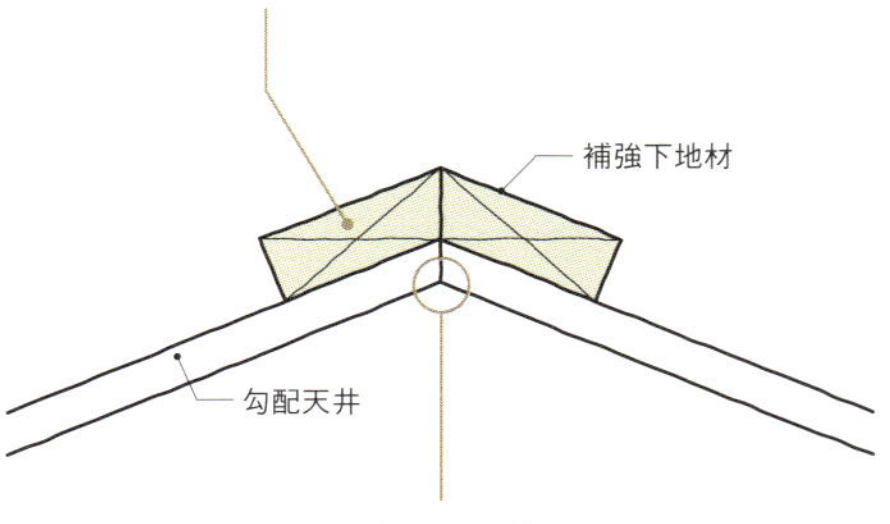

天井の取り合う折り目部分は、パテで埋める。その際、折り目がまっすぐ通るように施工指示をしておく

※ 温度や湿度、風量などを制御できる乾燥機を用いて、人工的に短期間で乾燥させた木材。天然乾燥材よりも含水率が低い

【入隅部分の納まり】

入隅部分は、下地材が乾燥収縮することで割れが発生しやすい。下地材には、十分に乾燥させた材料を用いる。筆者はKD材[※]を用いることが多い

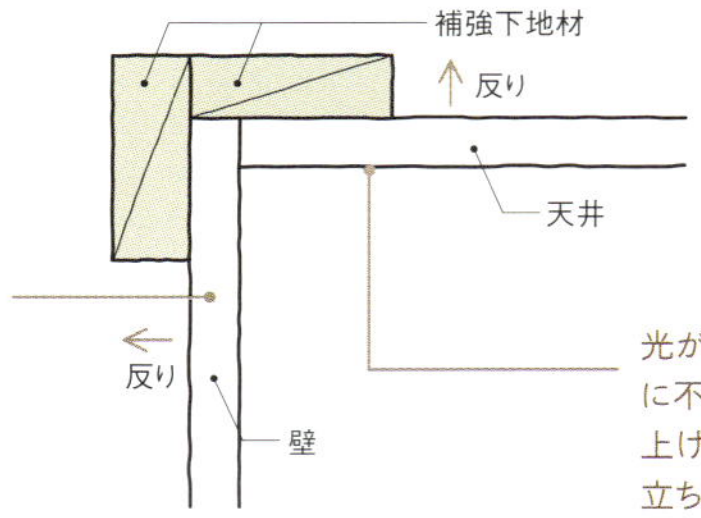

光が当たる部分などは、特に不陸が目立ちやすい。仕上げは左官材など凹凸が目立ちにくい素材にするとよい

2階の寝室からバルコニー(写真左側)と廊下(写真右側)を見る。開口部から差し込んだ光が壁と天井に回り、部屋を柔らかい光で包む

KITCHEN&SANITARY

6章　水廻り

01

使いやすく美しい
一体成型の洗面カウンター

洗面ボウルを洗面台に埋め込むような形に一体成型すれば、美しく、使いやすい洗面カウンターをつくることができる。洗面台と洗面ボウルの段差がなくなり、カウンターがフラットになることで、掃除がしやすいだけでなく、カウンターの上を広々と使いやすくなるからだ。この住宅では、朝の身支度の際に家族がゆったり洗面台を使えるように、2つの洗面ボウルを設けた。2つの洗面ボウルが1つの大きなカウンターと一体化することによって、空間の要素が少なく抑えられた美しい洗面室となっている。

【一体成型の洗面台で統一感を出す】

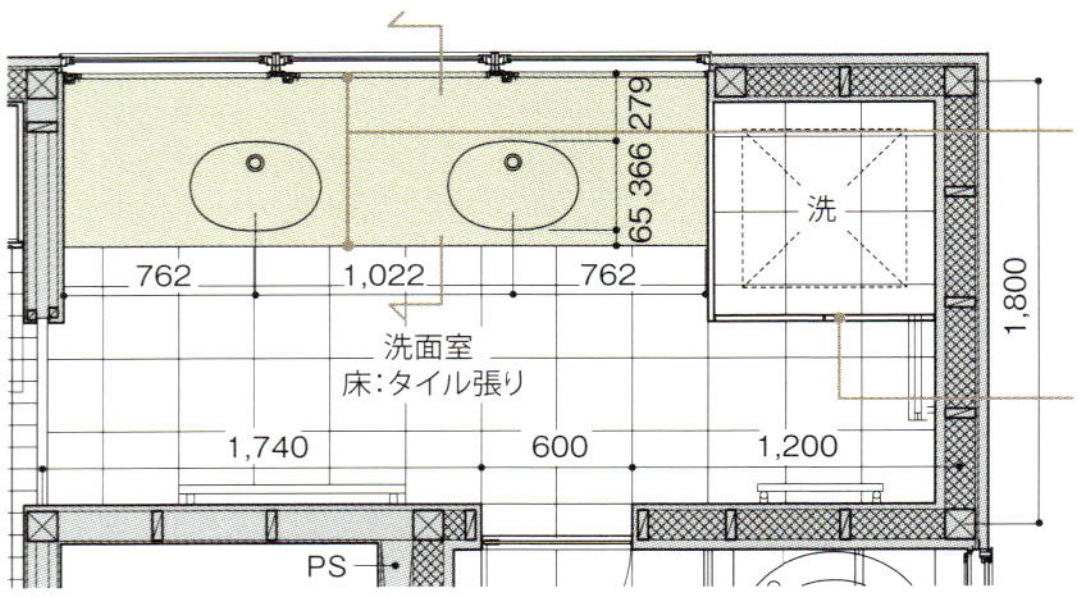

幅だけでなく、奥行きも余裕のある寸法（710㎜）とし、隣に設けた洗濯機置き場（奥行き910㎜）が浮かないように配慮している

洗濯機置き場には扉を付け、そのなかに機械を納めることで家具のように見せる

平面図　S＝1:60

The Other Cases

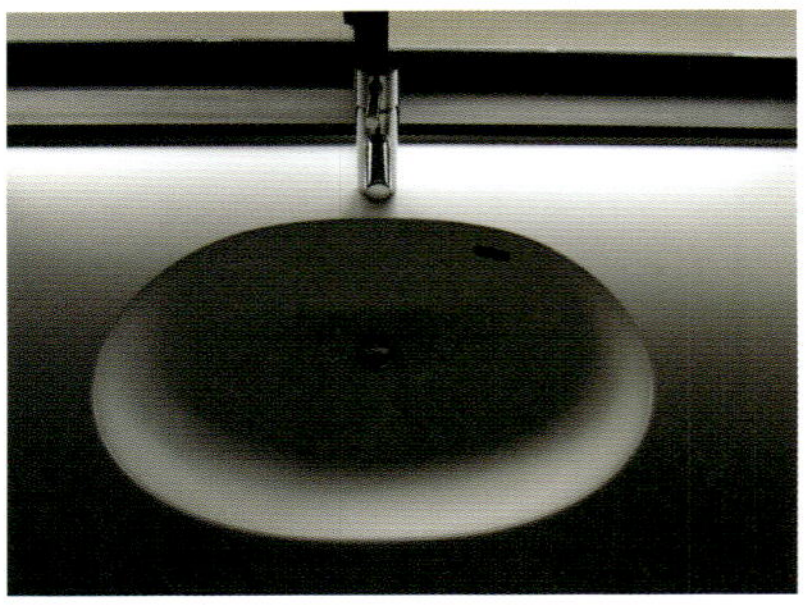

洗面ボウルが洗面台と一体化したかのような洗面カウンター。滑らかな人造大理石の表面に光が美しく反射する

事例：NDT

【広い洗面カウンターは使いやすい】

カウンターが広いので小物を置けるスペースが生まれる。日常的に使う小物を見せる棚にもなる

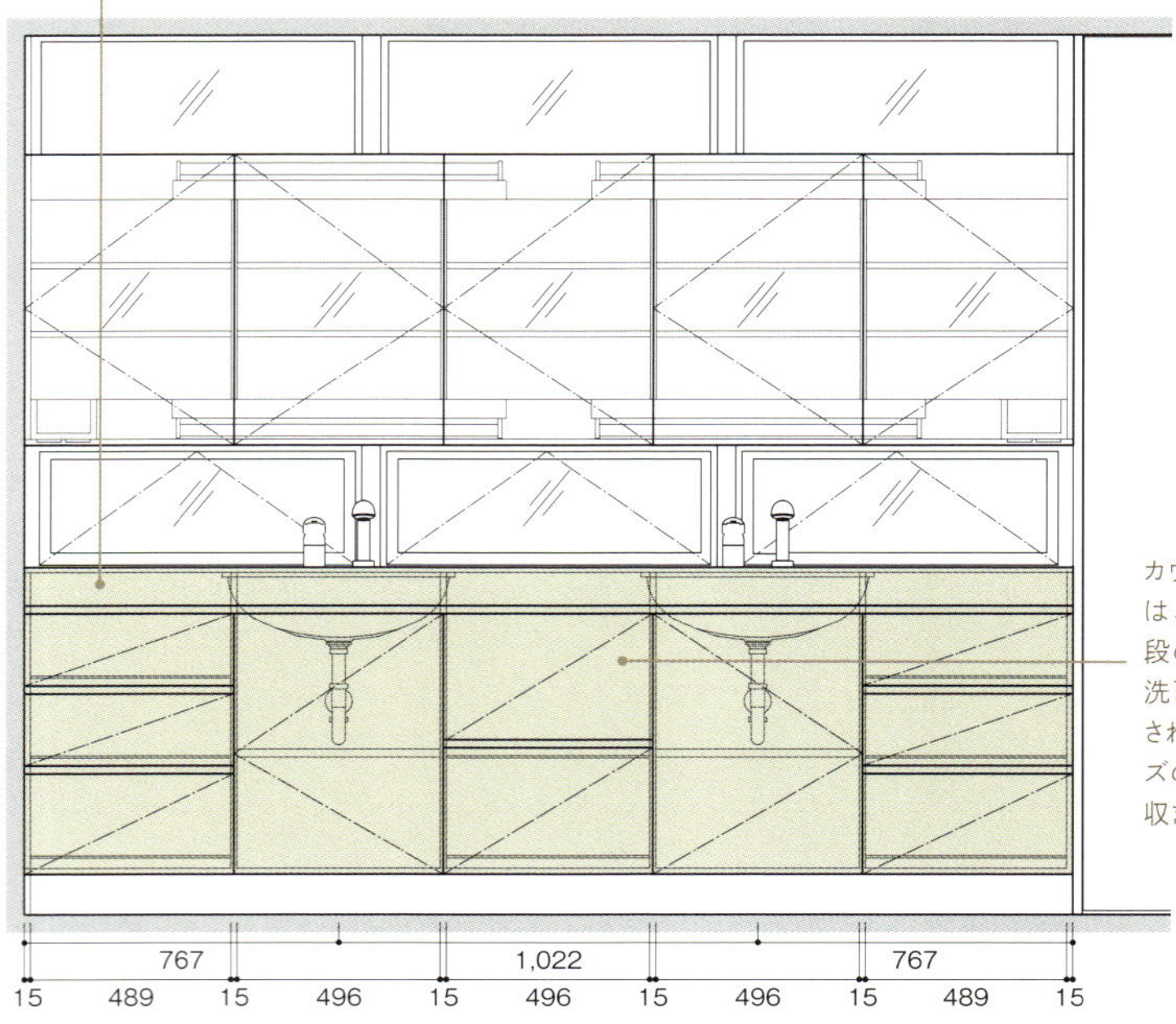

カウンター下の収納は、3段の部分と2段の部分をつくり、洗面脱衣室に収納されるさまざまなサイズの日用品がすべて収まるようにしている

洗面台姿図　S＝1:30

人造大理石は、化粧品のパウダーや茶渋などのシミが少し残るが、メラミンスポンジなどできれいに落とせるため、清掃性にも優れている

サッシ下端には別の部材を挟むことなく、人造大理石を差し込むことで、意匠的な統一感が生まれる。溝ができないので掃除もしやすい

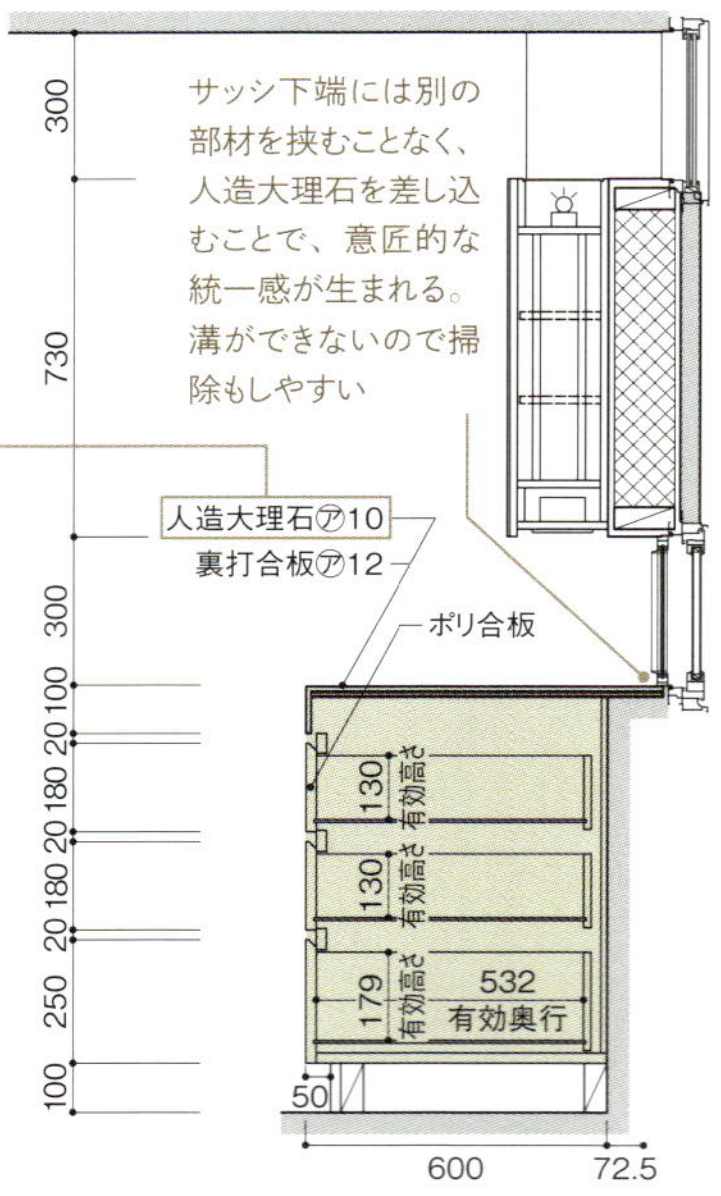

断面図　S＝1:30

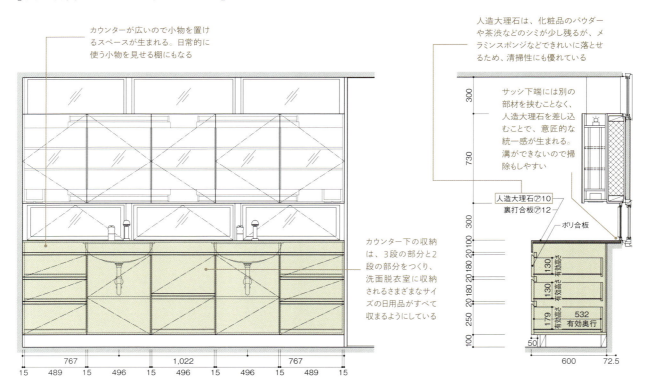

洗面台側と浴室側の両側から
光を取り入れることで、横長
の洗面室に広がりが生まれる

浴室の扉をガラスにして、洗面脱衣室との一体感を高めると、水廻り空間に広がりを感じられる。ドアの透明感を損なわないために、ガラス扉の取手を金属バーなどのハンドルにするのではなく、本事例のようにシンプルな欠き込みにするのも一つの方法だ。なお、ガラス扉を採用すると、入浴中に洗面脱衣室が常に目に入るようになるので、洗面脱衣室内が雑然としないように収納への配慮が必要。ここでは、奥行き300㎜の深めのニッチ棚を設け、大きな扉ですっきりとモノが隠せるようにした。

02

ガラスで仕切られた開放的な浴室と洗面脱衣室

【ガラスのみを見せるシンプルな納まり】

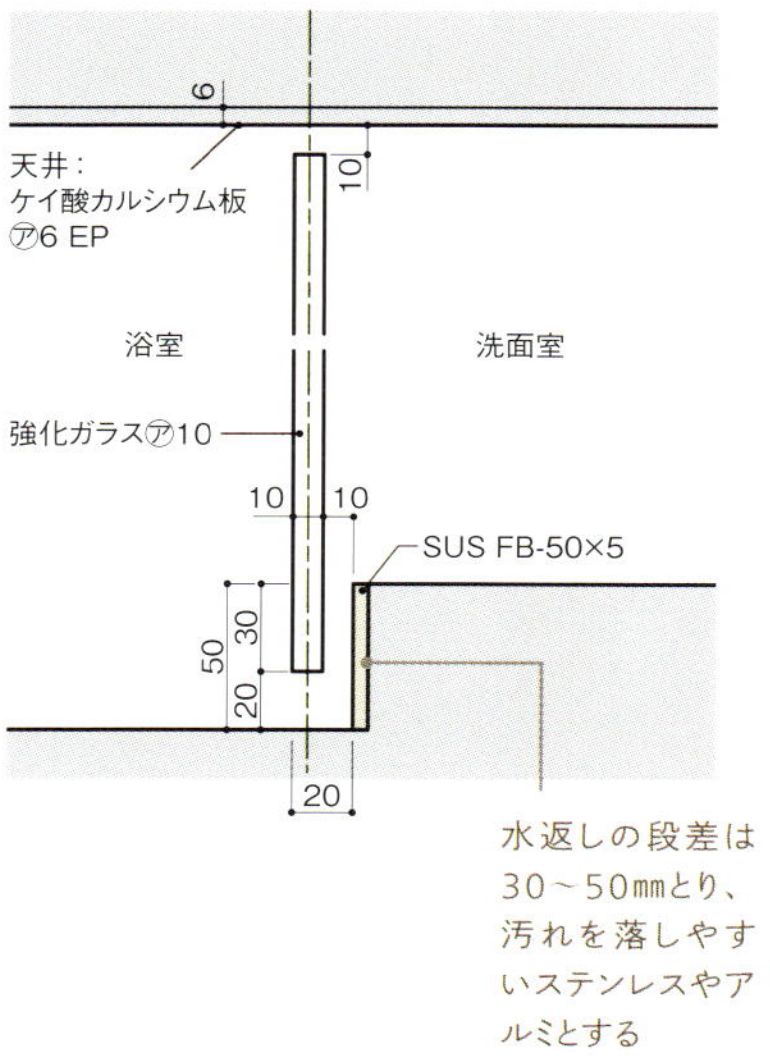

6
10
天井：
ケイ酸カルシウム板
㋐6 EP
浴室
洗面室
強化ガラス㋐10
10
10
SUS FB-50×5
50
30
20
20
水返しの段差は30～50㎜とり、汚れを落しやすいステンレスやアルミとする

A-A' 断面詳細図 S＝1:5

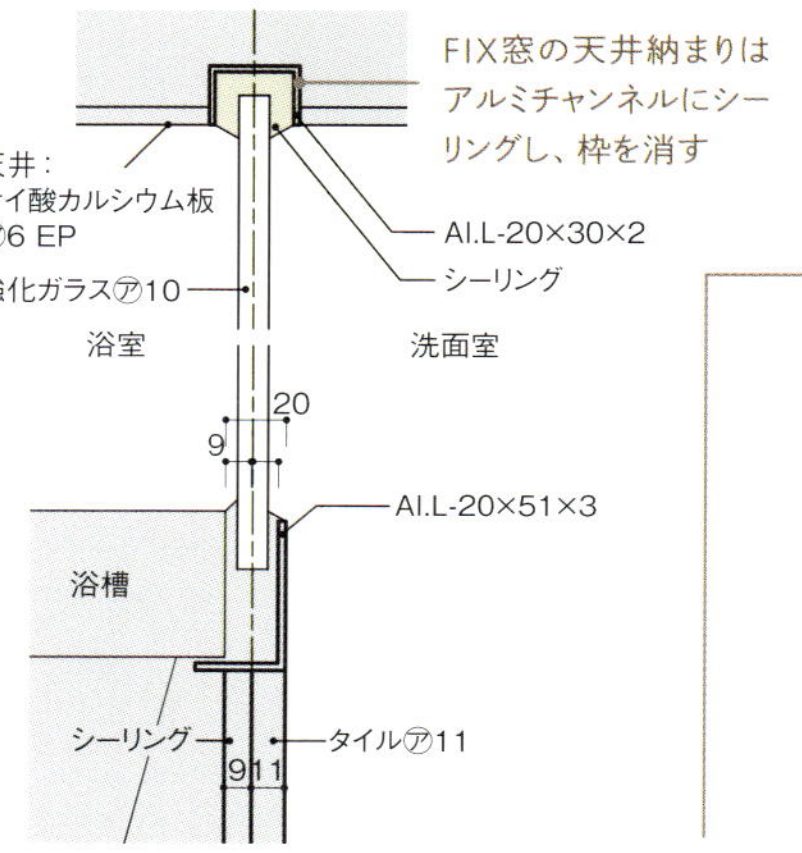

FIX窓の天井納まりはアルミチャンネルにシーリングし、枠を消す
天井：
ケイ酸カルシウム板
㋐6 EP
Al.L-20×30×2
シーリング
強化ガラス㋐10
浴室
洗面室
20
9
Al.L-20×51×3
浴槽
シーリング
9
11
タイル㋐11

B-B' 断面詳細図 S＝1:5

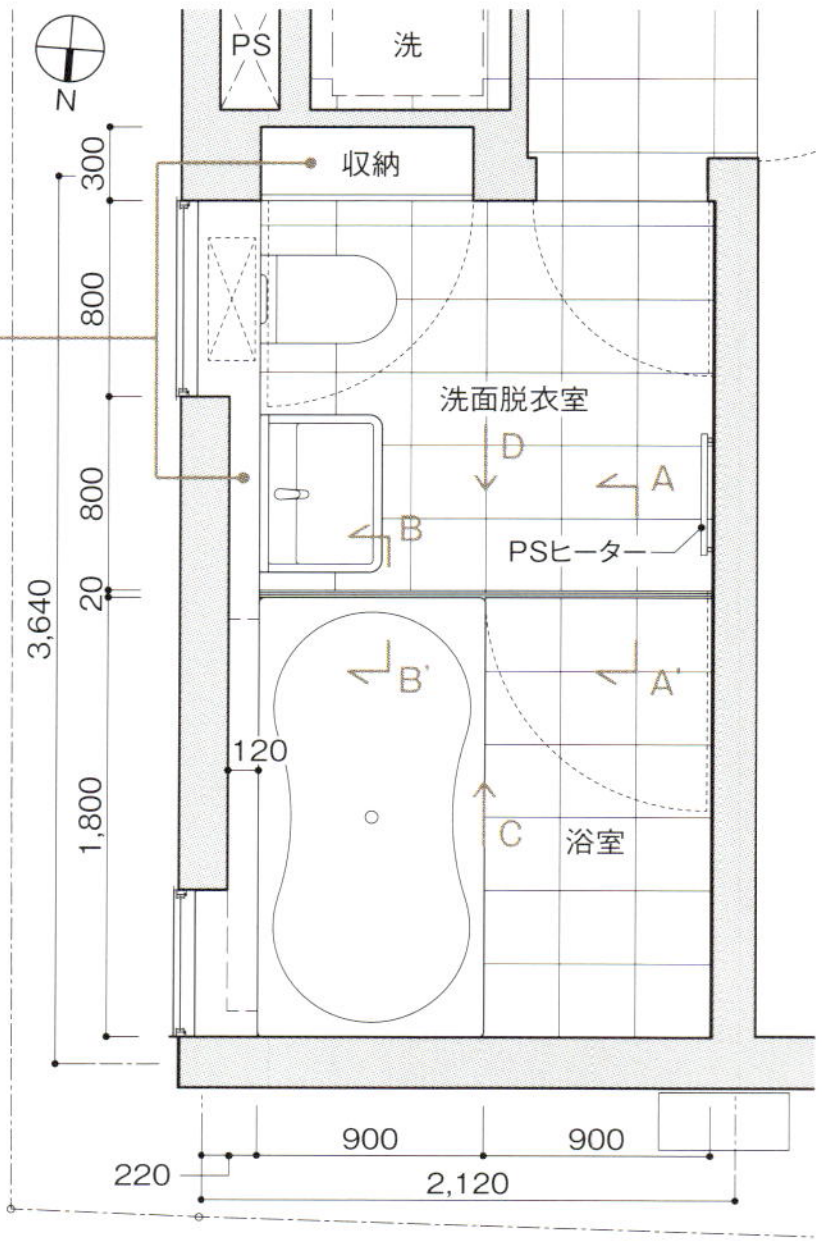

N
PS
洗
収納
洗面脱衣室
D
A
B
PSヒーター
B'
A'
120
C
浴室
300
800
800
20
3,640
1,800
220
900
900
2,120
洗面脱衣室に大きなニッチを設けて収納棚としている。収納棚の扉を閉めれば、部屋がすっきりとする。また、外壁面に設けたふかし壁の上端も棚として使える

平面図 S＝1：60

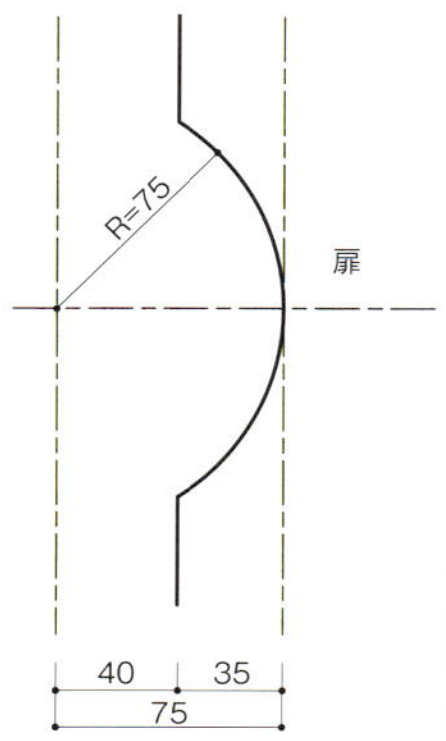

R=75
扉
40
35
75

手掛け詳細図 S＝1:5

欠き込みサイズは、見た目と手のかけやすさから上記のサイズを定番にしている。角は面取りして手ざわりに配慮している

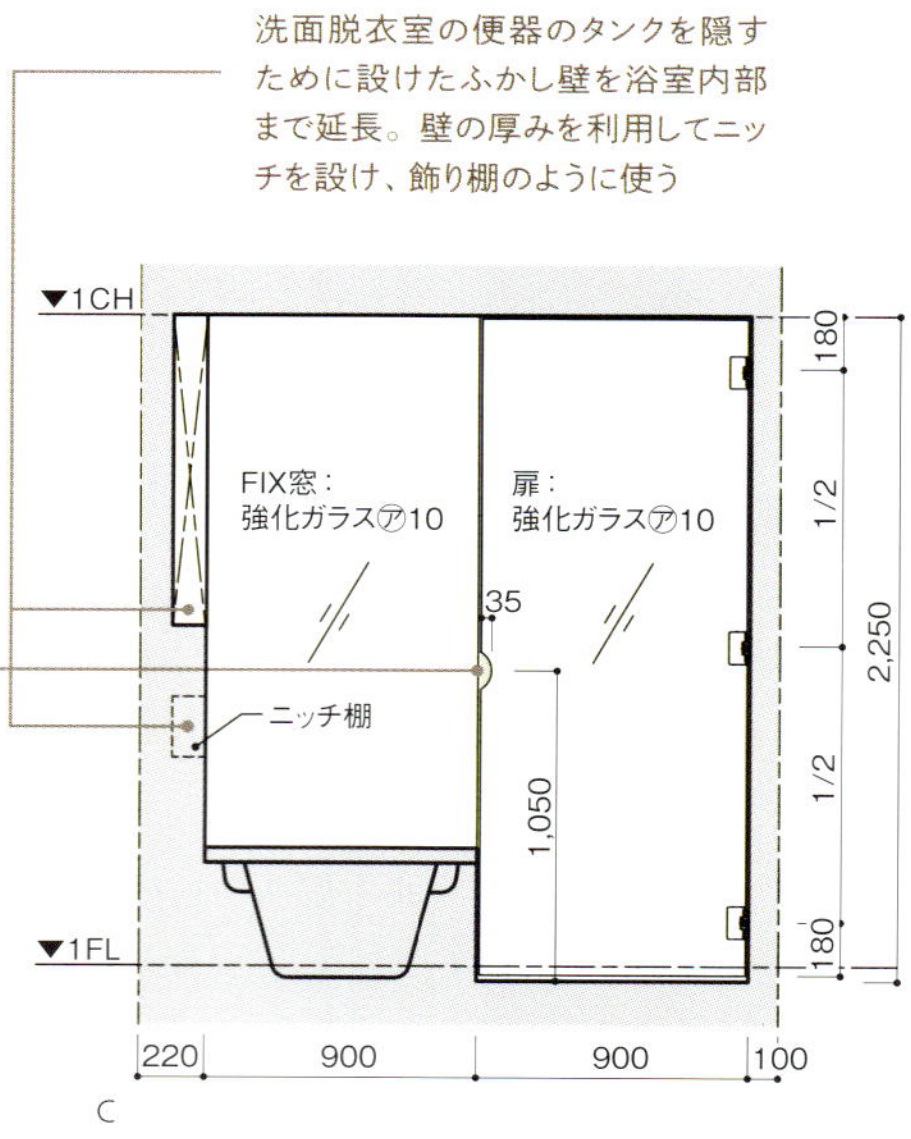

洗面脱衣室の便器のタンクを隠すために設けたふかし壁を浴室内部まで延長。壁の厚みを利用してニッチを設け、飾り棚のように使う
▼1CH
FIX窓：
強化ガラス㋐10
扉：
強化ガラス㋐10
35
ニッチ棚
1,050
180
1/2
2,250
1/2
180
▼1FL
220
900
900
100
C

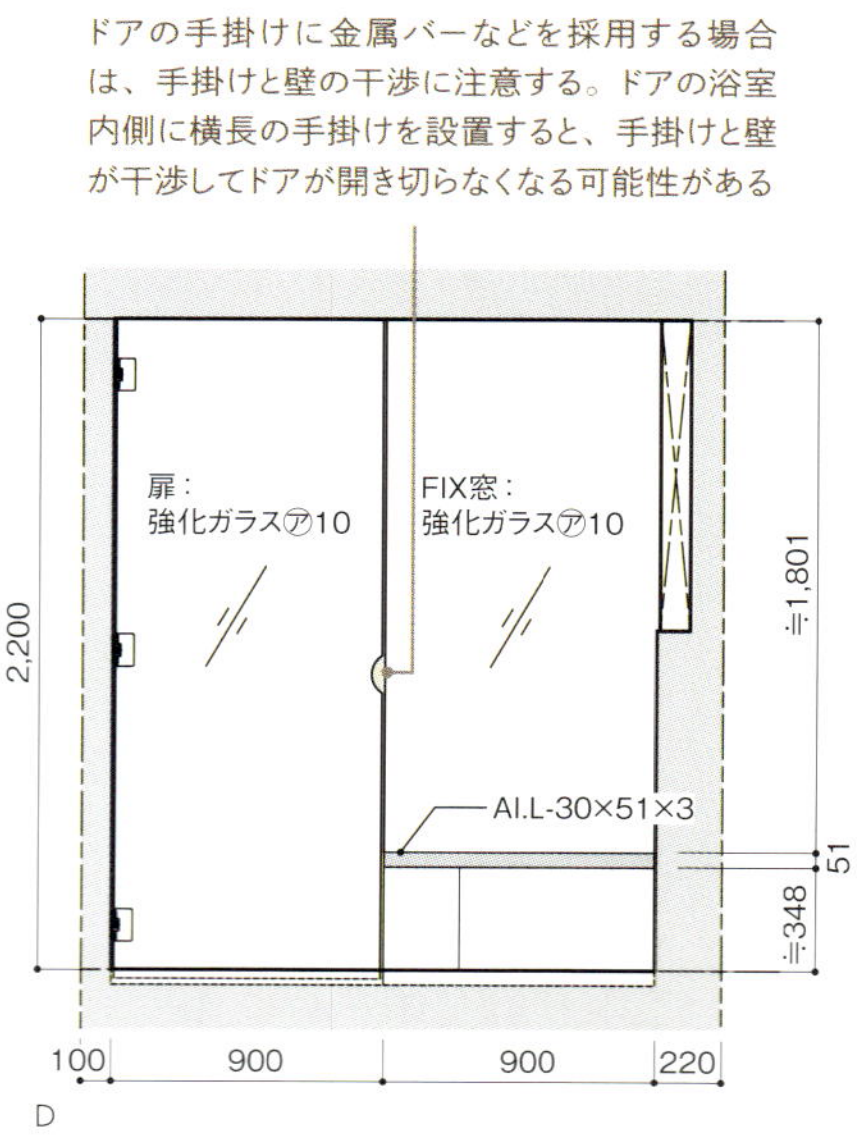

ドアの手掛けに金属バーなどを採用する場合は、手掛けと壁の干渉に注意する。ドアの浴室内側に横長の手掛けを設置すると、手掛けと壁が干渉してドアが開き切らなくなる可能性がある
扉：
強化ガラス㋐10
FIX窓：
強化ガラス㋐10
2,200
≒1,801
Al.L-30×51×3
51
≒348
100
900
900
220
D

展開図 S＝1:50

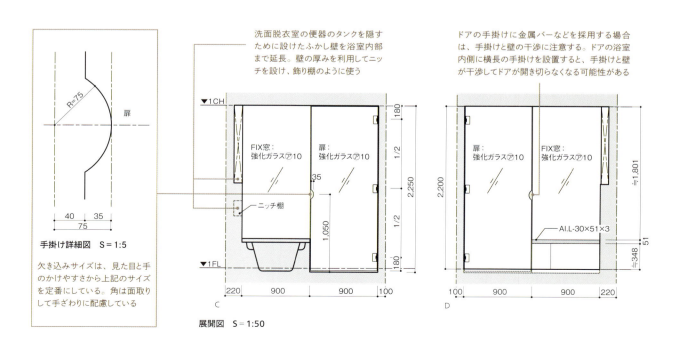

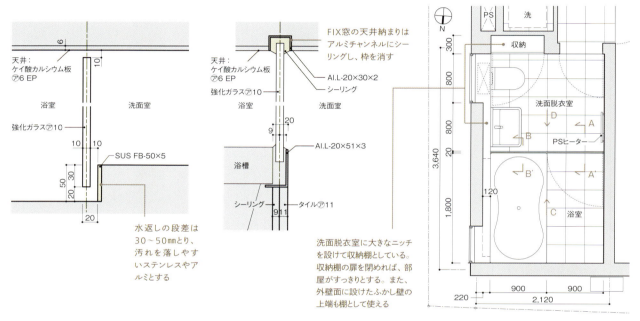

浴室と洗面室の床・壁・天井材をそれぞれそろえ、扉はガラス戸とし、ひとつの空間に見せている

浴槽の縁とデッキテラスの高さの差を少なくすることで、屋外との一体感が高まる

KITCHEN&SANITARY

03

天然素材を配したくつろぎの浴室

浴室は、住まい手の疲れを癒やし、安らぎを与える空間である。その効用を最大限に高めるには、浴室の仕上げに天然素材を採用するのがお勧めだ。一方で、自然素材は劣化や狂いがネックになりやすい。水掛かりとなる床や腰壁には石材、水が掛かりにくい壁の上部や天井には木材、といったように場所に応じて適切な素材を選択して、素材の劣化を抑えたい。また、木材は、腐れや狂いなどを防ぐために、湿気に強い樹種を選択したい。筆者はベイスギやヒバ、ヒノキなどを浴室の仕上げに採用することが多い。

【広々としたテラスと庭につながる浴室】

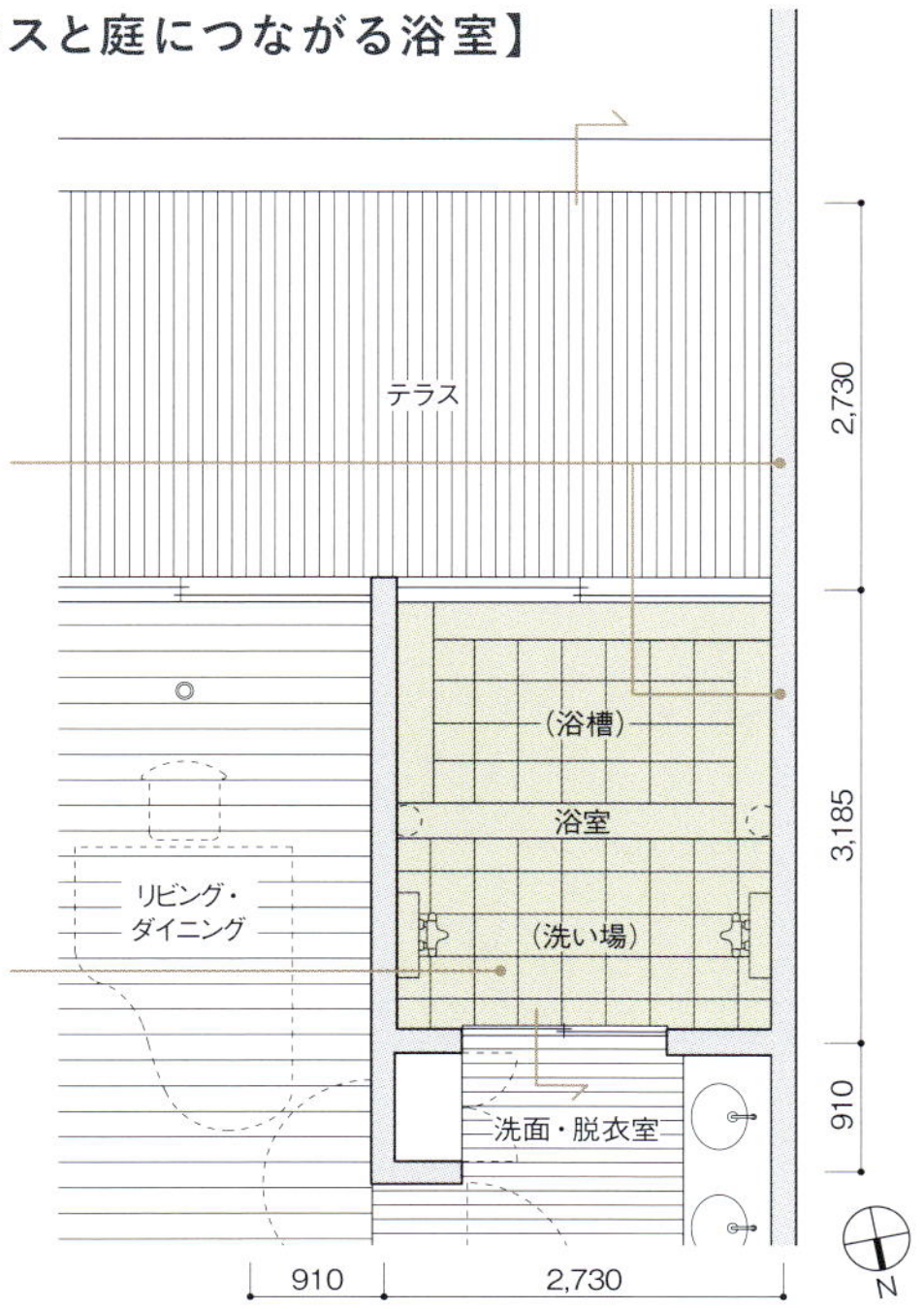
内外が連続した外壁（袖壁）により、視線が自然と外部へと導かれ、住まい手に安らぎをに与える
腰壁の高さは、浴槽の天端や水栓よりも高く設定し、木部に水がかかりにくいよう配慮した。浴槽内に身を浸した位置で感じる空間の印象を考慮し、高さを微調整するとよい
テラス
（浴槽）
浴室
（洗い場）
リビング・ダイニング
洗面・脱衣室
2,730
3,185
910
910
2,730
N

平面図　S＝1:100

【深い軒で安心感を】

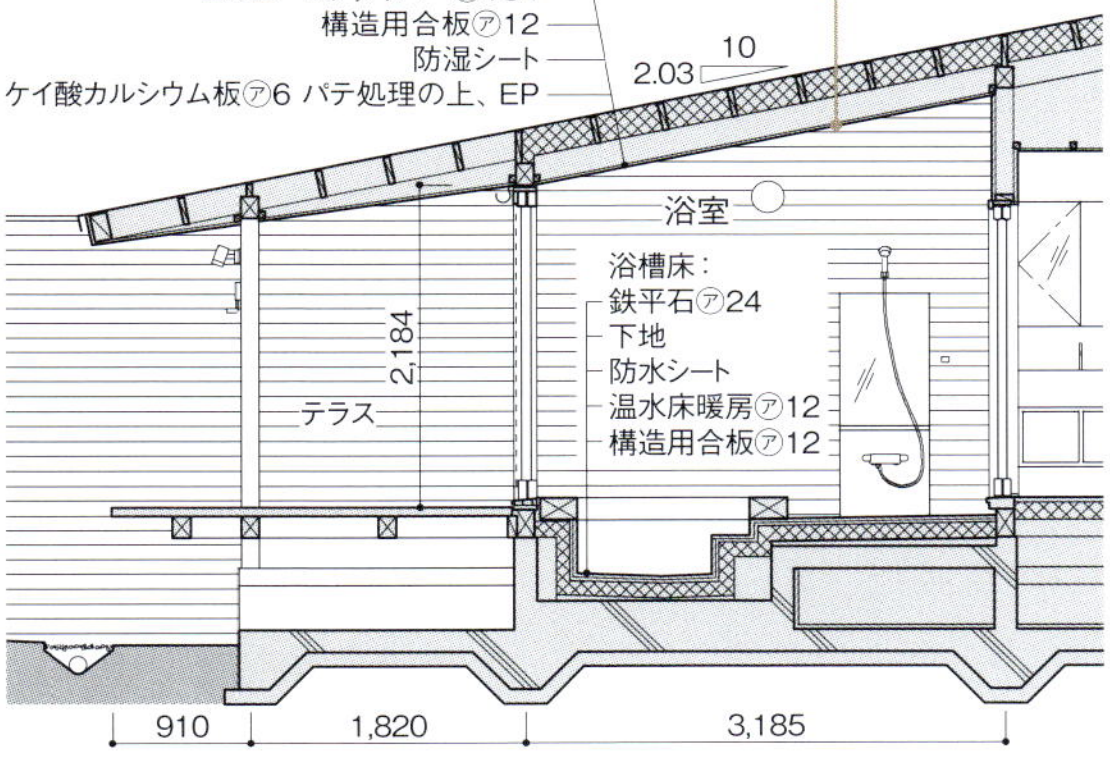
軒の出が大きくても浴室内に外部からの光が届くよう、天井は木板張りとせずにあえて白のEP仕上げとして光を拡散させている
屋根：
ガルバリウム鋼板立はぜ葺き
アスファルトルーフィング940
構造用合板 FS㋐12
登り梁 360×120
セルロースファイバー㋐184
構造用合板㋐12
防湿シート
ケイ酸カルシウム板㋐6 パテ処理の上、EP
2.03
10
浴室
浴槽床：
鉄平石㋐24
下地
防水シート
温水床暖房㋐12
構造用合板㋐12
2,184
テラス
910
1,820
3,185

断面図　S＝1:100

浴室の壁には15㎜厚のヒバ、床には24㎜厚の鉄平石を張り、浴槽にはヒノキの框を設けた。空間を広く感じられるように、外壁の仕上げを浴室内と同じ木板の横張りとして連続感を出している

表｜水廻りでも使用できる樹種

樹種	特徴
ヒノキ	・流通量が多く入手が容易 ・心材と辺材が穏やかなグラデーションでつながっている
ヒバ	・緻密で粘りのある木理をもつ ・黄味がかった褐色で均一な色味をもつ ・独特の芳香がある
ベイスギ（ウェスタンレッドシダー）	・軟らかく材質が均一なため、加工が容易 ・収縮率や乾燥比重が低く、加工後の狂いや割れが少ない ・殺菌力がある成分を有し、優れた耐久性や耐候性がある
サワラ	・ヒノキやヒバとは異なり独特の香りはない （香りを好まない人には長所となる） ・加工しやすい ・辺材はほぼ白色、心材は淡黄褐色で、それぞれの境界が明瞭

＊浴室内に木を使う場合は、十分な風通しを確保し、水が切れる納まりにすること

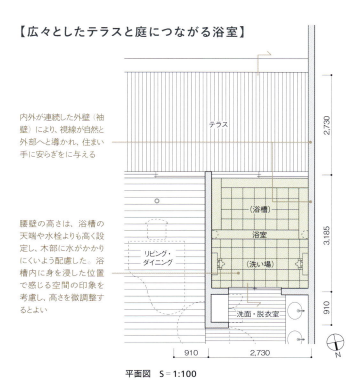

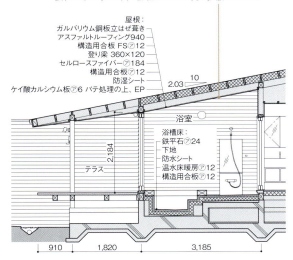

04
洗面室を広々とした軽やかな空間に

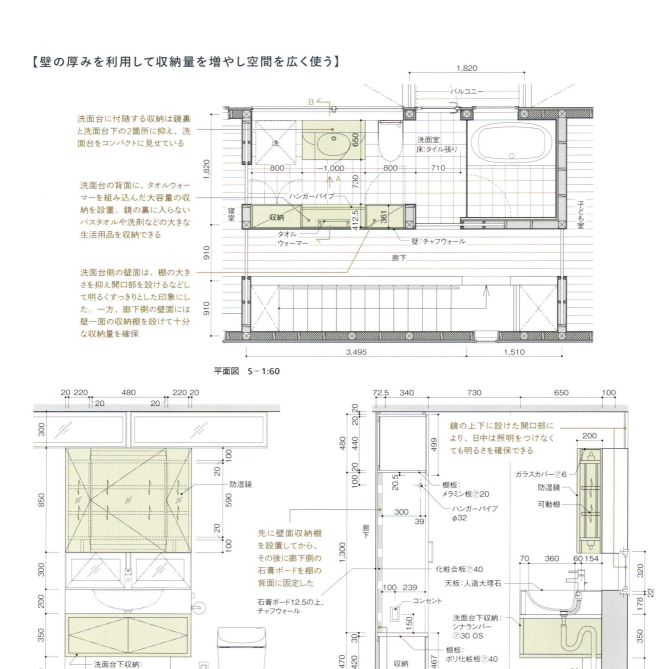

洗面台の周辺を軽やかな印象にすれば、洗面室が広々とした美しい空間になる。洗面台の下部を床から浮かせたり、壁に設置する収納棚の設置面積をコンパクトにしたり、開口部を設けるなどするとよいだろう。洗面台と反対側の壁に壁面収納をしっかり設ければ、洗面台の印象を損なうことなく、限られたスペースのなかで必要な収納量を確保できる。ここでは、洗面脱衣室と廊下を隔てる壁の厚みを壁面収納棚の奥行きとして活用。小さな住宅のなかに十分な収納スペースを得ている。

【壁の厚みを利用して収納量を増やし空間を広く使う】

洗面台に付随する収納は鏡裏と洗面台下の2箇所に抑え、洗面台をコンパクトに見せている

洗面台の背面に、タオルウォーマーを組み込んだ大容量の収納を設置。鏡の裏に入らないバスタオルや洗剤などの大きな生活用品を収納できる

洗面台側の壁面は、棚の大きさを抑え開口部を設けるなどして明るくすっきりとした印象にした。一方、廊下側の壁面には壁一面の収納棚を設けて十分な収納量を確保

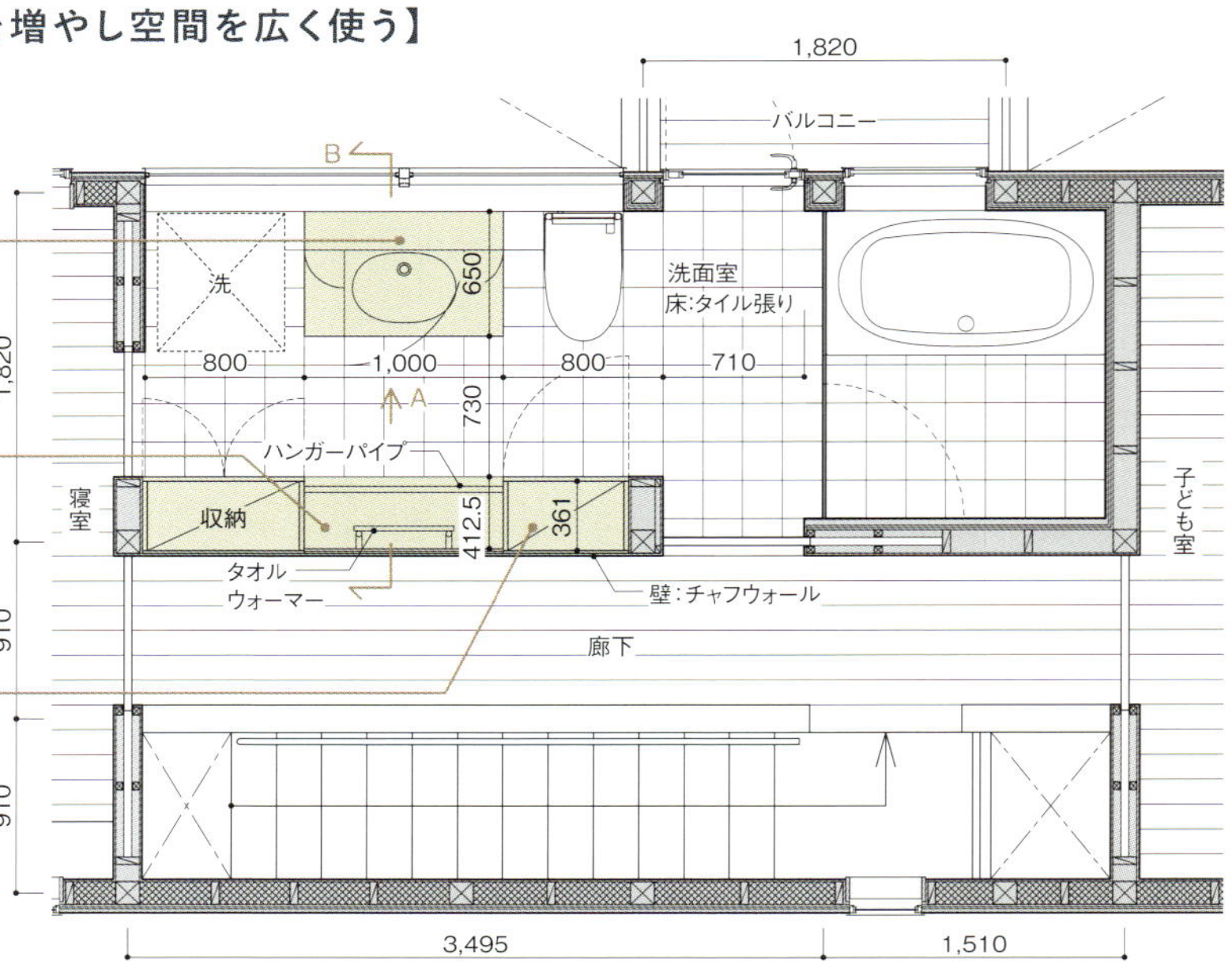
1,820
バルコニー
B
洗
650
洗面室
床:タイル張り
800
1,000
800
710
A
730
1,820
ハンガーパイプ
寝室
収納
412.5
361
子ども室
タオル
ウォーマー
壁:チャフウォール
910
廊下
910
3,495
1,510

平面図　S＝1:60

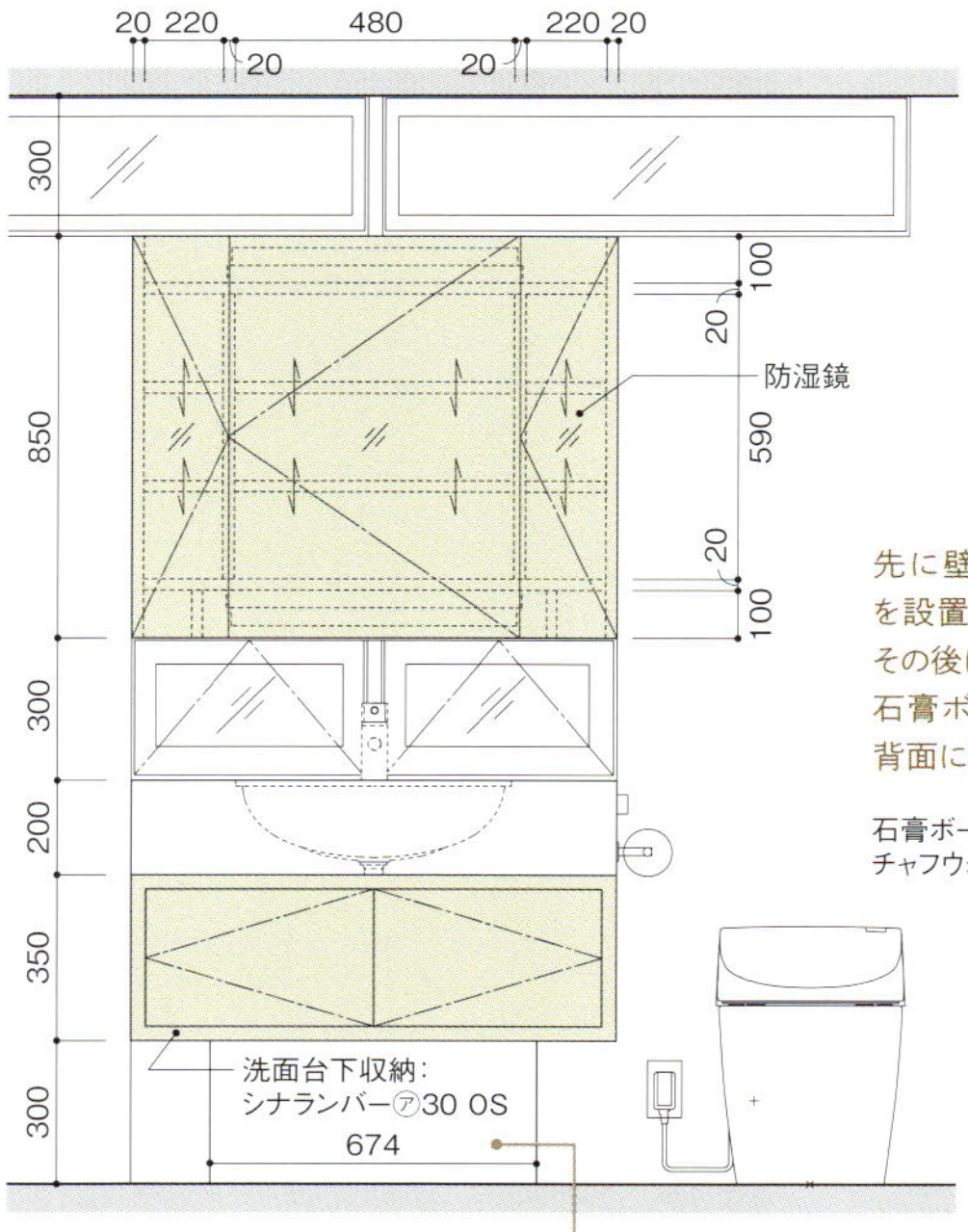
20 220
480
220 20
20
20
300
100
20
防湿鏡
850
590
20
100
300
200
350
300
洗面台下収納:
シナランバー㋐30 OS
674

収納下の足元のサイズは、幅・奥行きともに最小に抑え、洗面台を浮かせて軽やかさを生んでいる

A展開図　S＝1:30

先に壁面収納棚を設置してから、その後に廊下側の石膏ボードを棚の背面に固定した

石膏ボード12.5の上、チャフウォール

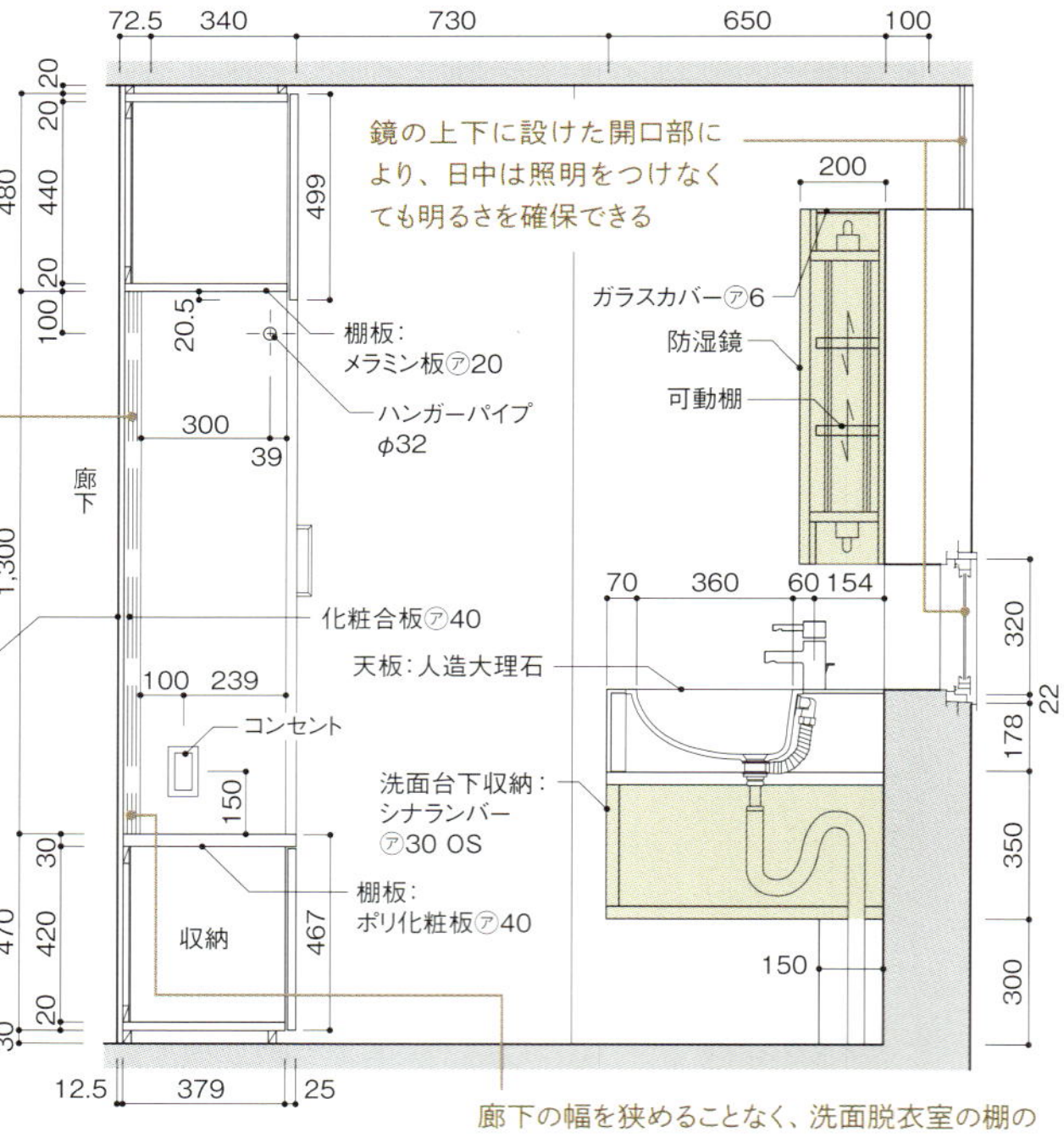
72.5
340
730
650
100
鏡の上下に設けた開口部により、日中は照明をつけなくても明るさを確保できる
200
20
20
480
440
499
20
100
20.5
棚板:
メラミン板㋐20
ハンガーパイプ
φ32
300
39
ガラスカバー㋐6
防湿鏡
可動棚
廊下
1,300
化粧合板㋐40
70
360
60 154
320
22
天板:人造大理石
100 239
コンセント
150
178
洗面台下収納:
シナランバー
㋐30 OS
350
30
470
420
棚板:
ポリ化粧板㋐40
収納
467
150
300
20
30
12.5
379
25

廊下の幅を狭めることなく、洗面脱衣室の棚の奥行きを確保するため40㎜厚のポリ合板に、12.5㎜厚の石膏ボード張りとしている

B断面図　S＝1:30

鏡上部の開口部はトイレ部分まで横長に設置。洗面台使用時に顔を照らすだけでなく、洗面室全体の採光も兼ねる

KITCHEN&SANITARY

05

FRPと天然素材を組み合わせた浴室

多くの住まい手が浴室に強く求める要素は、掃除やメンテナンスのしやすさだろう。浴室のメンテナンス性が住まい手の暮らしへの満足度を大きく左右することも少なくない。ここでは、水に強く、抜群のメンテナンス性を誇るFRPで浴室の床と壁を仕上げた。床面と壁面全体をシームレスにすることで、隙間や凹凸を減らし清掃性を高めている。ただし、FRPには無機物に特有の味気なさが伴う。FRPを浴室の仕上げに取り入れつつ、味わいや温もりの感じられる浴室にするには、木や石などの天然素材と組み合わせるのが最善の策といえるだろう。

【FRPの正しい施工方法】

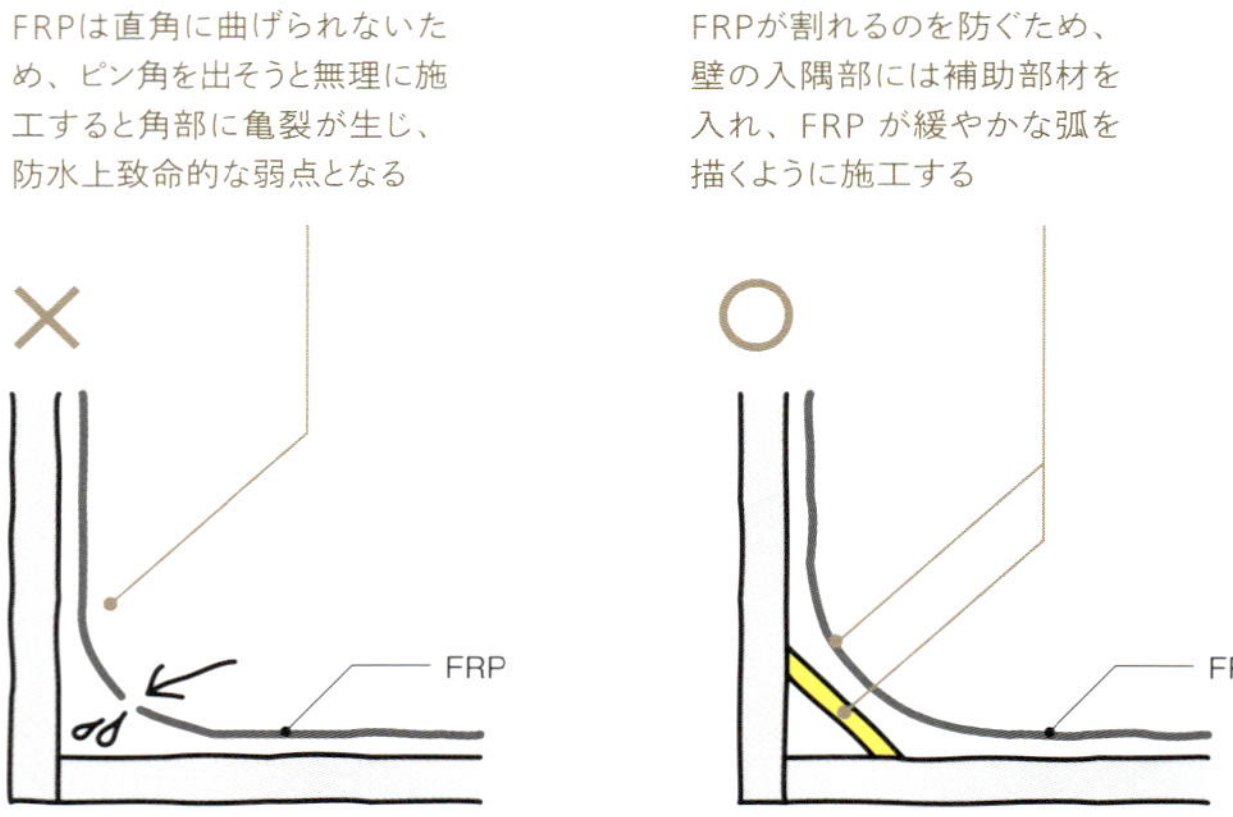
FRPは直角に曲げられないため、ピン角を出そうと無理に施工すると角部に亀裂が生じ、防水上致命的な弱点となる
FRPが割れるのを防ぐため、壁の入隅部には補助部材を入れ、FRPが緩やかな弧を描くように施工する
×
○
FRP
FRP

【FRPの壁にニッチ棚をつくる】

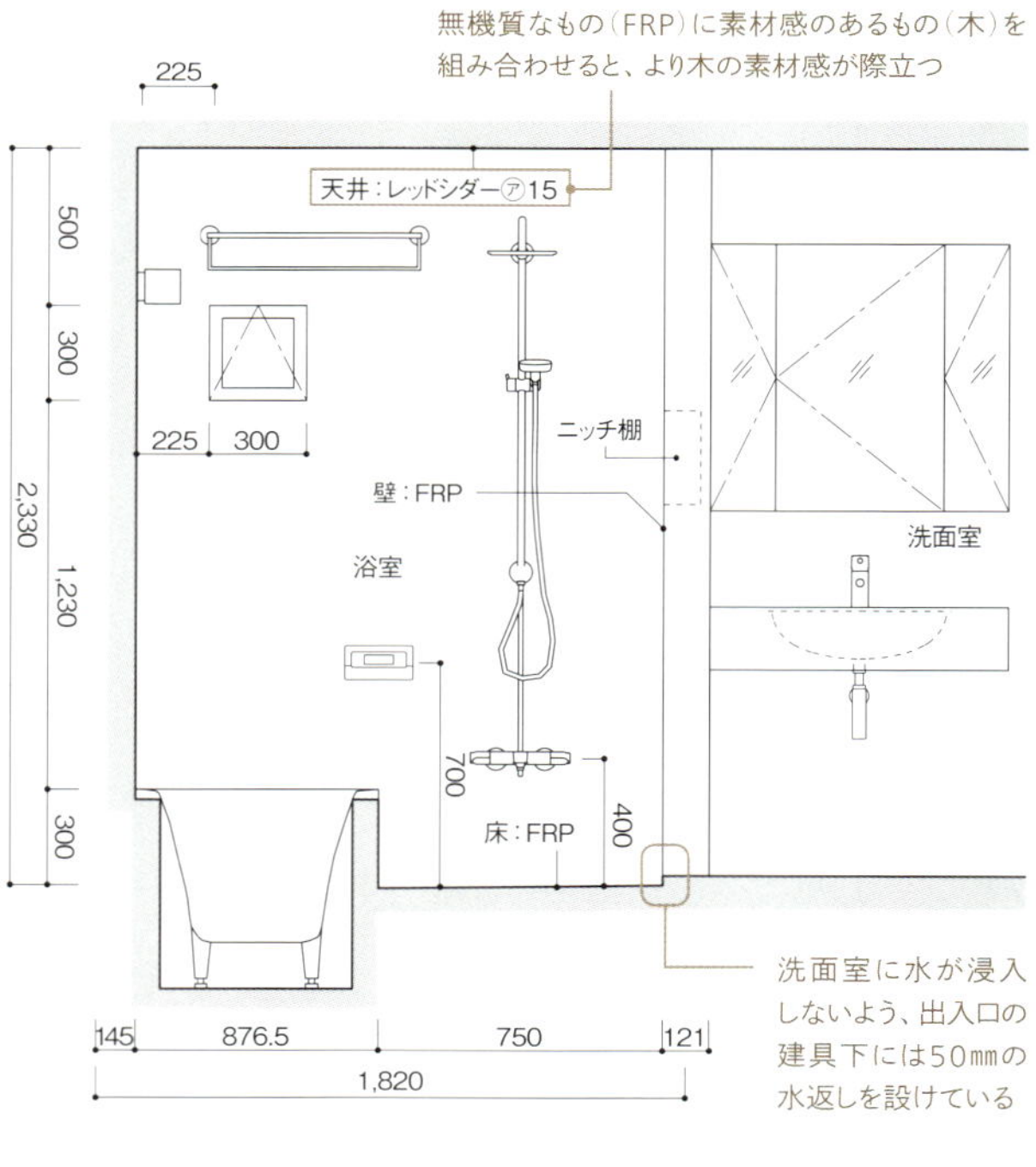
無機質なもの（FRP）に素材感のあるもの（木）を組み合わせると、より木の素材感が際立つ
225
天井：レッドシダー㋐15
500
300
2,330
1,230
300
225
300
ニッチ棚
壁：FRP
浴室
洗面室
700
400
床：FRP
洗面室に水が浸入しないよう、出入口の建具下には50㎜の水返しを設けている
145
876.5
750
121
1,820

断面図　S＝1:40

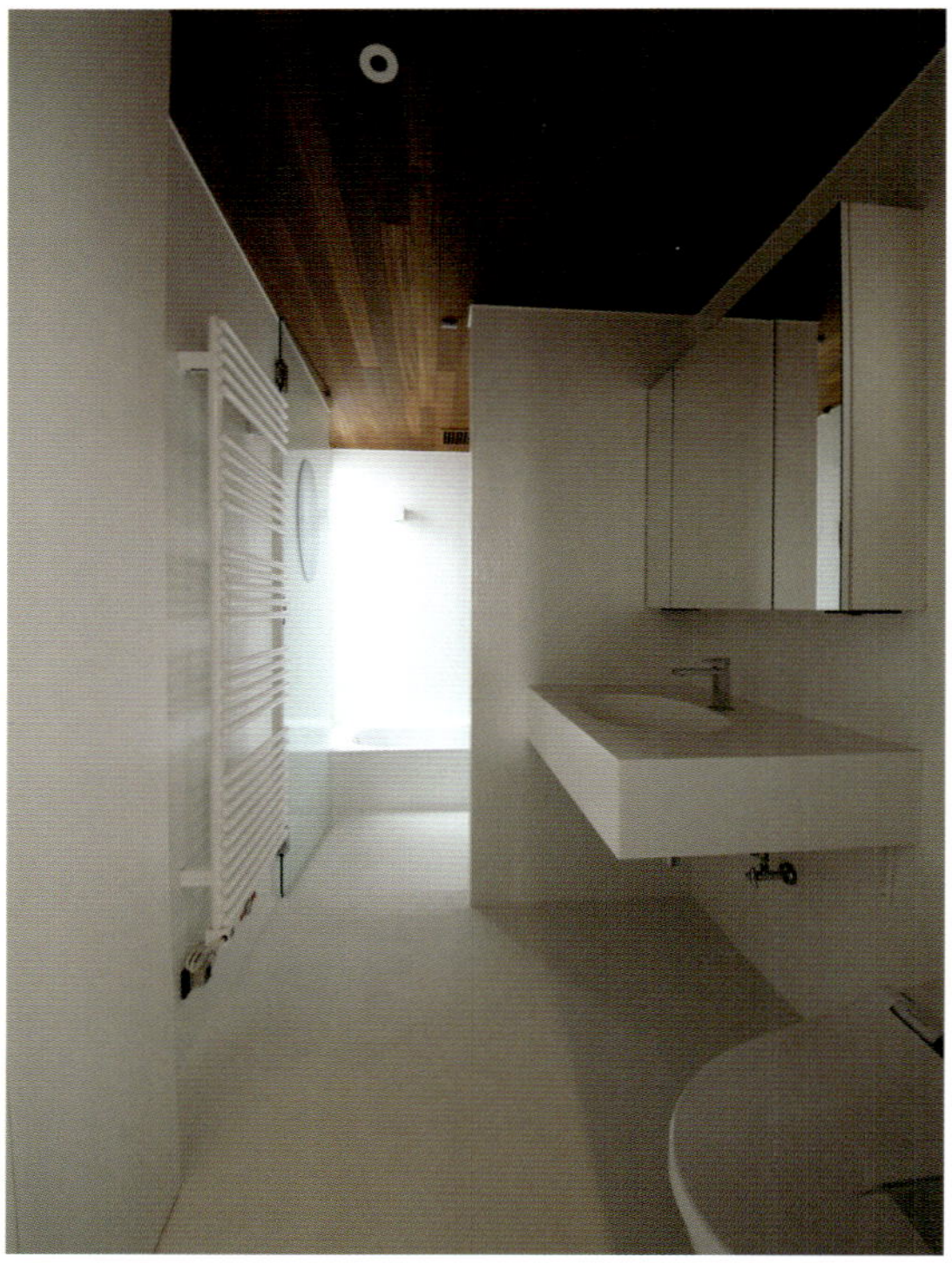

洗面脱衣室から浴室を見る。洗面脱衣室の床と壁も浴室と同様にFRPとした。また、洗面脱衣室に設けた人造大理石の洗面台（写真右側）も、まるで一体成形したかのような継ぎ目のないデザインとすることで清掃性を高め、清潔感のある印象にしている

FRPの壁であれば、ニッチもシームレスにつくることができ、シャンプーなどによるぬめりも簡単に掃除できる

レッドシダーの天井は、長手方向に木を張ることで視線を奥へと誘導し、空間を広く見せている。また、この浴室では、洗面室から張り伸ばした15㎜厚のレッドシダーの天井によって、FRPの無機質感をやわらげている

KITCHEN&SANITARY

06

空間の隙間に小さな洗面台を

螺旋階段の階段室の壁を円形に仕上げると、間仕切壁との間に三角形のスペースができることがある。このようなスペースは安易に壁の中に埋めてしまうのではなく、空間のアクセントになるように設えて、住宅にゆとりをもたらしたい。ここでは、廊下に面したトイレの手洗い場として、オリジナルの小さな洗面台を設けた。

壁の仕上げの色と洗面台の色をそろえることで、壁と洗面台を一体に見せている

【三角形のオリジナル洗面台】

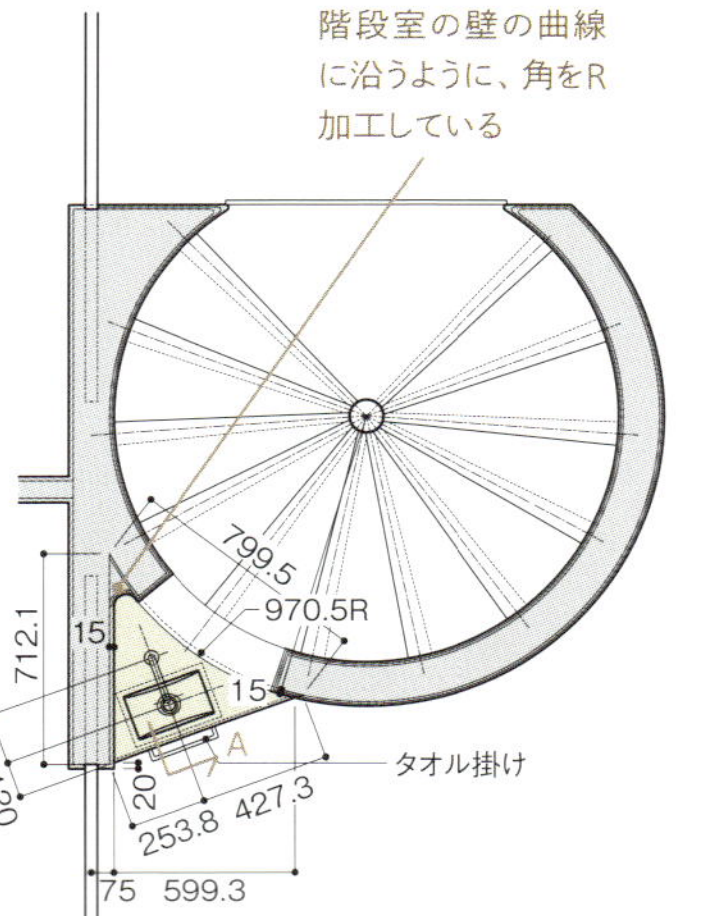

階段室の壁の曲線に沿うように、角をR加工している
799.5
970.5R
15
15
712.1
170 120
A
20
253.8
427.3
タオル掛け
75
599.3

平面図　S＝1:50

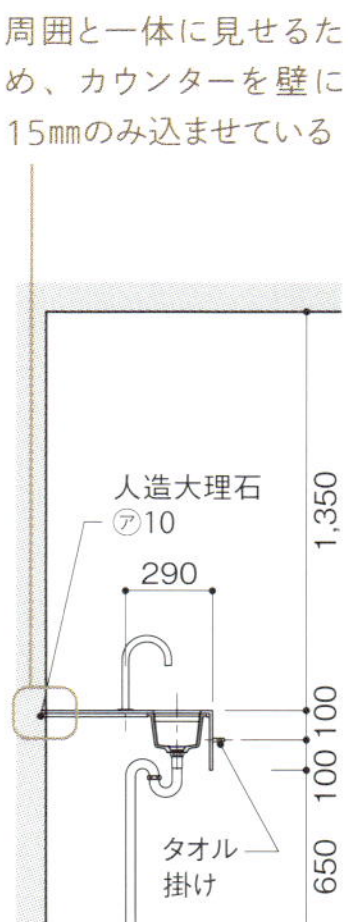

周囲と一体に見せるため、カウンターを壁に15㎜のみ込ませている
人造大理石
㋐10
290
1,350
100
100
100
650
タオル掛け
3FL

A断面図　S＝1:50

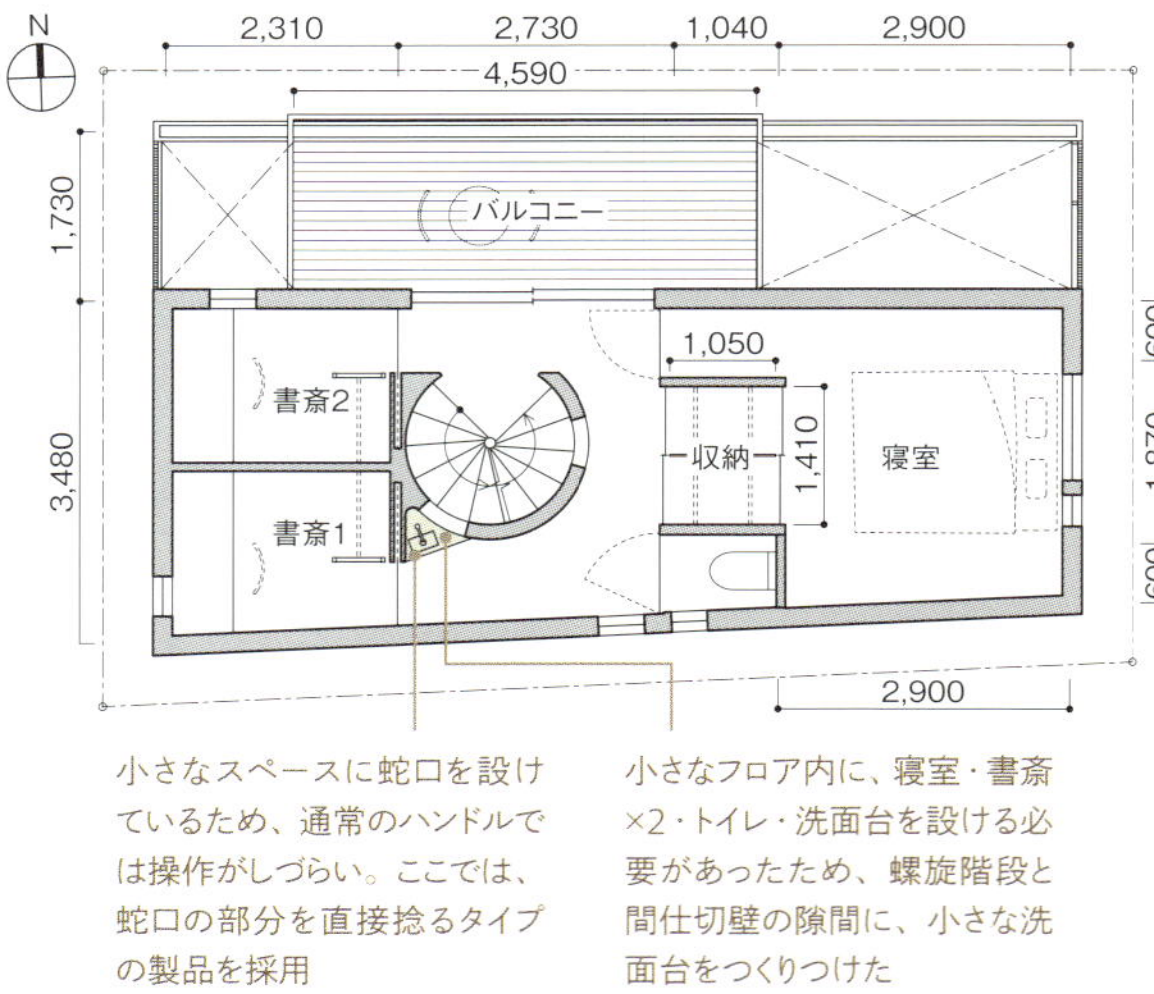

N
2,310
2,730
1,040
2,900
4,590
1,730
3,480
バルコニー
書斎2
書斎1
1,050
収納
1,410
寝室
600
1,870
600
2,900
小さなスペースに蛇口を設けているため、通常のハンドルでは操作がしづらい。ここでは、蛇口の部分を直接捻るタイプの製品を採用
小さなフロア内に、寝室・書斎×2・トイレ・洗面台を設ける必要があったため、螺旋階段と間仕切壁の隙間に、小さな洗面台をつくりつけた

3階平面図　S＝1:150

07

壁面仕上げの切り替えをフラットに見せる

異素材が隣り合う部分は、できるだけ見切材などを設けずにフラットに納めたい。経年による動きが少ない圧着・接着のタイルなど、見切材なしで納めやすい仕上げ材を採用するとよい。素材の厚みが異なる場合は、継ぎ目部分の壁が凸凹しないように、薄いほうの仕上げ材の下地で厚みを調節するとよい。また、タイルや石の目地材にモルタルなどを施工する場合は、ステンレスのフラットバーや竹などを見切材として入れることもある。ここでは、3つの納まり例を紹介しよう。

【①異素材間に見切材を設けない納まり】

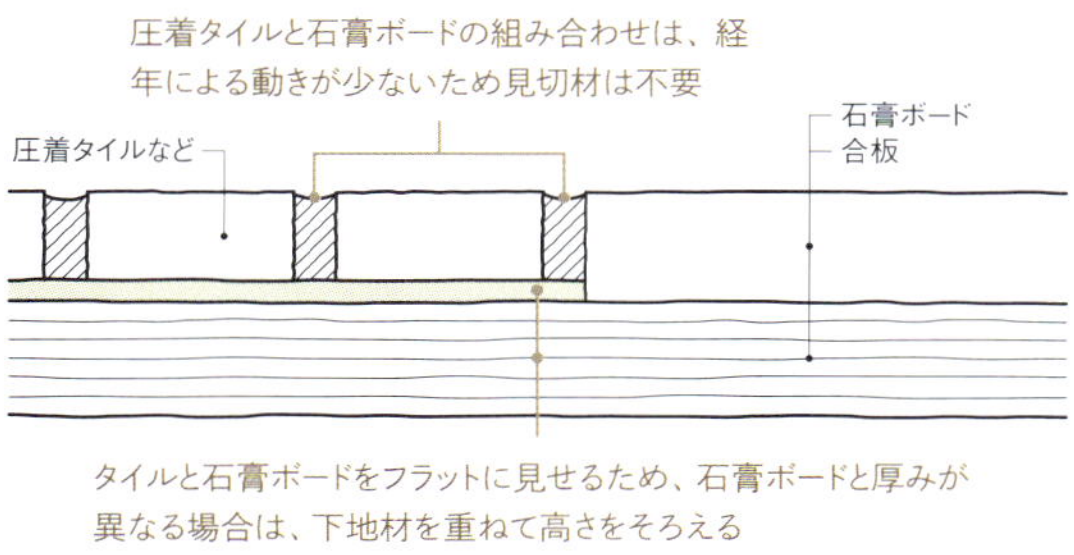
圧着タイルと石膏ボードの組み合わせは、経年による動きが少ないため見切材は不要
圧着タイルなど
石膏ボード
合板
タイルと石膏ボードをフラットに見せるため、石膏ボードと厚みが異なる場合は、下地材を重ねて高さをそろえる

圧着タイルと石膏ボードの間に目地を設けない納まり。異素材間に目地がなくすっきり見える

【②異素材間に見切材を設ける納まり】

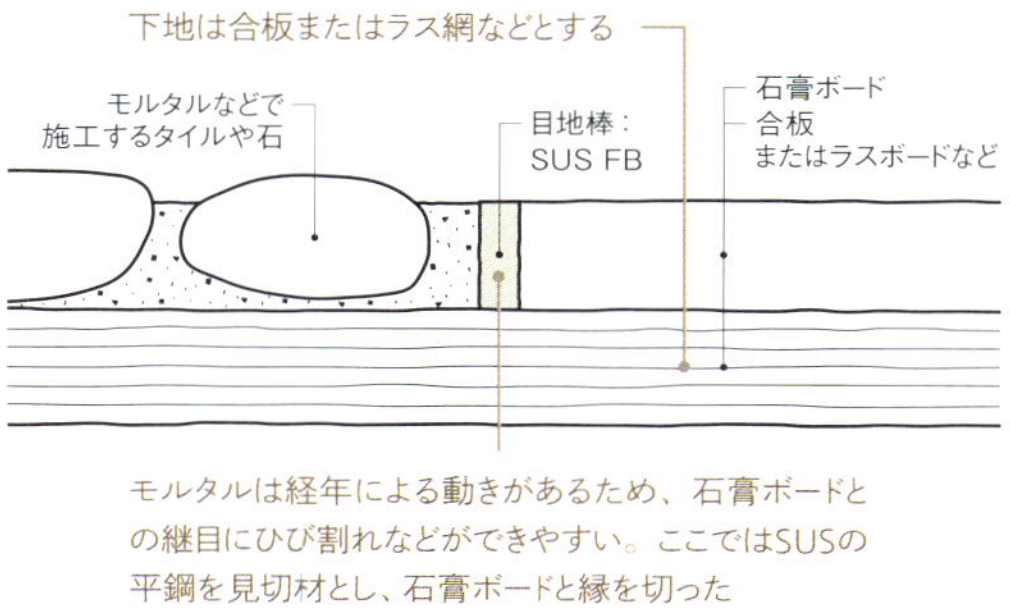
下地は合板またはラス網などとする
モルタルなどで施工するタイルや石
目地棒：SUS FB
石膏ボード
合板
またはラスボードなど
モルタルは経年による動きがあるため、石膏ボードとの継目にひび割れなどができやすい。ここではSUSの平鋼を見切材とし、石膏ボードと縁を切った

洗面台奥の白いタイルとモルタルで固定した玉砂利状のタイルの間には見切材としてステンレスのフラットバーを入れ、継目をシャープに見せている

【③キッチンパネルと居室の壁をフラットにつなげる納まり】

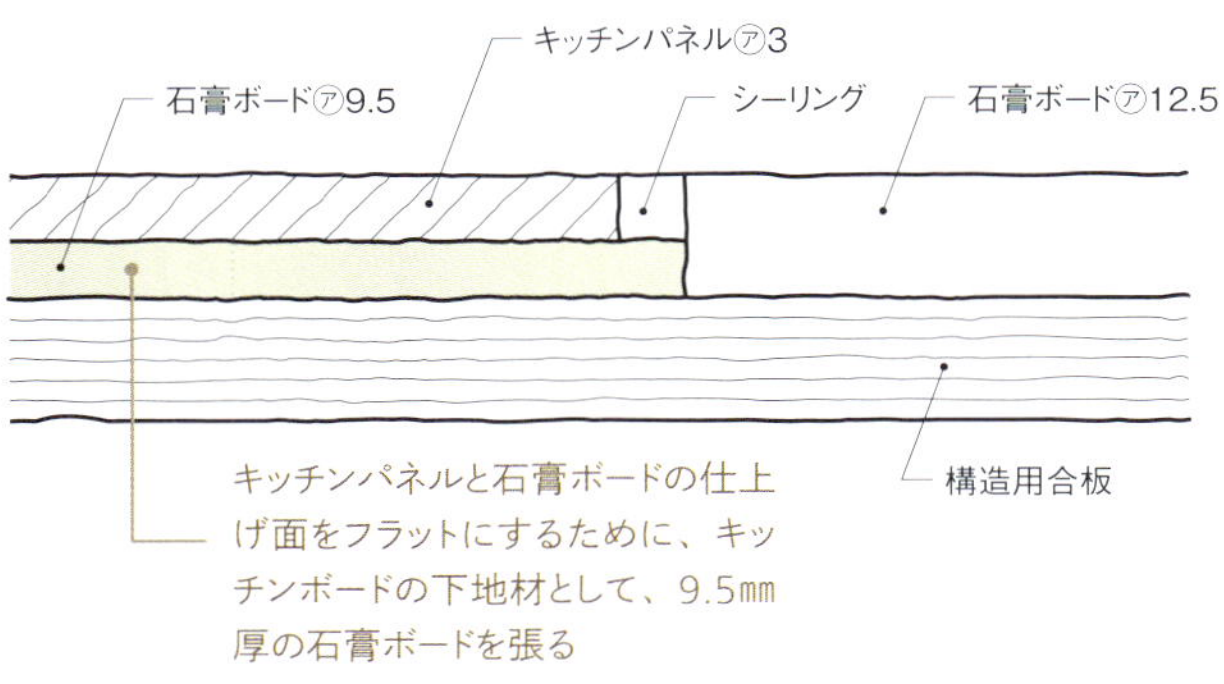
キッチンパネル㋐3
石膏ボード㋐9.5
シーリング
石膏ボード㋐12.5
構造用合板
キッチンパネルと石膏ボードの仕上げ面をフラットにするために、キッチンボードの下地材として、9.5㎜厚の石膏ボードを張る

仕上げの表面とキッチンパネルの表面が見切り材の役物を入れることなく、フラットにつながっている

KITCHEN&SANITARY

08

肌の色を自然に美しく見せる洗面台

従来の洗面台にありがちな上からの灯りだけで顔を照らす照明では、まぶたや鼻の下などに影が出やすくメイクするのが難しい。メイク専用のドレッサーを寝室などに設置してもよいが、洗面脱衣室でメイクを終わらせたいという要望も少なくない。そこで本事例では、洗面台の鏡棚の上下に間接照明を仕込み、両方からほぼ同じ明るさの光を当てることで、顔が均等に照らされるようにした。さらに、洗面台や壁を白っぽい色に仕上げ柔らかい光が反射するようにしたことで、肌の色をより美しく自然に見せる効果が生まれている。

【鏡棚の上下に照明を仕込む】

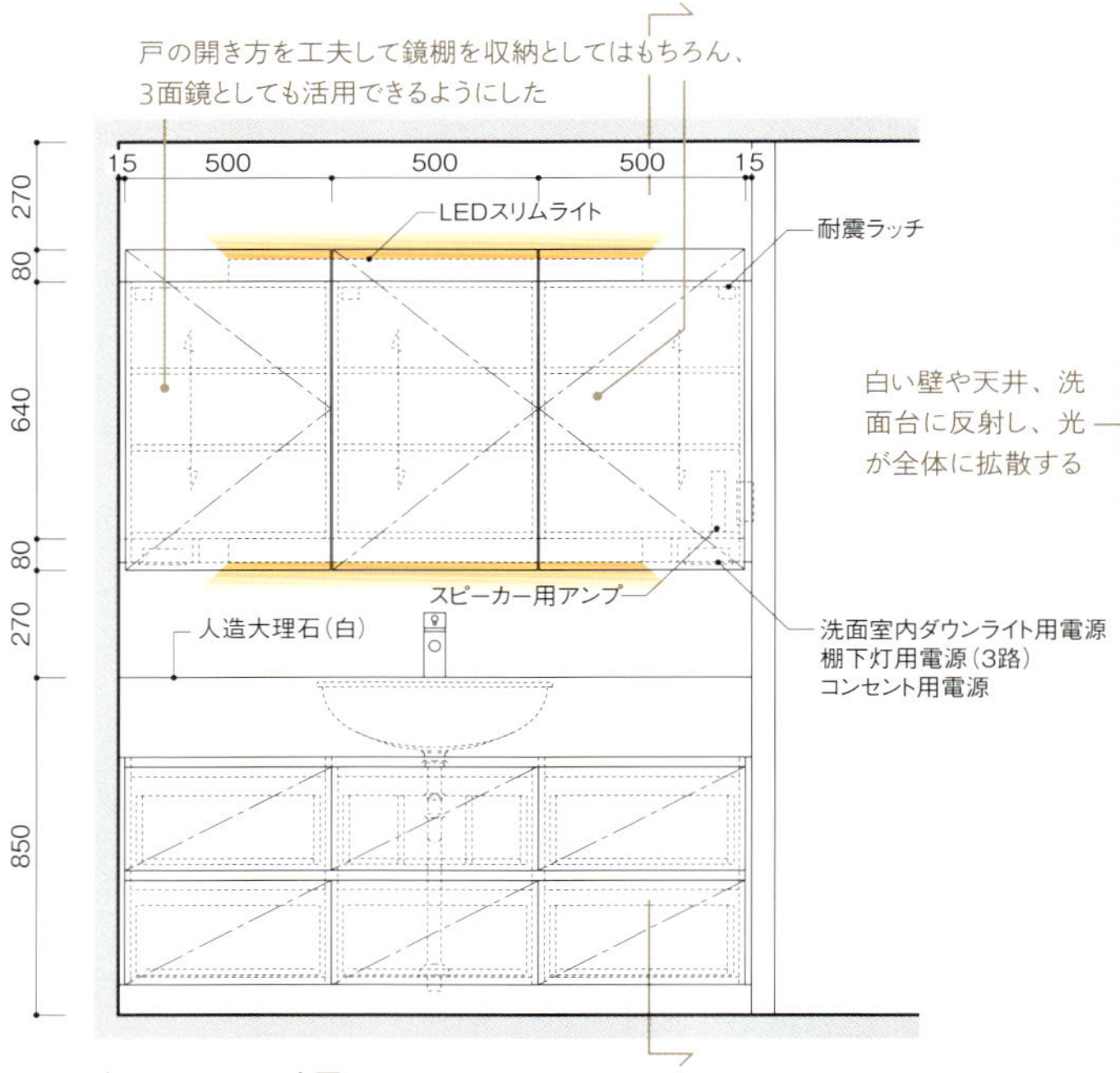

洗面カウンター姿図　S=1:30

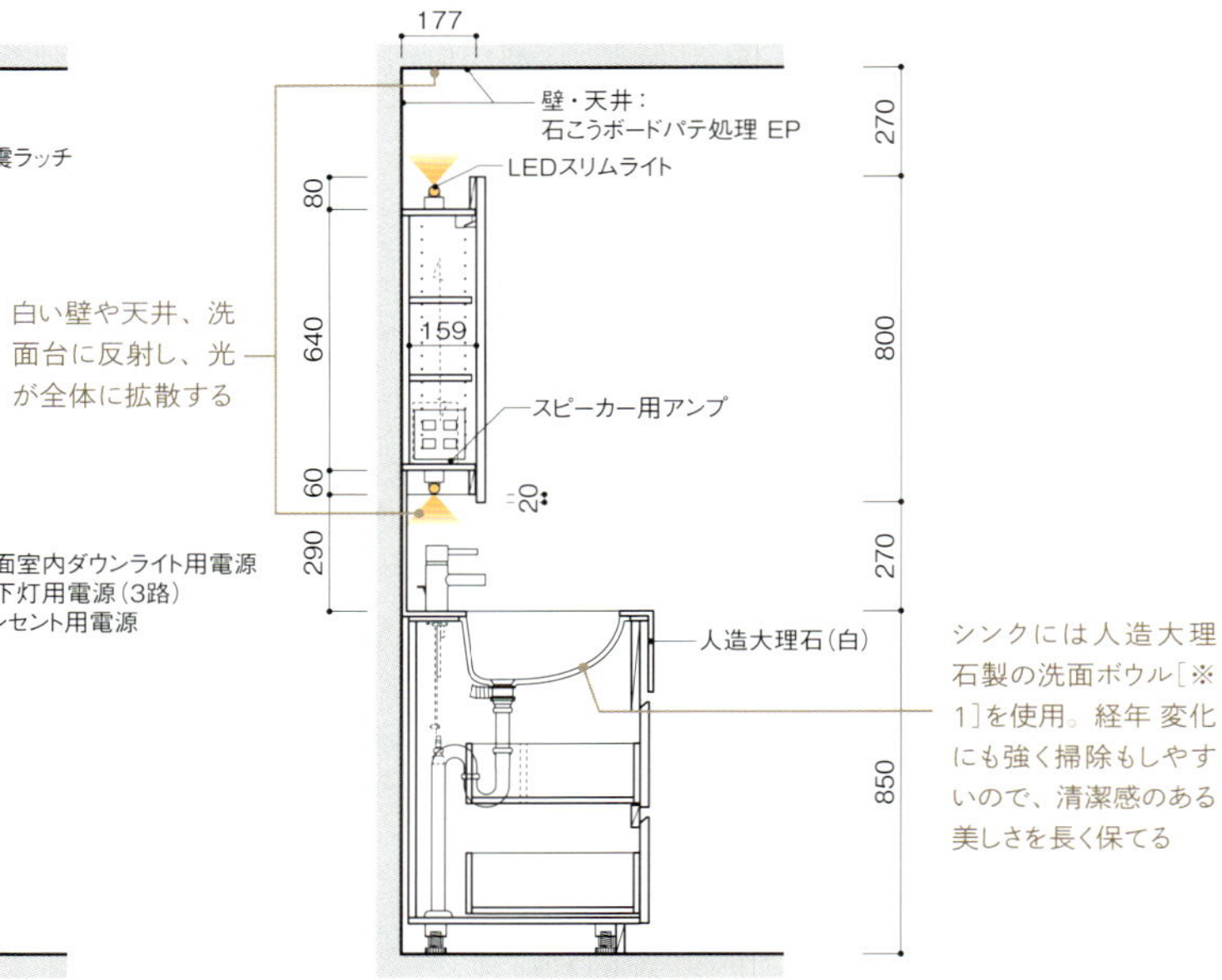

断面図　S=1:30

The Other Cases

洗面台の鏡棚の上下を開口部にすれば、自然光を生かして均等に顔を照らせる。ここでは、洗面台を横長にすることで、視線の抜けに加えて、広がりも感じられるようにしている

事例：NYH

※1　「ラバトリーボウル815(グレイシアホワイト)」(デュポンコーリアン)
※2　「SA-LED2-1000FPL」(DNライティング)

光源は上下ともにLED スリムライト［※2］を使用。ここでは温かみのある電球色を採用しているが、蛍光灯などを希望する住まい手もいるため、事前に好みの色調を確認しておきたい

KITCHEN&SANITARY

09

シンプルなキッチンを引き立てるLED照明

白い背面収納棚と黒いキッチンカウンターの対比がソリッドなアイランドキッチン。背面収納側のワークトップの奥にLEDテープライトを仕込み、シンプルな空間のアクセントとしている。LEDテープライトは8色に変化するため、シチュエーションや気分に合わせて切り替えが可能。棚の上に置いたモノを引き立たせる効果も期待できる。

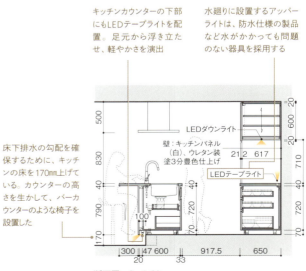

左：マンションリノベーションなので、梁形の段差に合わせて背面収納を設置している｜右：背面収納棚とカウンターを正面に見る。棚全体に光が回り、幻想的な雰囲気を醸し出している

【色付きのライトは壁を白く】

8色に変わるLEDテープライトは、「GT-SET5050RGB-2M2A-CN6」(共同照明)を使用。白いカウンターや壁に光がほどよく拡散する

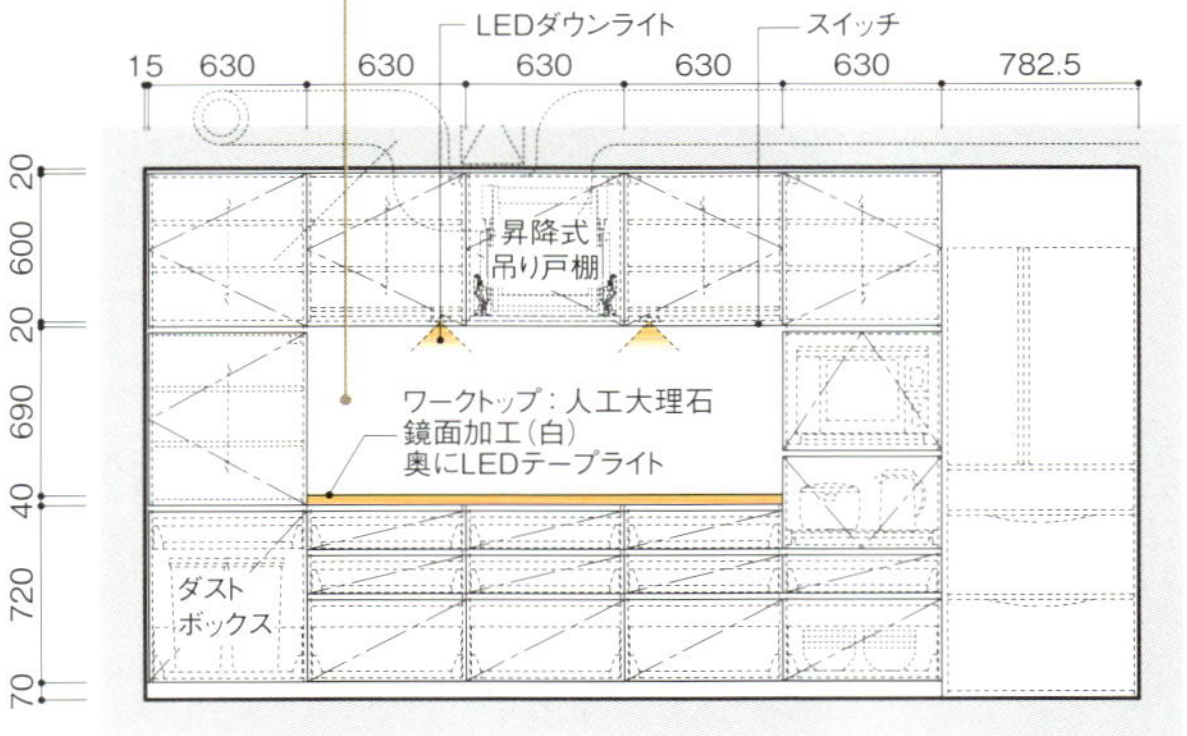

展開図　S＝1:60

【カウンターの足元も照明で演出】

キッチンカウンターの下部にもLEDテープライトを配置。足元から浮き立たせ、軽やかさを演出

水廻りに設置するアッパーライトは、防水仕様の製品など水がかかっても問題のない器具を採用する

床下排水の勾配を確保するために、キッチンの床を170mm上げている。カウンターの高さを生かして、バーカウンターのような椅子を設置した

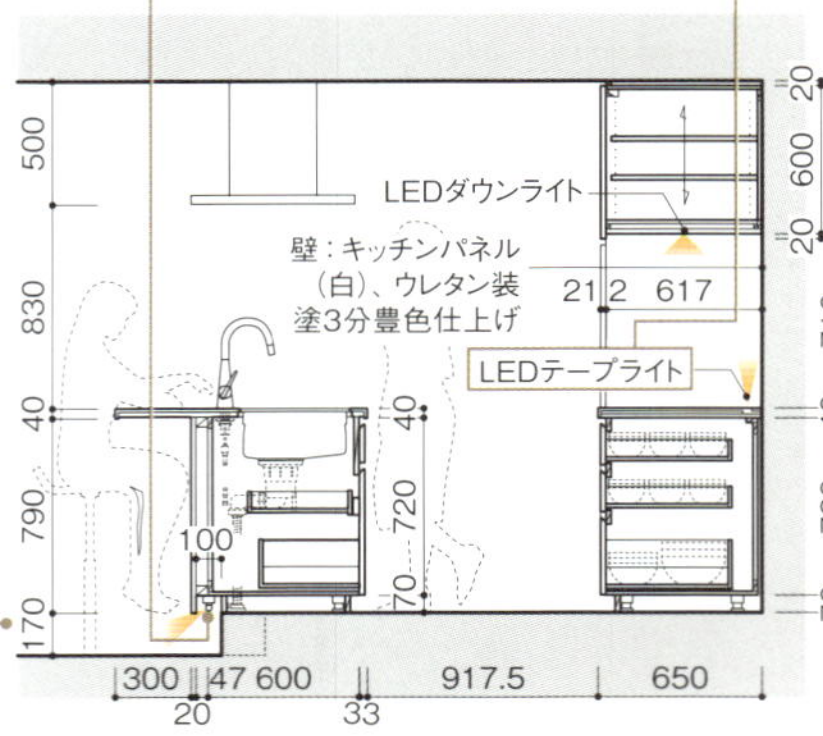

断面図　S＝1:60

STORAGE

7章　収納

STORAGE

01

桐を使った機能的なウォークインクロゼット

ウォークインクロゼットに収納される衣類は多種多様。冠婚葬祭の時だけに着る礼服や季節もののコートなど使用頻度の少ないものから、通年で着用するお気に入りの普段着まで、雑多な衣類が一緒に収納される。ここでは、衣類を良好な状態で保管し長持ちさせるために、ウォークインクロゼットの床・壁・天井・棚板にキリ（桐）を採用した。キリは調湿性能が高く、防虫効果もあることから、日本では古来から家具材（キリの箪《たん》笥《す》など）に多用されてきた。冬は温かく、夏は足元がさらっとしていて心地よい素材でもある。

【ロフトを活用してスペースを無駄なく活用】

2階の天井裏にできる空間を有効に活用するため、キッチンの上部にロフトを設けた

キリは高級材だと思われがちだが、幅広のパネル材を使えば、石膏ボード+EP仕上げより少し高い予算で採用できる。ただし、幅広のパネル材は木材の収縮による割れが生じる恐れがあるので、衣類で隠れる壁面などに用い、住まい手にはそのリスクを事前に説明し、了承を得ておく

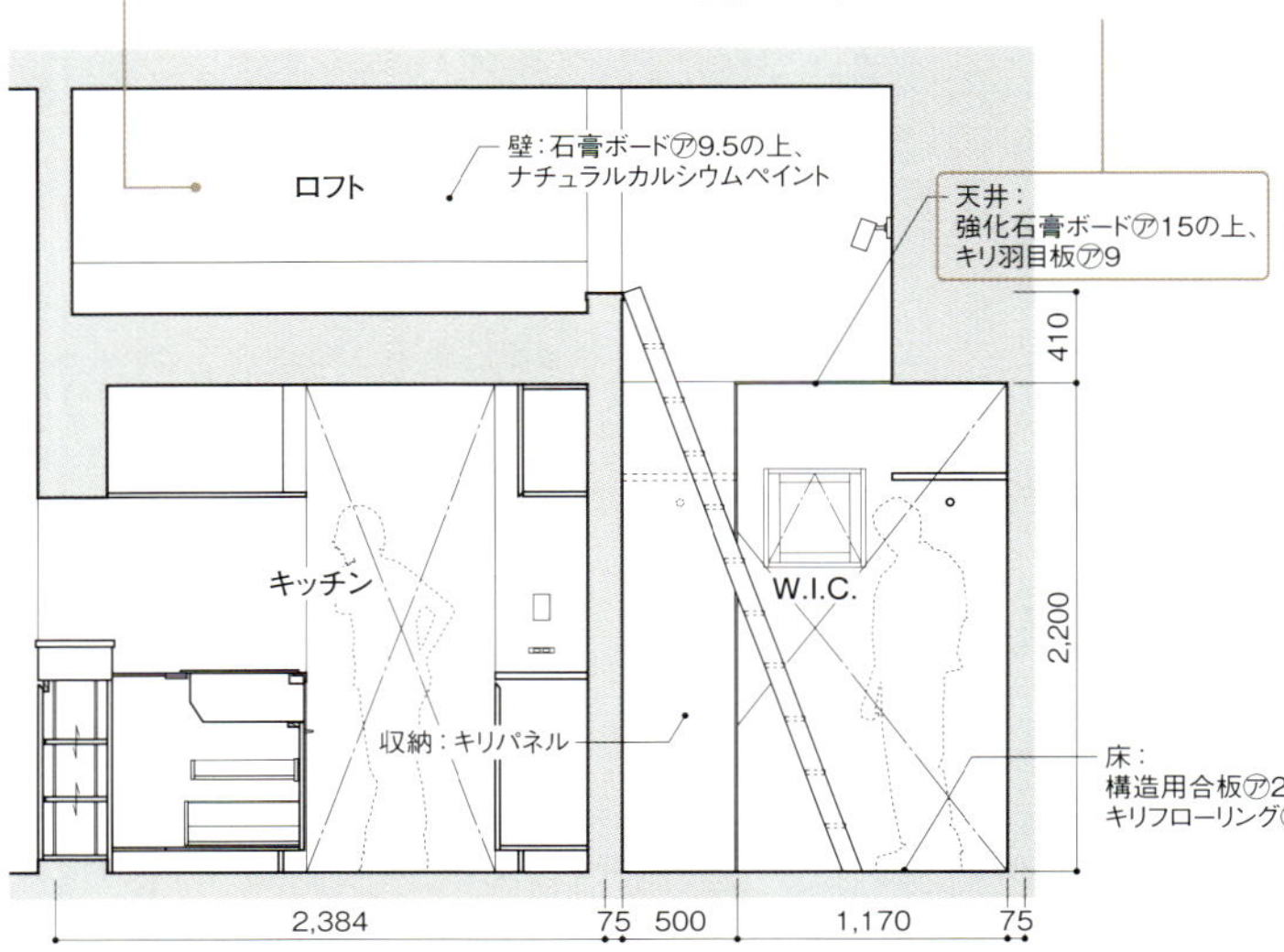

ロフト
壁：石膏ボード㋐9.5の上、
ナチュラルカルシウムペイント
天井：
強化石膏ボード㋐15の上、
キリ羽目板㋐9
410
キッチン
W.I.C.
2,200
収納：キリパネル
床：
構造用合板㋐24の上、
キリフローリング㋐15
2,384
75
500
1,170
75

断面図　S＝1:60

【床もキリで仕上げる】

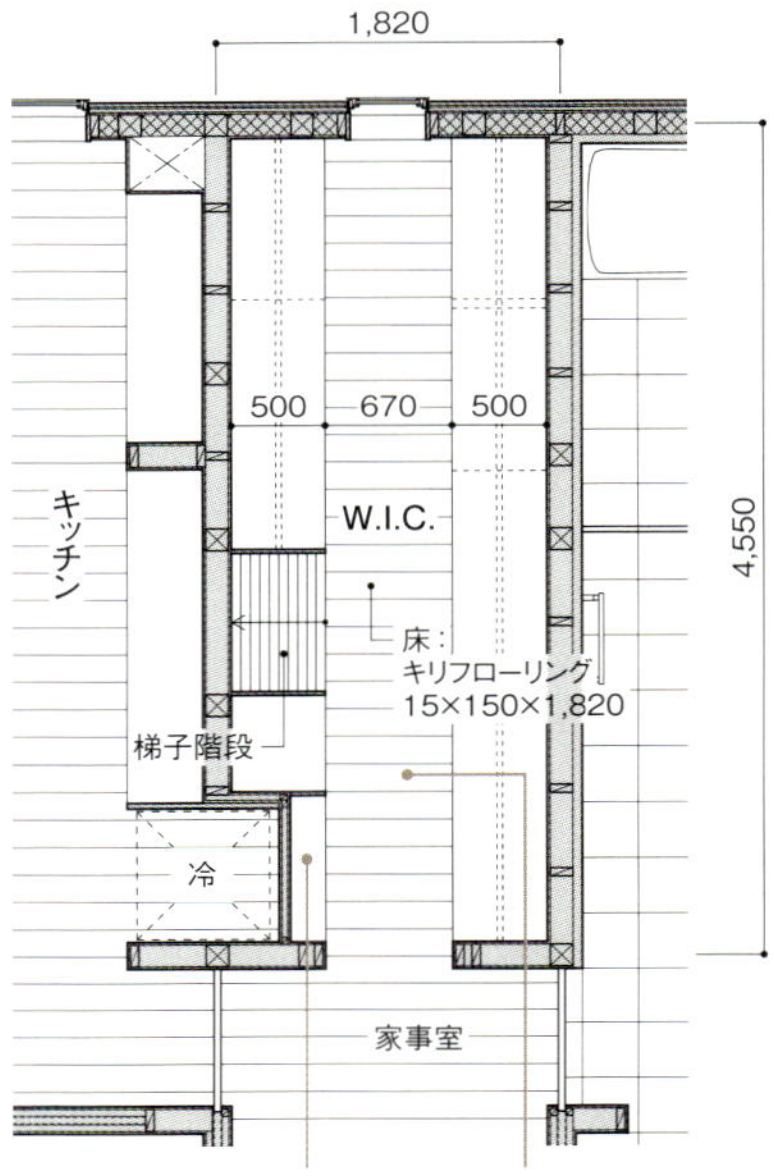

1,820
500
670
500
キッチン
W.I.C.
4,550
床：
キリフローリング
15×150×1,820
梯子階段
冷
家事室

キッチンの背面収納棚と冷蔵庫のツラがそろうように、ウォークインクロゼットの棚の奥行きを調整している

キリは弾性がある木材なので足で踏んだ感触も優しい

平面図　S＝1:80

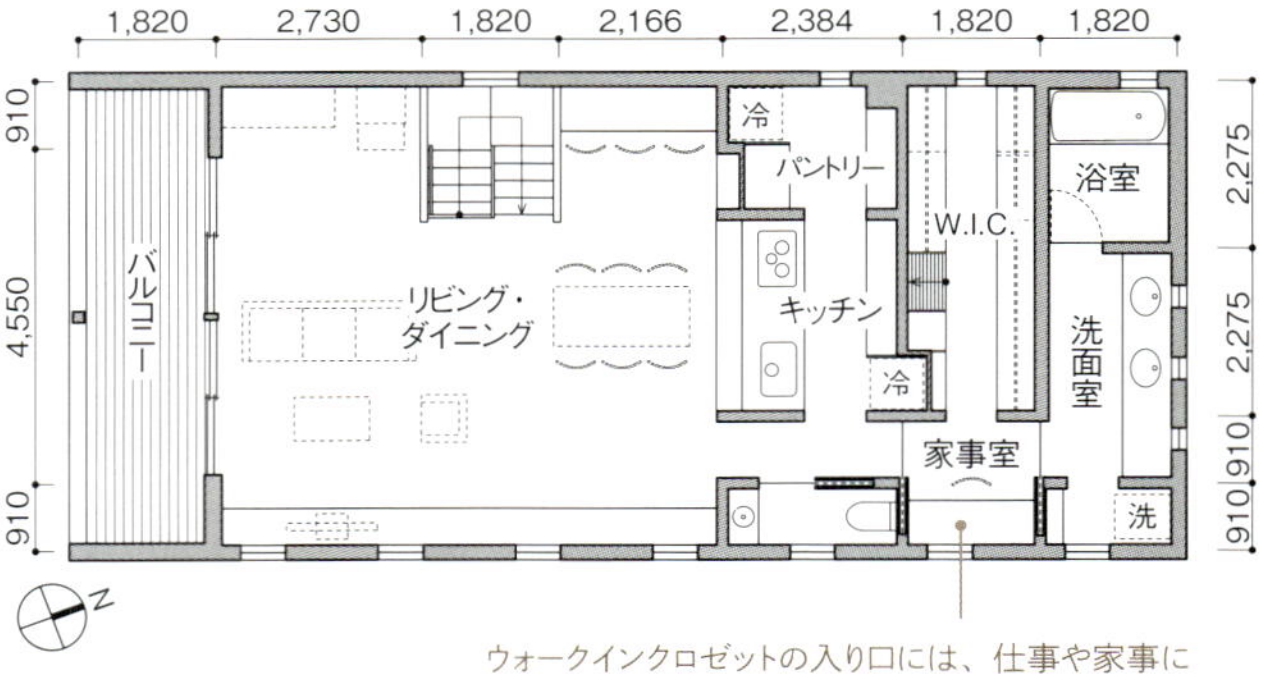

1,820
2,730
1,820
2,166
2,384
1,820
1,820
910
4,550
910
2,275
2,275
910
910
バルコニー
リビング・
ダイニング
冷
パントリー
W.I.C.
キッチン
冷
浴室
洗面室
家事室
洗
N

ウォークインクロゼットの入り口には、仕事や家事に関わる事務作業をこなすための家事室を配置。キッチン、水廻り、ウォークインクロゼットとさまざまな家事空間の起点となるスペース

2階平面図　S＝1:200

ウォークインクロゼットのロフト。雛人形や五月人形といった季節ものなど使用頻度の少ない収納物を仕舞う

空間の使い勝手を高めるため、ハンガーパイプに加えて、棚柱による可動式棚も設えた

STORAGE

02 余白を残した収納

ロングコートがかかる高さに棚板とハンガーパイプを設け、その上に既製品の収納ケースを自由に置くスペースを設けた

クロゼットの収納をつくり込むと、竣工時には便利でもライフスタイルの変化に対応できないことがある。そこで、造付けの棚は最小限にし、必要に応じて市販の収納ケースを買い足せる余白を残すとよい。融通が利くので使い勝手がよくなる。

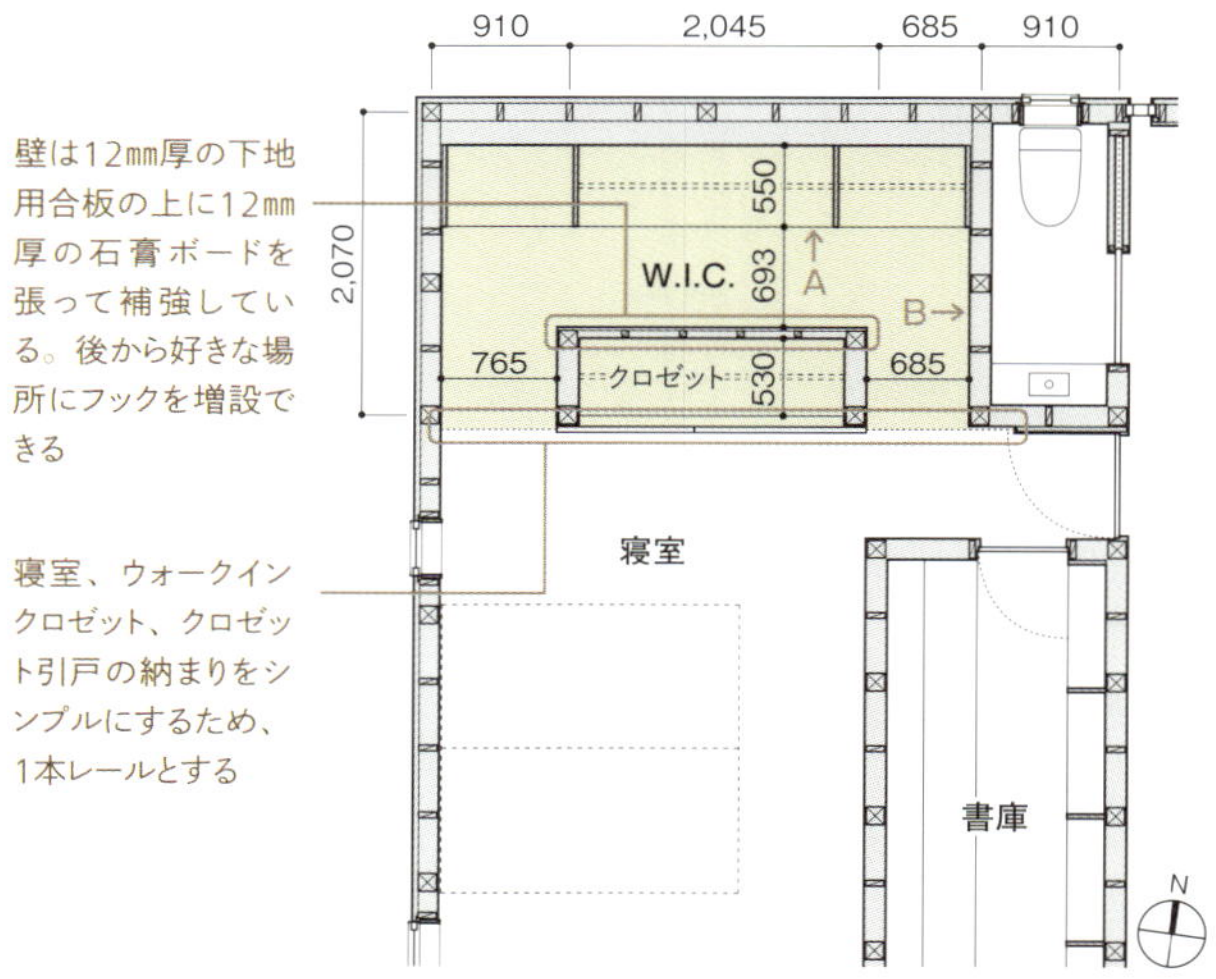

壁は12㎜厚の下地用合板の上に12㎜厚の石膏ボードを張って補強している。後から好きな場所にフックを増設できる
寝室、ウォークインクロゼット、クロゼット引戸の納まりをシンプルにするため、1本レールとする
910
2,045
685
910
2,070
550
693
530
765
685
W.I.C.
A
B
クロゼット
寝室
書庫
N

平面図 S＝1:100

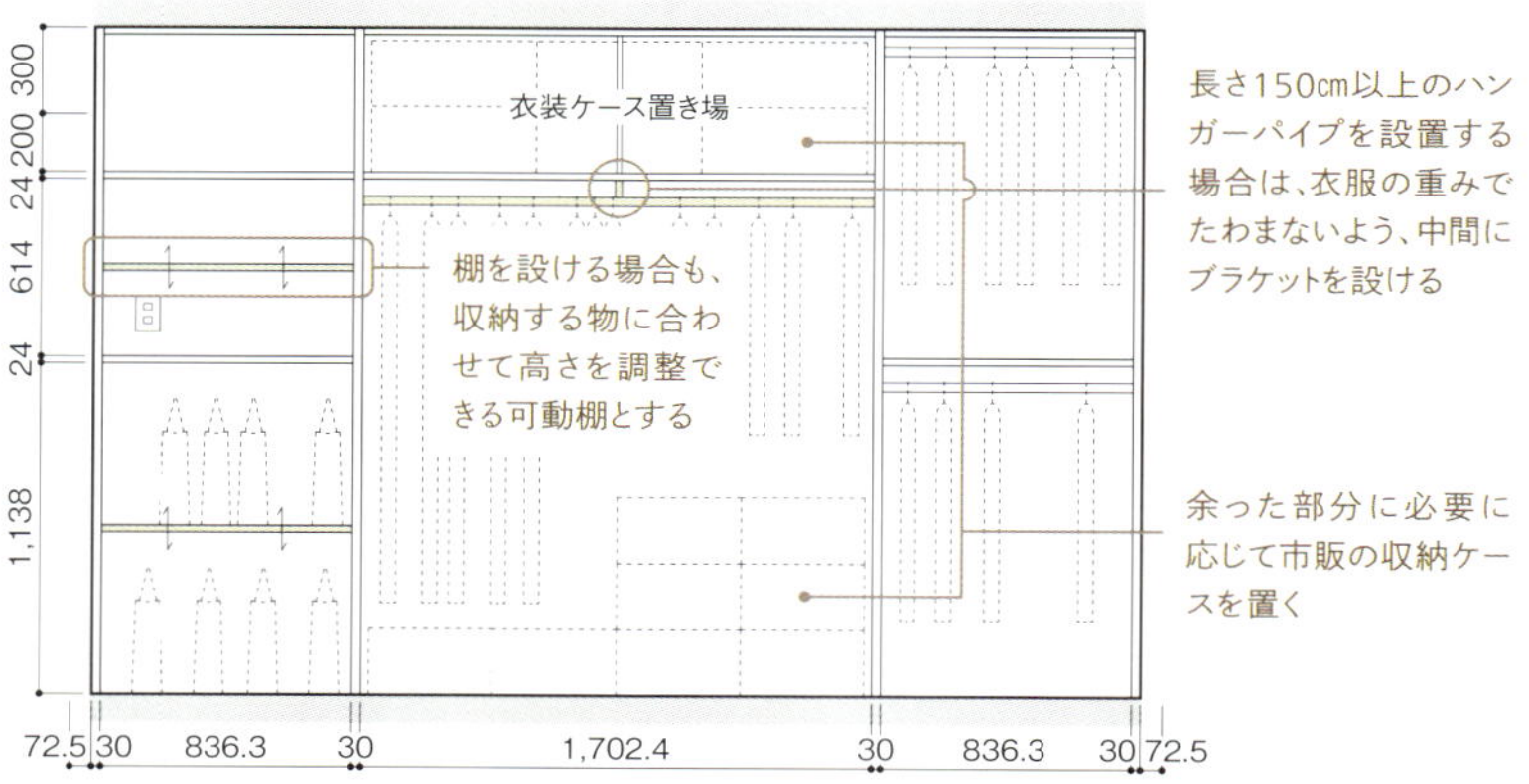

300
200
24
614
24
1,138
衣装ケース置き場
棚を設ける場合も、収納する物に合わせて高さを調整できる可動棚とする
長さ150㎝以上のハンガーパイプを設置する場合は、衣服の重みでたわまないよう、中間にブラケットを設ける
余った部分に必要に応じて市販の収納ケースを置く
72.5
30
836.3
30
1,702.4
30
836.3
30
72.5

A展開図 S＝1:50

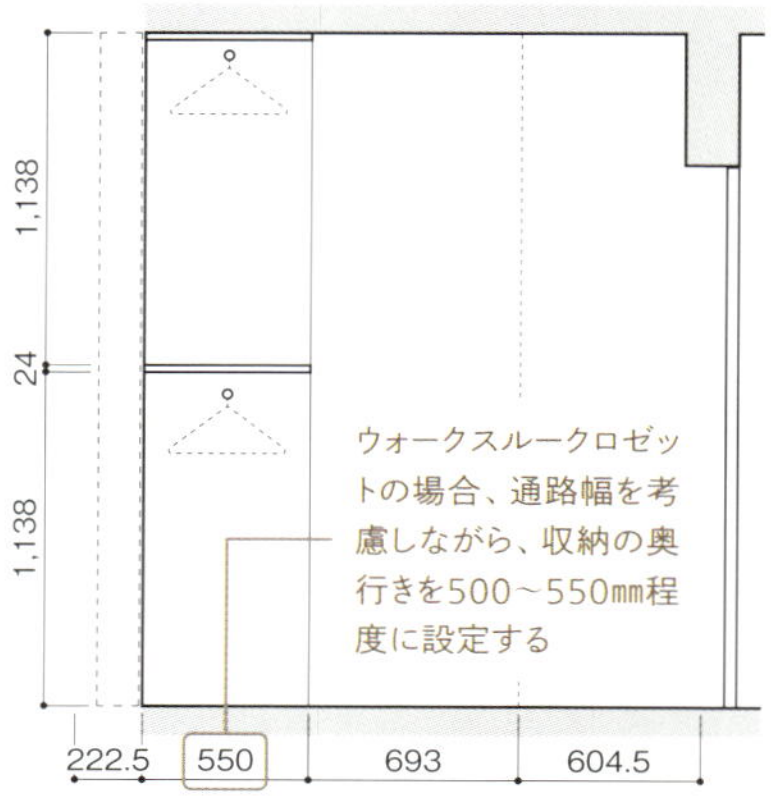

1,138
24
1,138
ウォークスルークロゼットの場合、通路幅を考慮しながら、収納の奥行きを500～550㎜程度に設定する
222.5
550
693
604.5

B展開図 S＝1:50

STORAGE

03 フレキシブルな収納

家族が増えたり子どもが成長し出て行ったり、長く住まう間に家族構成は変化するものだ。その点を考慮すると、住宅の収納は新築段階でつくり込み過ぎないほうがよい。特に小さな子どもがいる家庭では、将来いかようにも収納を使えるよう、フレキシブルな収納の設計を心がけるべきである。ここでは収納スペースを3列とり、OSクリア塗装を施したシナランバーの棚にハンガーパイプを通すのみとした。布団収納の押入れも組み合わせて、使い勝手のよい収納にしている。

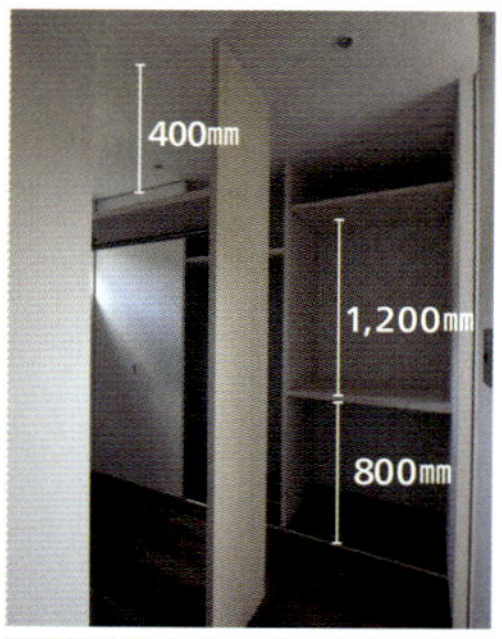

400㎜
1,200㎜
800㎜

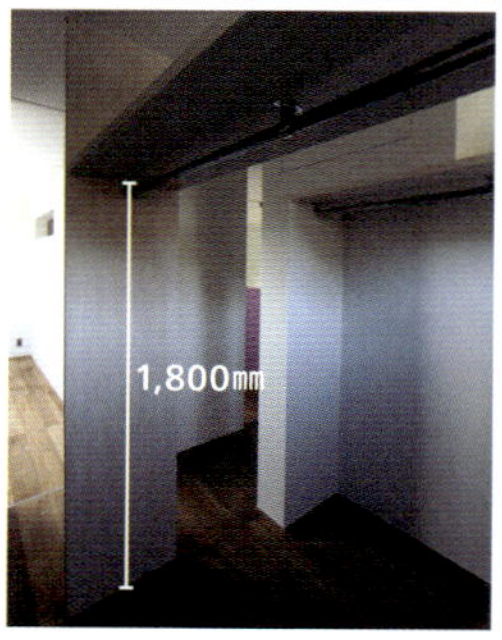

1,800㎜

上：寝室からウォークインクロゼットと布団収納用の押入れを見る。住まい手にとって最低限必要な収納を把握・設計することが、長く快適に住まえる住宅づくりの秘訣である。｜下：天井高や住まい手の身長にもよるが、ハンガーパイプは床上1,800㎜前後の位置に設ければ、棚板の上に箱ものを収納し、ハンガーパイプにはコートなど着丈の長い衣類を収納できる。また、着丈の短い衣類の下に既製品の引出しを置くなど、場所によって使い方を変えられる

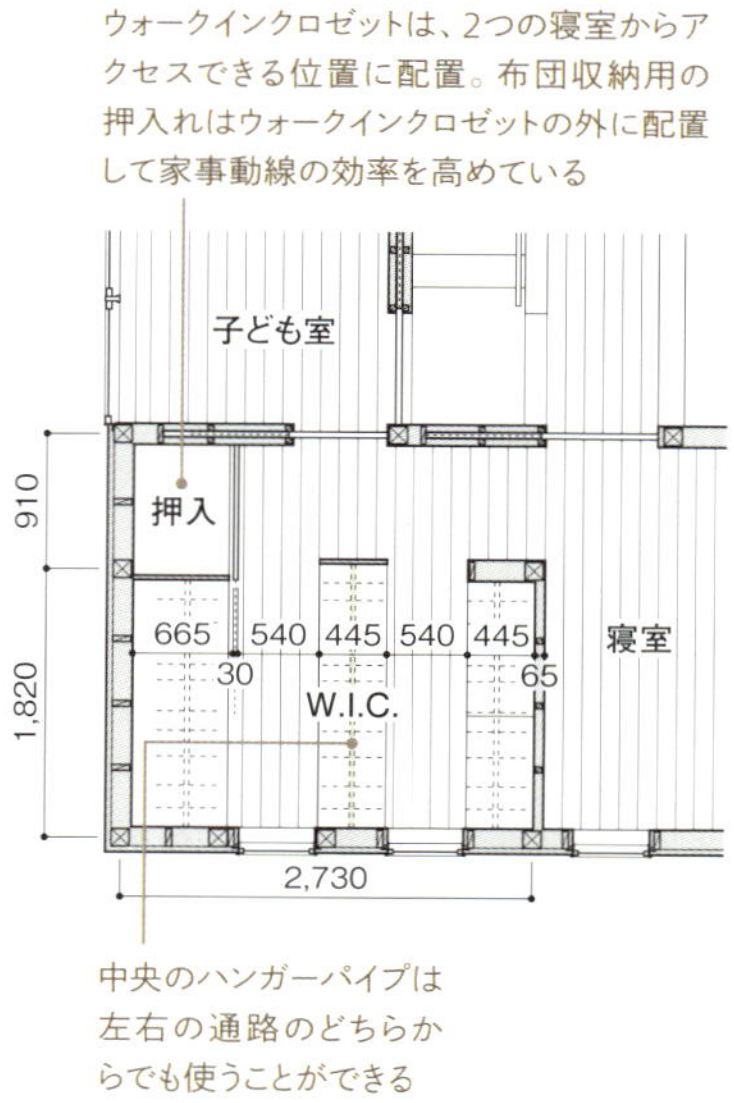

ウォークインクロゼットは、2つの寝室からアクセスできる位置に配置。布団収納用の押入れはウォークインクロゼットの外に配置して家事動線の効率を高めている
子ども室
押入
寝室
W.I.C.
910
1,820
665
30
540
445
540
445
65
2,730
中央のハンガーパイプは左右の通路のどちらからでも使うことができる

平面図 S＝1:100

STORAGE

04 存在感を抑えた大容量の本棚

書斎や書庫では、十分な収納量を確保するために、床から天井まで届く造付けの本棚を設けることがよくある。このような高い本棚は棚の縦板と横板が目立つと圧迫感のある家具になりかねない。しかし、どちらか一方だけでも存在感を抑えることでグリッドの印象が軽減され、高さのある本棚でも重々しい雰囲気が解消できる。

横板のみに木の素材感を用いた本棚。背板と縦板を壁と同じ白にすることで、横板のみが強調される

壁面に本棚をもつ書斎。横のラインが強調された本棚により、空間に奥行きが生まれる

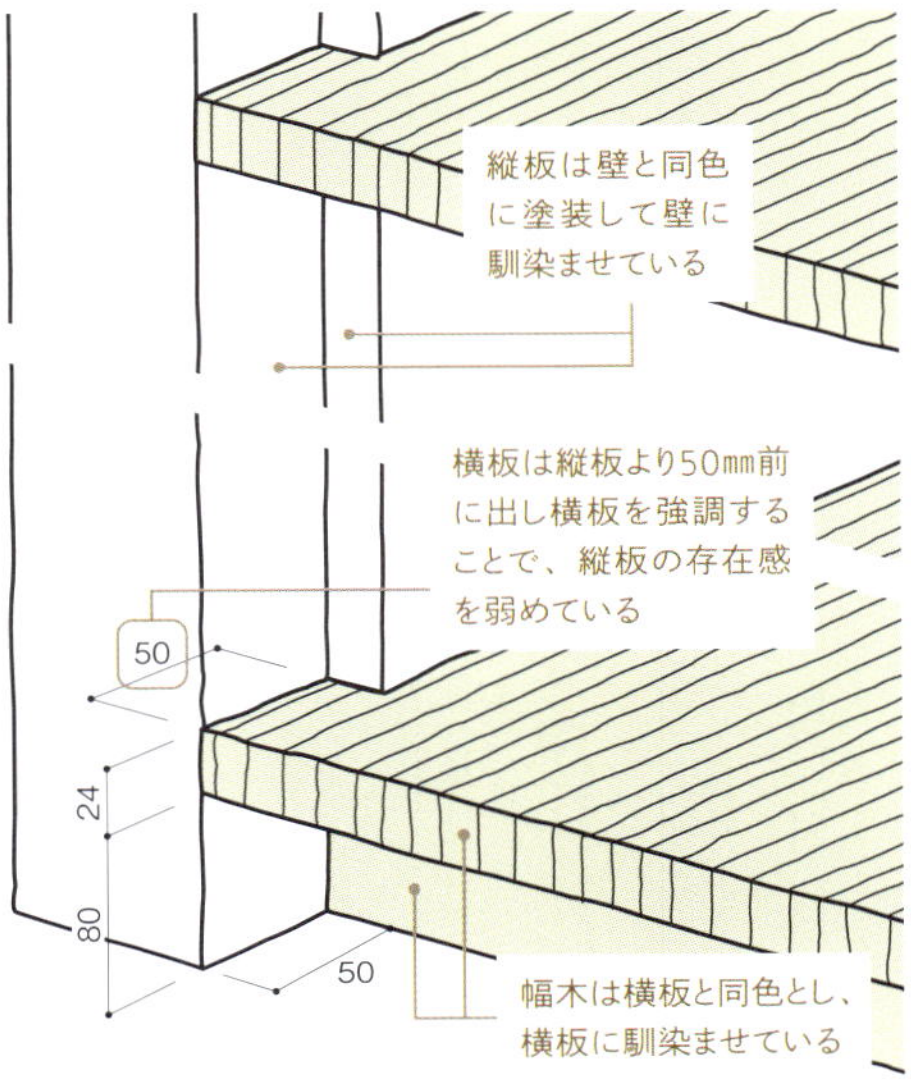
縦板は壁と同色に塗装して壁に馴染ませている
横板は縦板より50mm前に出し横板を強調することで、縦板の存在感を弱めている
50
24
80
50
幅木は横板と同色とし、横板に馴染ませている
A部姿図

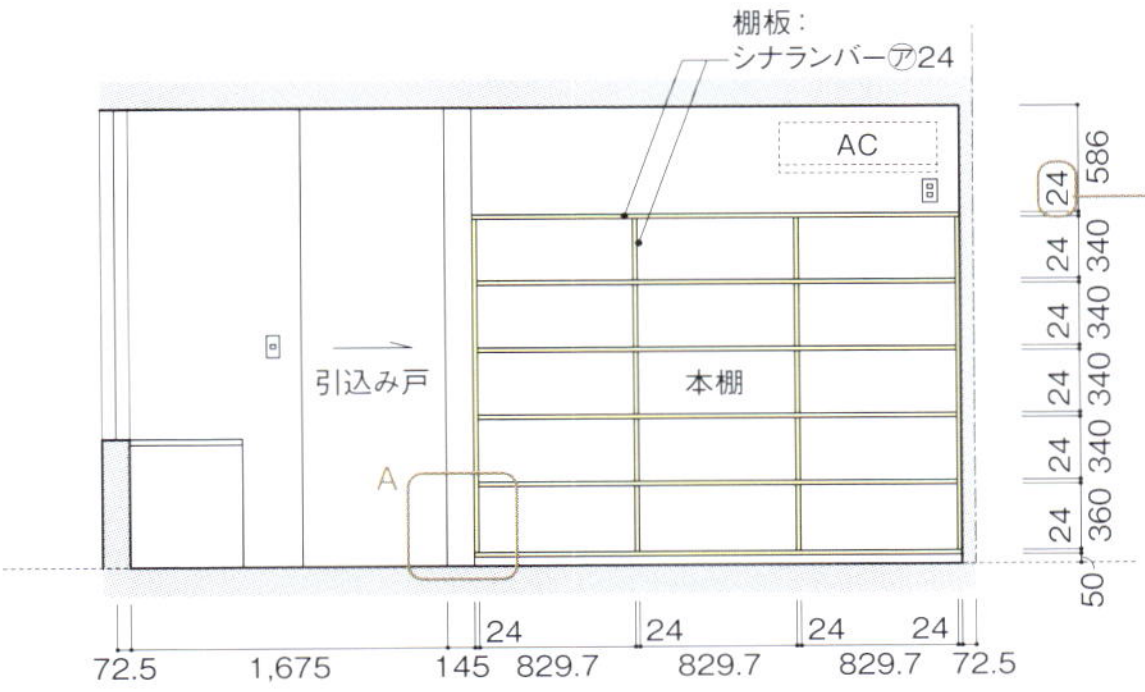
棚板：シナランバー㋐24
AC
引込み戸
本棚
A
586
24
340
24
340
24
340
24
340
24
360
24
50
72.5
1,675
145
24
829.7
24
829.7
24
829.7
24
72.5
縦板の間隔が800mm以上ある場合、横板がたわまないよう、厚さが24mm以上あることが望ましい。棚のサイズに応じて24mm厚か30mm厚のいずれかを選択する

展開図　S＝1:80

STORAGE

05 デザイン性の高い中段

居室の意匠性に配慮して美しい空間をデザインしても、収納の扉を開けた瞬間に野暮ったい棚などが見えてしまっては興ざめである。普段はあまり目につかない収納の内部も、少し意匠性に配慮した設計を心がけたい。たとえば、和室の押入れは、一般的に中段を力板［※］と根太の組み合わせでつくる。この中段に強化積層材を使って、強度はそのままに中段の厚みを通常の半分以下に抑えるだけでも押入れは、すっきりする。中段の厚みが抑えられる分、収納量が増えるので、機能的にも優れた押入れとなる。

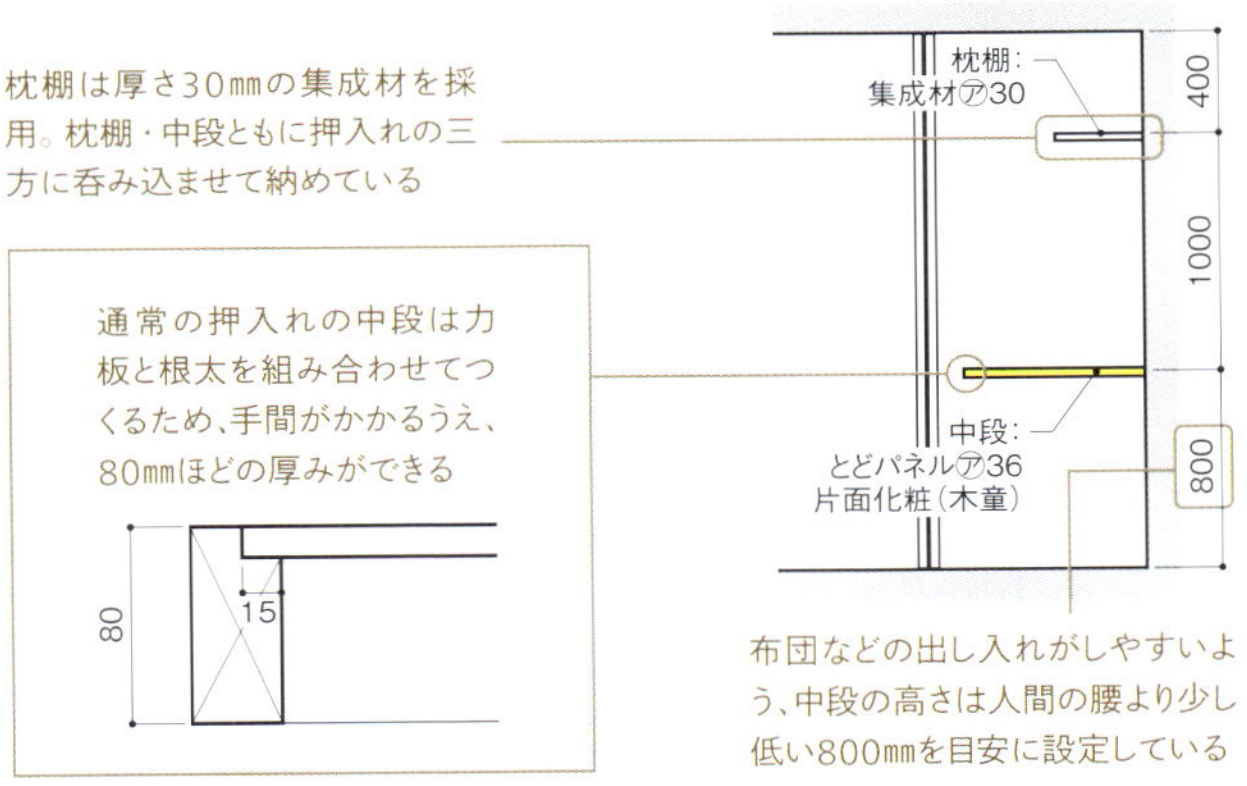
枕棚は厚さ30mmの集成材を採用。枕棚・中段ともに押入れの三方に呑み込ませて納めている
枕棚：集成材㋐30
400
1000
通常の押入れの中段は力板と根太を組み合わせてつくるため、手間がかかるうえ、80mmほどの厚みができる
80
15
中段：とどパネル㋐36 片面化粧（木童）
800
布団などの出し入れがしやすいよう、中段の高さは人間の腰より少し低い800mmを目安に設定している
断面図　S＝1:60

乾燥させた12mm厚のトドマツの板を繊維方向に交互に合わせ3層構造にしたパネル。見た目は無垢材のようだが、乾燥による狂いが少なく強度も十分にあるため、造作材としても重宝する

「とどパネル」（木童）
片面化粧／長さ1,820mm×幅910mm×厚さ36mm／価格：19,500円（税抜）

押入れの戸を閉めた状態（写真左）と開けた状態（写真右）。和室の押入れの戸には一般的に襖が使われるが、ここでは和室へ続く廊下の壁（EP）に仕上げをそろえて、押入れと壁を一体に見せている

※上部の荷重を受けるために入れる幅広の板

STORAGE

06

壁内を活用した棚にAV機器を収める

リビングからテレビ廻りを見る。ソファに座った時に少し見下ろすぐらいの高さ（床から580㎜程度）にテレビを置くと見やすい

奥行きが必要なAV機器の収納棚も壁の厚みを活用すれば、棚の出を抑えてすっきりと見せられる。この住宅では、テレビの裏側が書斎の本棚になっているので、その棚の奥行きも生かして、棚のなかに電気配線のスペースを確保した。レコーダーやチューナー、スピーカーなどのAV機器が奥行き約300㎜の棚にきれいに収まっている。

【棚を床から浮かせる】

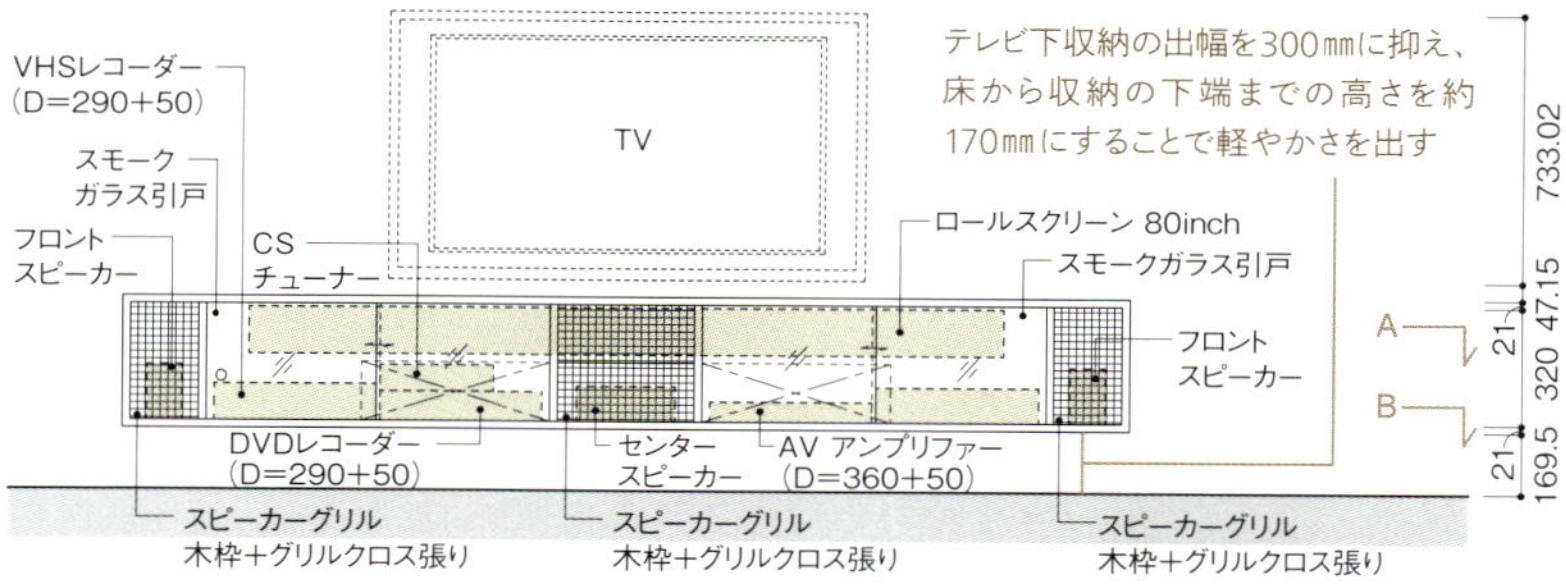

姿図　S=1:40

【裏側も収納に活用する】

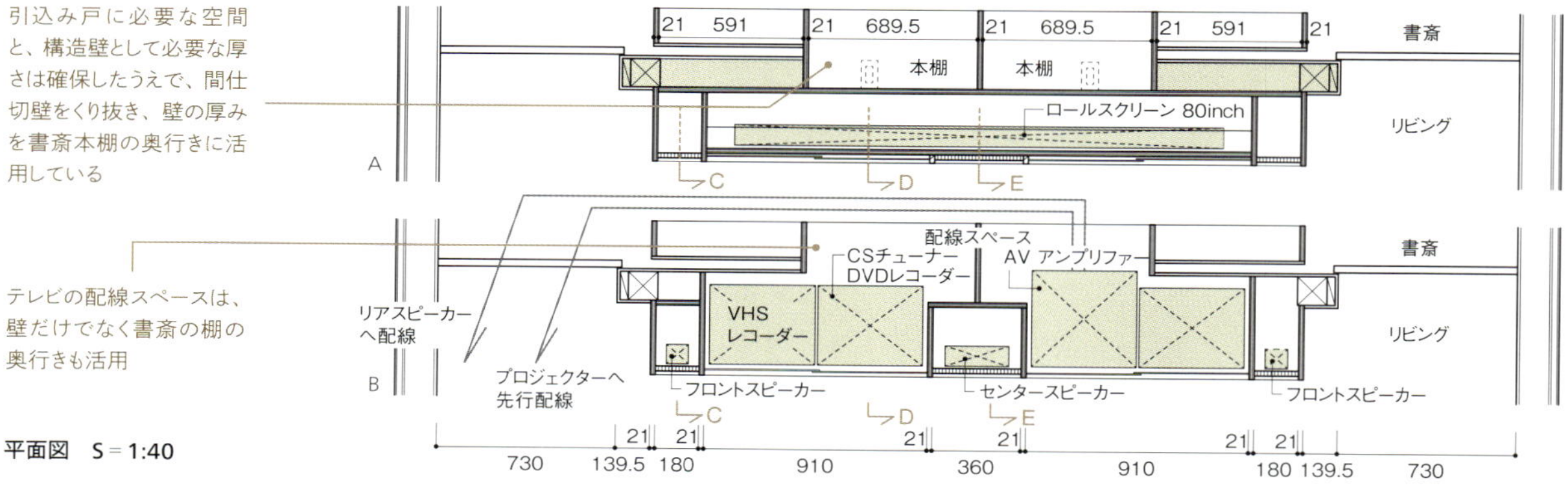

平面図　S=1:40

【機械の廃熱に配慮する】

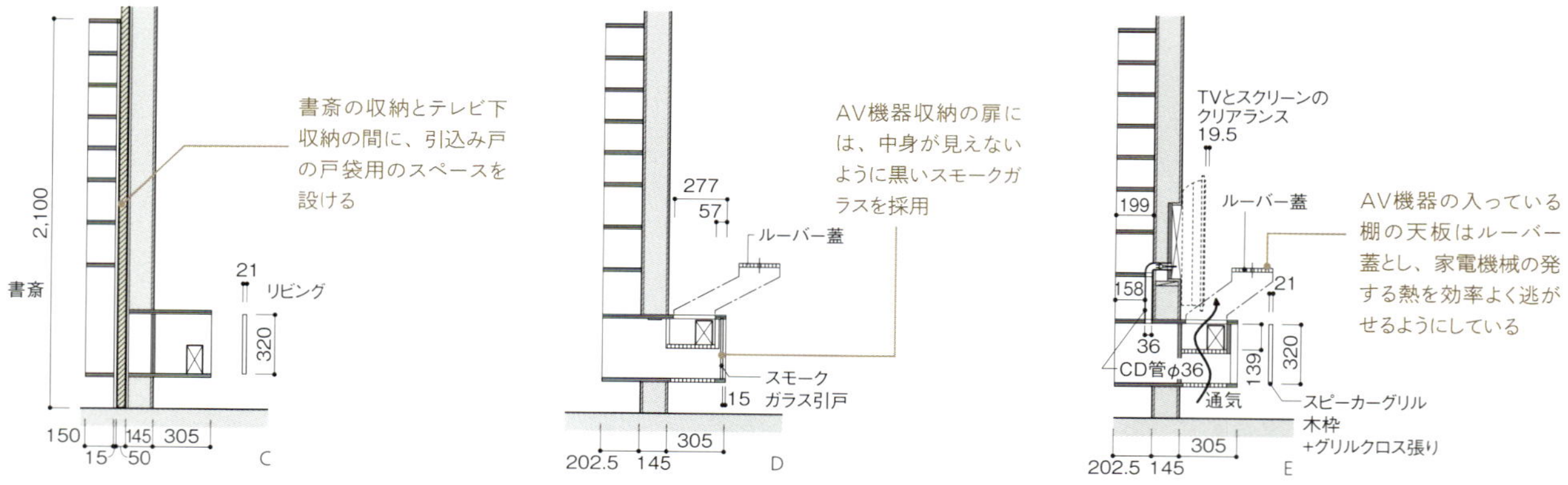

断面図　S=1:50

STORAGE ー 収納

STORAGE

07

照明を仕込んで置物を印象的に

飾り棚に並べたお気に入りのモノをさらに印象的に楽しむ工夫として、棚板の奥にLEDライン照明のアッパーライトを配置した。昼は自然光で飾り棚を眺め、夜は照明の光によって生まれるシルエットを楽しむことができる。漆喰仕上げの壁面がほのかに照らされるので、壁の質感を浮かび上がらせる間接照明としても機能する。

壁に沿って、長めのデスクと2段の飾り棚を造作。元々は歴史ある米問屋だったという戸建住宅の改修だったので、木質の天井や梁をあえて見せ、和の雰囲気を残している

【飾り棚をテーブルとしても使う】

シナ合板に彫り込みを入れ、配線を通している。パソコン位置に合わせて小型のLEDライトを設置。また、棚板の奥に7㎜の欠込みを入れて、そこにも、LEDテープライト[※]を配置している

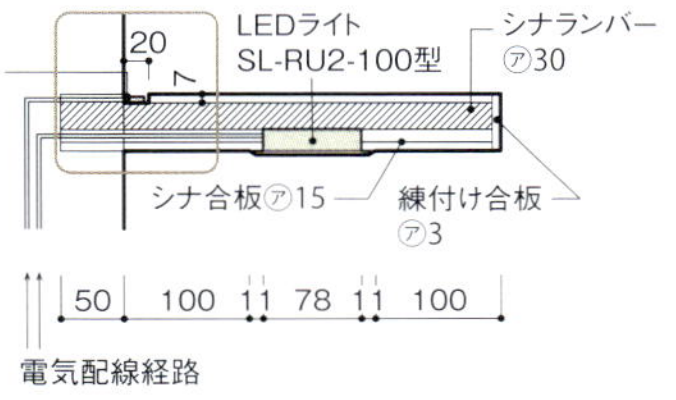

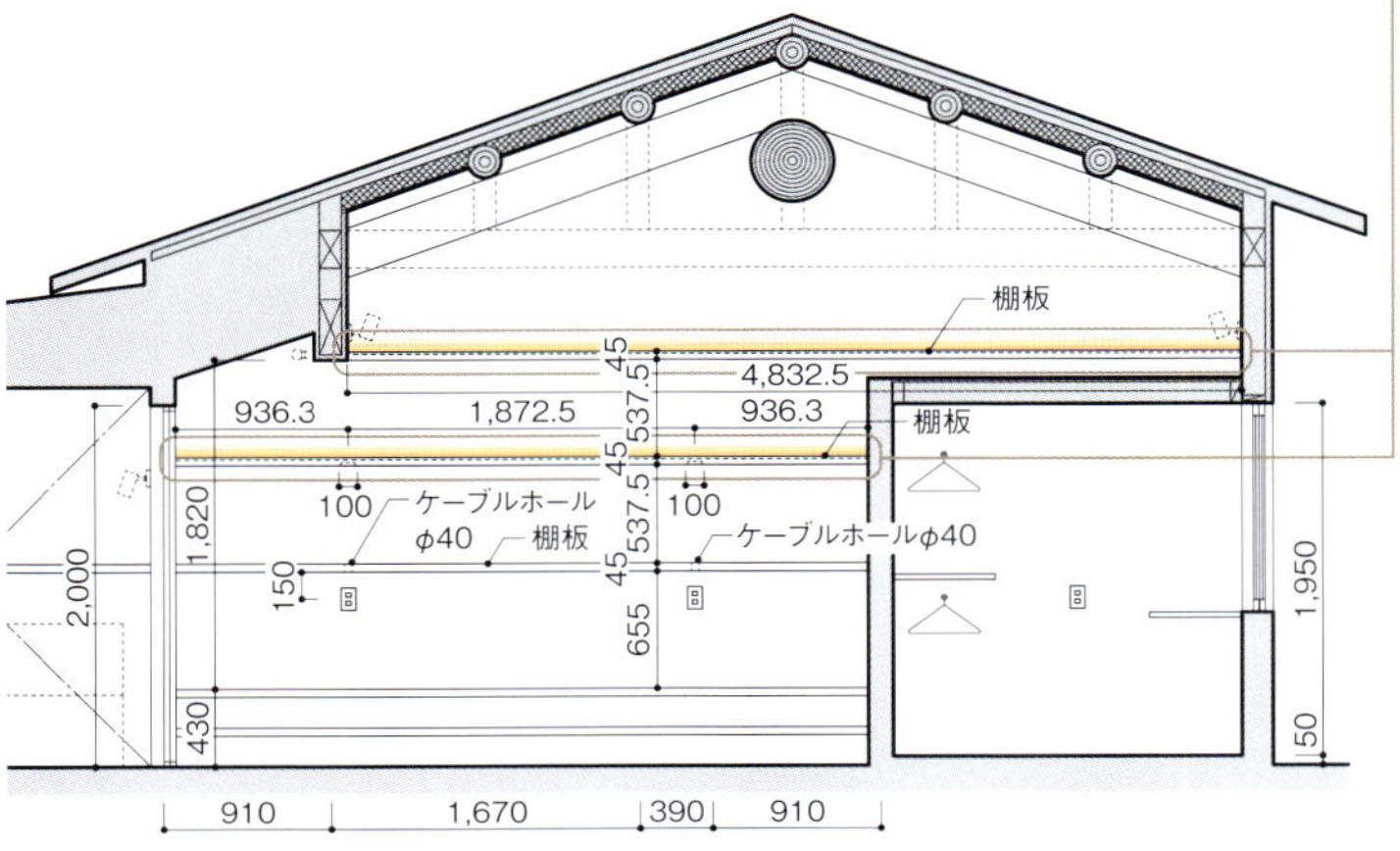

断面図　S＝1:80

※「ハイパワーLEDテープライト5050（電球色2500K）」（ファインリンクス）

テーブルとしても使える棚の奥行きは300㎜。棚のモノを眺めながらパソコンを使ったり、本を読んだりして、少しくつろぐのに丁度よい

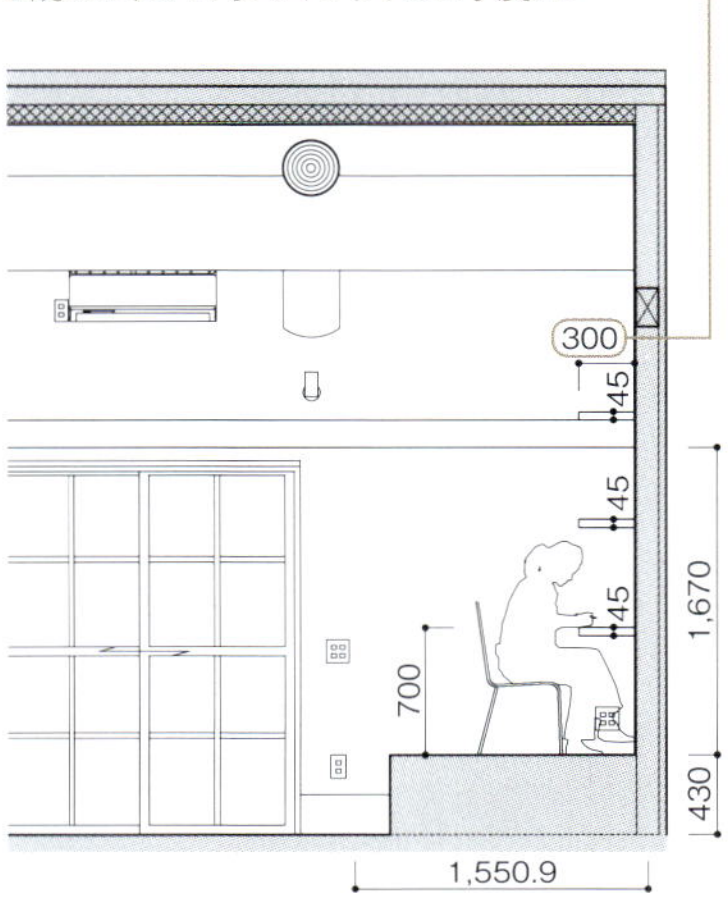

断面図　S＝1:80

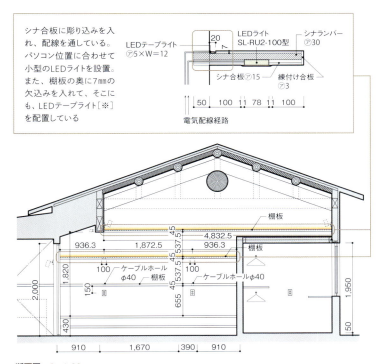

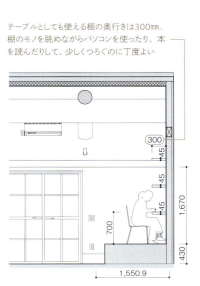

平面プラン上、収納スペースを確保できない場合は、ロフト収納が重宝する。ロフトは予算をかけて造付けの収納を設ける必要がない。なるべくシンプルにつくり、換気窓を設けるなど心地のよい設えとすることが大切だ。あるときは収納に、あるときは隠れ家になってマルチに活躍するスペースとなる。

STORAGE

08

シンプルで魅力あふれるロフト収納

手摺を兼ねた造付けの収納以外は設けていないため、住まい手が自由に物を置くことができる。あらかじめ通路を想定しながら換気窓を配置した

【温かみのあるキリの床】

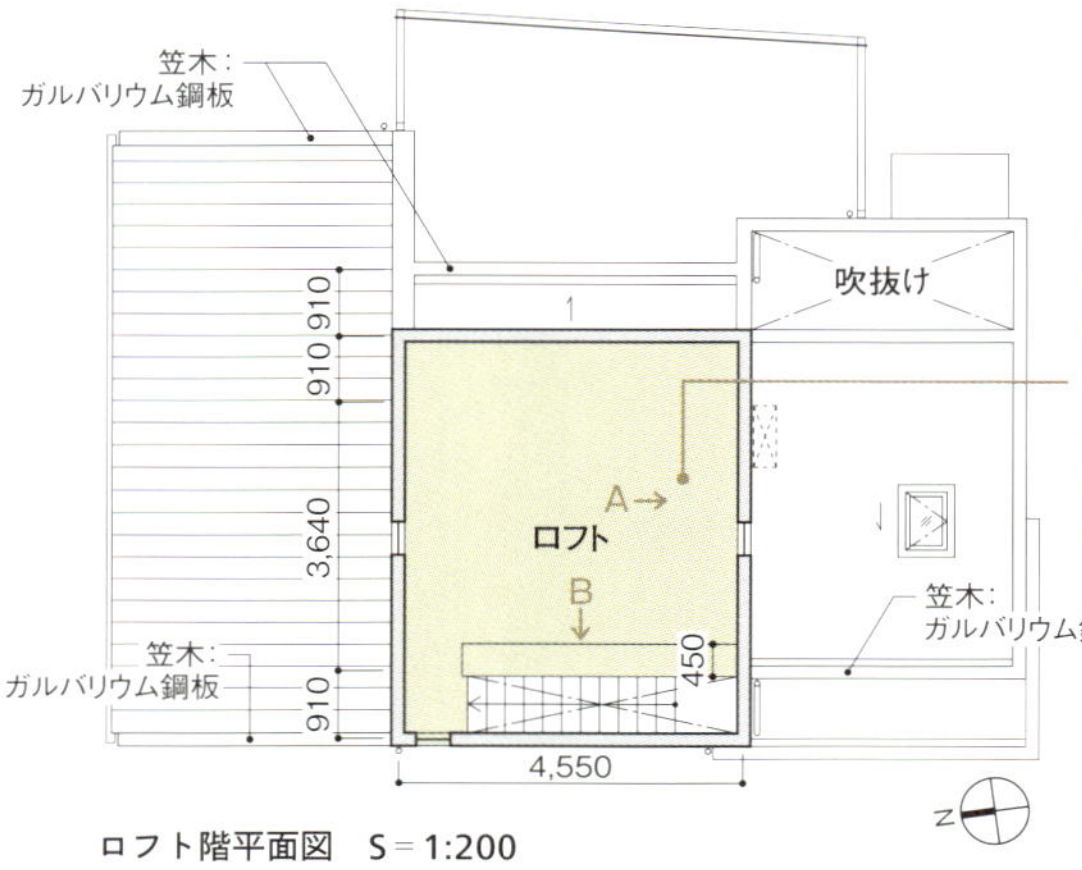

床は28mm厚の構造用合板の上に15mm厚のキリ板を張っている。フローリングよりも軟らかくて温かみのある、居心地のよい隠れ家的スペースになっている

ロフト階平面図　S＝1:200

【手摺を兼ねた可動棚】

造付けの棚は階段の手摺を兼ね、高さを抑えた可動棚とすることで、可変性のある収納スペースとなる

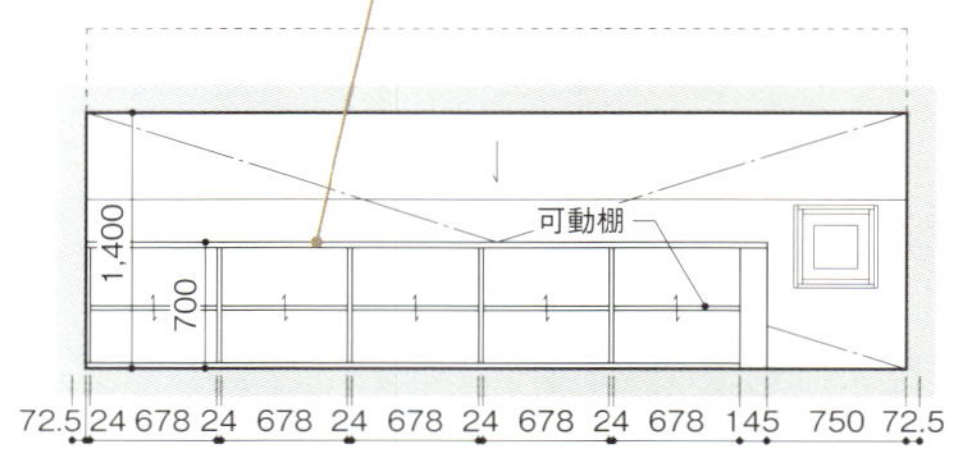

B展開図　S＝1:80

【換気窓でロフトを明るく】

人が出入りしない換気用の窓は、万が一開けっ放しでも雨などの吹き込みが少ない突出し窓とする。なお行政庁によってロフトの窓面積には制限があるので、確認が必要

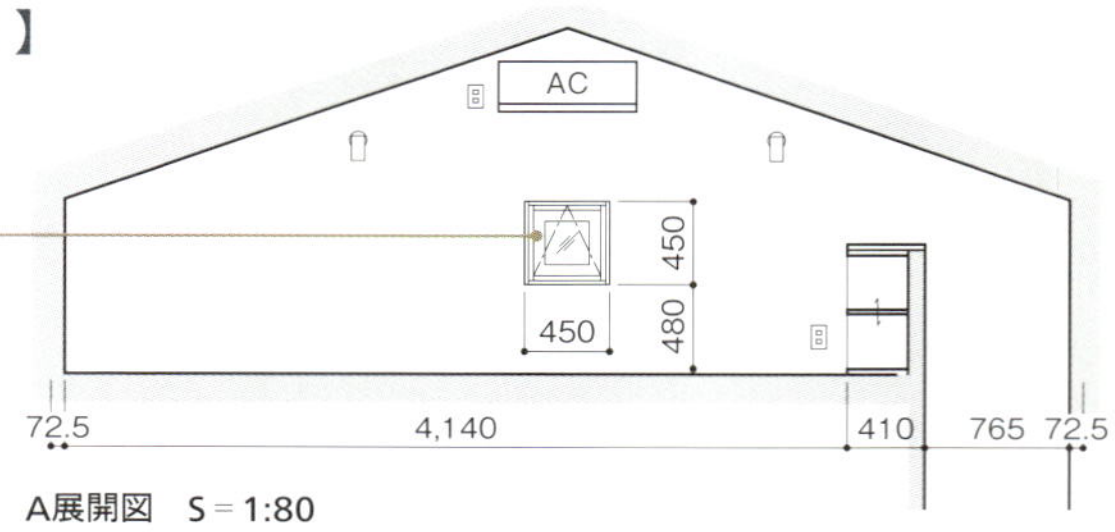

A展開図　S＝1:80

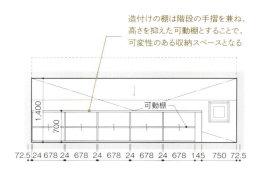

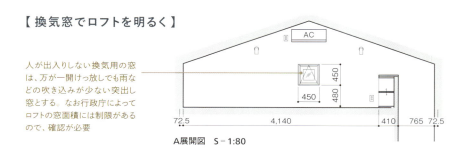

STORAGE

09 家族専用のシューズクロゼットをつくる

どんなに大きなシューズクロゼットを設けても、玄関土間に靴が散らかってしまうことはある。そこで、玄関の隣に家族用のシューズクロゼット空間を設け、そこでも靴の脱ぎ履きができるようにするとよい。引戸1枚で家族用と来客用の動線を分離でき、靴を脱ぎっ放しにしても玄関の散らかりが気にならない。シューズクロゼットの収納はオープン棚にすると使いやすい。

【シューズクロゼットの裏動線】

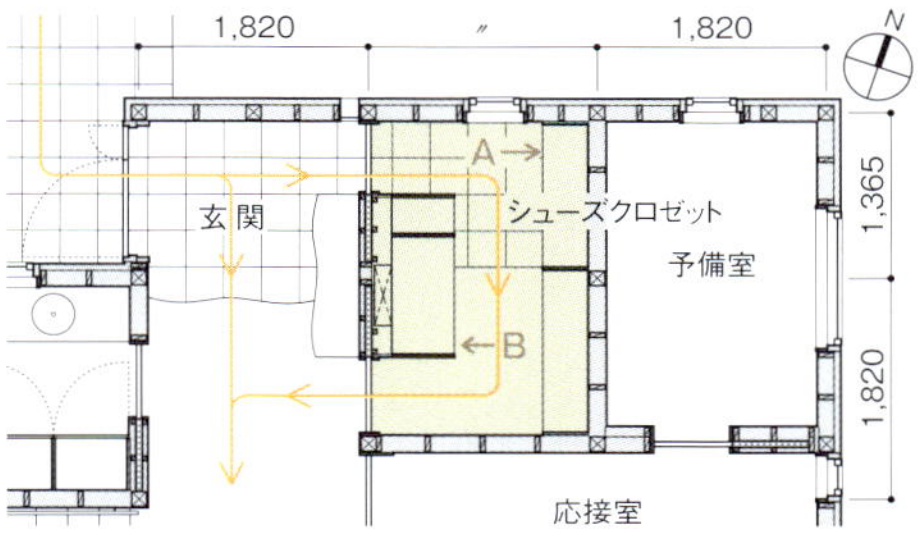

1階平面図　S＝1:120

【棚はオープンでOK】

シューズクロゼット内の予備室側には壁一面に下足入れを設置。可動棚（ポリ合板）にすることでさまざまな靴の収納が可能

下足入れの最下段には棚を設けず、長靴やブーツの収納スペースとしている

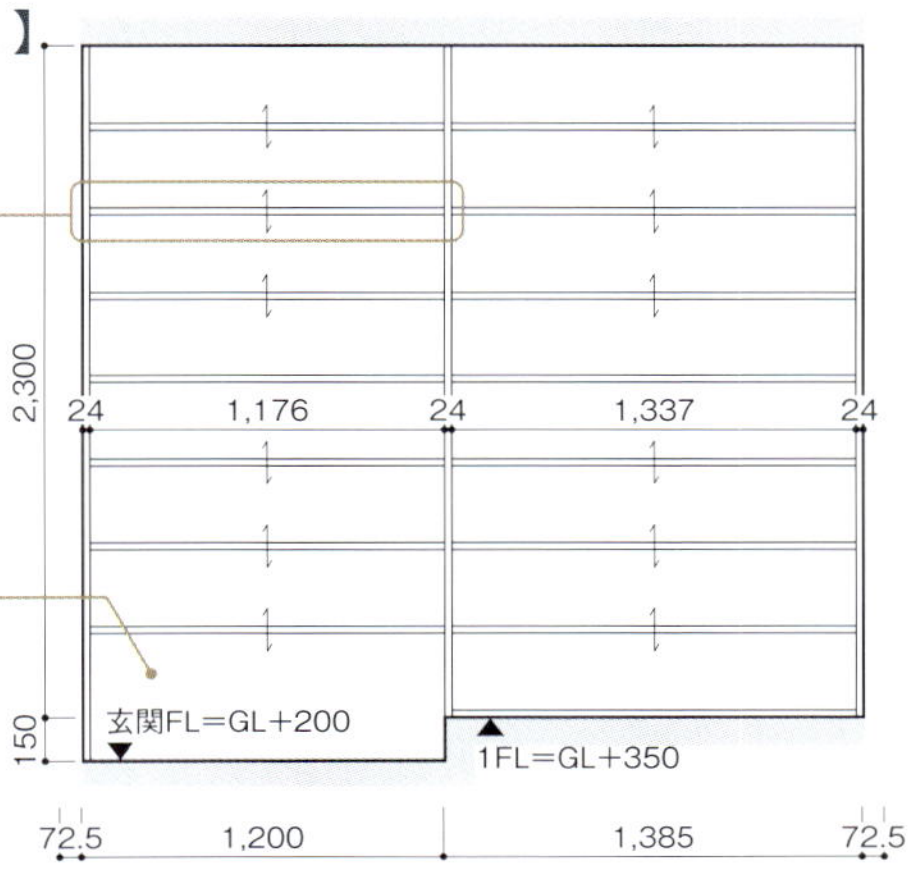

A展開図　S＝1:250

収納の土間側にはコート掛けや傘置きを設け、室内側には弱電盤や分電盤を配置

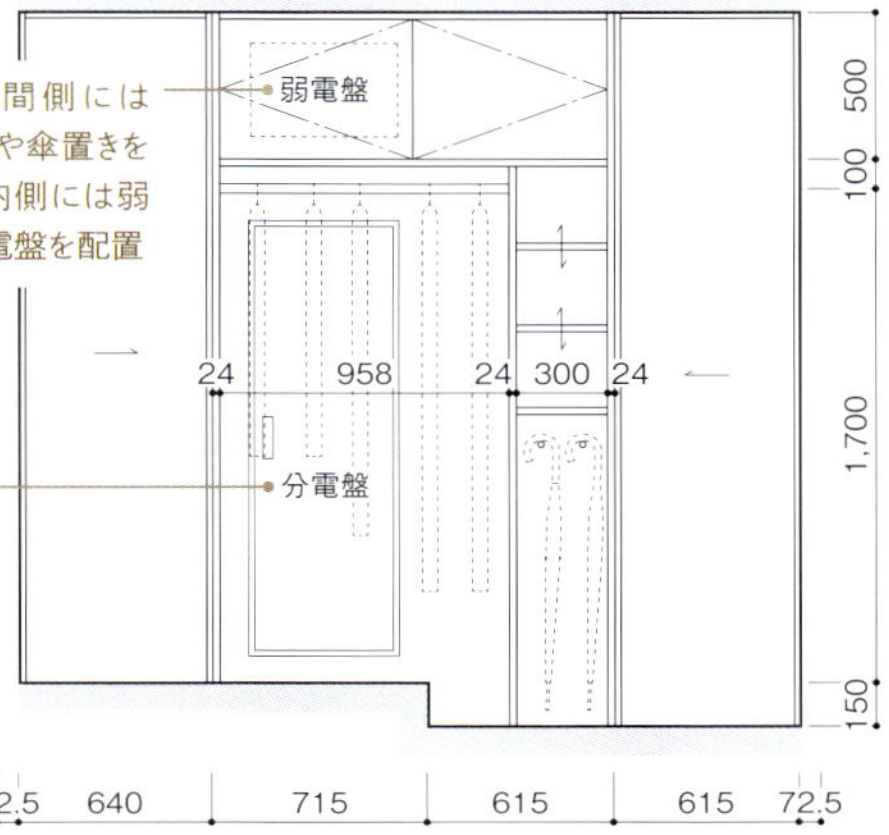

B展開図　S＝1:50

STORAGE

10 収納を間仕切として使う

家具を壁面に寄せて置くだけでなく、部屋の中央に配置すれば間仕切の役割も果せる。仕切られる空間の用途と収納物に合わせて家具の高さや奥行きを検討すれば、さまざまな場所に応用可能だ。ここでは、ダイニング用のテレビボードをリビングとダイニングの間仕切に活用した。立てば空間全体を広く見渡すことができ、座れば小さな空間として感じられる。

【棚が空間をゆるくつなぐ】

リビングには高さの低いソファを配置。大空間のダイニングとつながりながらも、家具が目隠しの役割を兼ね、籠れる空間となっている

横に長いダイニングの壁を全面開口とすることで、明るく開放的な空間となっている

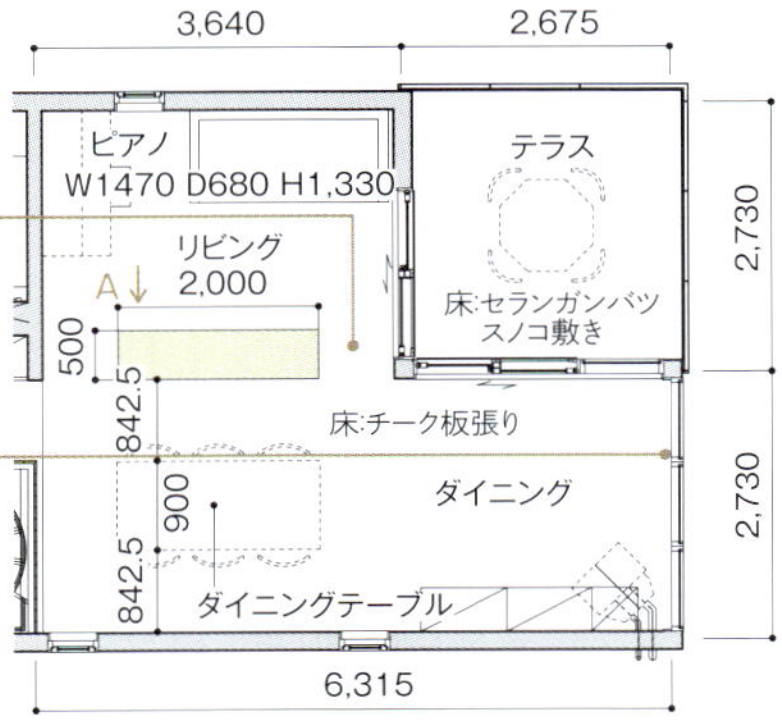

平面図　S＝1:150

【リビングとダイニングのどちらからでも使える】

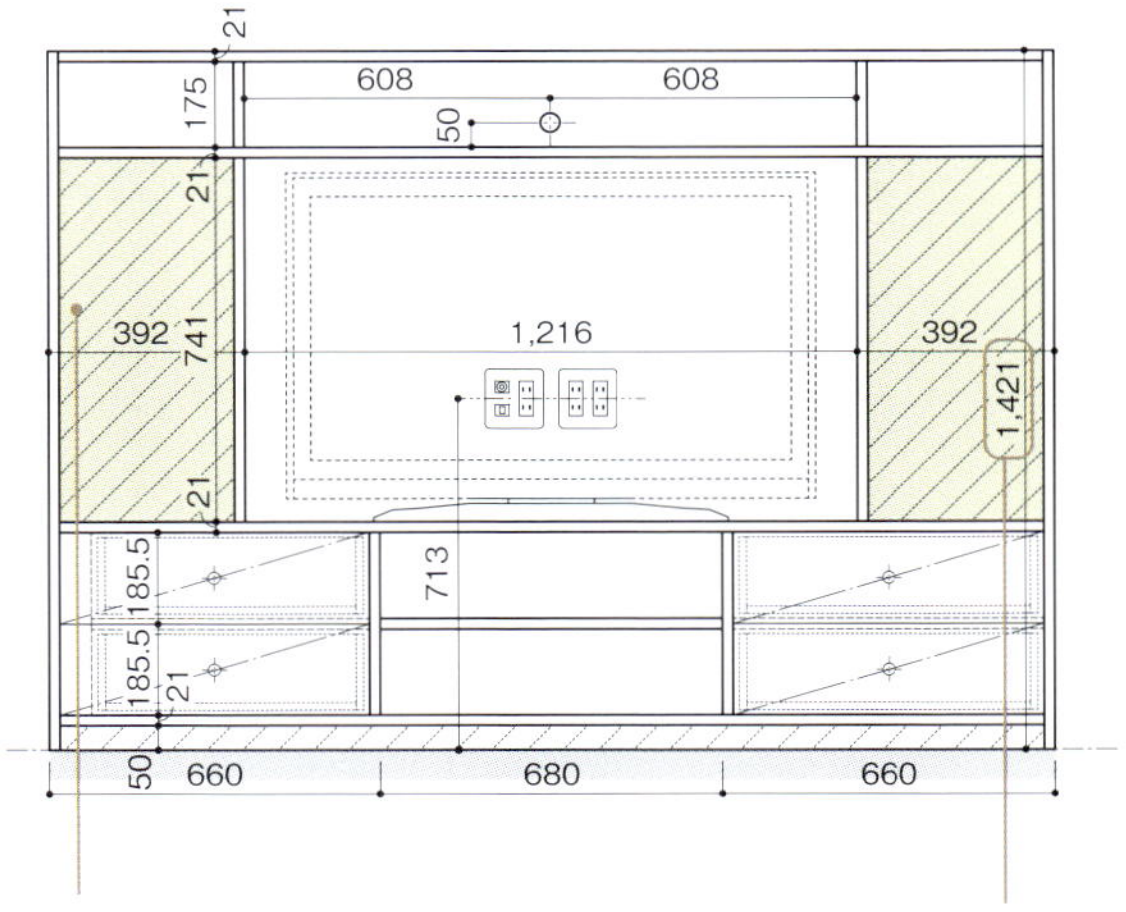

A展開図　S＝1:30

リビング側からはテレビ台として用い、テレビの両サイドはダイニング側で使うスピーカーを収納する棚となっている。それぞれの場所で使う機器の収納を1つの家具にまとめた無駄のないデザイン

立てば双方の空間が見えるが、座れば隣接する空間が視界に入らない高さ（1,421mm）。空間はほどよくつながっているが、それぞれの場での行為に集中できる

STORAGE

11

目につく玄関収納は美しく

玄関収納の設計は、玄関の大きさや収納するモノによって変わってくる。住まい手によるが靴以外にも傘やコートをしまう場所が必要になるケースは多い。家族以外も出入りする機会が多い空間なので、散からないように十分な収納スペースを確保したい。しかし、あまりにも機能面ばかりを追求した結果、収納が大きくなり、かえって圧迫感のある空間になってしまうことも避けたい。玄関収納の一部に飾り棚を設けたり、素材に気を配るなどして、ゆとりのある雰囲気をつくる工夫が必要だ。

【中庭からの採光で玄関を明るく】

ポーチから玄関に入るとその奥に中庭が見える。玄関は暗くなりがちだが、こうすることで明るい空間となる

外壁で囲われた中庭が交通量の多い前面道路と寝室の干渉帯になり、外部騒音を緩和してくれる

前面道路側の収納棚に玄関ドアを寄せて配置している。幅1間半の玄関にゆったりと靴を並べられる

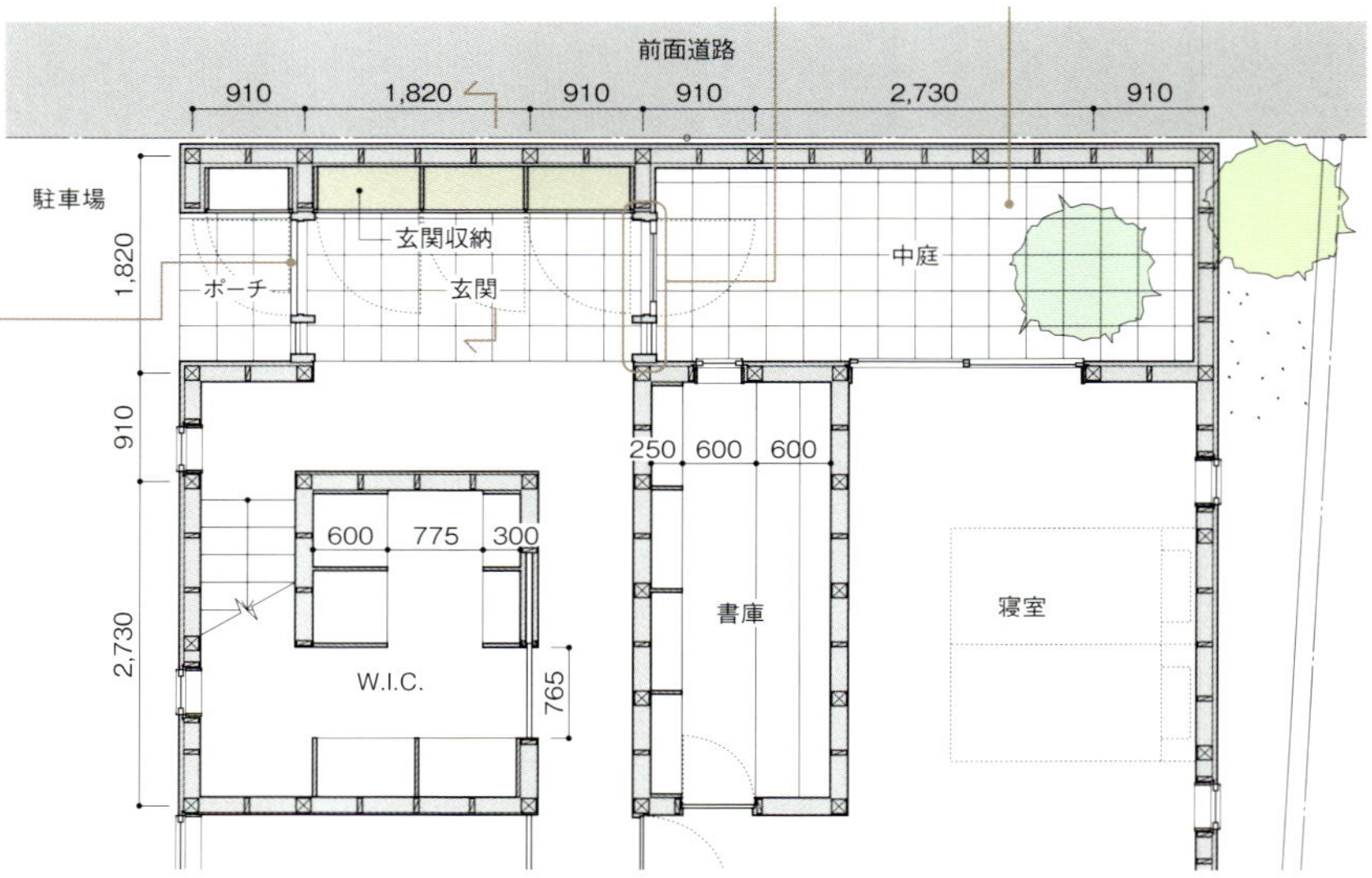

1階平面図　S＝1:100

【美しさを維持するために清掃性の高い素材を】

ダボレールを用いた可動棚にすれば、住まい手が所有する靴の高さに合わせて無駄のない収納が可能になる。棚板はシナランバーにすると汚れが気になりにくい。靴を濡れたまま入れる可能性がある場合は、ポリ合板を使うとよい。色によっては、汚れが目立ちやすいので住まい手への説明が必要

玄関収納の幅が700〜800mmの場合、棚板には21mm厚のシナランバーを使用。幅1mを超えると靴の重みで板がたわむので24mm厚のものを使う。逆に、幅600mmの場合は15mm厚の板を使うことも可能

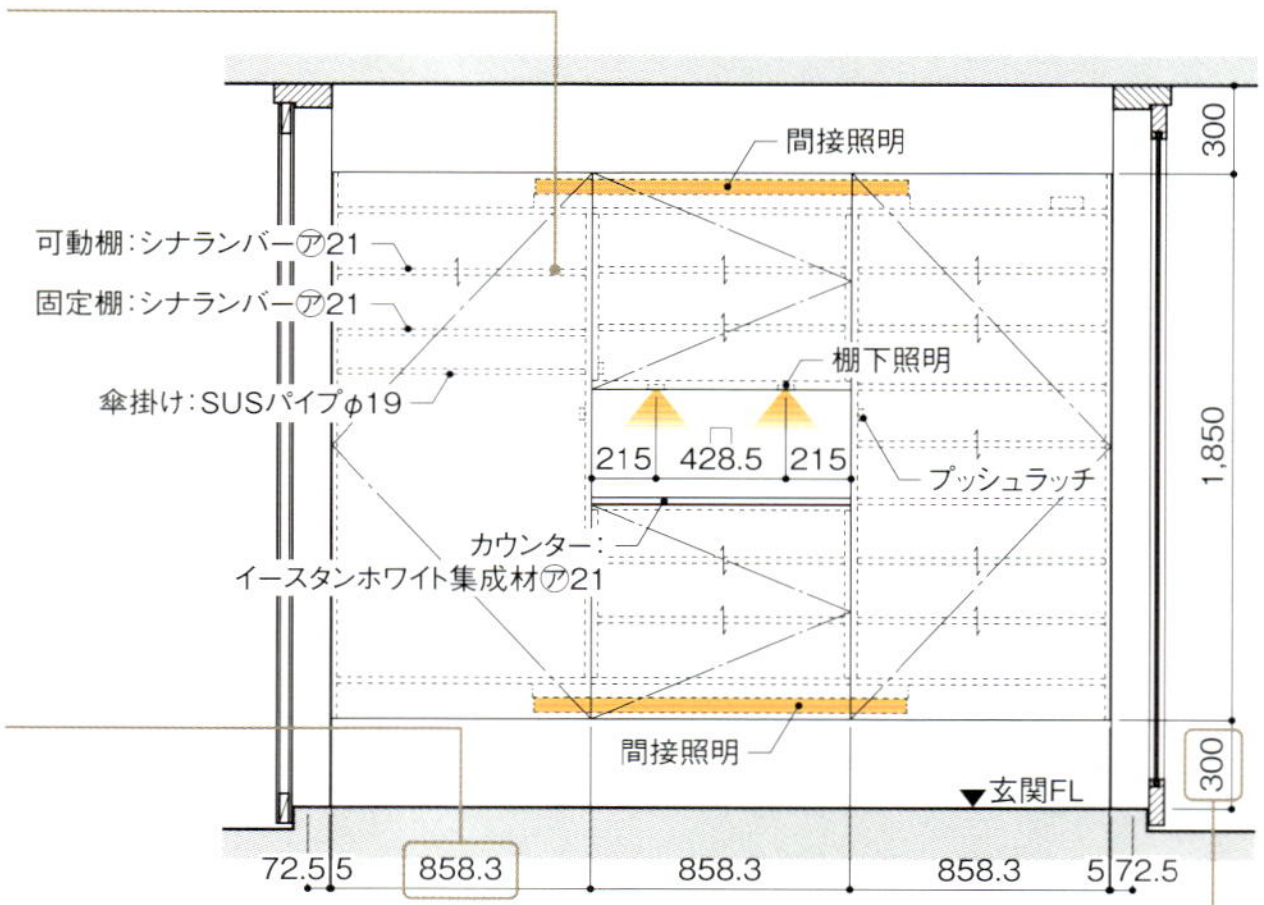

玄関収納の下部を300mm空けると広く感じられるうえ、長靴などの収納スペースにもなる

収納姿図　S＝1:50

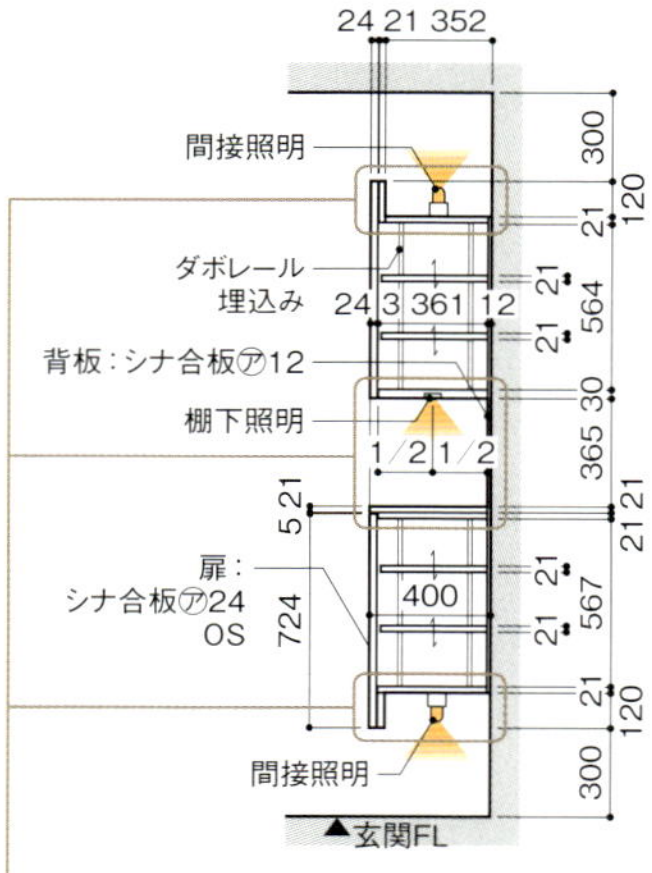

玄関収納を浮かせて照明を付け、さらに飾り棚を設けることで圧迫感が薄らぐ

断面図　S＝1:50

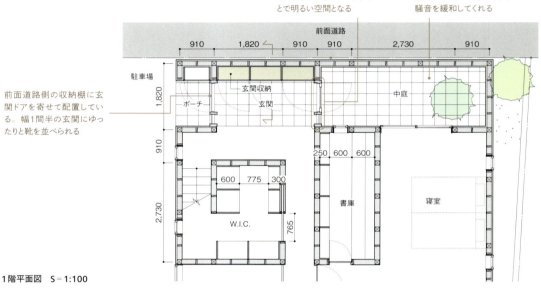

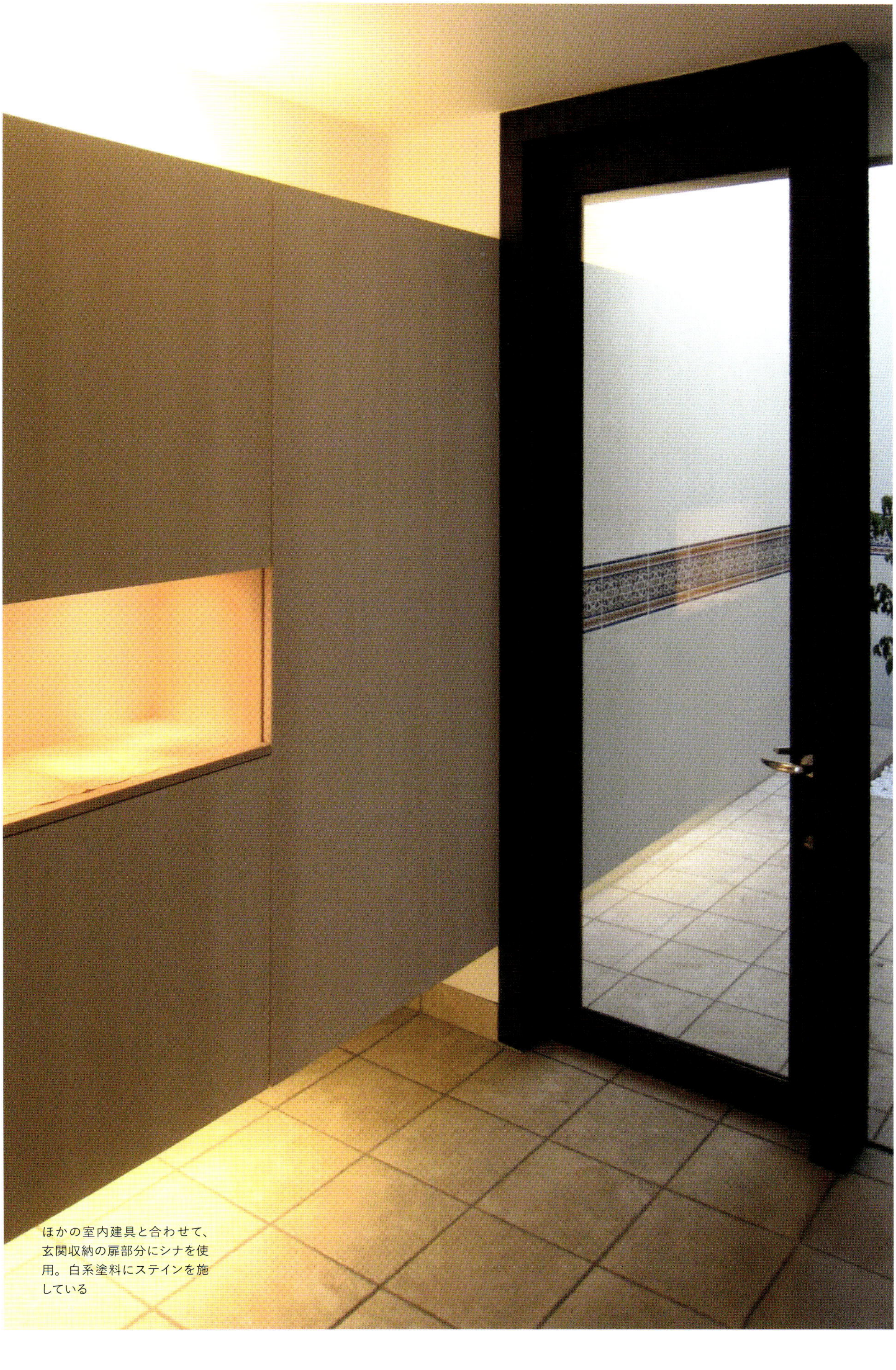

ほかの室内建具と合わせて、
玄関収納の扉部分にシナを使
用。白系塗料にステインを施
している

STORAGE

12

収納棚を浮かせて玄関を広々とした空間に

収納棚の上下左右を床・壁・天井から切り離して、浮いているかのように見せれば、玄関収納の圧迫感が低減される。玄関収納の左右にガラス窓を設けて、採光を確保すれば、より広々とした玄関になる。とはいえ、玄関の壁面いっぱいに収納棚を設ける場合に比べて、当然、収納量は少なくなる。玄関に置くモノの種類や量は、しっかりと把握しておきたい。

玄関収納の上下に照明を設けることで収納の浮遊感が強調されオブジェのように見える

【棚の見え方は展開図で確認】

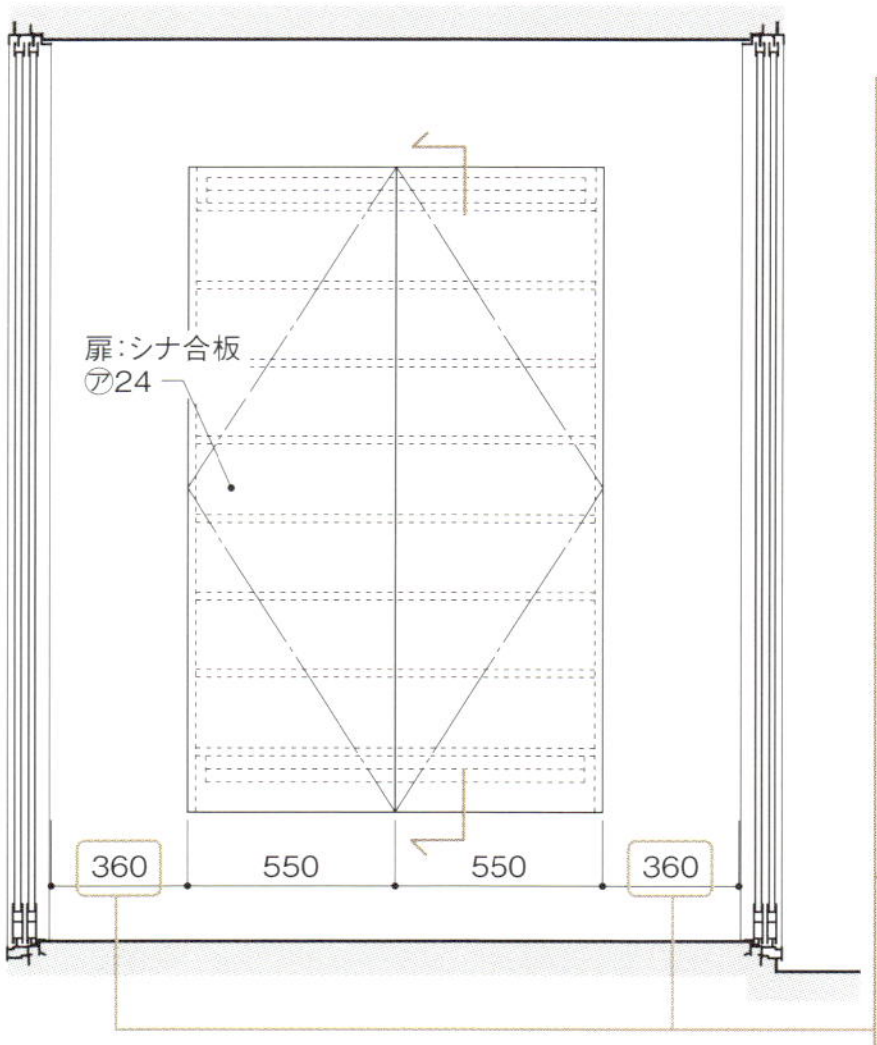

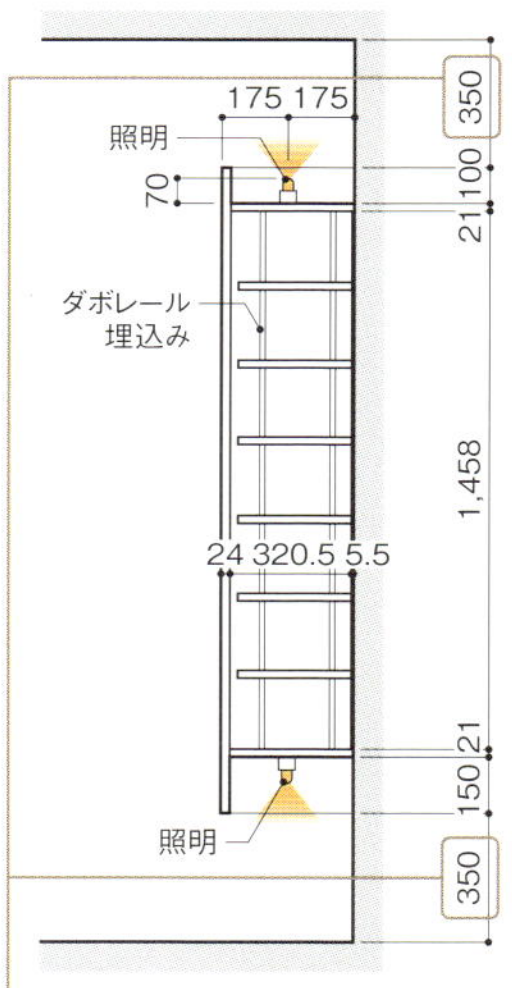

左右の壁と玄関収納の離隔寸法は天井や床との離隔寸法とほぼ同じにすることで展開面のバランスを調整している

展開図　S＝1:40

断面図　S＝1:40

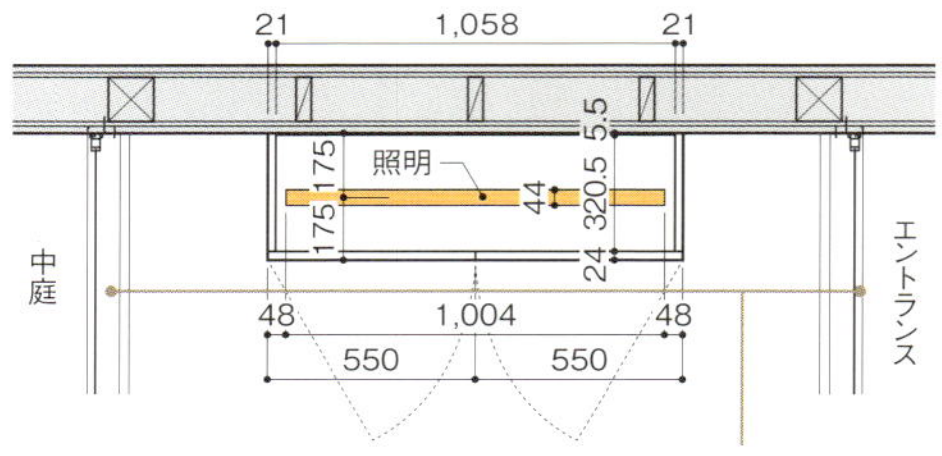

左右の壁がガラスなのでエントランスや中庭からの光で明るい玄関になる

平面図　S＝1:40

中庭や居室からも玄関収納側面が見えるので、棚と周囲の素材や色味を合わせている

STORAGE

13

大切な共用アイテムは目立たない定位置に

鍵や印鑑などの収納スペースはできるだけ来訪者の目に届きにくい場所に確保したい。一方で、必要なときには、手軽にスッと取り出せることも使いやすさの点では重要だ。ここでは、玄関ドアと反対側の壁面収納の側面に小物が置けるニッチ棚を設けた。壁から突き出た棚の死角を利用することで、人目に触れにくく、取り出しやすい収納となっている。

収納の扉一面を鏡にすることで玄関が広く感じられる

【鍵や印鑑などの小物は棚の側面に】

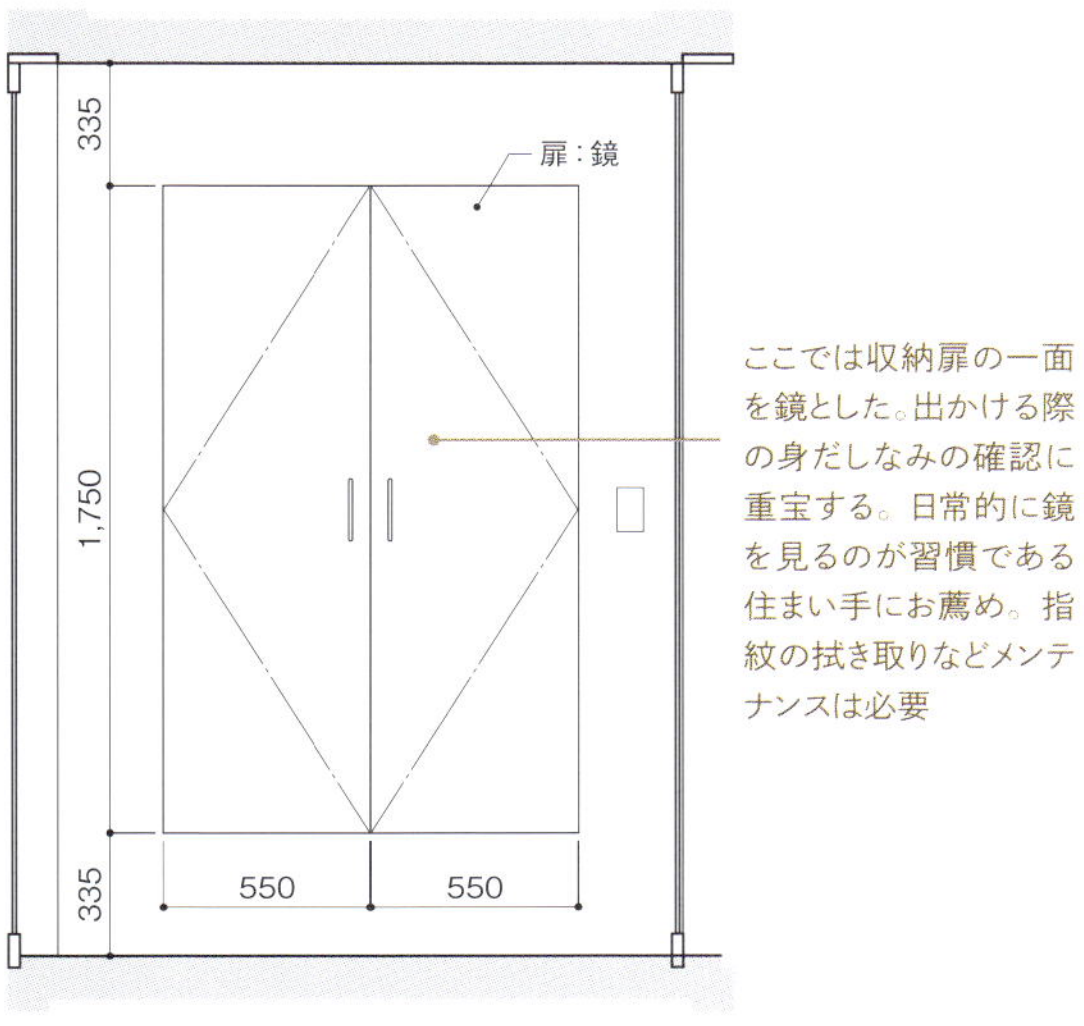

扉：鏡
335
1,750
335
550
550
ここでは収納扉の一面を鏡とした。出かける際の身だしなみの確認に重宝する。日常的に鏡を見るのが習慣である住まい手にお薦め。指紋の拭き取りなどメンテナンスは必要

展開図　S＝1:40

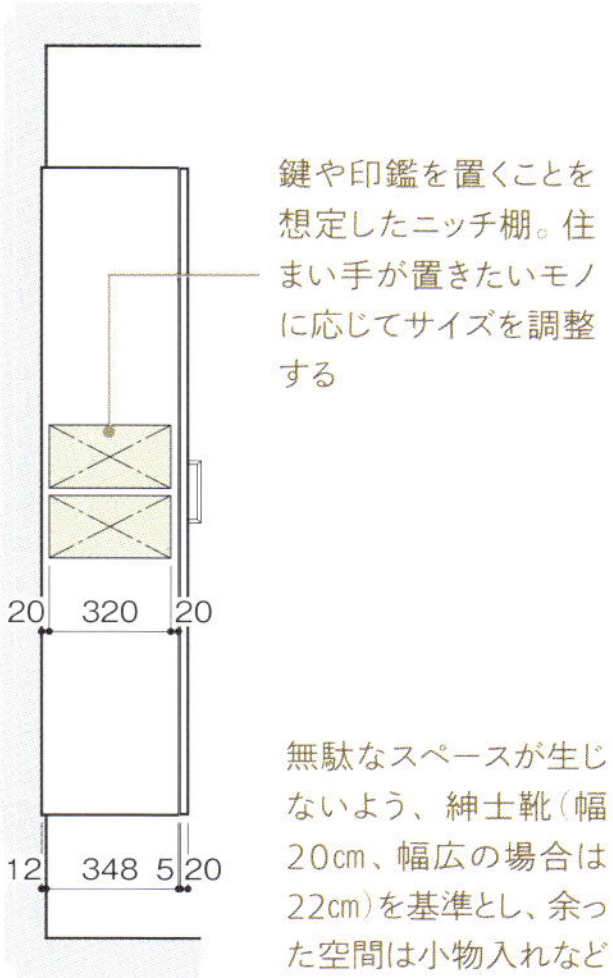

鍵や印鑑を置くことを想定したニッチ棚。住まい手が置きたいモノに応じてサイズを調整する
20
320
20
12
348
5
20

収納姿図　S＝1:40

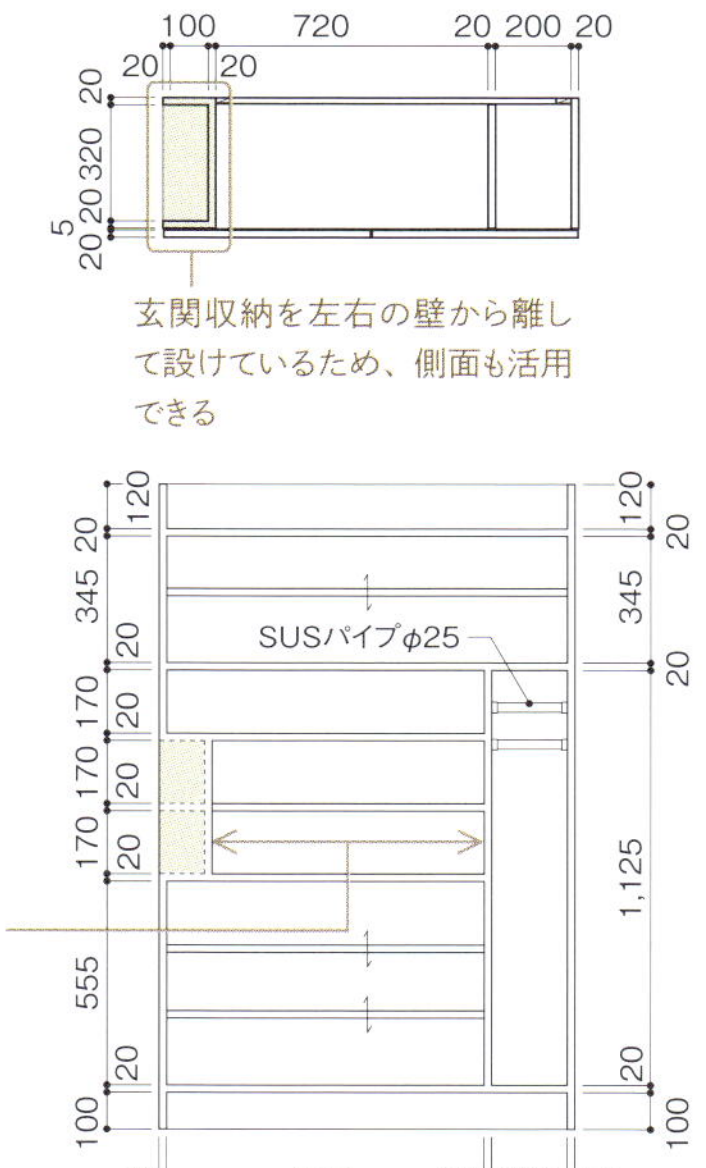

100
720
20
200
20
20
20
20
320
20
5
20
玄関収納を左右の壁から離して設けているため、側面も活用できる
120
20
345
20
170
20
170
20
170
20
555
20
100
SUSパイプφ25
120
20
345
20
1,125
20
100
20
840
20
200
20
無駄なスペースが生じないよう、紳士靴（幅20㎝、幅広の場合は22㎝）を基準とし、余った空間は小物入れなどとして活用する

収納内部図　S＝1:40

ニッチ棚を正面から見る。棚のサイズは住まい手の要望をもとに、壁面のバランスを見ながら決定していく

STORAGE
14

壁をふかしてニッチ棚をつくる

リノベーションの間取り変更などで凹凸の多い壁面ができてしまうと、家具の配置などが難しくなり、生活の役に立たないデッドスペースが増えてしまう。小さな凹凸ができてしまいそうな場所は壁をふかして、凹凸を減らすとよい。ふかした壁の厚みを利用してニッチ棚を設ければ、インテリアにも役立つ便利なスペースとなる。

【壁をふかして袖壁をなくす】

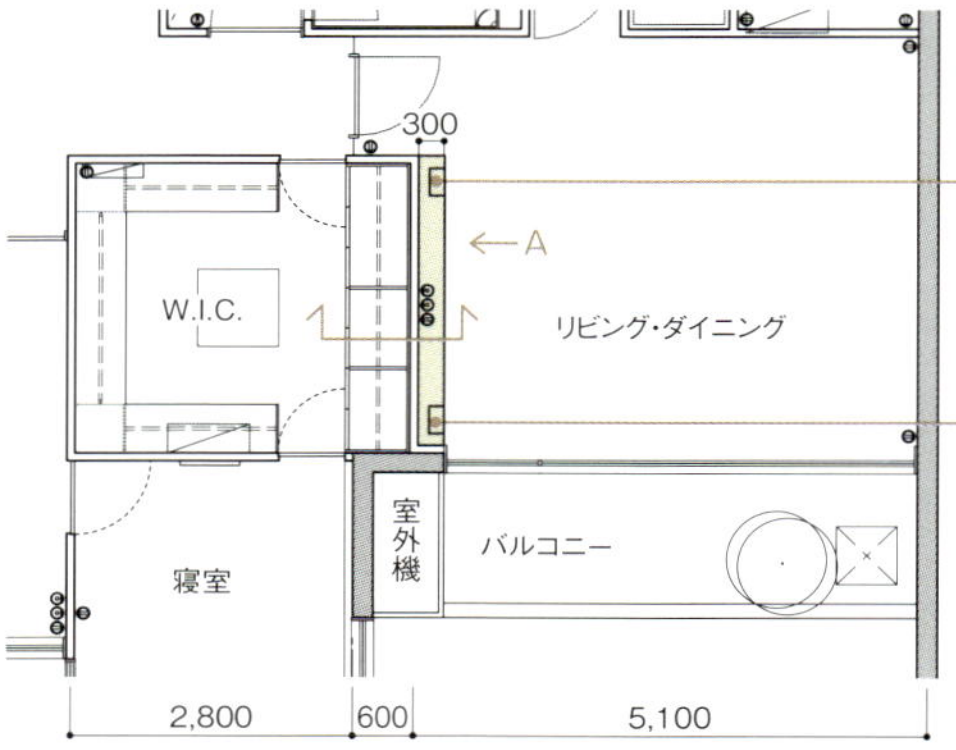

平面図　S＝1:150

窓枠の位置に合わせて壁をふかし、ニッチ棚を設けている

室外機の厚みと同じ長さの袖壁を、ニッチ棚とウォークインクロゼットの収納で隠す

ニッチ棚の裏側にあるウォークインクロゼットは、部屋の四方にハンガーパイプを取り付け、パイプに掛けられない小物用の収納を中央に配置している

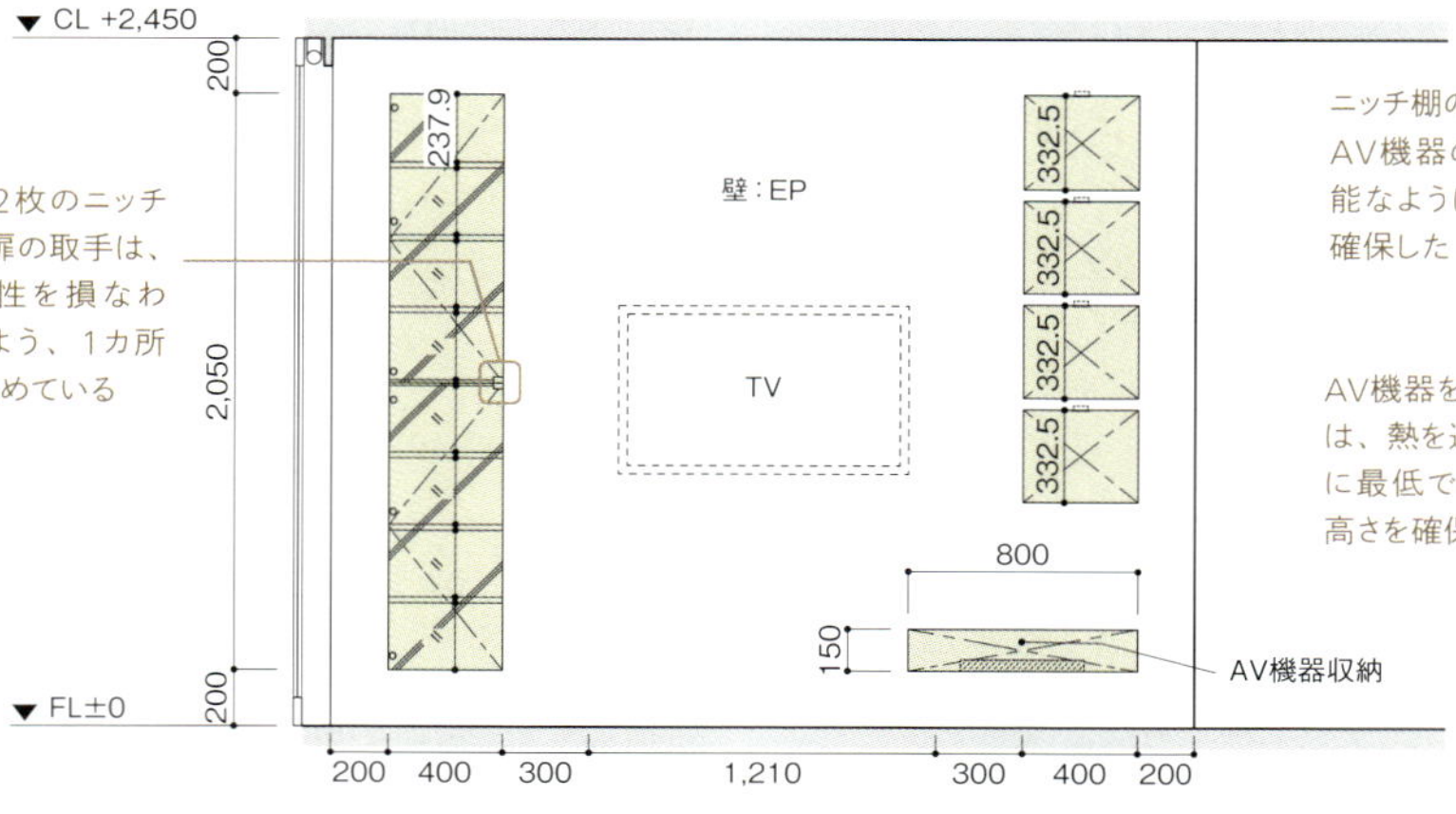

上下2枚のニッチ棚の扉の取手は、意匠性を損なわないよう、1カ所にまとめている

A展開図　S＝1:50

ニッチ棚の奥行きは、AV機器の収納が可能なように、300㎜確保した

AV機器を収納する棚は、熱を逃がせるように最低でも150㎜の高さを確保する

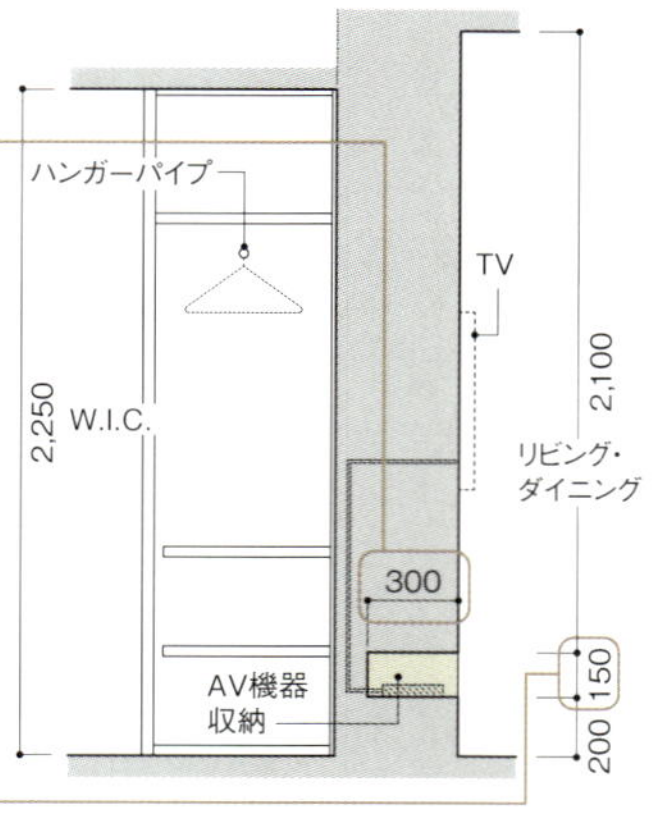

断面図　S＝1:50

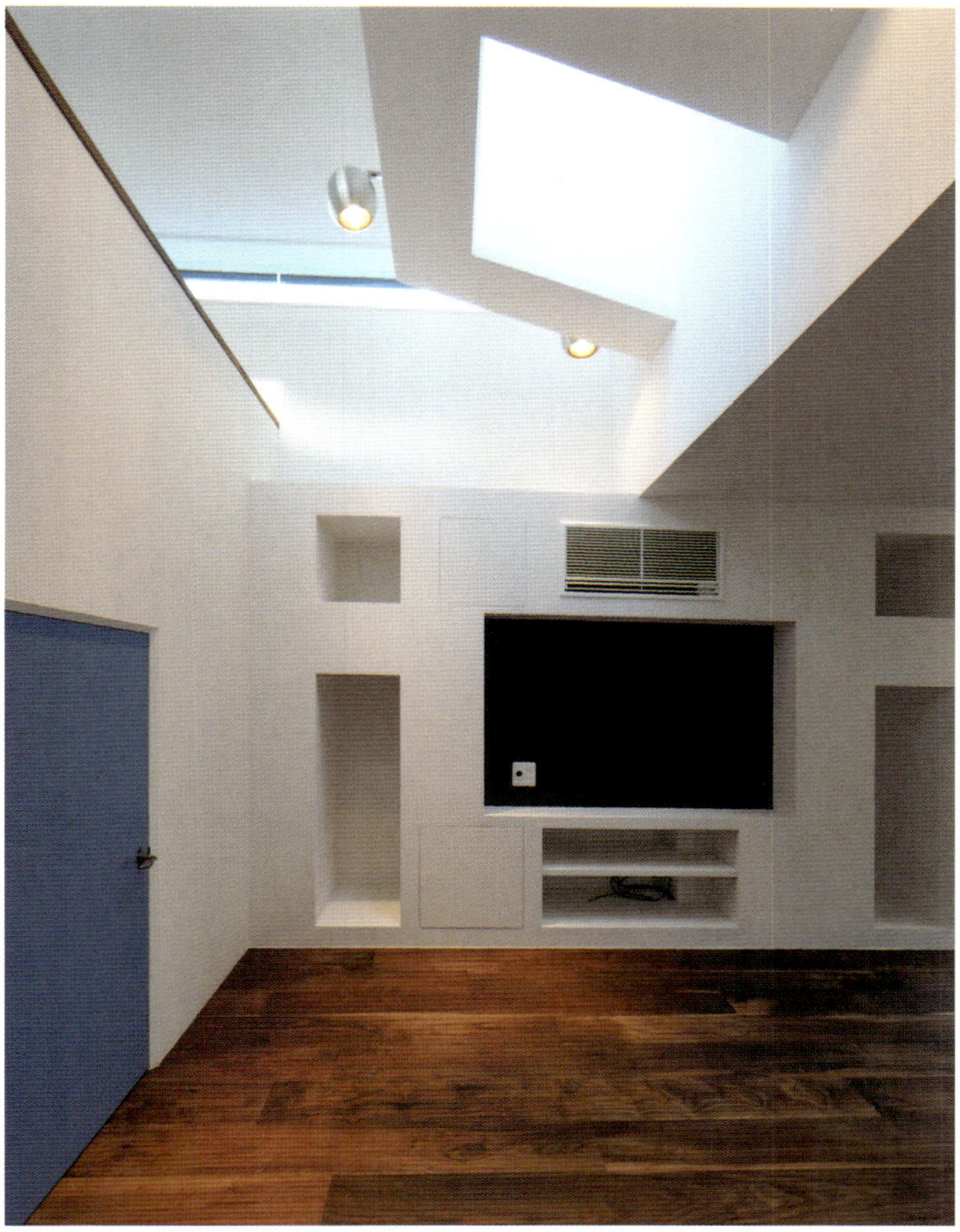

STORAGE

15

家電をニッチ棚に収めて部屋をすっきりと

マンションのリノベーションで柱型や梁形の凹凸を隠したい場合、最も大きく飛び出している構造躯体に合わせて壁をふかさなければ、壁面をフラットにそろえることができない。このような場所には、エアコンやスピーカーなど、奥行きのある家電機器を設置するためのニッチ棚を設けるとよい。大きな家電機器の存在感を抑えることができる。

ニッチ棚の内部を壁と同材で仕上げれば、壁面の一体感が出る。ただ、凹凸のある仕上げ材はニッチ棚内部に使うと掃除がしにくい。水性EPなど、フラットな質感の同系色の素材を用いるとよい

【壁の空洞に断熱材を入れて音対策】

ふかし壁のニッチ棚にスピーカーなどを入れると空洞部分で共鳴が発生することがある。マンションでは近隣からのクレームにつながりかねないため、必ず断熱材を入れる

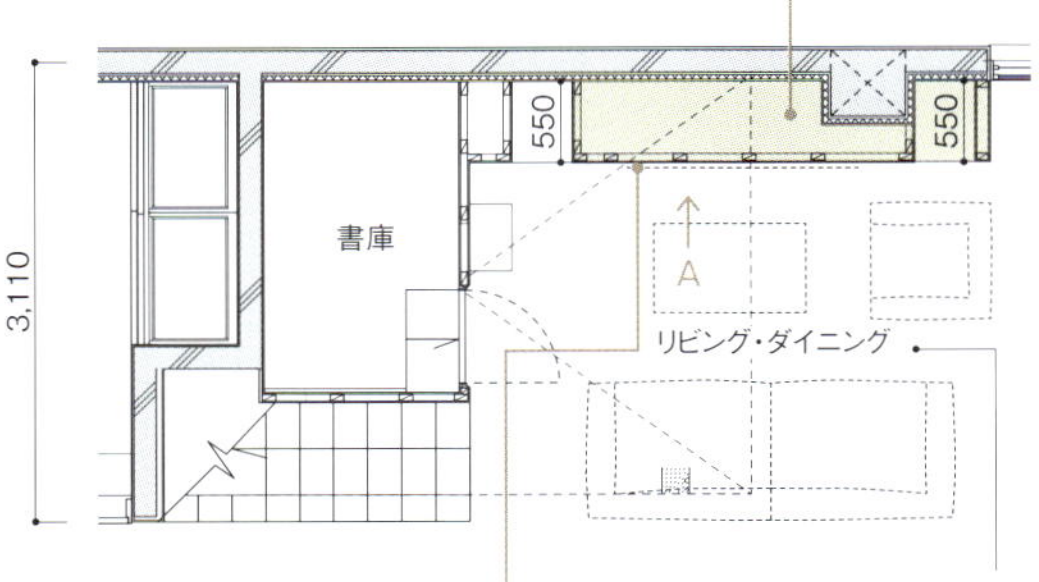

床：ブラックウォルナット
＋蜜蝋《みつろう》ワックス塗り

壁を500mm以上ふかせば、大きな機器や家具も組み込める。エアコンなどを組み込んでもよい

平面図　S＝1:100

【ニッチ棚のバランスを整える】

ニッチ棚の位置やサイズがバラバラでも、天井から棚の上端、床から棚の下端までの寸法をそろえることで、まとまりが生まれる

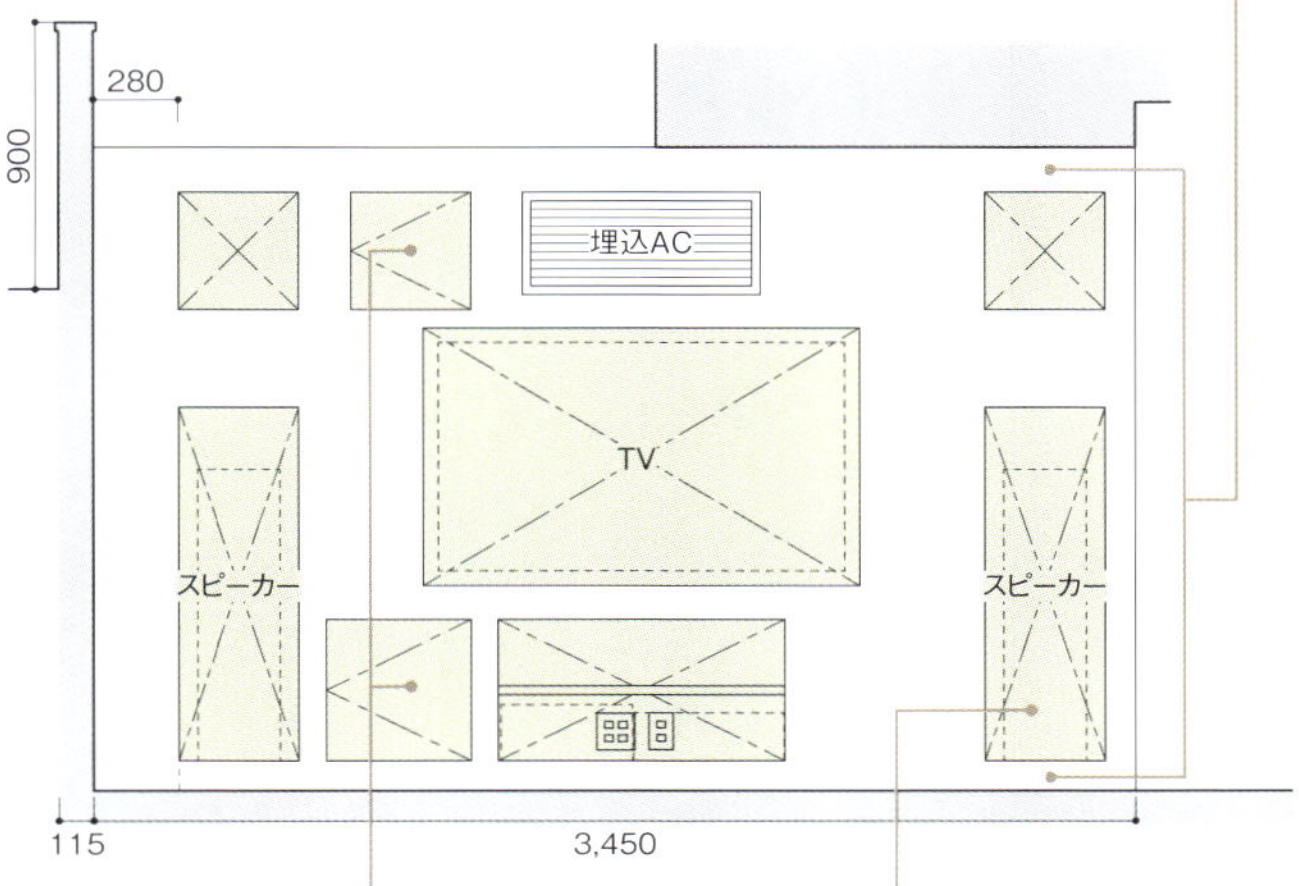

必要な収納場所を確保すると、展開のバランスが悪くなることも。バランスの悪いニッチ棚には壁と同色の扉をつけて壁面の印象を整えるとよい

設置予定の機器の寸法をしっかりと把握して、ニッチ棚にきれいに収めたい

A展開図　S＝1:50

STORAGE

16

木の壁に自然にとけこむシックな収納棚

屋内外の仕上げが連続した木板の壁にニッチ棚を設けている。ニッチ棚を美しく見せるためには、壁の色や仕上げの雰囲気とニッチが一体化していることがポイントだ。ここでは、ニッチ棚の内側を壁と同じようにベイスギにオイルステインを塗装して仕上げた。また、棚の高さを木板の幅3枚分に統一することで、木板の割付けのリズムを損なわないようにしている。

ニッチ棚（写真右側）の近くに位置する玄関の扉にも深い色味のオイルステインで塗装したベイスギを採用

【仕上げや構造材とのバランスを考慮して棚の配置を決める】

3つのニッチ棚とその上部の横長のニッチ棚は、内部開口部からの離隔寸法を350㎜に統一し、縦のラインをそろえている

棚の枠の厚さを21㎜で統一し、サイズの異なる棚にも統一感をもたせている

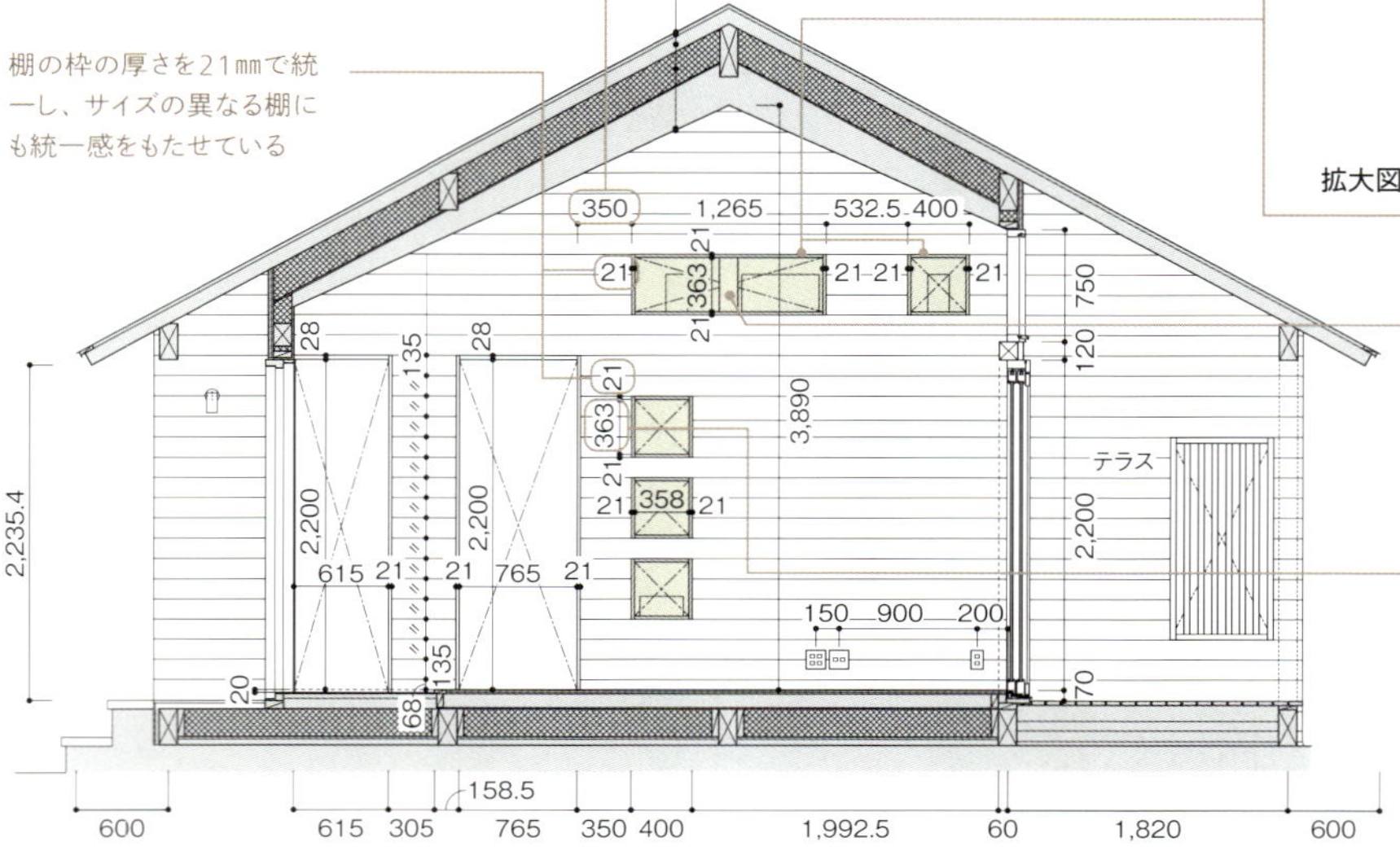
屋根:
ガルバリウム鋼板堅ハゼ葺き
アスファルトルーフィング
野地板㋐24
垂木45×90
セルロースファイバー断熱充填㋐200
石膏ボード㋐9.5
パテ処理の上、チャフウォール塗装
350
1,265
532.5
400
21
363
21
21
21
21
750
120
28
135
28
21
363
3,890
21
21
358
21
テラス
2,235.4
2,200
2,200
2,200
615
21
21
765
21
150
900
200
20
68
135
70
158.5
600
615
305
765
350
400
1,992.5
60
1,820
600

展開図　S＝1:80

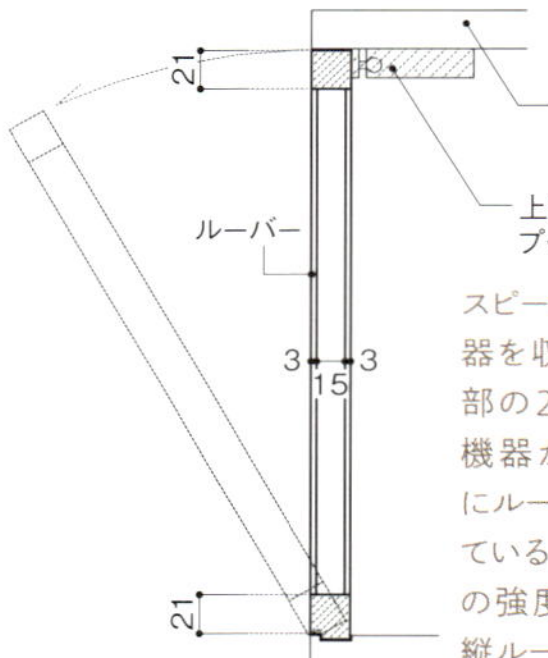
21
ルーバー
3
3
15
21
枠：
シナランバー㋐21
上部：
プッシュラッチ

拡大図　S＝1:8

スピーカーなど音響機器を収めるための上部の2つの棚には、機器が見えないようにルーバーを取り付けている。ここでは、扉の強度を考慮して、縦ルーバーとしている

棚の内側にある露しの束は、格子の隙間から見えても目立たないように、壁の仕上げと同色で塗っている

ニッチ棚の高さは板張りの板3本分の幅に合わせて、板張りの横のラインを損なわないようにしている

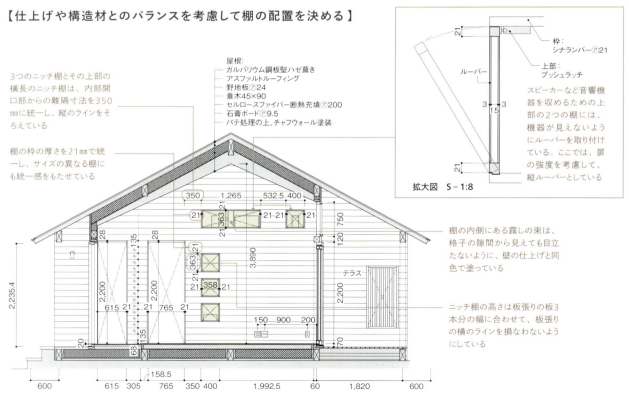

WINDOWS

8章　開口部

WINDOWS

01

窓の配置はルールを決めてバランスを整える

窓の配置は外観を整えるうえで重要な要素だが、構造躯体やプランニングの都合などによって、思いどおりの場所に設けられないことも多い。しかし、そのような場合でも、どこかに統一のルールを設けて窓を配置すれば、少々ずれが生じていても外観のバランスが崩れることはない。ここではプランの都合上、ファサードにある4つのポツ窓を立面の中心からずらして配置する必要があったが、ポツ窓の「高さ」と「間隔」を統一することで、むしろ配置のずれが外観の特徴になっている。

【等間隔に窓をあける】

LDKと子ども室の境目には梁を入れ、必要になれば間仕切壁を設けて子ども室を個室化できるようにしている

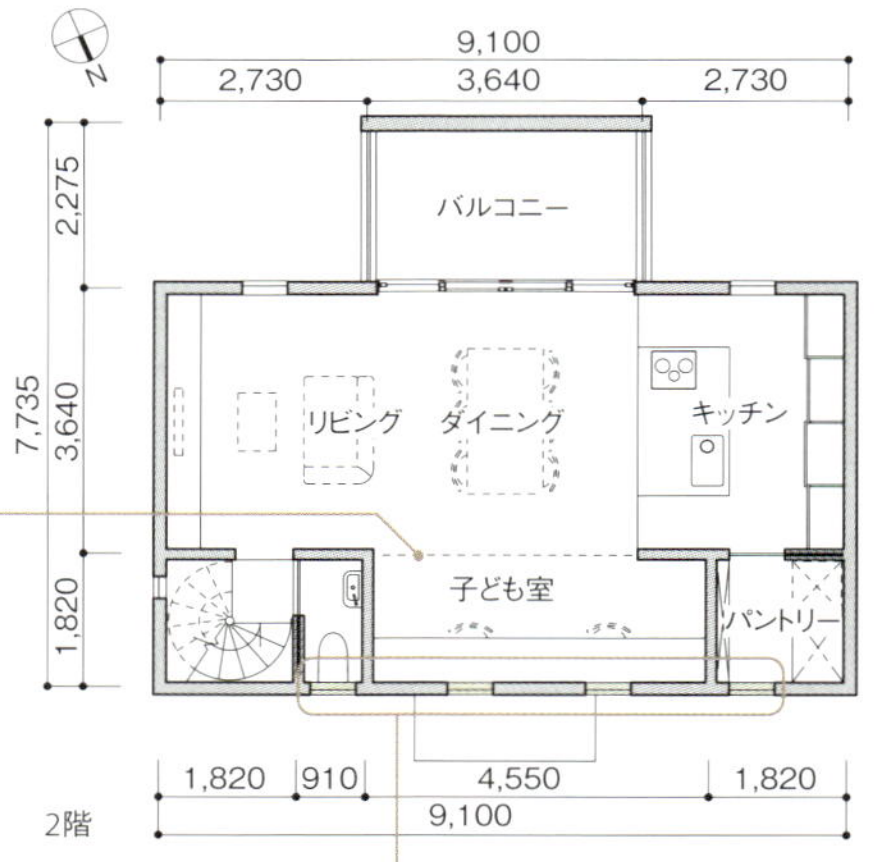

2階のLDKは、ダイニングテーブルを中心とした平面構成になっており、南面の開口部はダイニングテーブルを中心に左右対称に配置されている。一方、子ども室の窓は外から見たときに、トイレとパントリーの窓とのバランスが整うよう、LDKの中心から少しずれた位置に配置した

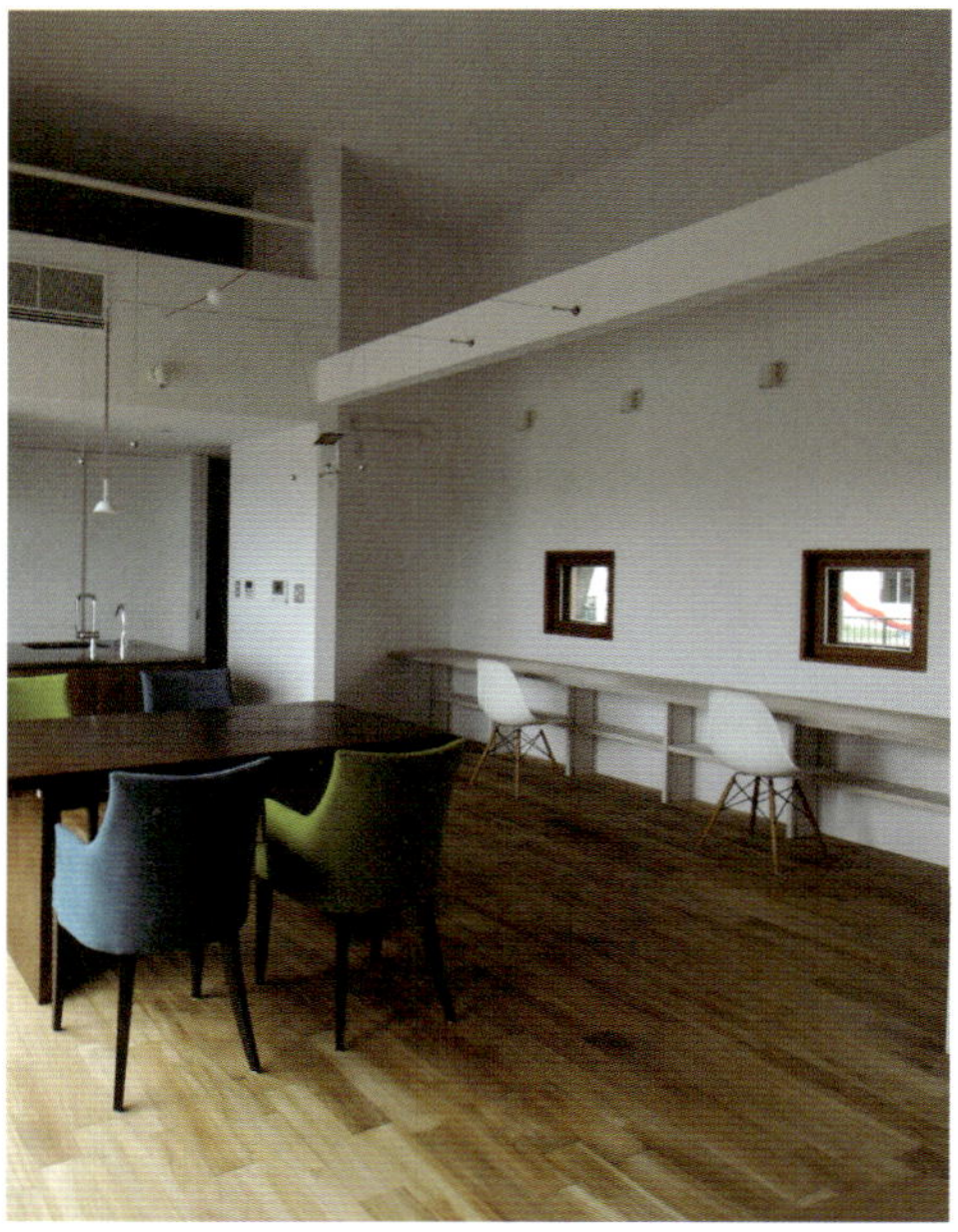

リビングから子ども室を見る。子ども室の窓の高さは、パントリーやトイレの窓の高さとそろえている。便座の蓋が開いた状態でも窓が隠れない高さは、デスク用の開口部としても丁度よい高さである

1階は、階段などプラン上の制約で玄関の位置がほぼ固定されていた。玄関は建物の中央に位置し、2階のポツ窓とは対称軸がずれている。外観のシンメトリーは少し崩れるが、建物の威圧感がやわらいだ印象になる

車2台分の駐車場がほしいという要望に応じ、植栽をはさんで2箇所に駐車できるよう計画。必要なときは、敷石部分が臨時の駐車場となる

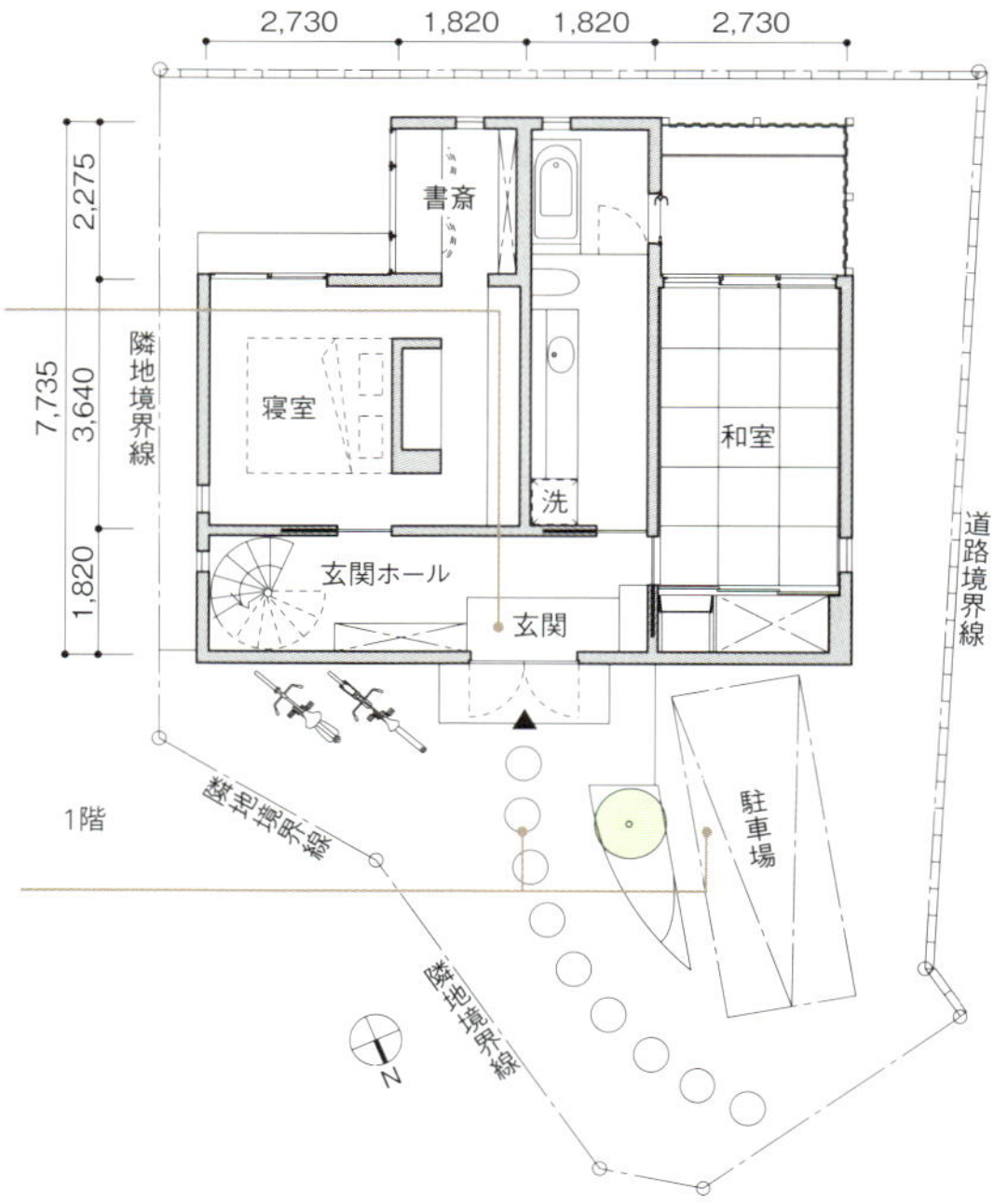

平面図　S＝1:200

【植栽も活用して外観を整える】

2階の窓の位置が中心からずれているが、植栽の配置もずらすことでバランスを調整。全体を見たときに変形敷地と響き合うようにしている

4 つのポツ窓が並ぶシンプルなファサード

WINDOWS

02

腰壁で外部の視線をコントロール

前面道路側に魅力的な景色がある敷地では、道路からの視線にも注意して開口部を設計したい。外部からの視線をコントロールしつつ、狙った場所だけを開口部で切り取るには、屋内外の目線の高さを検討したうえで、腰壁や垂壁の調整が必要となる。また、ファサードの窓は外観上のバランスも考慮したい。機能とデザインの両方から配置や大きさを決定する。

桜の景色を室内に取り込む一方、道路に面しているので、通行人の視線からプライバシーを守る必要もあった。ここでは2階の開口部の腰壁の高さ900㎜として、内部からの視界と外部からの視線の衝突を回避した

【敷地の高低差も利用する】

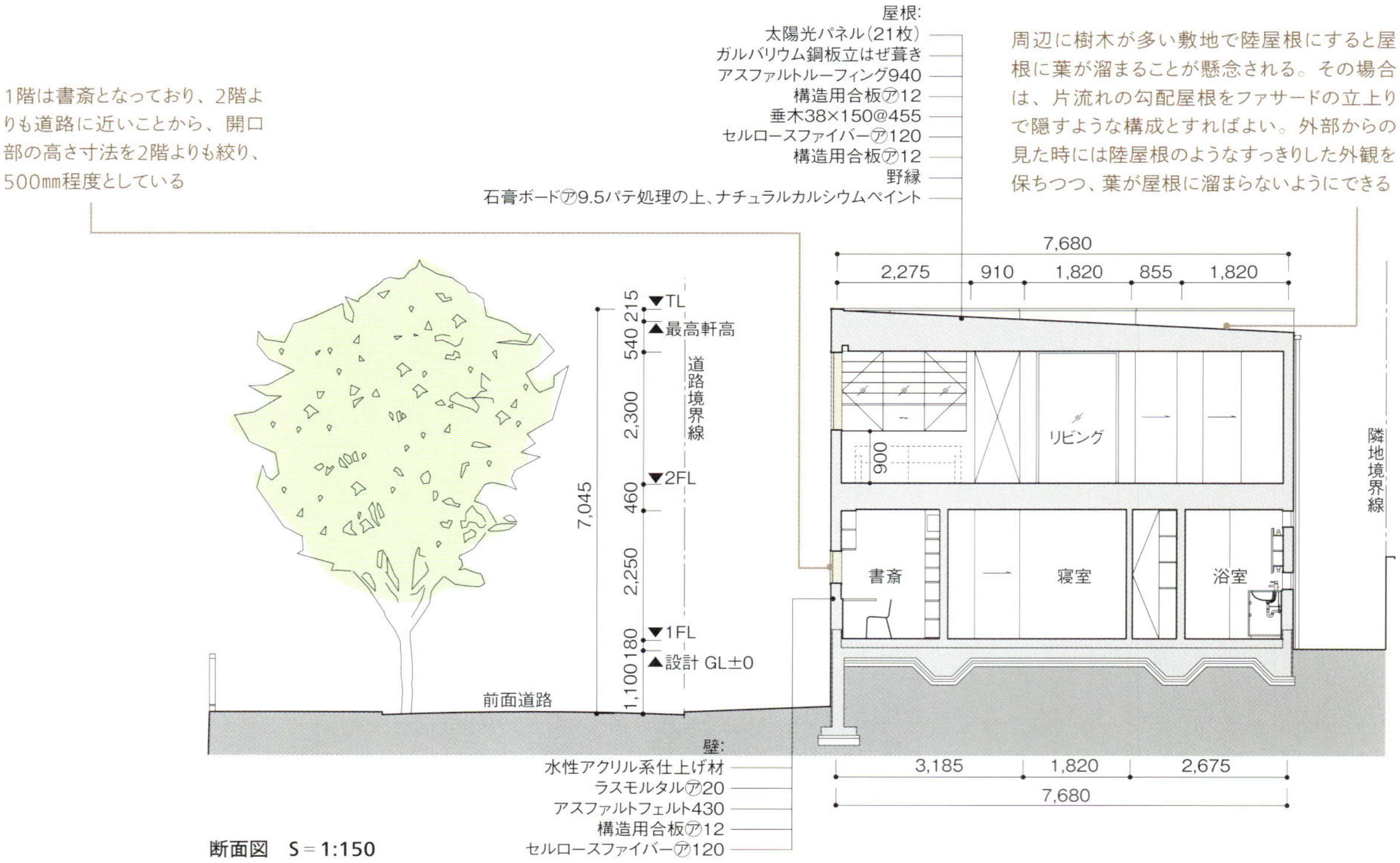

屋根:
太陽光パネル(21枚)
ガルバリウム鋼板立はぜ葺き
アスファルトルーフィング940
構造用合板㋐12
垂木38×150@455
セルロースファイバー㋐120
構造用合板㋐12
野縁
石膏ボード㋐9.5パテ処理の上、ナチュラルカルシウムペイント
1階は書斎となっており、2階よりも道路に近いことから、開口部の高さ寸法を2階よりも絞り、500㎜程度としている
周辺に樹木が多い敷地で陸屋根にすると屋根に葉が溜まることが懸念される。その場合は、片流れの勾配屋根をファサードの立上りで隠すような構成とすればよい。外部からの見た時には陸屋根のようなすっきりした外観を保ちつつ、葉が屋根に溜まらないようにできる
7,680
2,275
910
1,820
855
1,820
▼TL
▲最高軒高
道路境界線
▼2FL
▼1FL
▲設計 GL±0
215
540
2,300
460
2,250
180
1,100
7,045
900
リビング
書斎
寝室
浴室
隣地境界線
前面道路
壁:
水性アクリル系仕上げ材
ラスモルタル㋐20
アスファルトフェルト430
構造用合板㋐12
セルロースファイバー㋐120
3,185
1,820
2,675
7,680

断面図 S=1:150

WINDOWS

03

縦長のスリット窓で印象的な空間に

サッシ枠の見付け寸法が2.5㎜の「SAMOSII」（LIXIL）を用いれば、複雑な納まりを用いなくても枠の見えないすっきりとした窓に設えることができる。ここでは、前面道路に面した玄関の隅にスリット状の窓を設けている。玄関土間の奥行き感を演出するために、窓枠をできるだけ細くしてフルハイトにすることで、光を象徴的に見せた。

エントランス部分の開口部は、あえて幅175mmの細い窓のみとし、うす暗い空間に強い光が注ぐように演出した

【スリット窓の納まり】

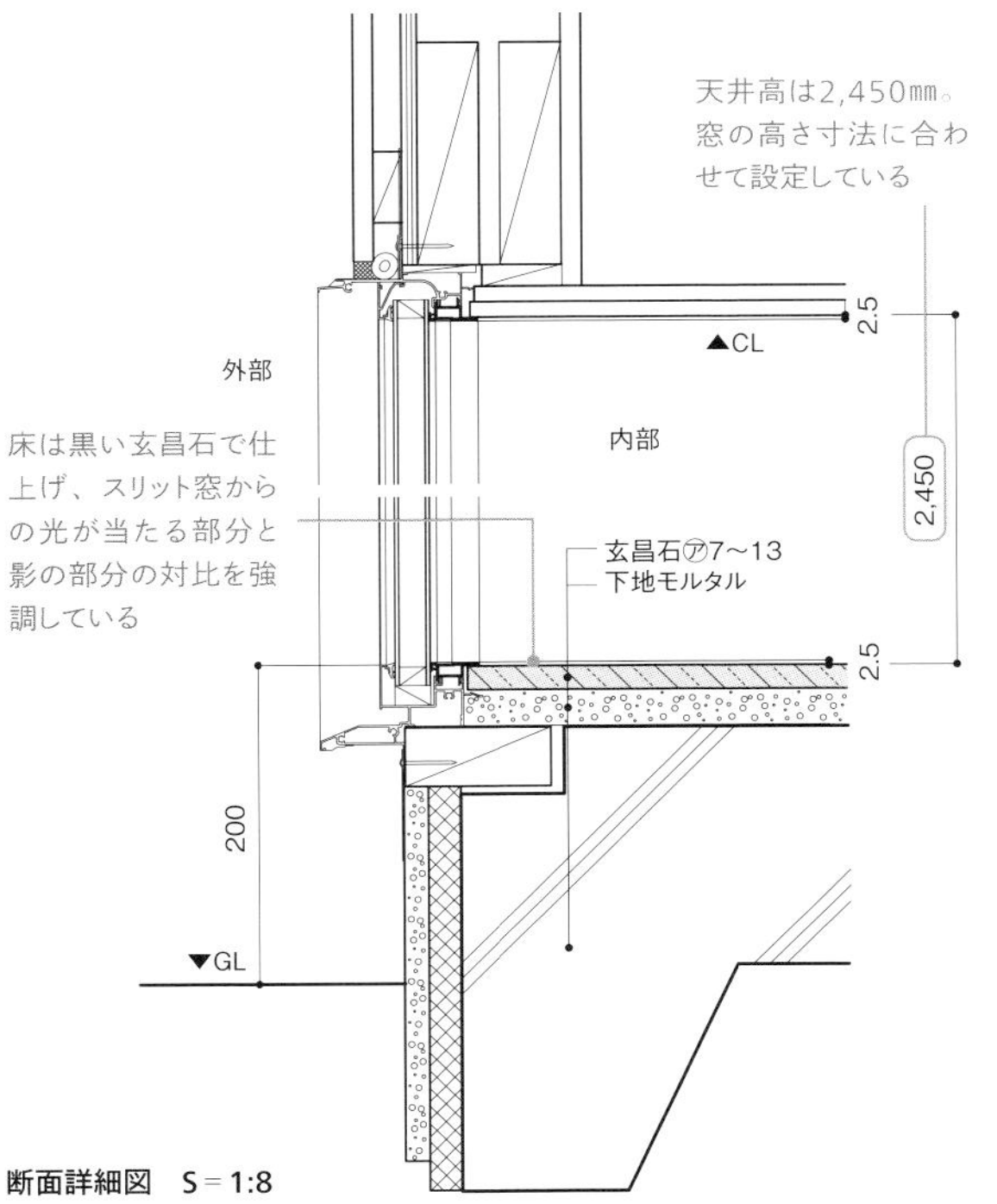

天井高は2,450㎜。窓の高さ寸法に合わせて設定している
外部
内部
▲CL
2.5
2,450
2.5
床は黒い玄昌石で仕上げ、スリット窓からの光が当たる部分と影の部分の対比を強調している
玄昌石㋐7〜13
下地モルタル
200
▼GL

断面詳細図　S＝1:8

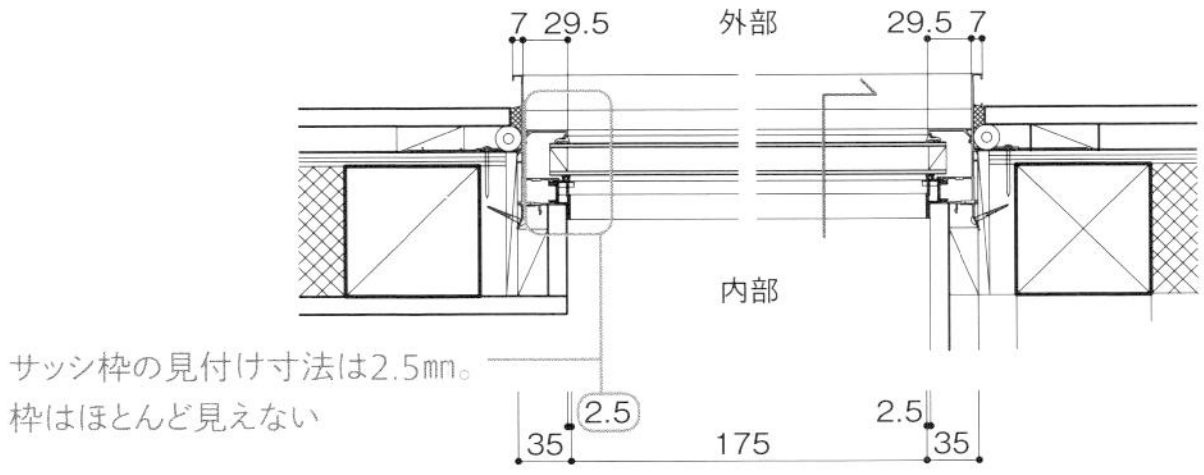

7 29.5
外部
29.5 7
内部
サッシ枠の見付け寸法は2.5㎜。枠はほとんど見えない
2.5
2.5
35
175
35

平面詳細図　S＝1:8

WINDOWS

04

周辺環境に合わせて さまざまな窓を配置する

敷地周辺の環境に応じて、それぞれの方角に異なる機能や目的をもった小さな窓を配置した住宅。この住宅は、公園が広がる敷地の西側以外は隣家が建て込んでいた。そのため、西側の公園を臨む窓はできるだけ大きくしたい。しかし、公園や前面道路からの視線にも配慮が必要なので、ここでは開口部の高さと幅を調整し、公園の樹木だけを切り取れるようにサイズを設定している。また、北面と東面の開口部は、3600㎜の天井高を生かしたハイサイドライトとすることで、採光と視線の抜けを得ている。

【配置も形も大きさも目的次第】

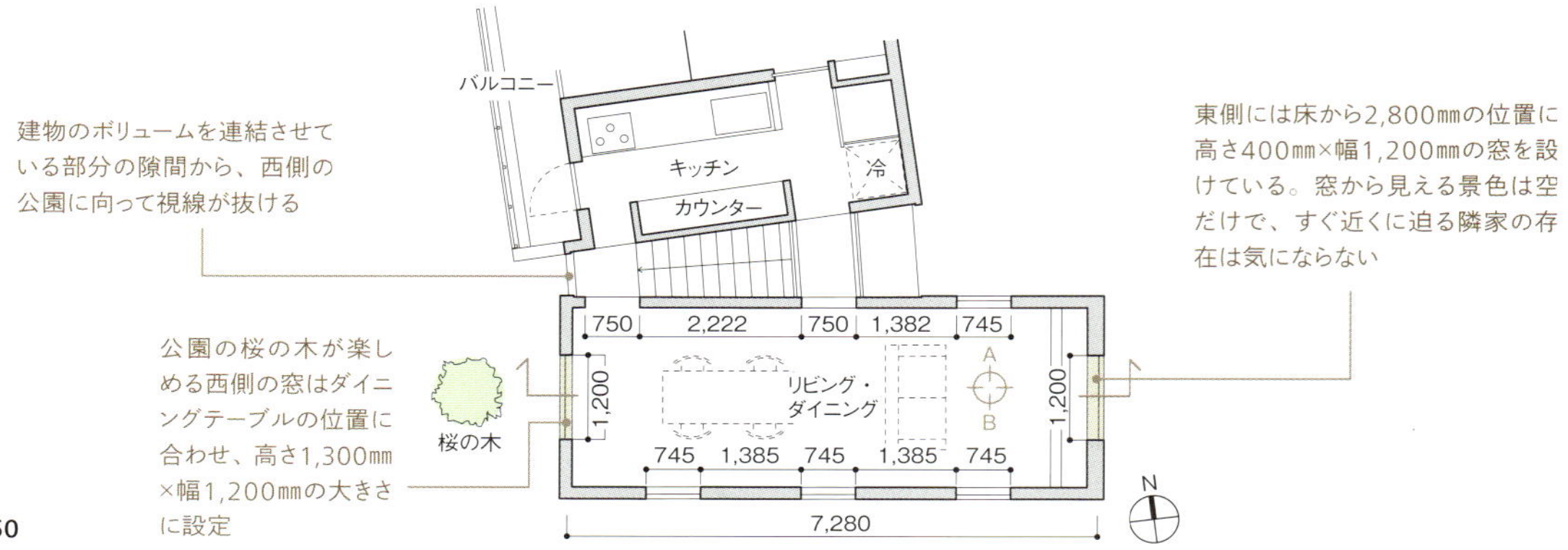
バルコニー
キッチン
冷
カウンター
リビング・
ダイニング
桜の木
建物のボリュームを連結させている部分の隙間から、西側の公園に向って視線が抜ける
東側には床から2,800㎜の位置に高さ400㎜×幅1,200㎜の窓を設けている。窓から見える景色は空だけで、すぐ近くに迫る隣家の存在は気にならない
公園の桜の木が楽しめる西側の窓はダイニングテーブルの位置に合わせ、高さ1,300㎜×幅1,200㎜の大きさに設定
7,280

2階平面図　S＝1:150

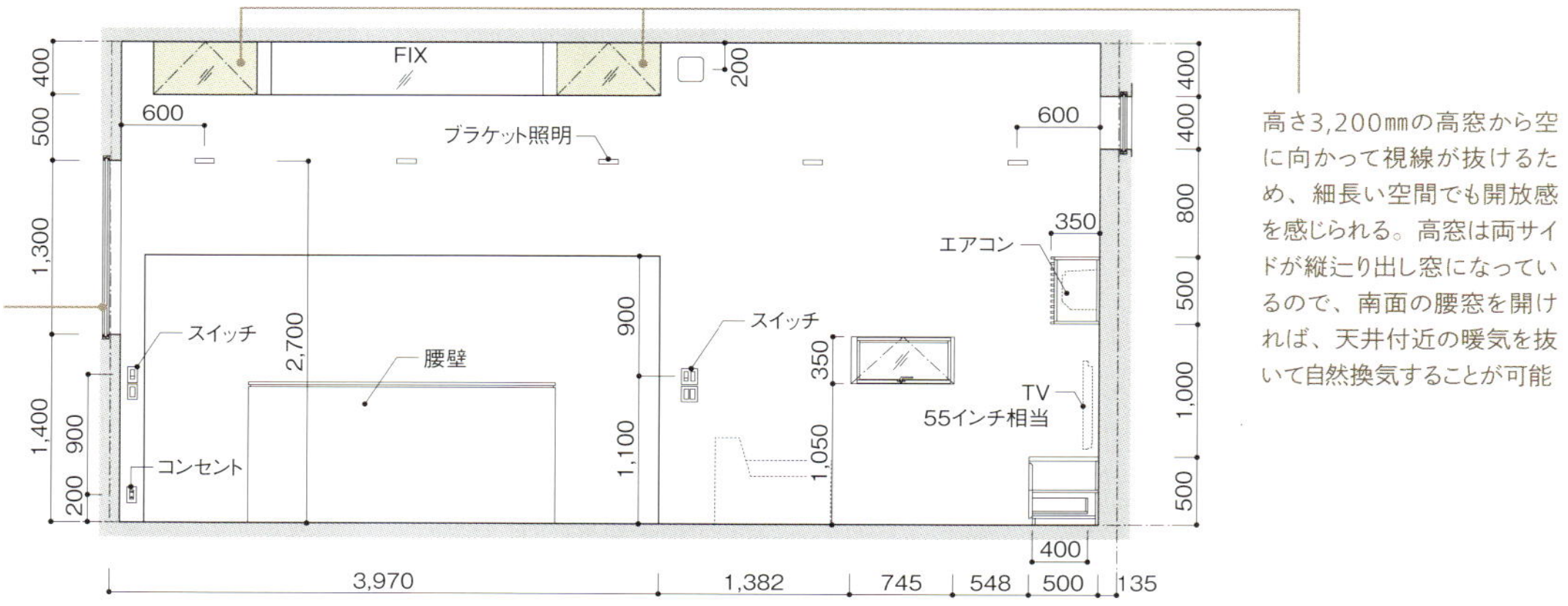
FIX
ブラケット照明
エアコン
スイッチ
腰壁
コンセント
TV
55インチ相当
美しい景色を望める西側には大きなFIX窓を設置。窓枠を隠す納まり[125頁参照]にして景色を印象的に切り取る
高さ3,200㎜の高窓から空に向かって視線が抜けるため、細長い空間でも開放感を感じられる。高窓は両サイドが縦辷り出し窓になっているので、南面の腰窓を開ければ、天井付近の暖気を抜いて自然換気することが可能

A展開図　S＝1:80

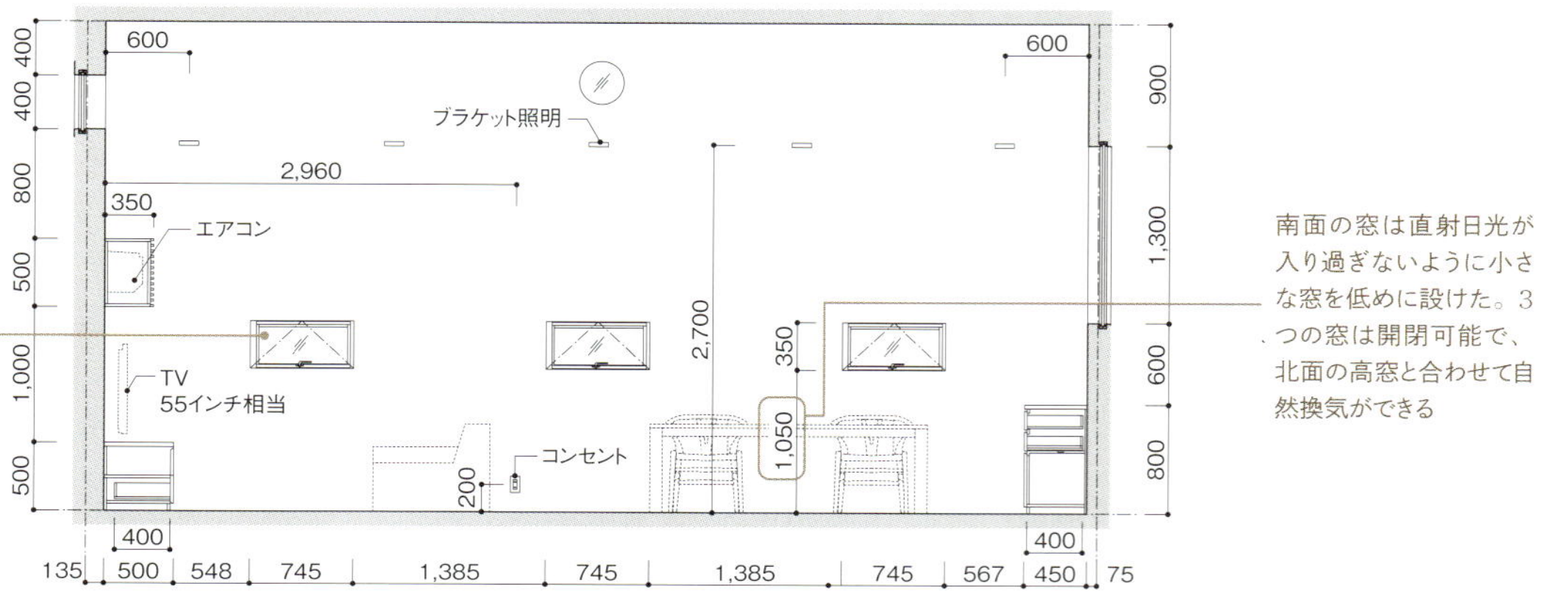
ブラケット照明
エアコン
TV
55インチ相当
コンセント
椅子に座ったときに丁度よい高さに設定
南面の窓は直射日光が入り過ぎないように小さな窓を低めに設けた。3つの窓は開閉可能で、北面の高窓と合わせて自然換気ができる

B展開図　S＝1:80

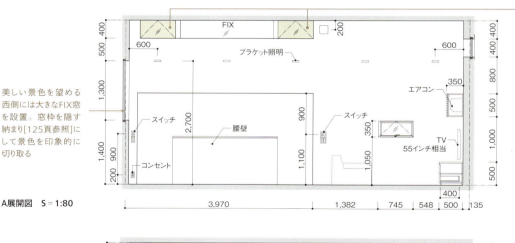

西側を見る。南側の壁（写真左側）には床から3,000㎜の高さに丸窓を設けた。日時計のように季節や時刻で日差しが移動する

WINDOWS

05

ひとつの中庭を
複数の部屋で共有する

ひとつの庭を複数の部屋から眺められるプランニングにすると、庭を介して部屋どうしで視線が交錯し、プライバシーが損なわれる可能性がある。水廻りに面した庭の場合は、特に注意が必要だ。しかし、開口部のあけ方を工夫して視線の方向を操作すれば、共有の庭が各部屋専用の庭であるかのように感じられる。また、どの窓から眺めても緑がきれいに見えるよう、植栽の配置を工夫することも大切。美しい緑は、空間に落ち着きをもたらす魅力的な要素となる。

【玄関・トイレ・浴室とつながる中庭】

アイストップとなる壁面を設け、両脇に開口部を配して玄関土間の閉塞感を解消する。開口部はスリット状にすることで、中庭の緑を見せながら、トイレ・浴室への視線を遮断。スリットの幅は、図面に視線方向の線を描いて調整し、決めるとよい

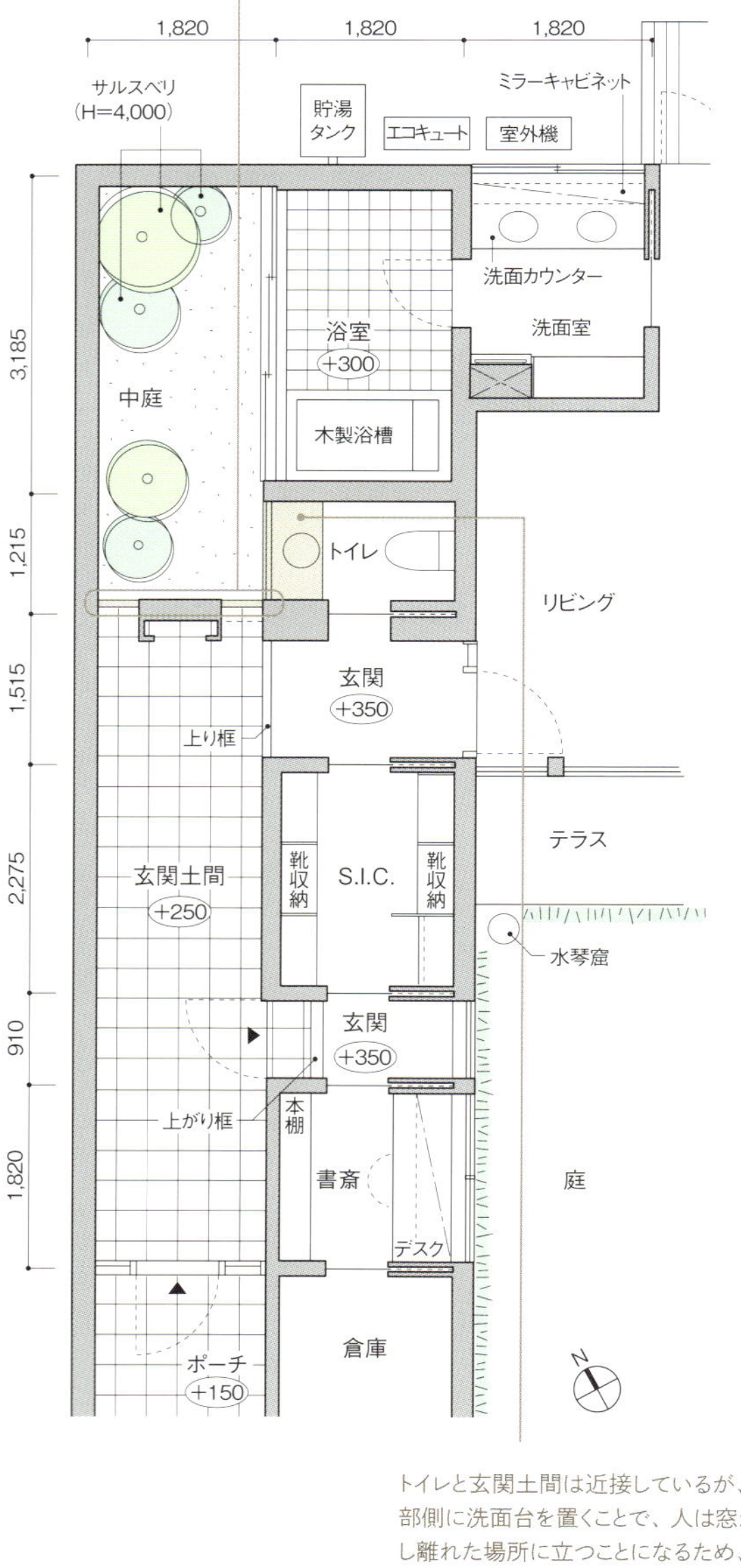

トイレと玄関土間は近接しているが、開口部側に洗面台を置くことで、人は窓から少し離れた場所に立つことになるため、玄関土間側と視線が交わらない

1階平面図　S＝1:100

上：トイレから中庭を見る。左脇にある玄関土間の開口部の存在は感じられず、落ち着いた空間となる。｜下：浴室から中庭を見る。他室からの視線を気にしないで済むため、中庭に面して開口部を大きくあけられる。黒い外壁に植栽の緑が美しく映える

玄関土間から中庭を見る。正面の壁は住まい手が製作した照明付きのオブジェで、アイストップになっているため、右側奥に見えるサッシ枠は気にならない

WINDOWS

06

プライバシーを守りながら中庭に大きく開く

敷地周辺から屋内への視線を遮りつつ、開放感を得るには中庭を設けるとよい。建物の外周に通風や採光のための小さな窓しか設けられない場合は、庭に面する開口部をできるだけ大きく開きたい。この住宅は、外から見ると窓が見当たらないが、内部は大きな掃出し窓で庭と室内をつなぎ、ワンルームのように開放的な空間をつくりだしている。

中庭と1階の床仕上げを玄昌石で統一することで、内と外の境界は一層曖昧になる。中庭を含めた空間が大きなワンルームとなって、広々した開放感が得られる

【玄関と廊下でボリュームをつなぐ】

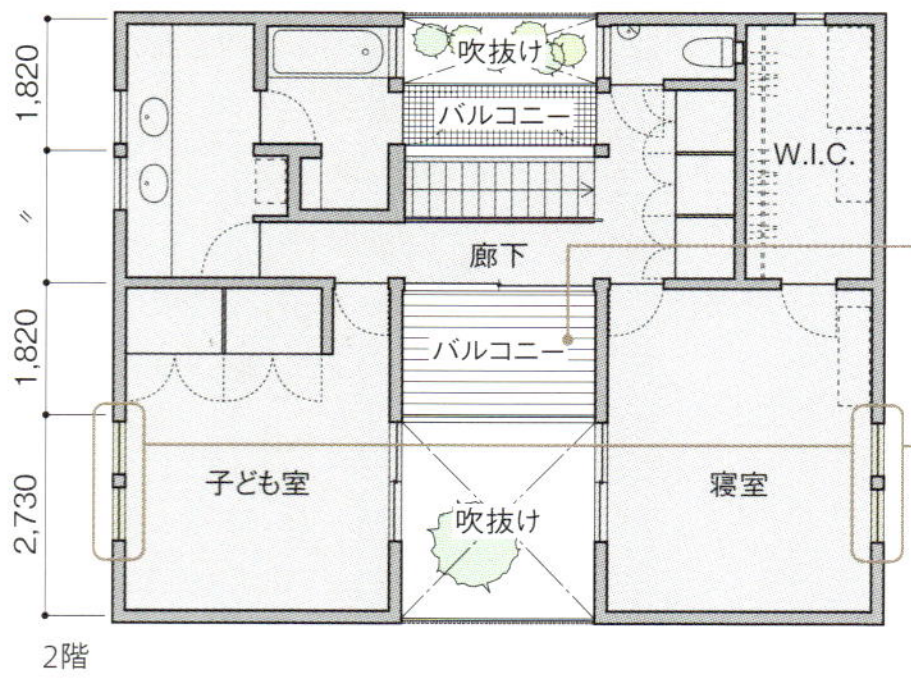

2階バルコニーは上部に庇を設け、隣地に建つ高層マンションからの視線を遮っている

南北面には通風用の開口部を設けて、快適な室内環境を維持する

南東面は開口部がないかのように見えるが、ルーバーの奥にある中庭から居室内に光と風を取り入れている

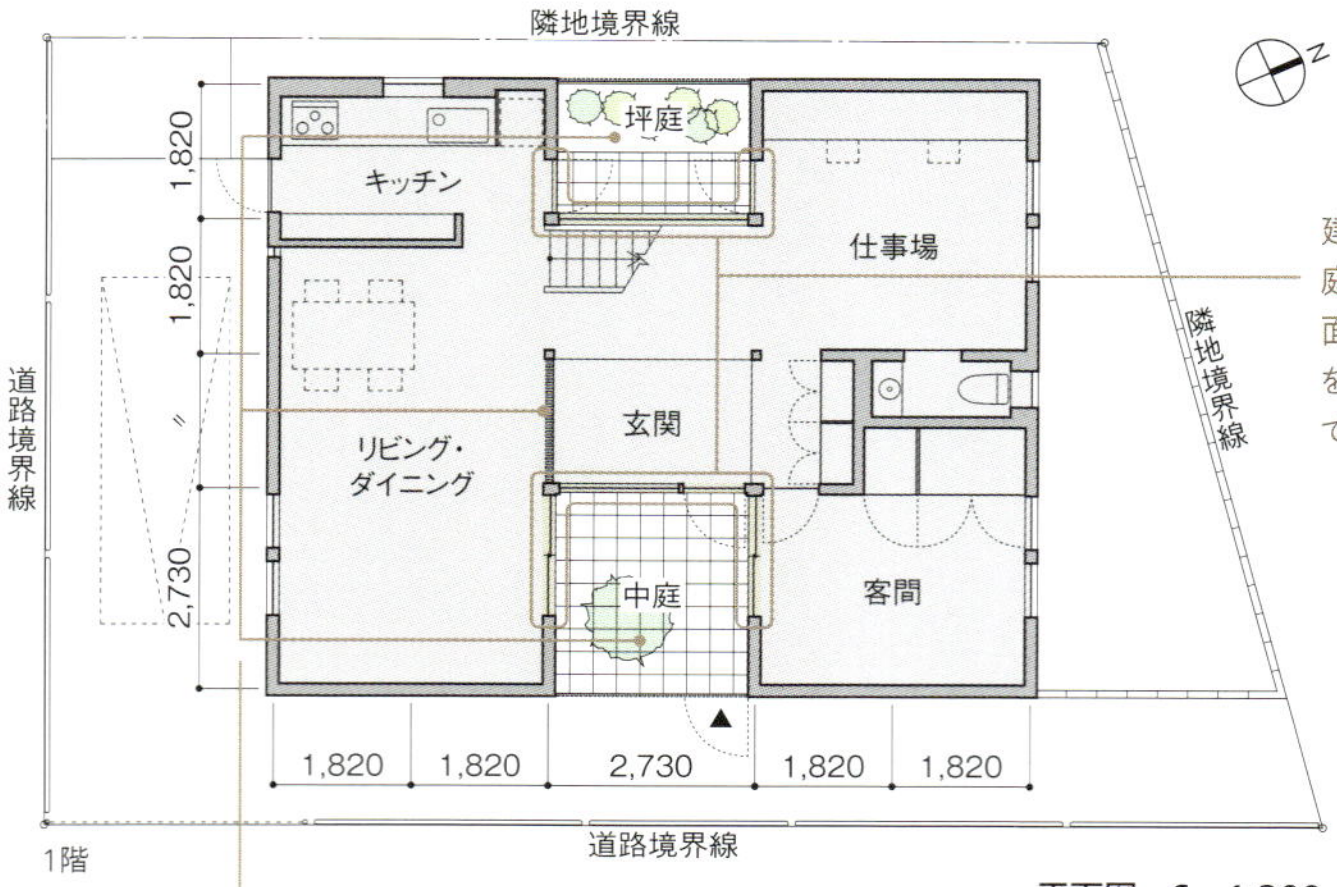

建物の中央に、中庭と坪庭の両方に面した大きな開口部を設け、建物の奥まで明るくしている

1階のワンルームプランの空間を中庭や坪庭、格子の間仕切などで緩やかに間仕切っている

平面図　S＝1:200

【中庭から建物全体に光が入る】

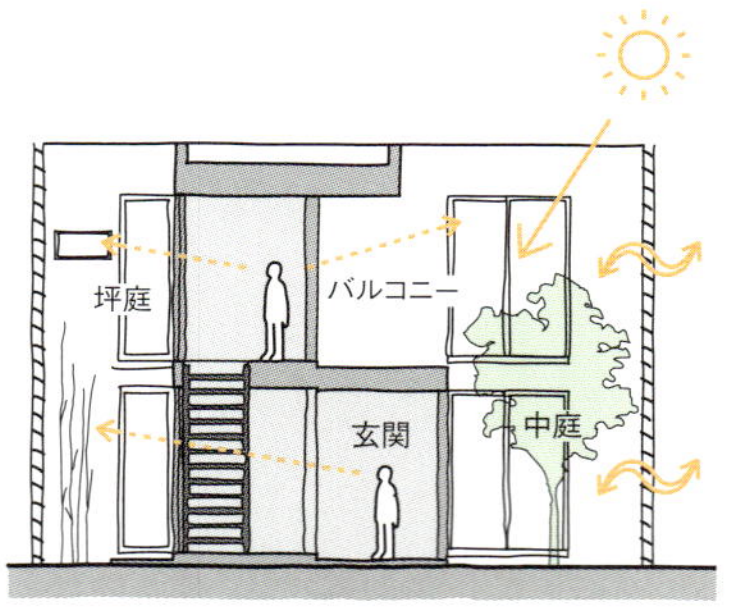

2つの中庭に挟まれた位置に玄関を配置することで、建物内に入っても明るく開放感のある空間となる

WINDOWS

07

室内から窓枠が見えないシンプルな開口部

既製品のサッシであっても、窓枠がほとんど視界に入らない設えにすれば、室内から眺める窓の佇まいを美しく見せられる。ここでは、既製品のFIX窓（外付け）のサッシや窓枠が、室内側から一切見えない納まりとした。壁面仕上げに採用した石膏ボードで窓の4辺を包み込み、ガラス面に仕上げが直接当たるように納めている。壁に穴があいているかのようなシンプルな窓は、何気ない屋外の風景を印象的に切り取ってくれる。

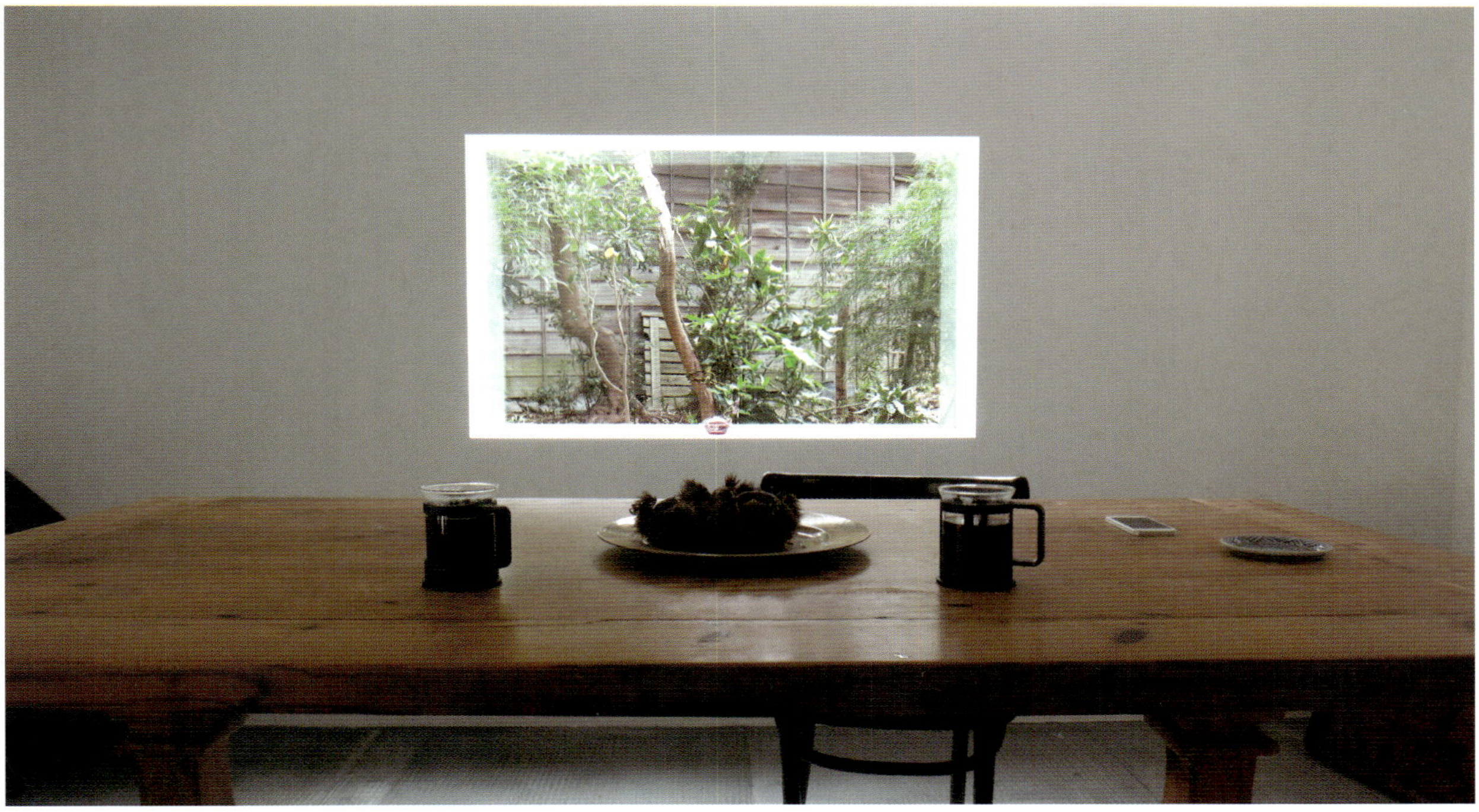

窓枠の見込みにも壁面と同じ白い塗装を施している

【窓枠の小口はガラスに当てる】

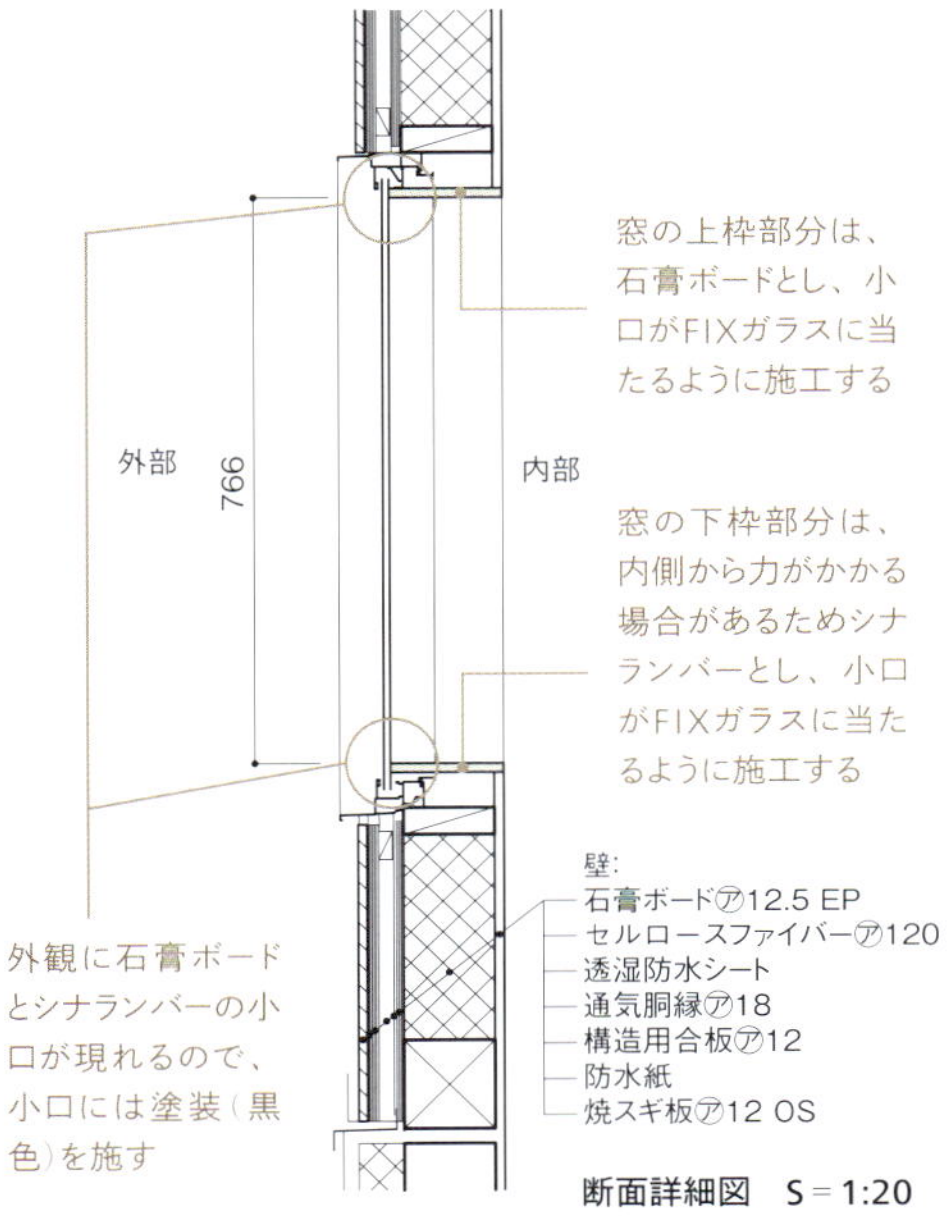
外部
766
内部
窓の上枠部分は、石膏ボードとし、小口がFIXガラスに当たるように施工する
窓の下枠部分は、内側から力がかかる場合があるためシナランバーとし、小口がFIXガラスに当たるように施工する
外観に石膏ボードとシナランバーの小口が現れるので、小口には塗装（黒色）を施す
壁:
石膏ボード㋐12.5 EP
セルロースファイバー㋐120
透湿防水シート
通気胴縁㋐18
構造用合板㋐12
防水紙
焼スギ板㋐12 OS

断面詳細図　S＝1:20

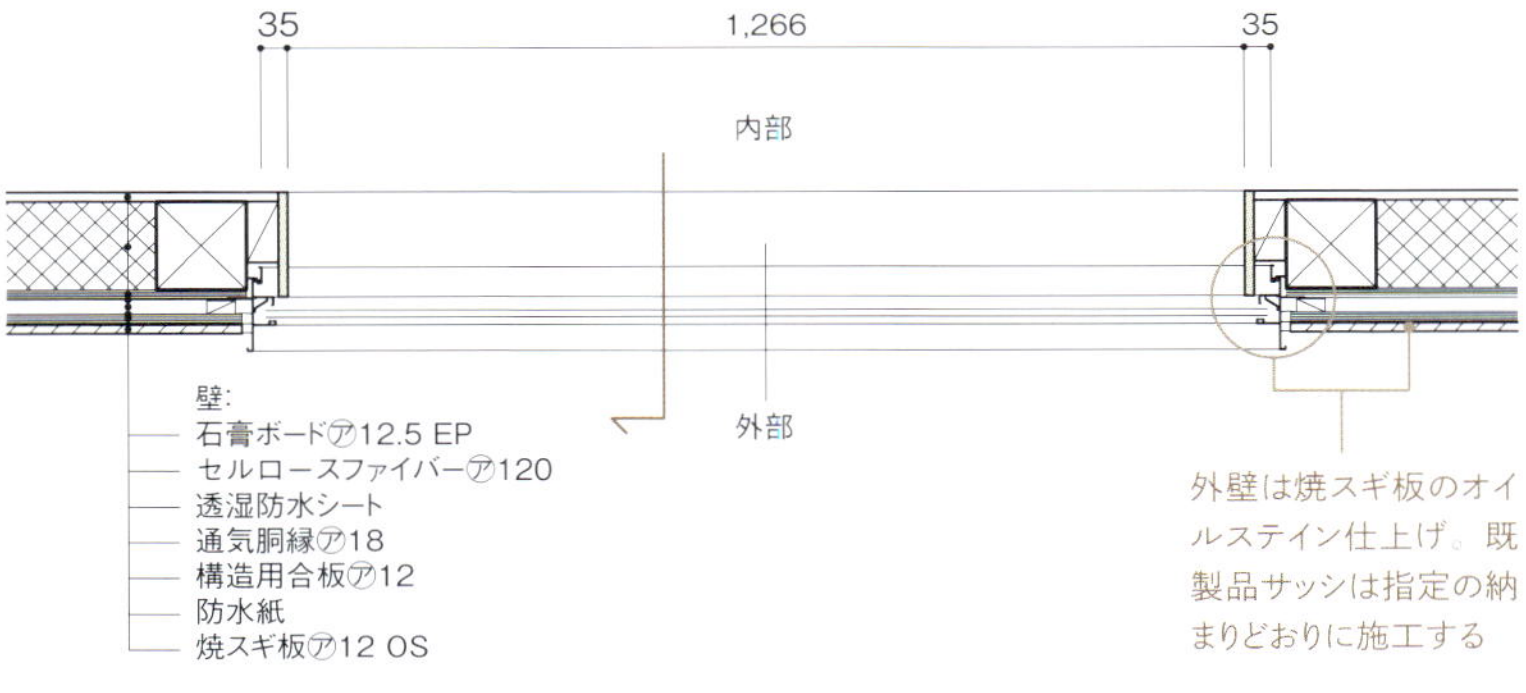
35
1,266
35
内部
外部
壁:
石膏ボード㋐12.5 EP
セルロースファイバー㋐120
透湿防水シート
通気胴縁㋐18
構造用合板㋐12
防水紙
焼スギ板㋐12 OS
外壁は焼スギ板のオイルステイン仕上げ。既製品サッシは指定の納まりどおりに施工する

平面詳細図　S＝1:20

WINDOWS

08

落ち着いた眺望を叶える窓のデザイン

開口部の枠そのものを空間のアクセントにするという方法もある。築100年の木造住宅の2階全体をリノベーションしたこの住宅では、敷地の北側を流れる川に向かって掃出しの連窓を設けている。存在感のある木製建具を黒く塗り、重厚感のあるスチールサッシのような窓廻りを演出することで、視線の抜けと適度な囲われ感を両立した窓辺をつくった。

バルコニーにつながる窓は、枠や桟を黒く塗ってフレームを強調している。外を眺める際、窓枠の輪郭が目立つため、バルコニーの左側に設置されたエアコンの室外機が視界のノイズになりにくい

【ダイニングとバルコニーをつなぐ掃出し窓】

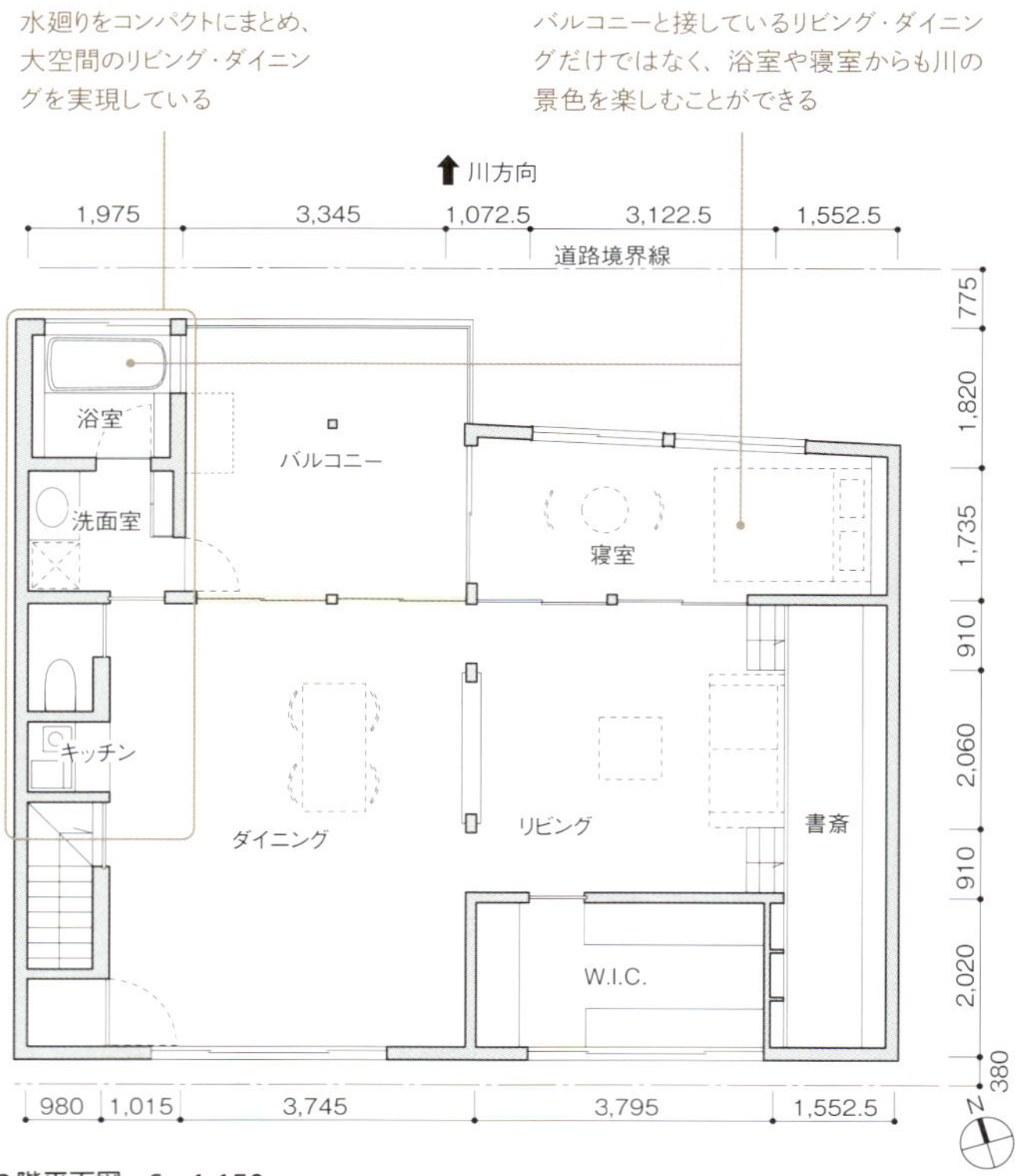
水廻りをコンパクトにまとめ、大空間のリビング・ダイニングを実現している
バルコニーと接しているリビング・ダイニングだけではなく、浴室や寝室からも川の景色を楽しむことができる
川方向
1,975
3,345
1,072.5
3,122.5
1,552.5
道路境界線
775
1,820
1,735
910
2,060
910
2,020
380
浴室
洗面室
バルコニー
寝室
キッチン
ダイニング
リビング
書斎
W.I.C.
980
1,015
3,745
3,795
1,552.5
N

2階平面図　S＝1:150

改修する際に残した2本の柱を、空間を区切るパーティションとし、空間を見通せるようにした。下部にテレビアンテナとコンセントを設置しているので、テレビ台としても機能する

BALCONY

9章　バルコニー

BALCONY

01

四畳半のバルコニーをアウトドアリビングに

敷地の東側にある緑地の風景を最大限に生かすため、2階に広さ四畳半の深い軒に覆われたバルコニーを設けた。北側の隣地境界線沿いにはフェンスが設置されていたので、視界が十分に開ける2階から眺望を得るプランニングとしている。また、緑地に向って大きく開くことで、リビングやダイニングからも屋外の緑を楽しむことができる。

東側に設置されたバルコニー。軒の出が深いので雨の日でもくつろげる

【バルコニーは四畳半あればゆったり座れる】

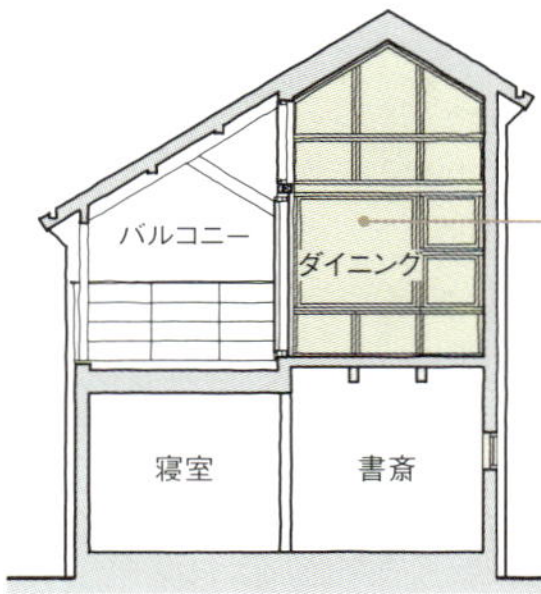

北側斜線をめいっぱいに使った切妻屋根とし、東側に向かって大きな屋根なりの開口部を設けた

2階に約四畳半のバルコニーを設け、細長い敷地の短辺が緑地に面する土地条件を生かした。1階からは隣地境界のフェンスが目に入ってしまうため、2階からの眺めに重きを置いている

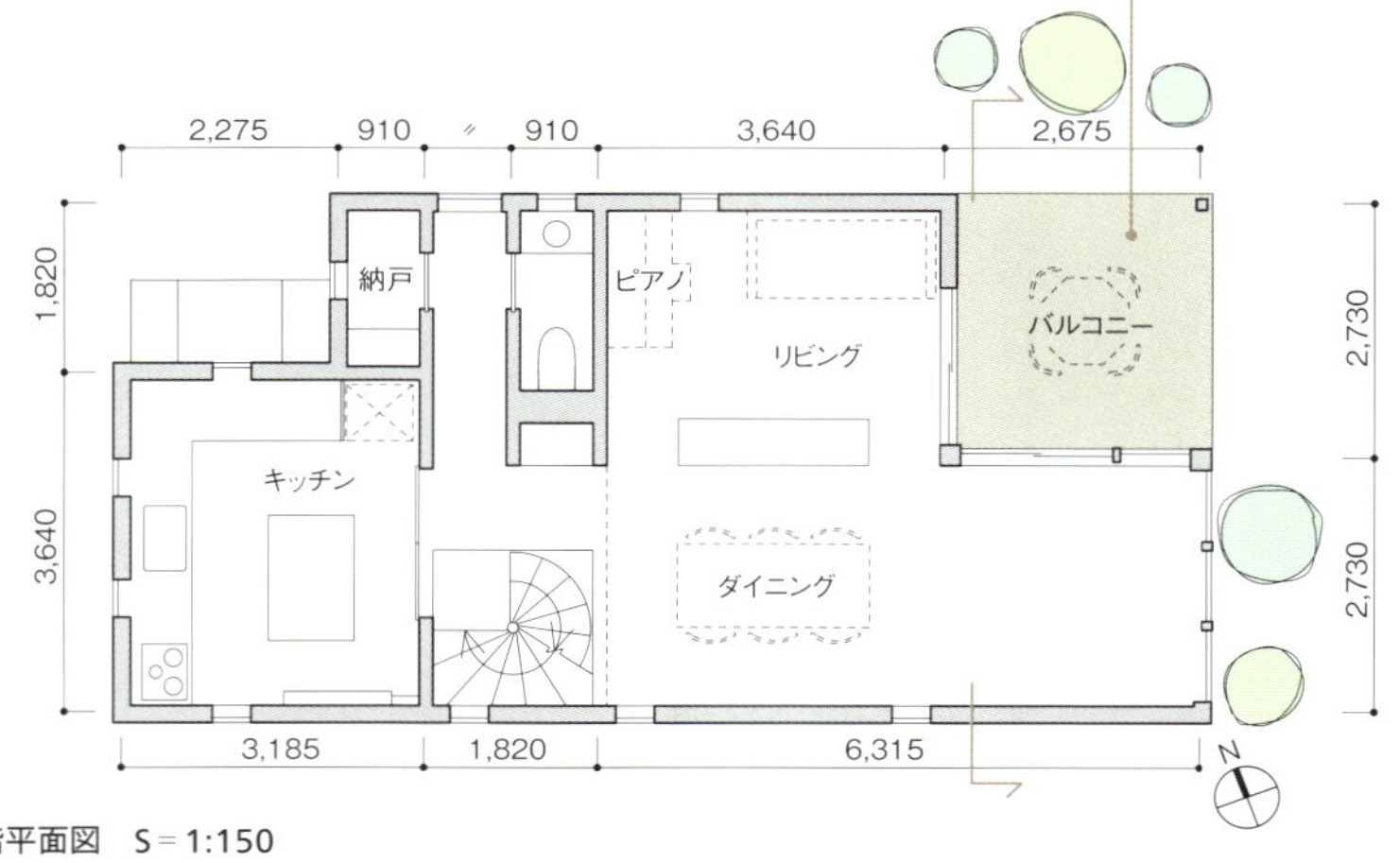

2階平面図　S＝1:150

螺旋階段からの眺め。リビングやダイニングはもちろん、キッチンや階段からも外の風景が楽しめる

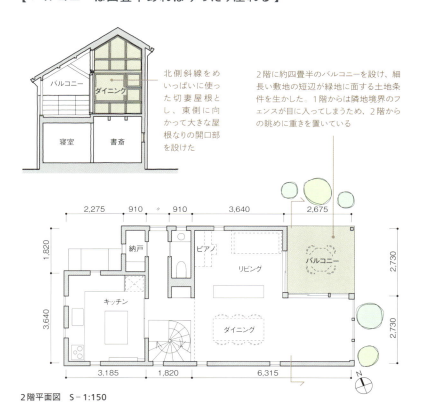

ダイニングとバルコニーを一体に感じさせるために、
キッチンカウンターはベランダまで延長している

BALCONY

02

室内と自然につながる開放的なバルコニー

敷地の南側に広がる公園の緑を計画に取り入れた住宅。1階に大きな開口を設けると屋内のプライバシーの確保が難しくなるため、バルコニーに面する開放的なリビング・ダイニングを2階に配置して眺望を確保した。バルコニーまで跳ね出したキッチンカウンターを設け、屋外でも食事やお茶を楽しめるようにしている。これにより、屋内外に一体感をもたせた。

【キッチンカウンターをバルコニーに延長】

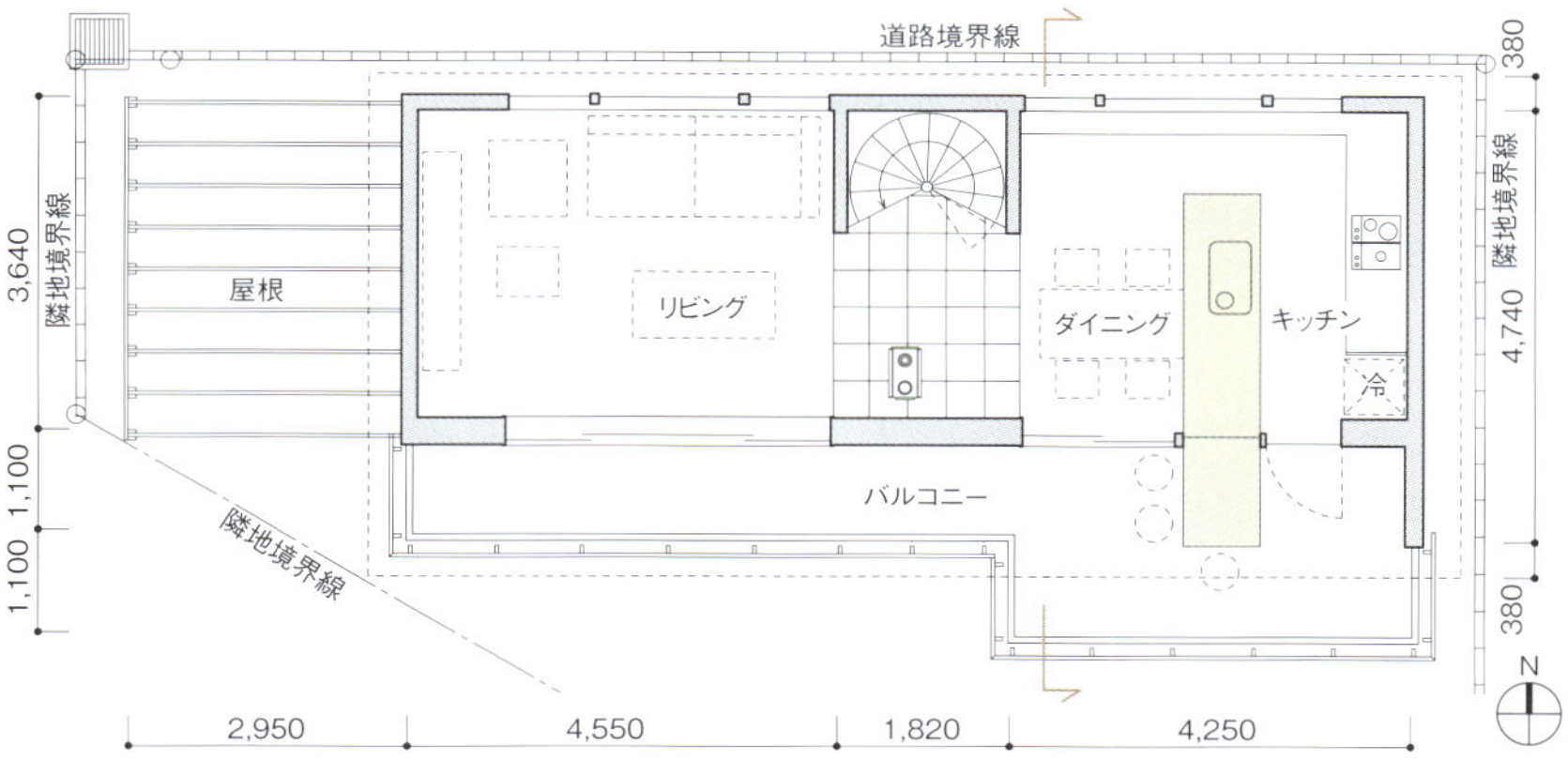

2階平面図　S＝1:150

南側の庭からバルコニーを見上げる。手摺の横ルーバーと庭の植栽によって、バルコニーと屋内への視線が程よく遮られる

【ルーバー手摺で視線をカット】

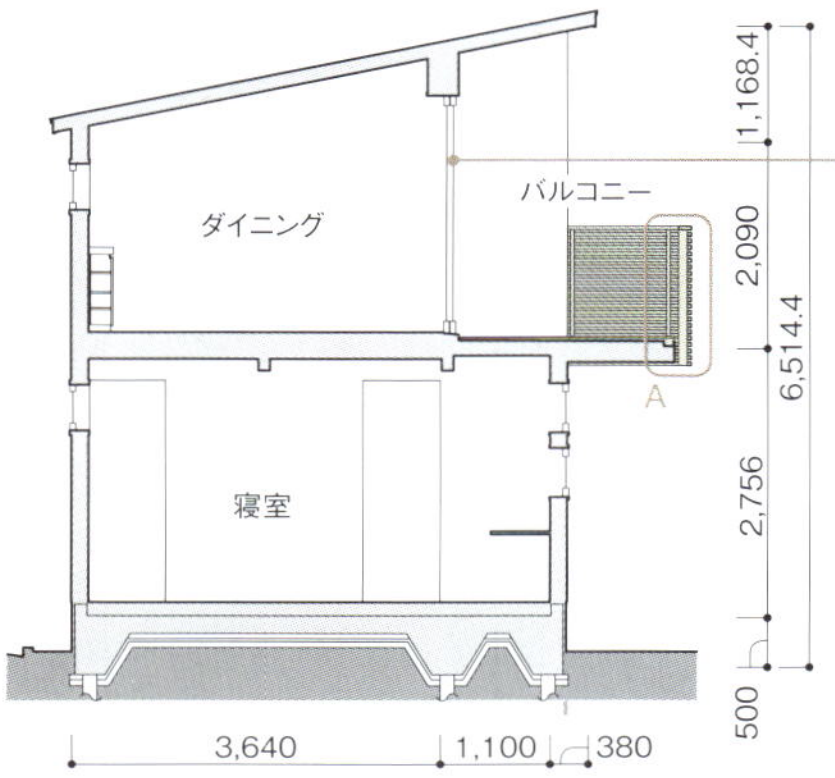

南側の公園に開いた屋根形状とし、開放感を演出している

断面図　S＝1:150

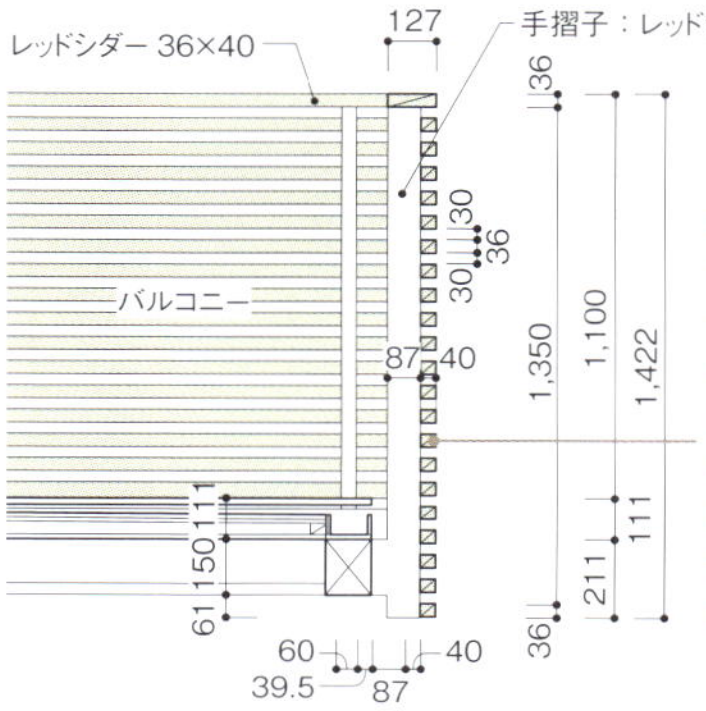

公園にいる人の見上げの視線をカットするため、横ルーバーとしている。縦ルーバーでは下から見上げた際に部材が重ならないので、家の中の様子が見えてしまうからだ。角材に近い木材を30㎜間隔で手摺子に取り付けた

A断面詳細図　S＝1:40

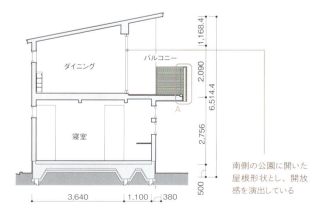

BALCONY

03

バルコニーを大きく跳ね出して景色に近づける

2階に大きく跳ね出したバルコニーを設け、高い視点から景色を楽しめるようにしている。山あいの斜面地に建てられているため、伏流水［※］の少ない尾根付近を選び、下階を小さく計画した。高床にすることで居室の湿気を防いでいる。ここでは、景観のよい斜面に向って大きくバルコニーを跳ね出し、深い軒で覆った。跳ね出したバルコニーの床と軒によって、狙った景色だけを切り取っている。

【高床式にして湿気から逃げる】

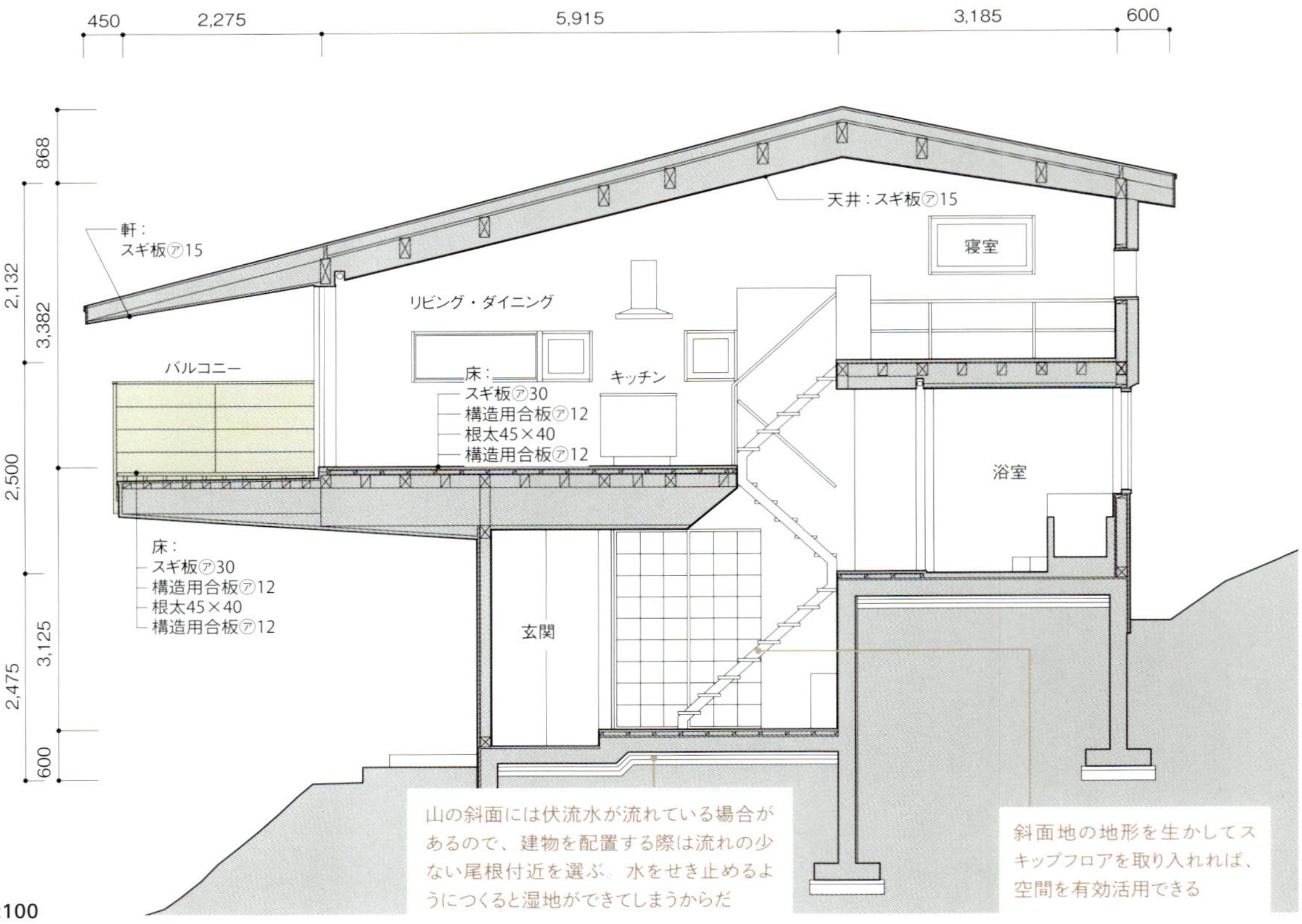
450
2,275
5,915
3,185
600
868
2,132
3,382
2,500
3,125
2,475
600
軒：
スギ板㋐15
天井：スギ板㋐15
寝室
リビング・ダイニング
バルコニー
キッチン
床：
スギ板㋐30
構造用合板㋐12
根太45×40
構造用合板㋐12
浴室
床：
スギ板㋐30
構造用合板㋐12
根太45×40
構造用合板㋐12
玄関
山の斜面には伏流水が流れている場合があるので、建物を配置する際は流れの少ない尾根付近を選ぶ。水をせき止めるようにつくると湿地ができてしまうからだ
斜面地の地形を生かしてスキップフロアを取り入れれば、空間を有効活用できる

断面図　S＝1:100

【キッチンや寝室からも緑を楽しむ】

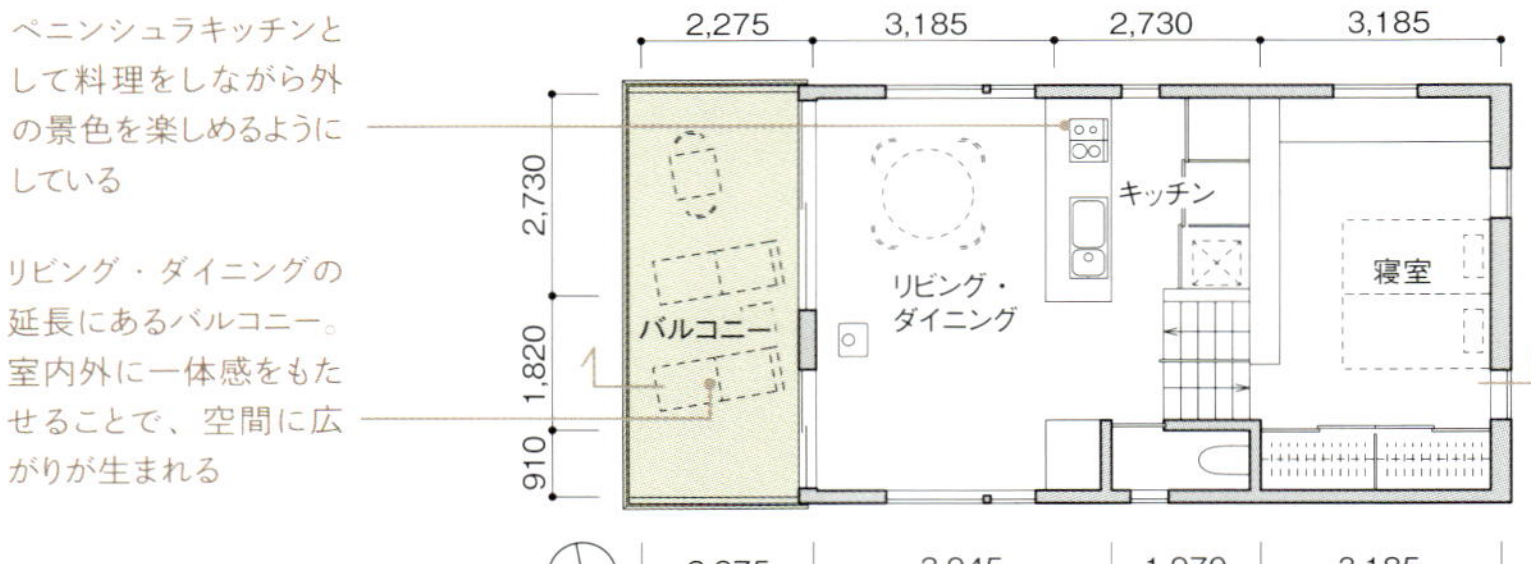
ペニンシュラキッチンとして料理をしながら外の景色を楽しめるようにしている
リビング・ダイニングの延長にあるバルコニー。室内外に一体感をもたせることで、空間に広がりが生まれる
2,275
3,185
2,730
3,185
2,730
1,820
910
キッチン
寝室
リビング・ダイニング
バルコニー
N
2,275
3,945
1,970
3,185

2階平面図　S＝1:200

※ 河川敷や山麓の下層にある砂礫層《されきそう》（荒い砂を含んだ層）を流れる、極めて浅い地下水のこと

【1階は面積を小さく】

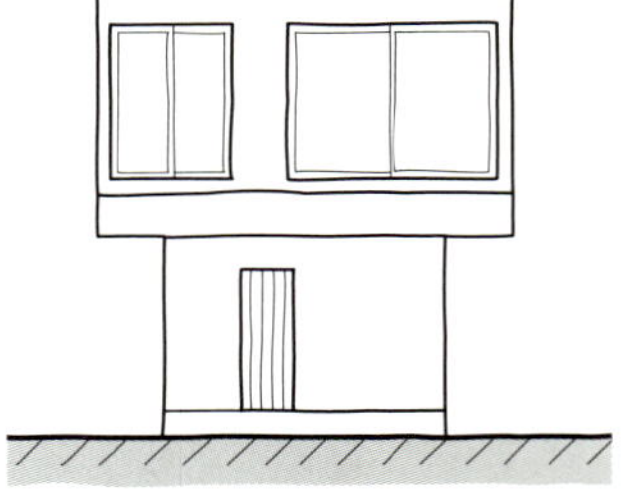

建物を正面から見た図。斜面に基礎をつくるには土地を平らにするための切土、盛土以外に地盤改良など、平地の場合より作業工程が増えてコストが高くなるので、下階の床面積が小さくなるように計画すると有利

2階を1階よりも大きく跳ね出すことで、バルコニーに立った際に遠景の緑だけを楽しめる

BALCONY

04

柱を後退させて軽やかさと眺望を得る

広い中間領域を設けるには、深い庇やバルコニーを支える壁（柱）が必要となる。しかし、壁をバルコニーのコーナー部分に配置すると、建物の外観が重々しくなりかねない。ここでは、バルコニーと庇を支える壁を、コーナーから少しセットバックした位置に設けて、建物の印象を軽やかにした。コーナーに壁がないことで、バルコニーからの視界が広がり、室内の開放感も高まっている。バルコニーの出が大きければ、手摺壁をそれほど高くしなくても室内のプライバシーを確保できるので、軽やかな外観と広い眺望を両立したい場合に適している。

柱は、木目や板材のラインが仕上げに出るようにスギ板型枠を使用。一方、バルコニーの腰壁などは単純なRC打放し仕上げとすれば、RC造のファサードが単調にならない

【柱をセットバックさせて視界を広げる】

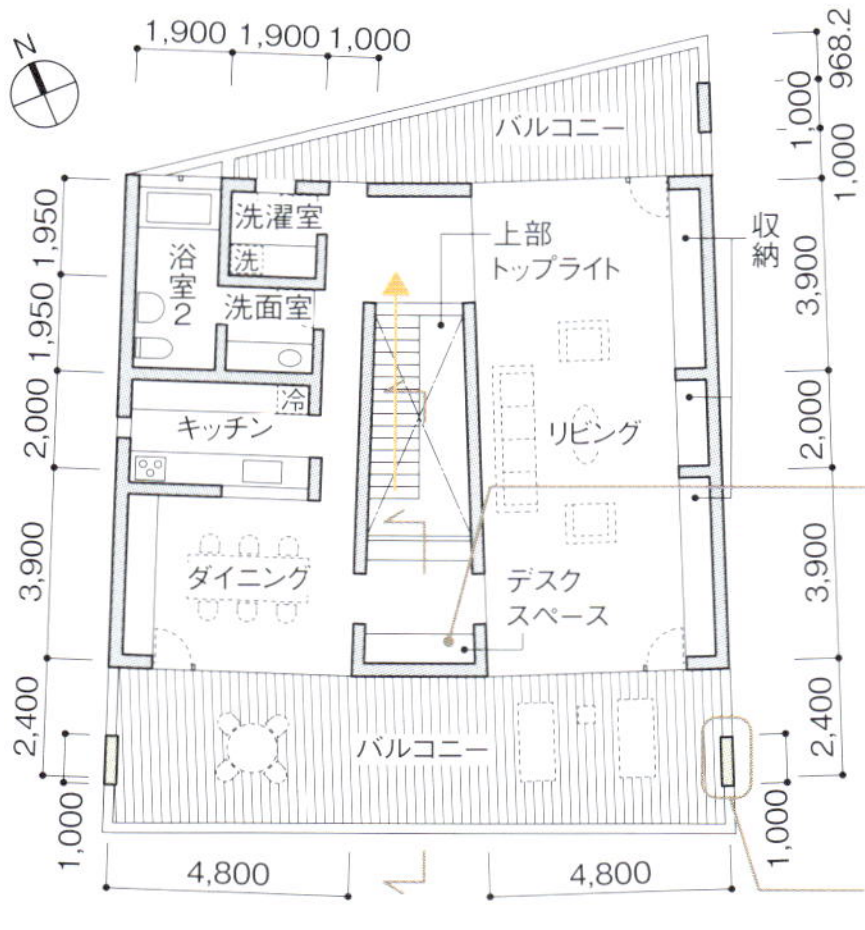

2階

ダイニングとリビングのジョイント部分は、小さなデスクスペースになっている。バルコニーを介して視線が抜けるリビング・ダイニングとは対照的に、壁に囲われた落ち着きを感じられる場所

約3.5mの奥行きをもつ大きなバルコニーの庇を支える柱は、バルコニー先端から1mほど後退させて配置している。これにより、柱がバルコニーからの視界の邪魔にならず、空間に広がりが感じられる

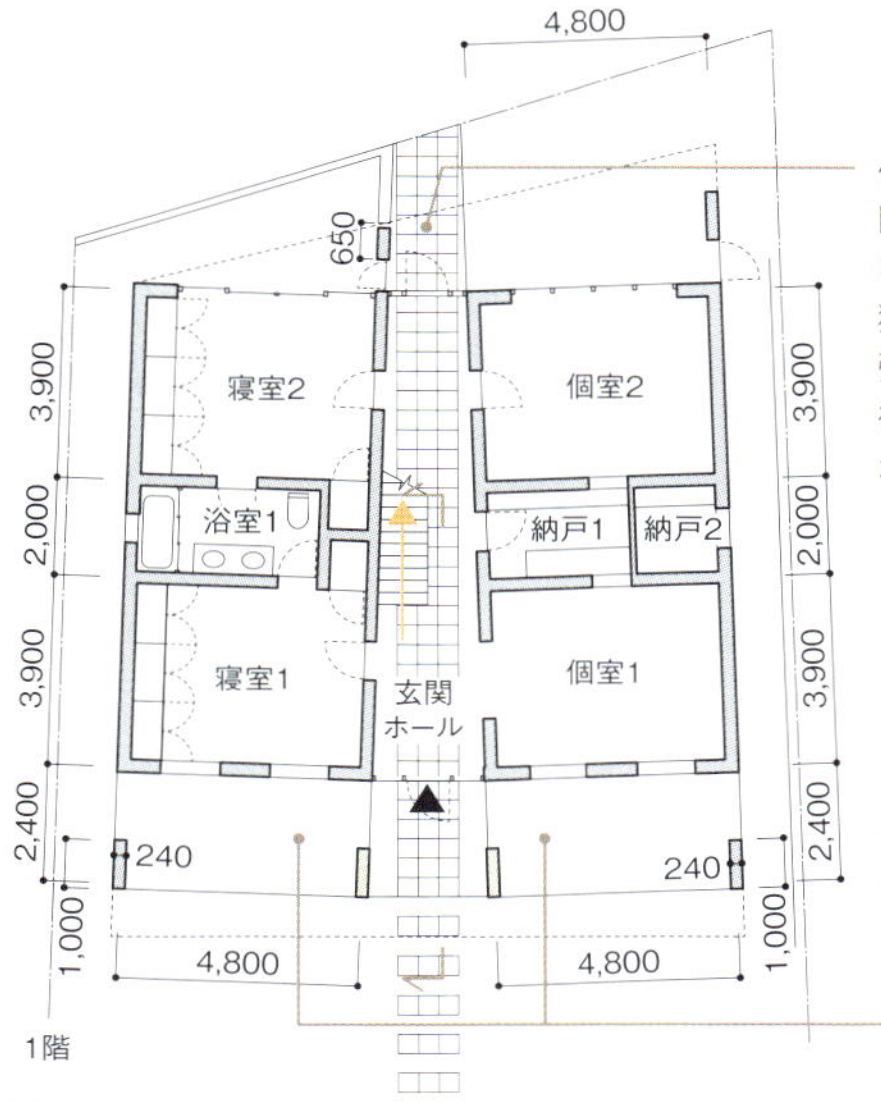

1階

住宅の中心を通る1階の玄関ホールは、敷地の形状に合わせ、奥に向って幅が狭くなっている。パースが強調されることによって、奥行きのある広々とした空間が演習できる

1階はバルコニー下の大きな軒下空間が、ポーチとなる

平面図　S＝1:300

柱をコーナーに置くと…　　柱を少し後退させると…

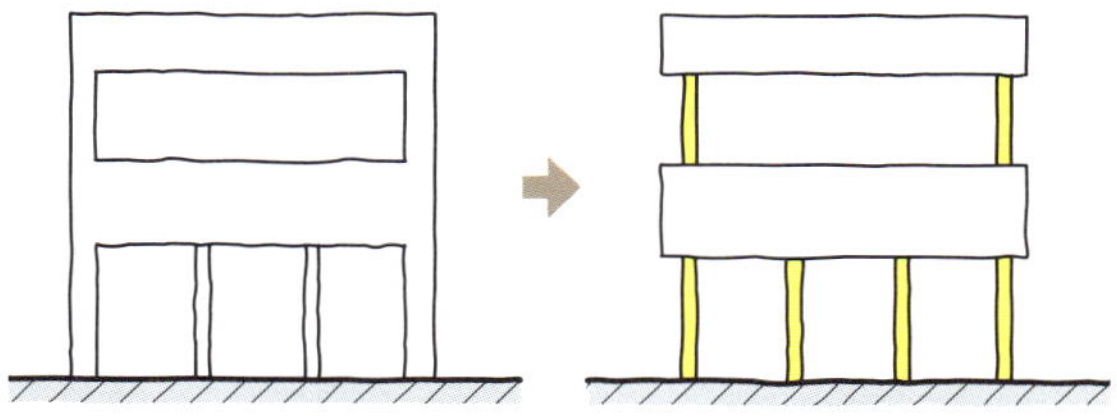

全体が1つのコンクリートの塊のように見えて、圧迫感がある

手摺やパラペットなどの水平の要素と柱が分かれて見えて、圧迫感が軽減する

【バルコニーの手摺り壁を低く】

奥行きのあるバルコニーが、リビングなど2階の生活空間のプライバシーを守ってくれる。カーテンを設けなくても室内のプライバシーが確保できるので、バルコニーへと視線が自然に向く

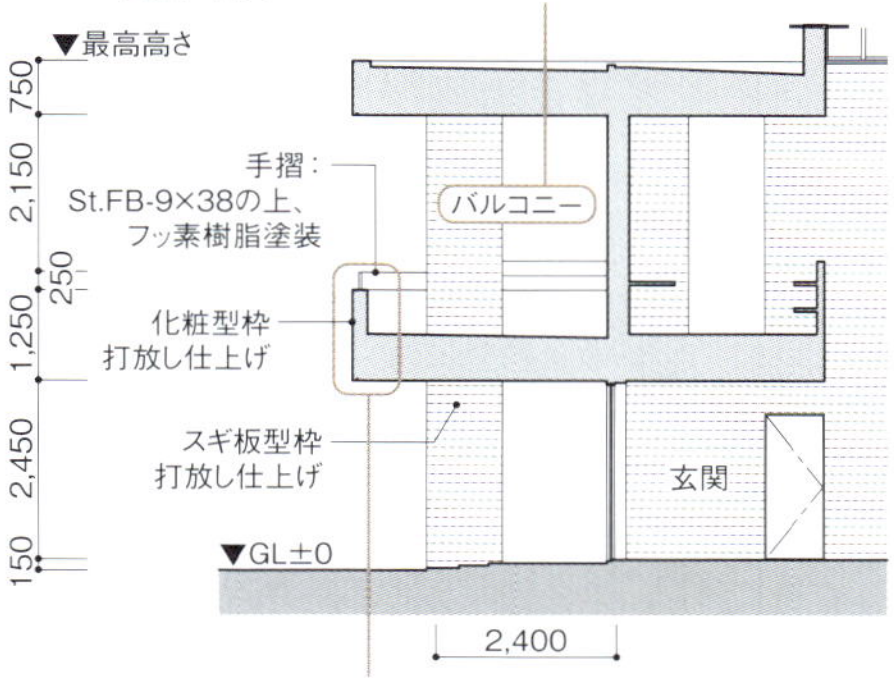

バルコニーの手摺はすべて腰壁にするのではなく、一部をステンレスバーにするとよい。壁が低くなり外観の圧迫感を軽減できるからだ。同じ理由で、パラペットもできるだけ高くならないように配慮する

断面図　S＝1:200

バルコニーの東側を見る。バルコニーの角に壁や柱が設置されていないので、水平方向に視界が広がり、より開放的な眺望を得られる

BALCONY

05

建物のボリュームと一体化したバルコニー

敷地のレベルが前面道路から少し高い位置にある場合、普通に2階建ての住宅を建ててしまうと、建物が実際の高さ以上に見え、圧迫感のあるファサードになってしまう。ここでは、2階の両側に設けたバルコニーを軒と袖壁で囲うことで、ボリュームがセットバックしているかのような印象にして圧迫感を軽減している。また、1階部分の周囲を生け垣で覆い、建物と道路の間に距離感を出した。バルコニーは、悪目立ちしやすいが、軒や袖壁で囲えば、ファサードになじませやすい。外観のデザインを整えるのに効果的だ。

敷地と道路の高低差は600㎜程度あるが、建物ボリュームの操作と生け垣の存在が圧迫感を薄める。生け垣が成長すれば、前面道路と建物の距離感はさらにほどよくなる

【両サイドにバルコニーを設けて部屋に広がりを】

南側には庭の植栽、北側には借景の桜並木を眺められるという敷地の特性を生かして、LDKを挟むようにバルコニーを設けた。バルコニーを介して左右に視界が広がる

建物ボリュームから跳ね出したバルコニーは、ファサードの美しさを損ないやすい。バルコニーに袖壁を設けて、建物ボリュームの一部に見せることで、ファサードがまとまる

玄関と前面道路の距離がとても近い敷地条件だったため、アプローチを雁行させて玄関ドアの正面に目隠しの植栽を植えている。道路と玄関の間に程よい距離が生まれた

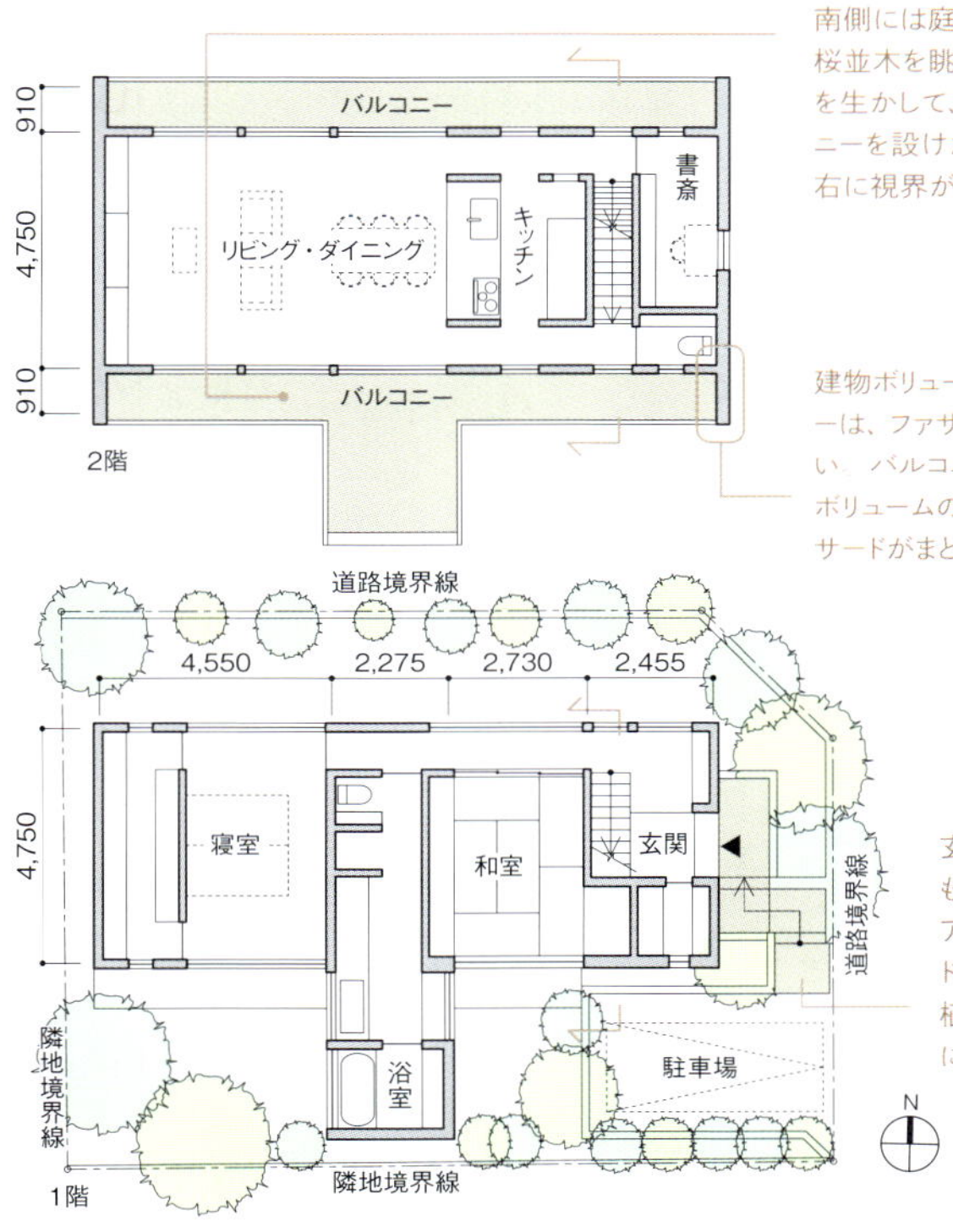

平面図 S＝1:250

建物東側のファサードに設けた木製のドアに合わせて、2階外壁の開口部も木製のFIX窓とした。腐朽に強い木製サッシ「kikoの窓」（越井木材）を家の顔となる部分にピンポイントで採用している

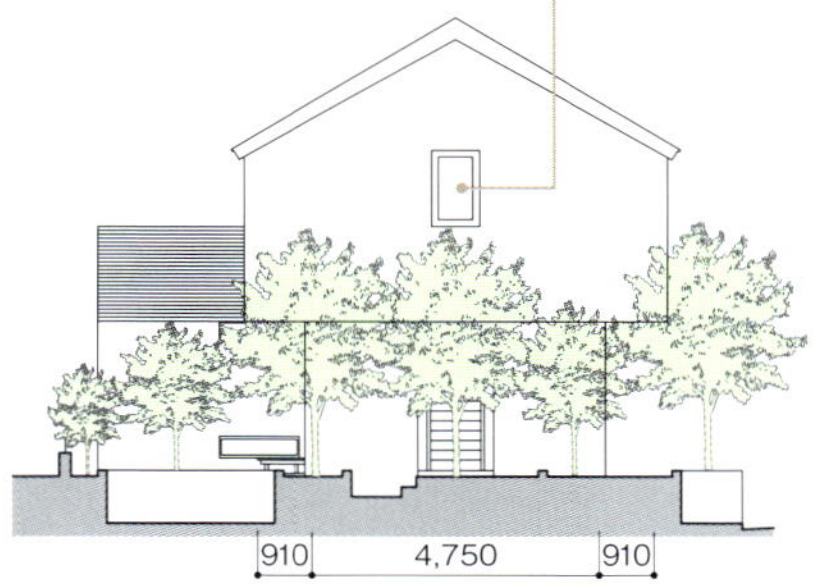

立面図 S＝1:250

2階のリビングからキッチンを見る。南側の庭の植栽（写真右側）と北側の桜並木（写真左側）によって緑に囲まれた潤いのある空間となっている

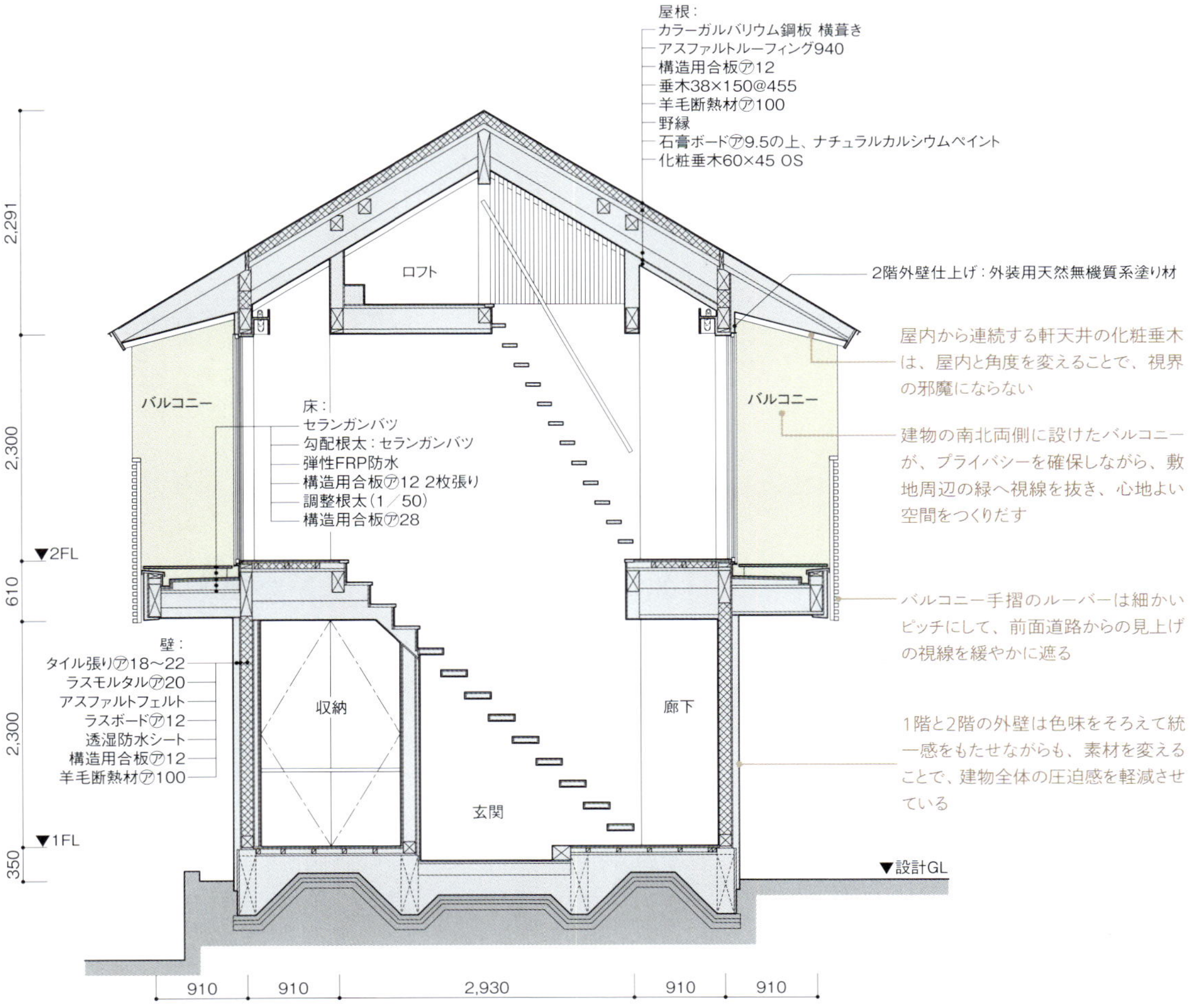

屋内から連続する軒天井の化粧垂木は、屋内と角度を変えることで、視界の邪魔にならない

建物の南北両側に設けたバルコニーが、プライバシーを確保しながら、敷地周辺の緑へ視線を抜き、心地よい空間をつくりだす

バルコニー手摺のルーバーは細かいピッチにして、前面道路からの見上げの視線を緩やかに遮る

1階と2階の外壁は色味をそろえて統一感をもたせながらも、素材を変えることで、建物全体の圧迫感を軽減させている

断面図 S＝1:80

BALCONY

06

バルコニーを引き込んで圧迫感を軽減させる

南側に接道する敷地の場合、前面道路側に大きなバルコニーを求める住まい手は多い。とはいえ、ファサードに設けられたバルコニーは外観の印象を損なう要素になりやすい。ここでは、単純にバルコニーを設けるのではなく、建物のボリュームに引き込み、軒と手摺壁で覆うことで建物と一体化させた。これにより、余計な凹凸のないすっきりとしたファサードになるだけでなく、道路側に立ち上がる外壁の高さを1.5層分と低めに抑えられる。

バルコニーの上を大屋根が覆うように架かるファサード。屋根が白い外壁から少し浮いたように見える

【ファサードのバルコニーを目立たせない】

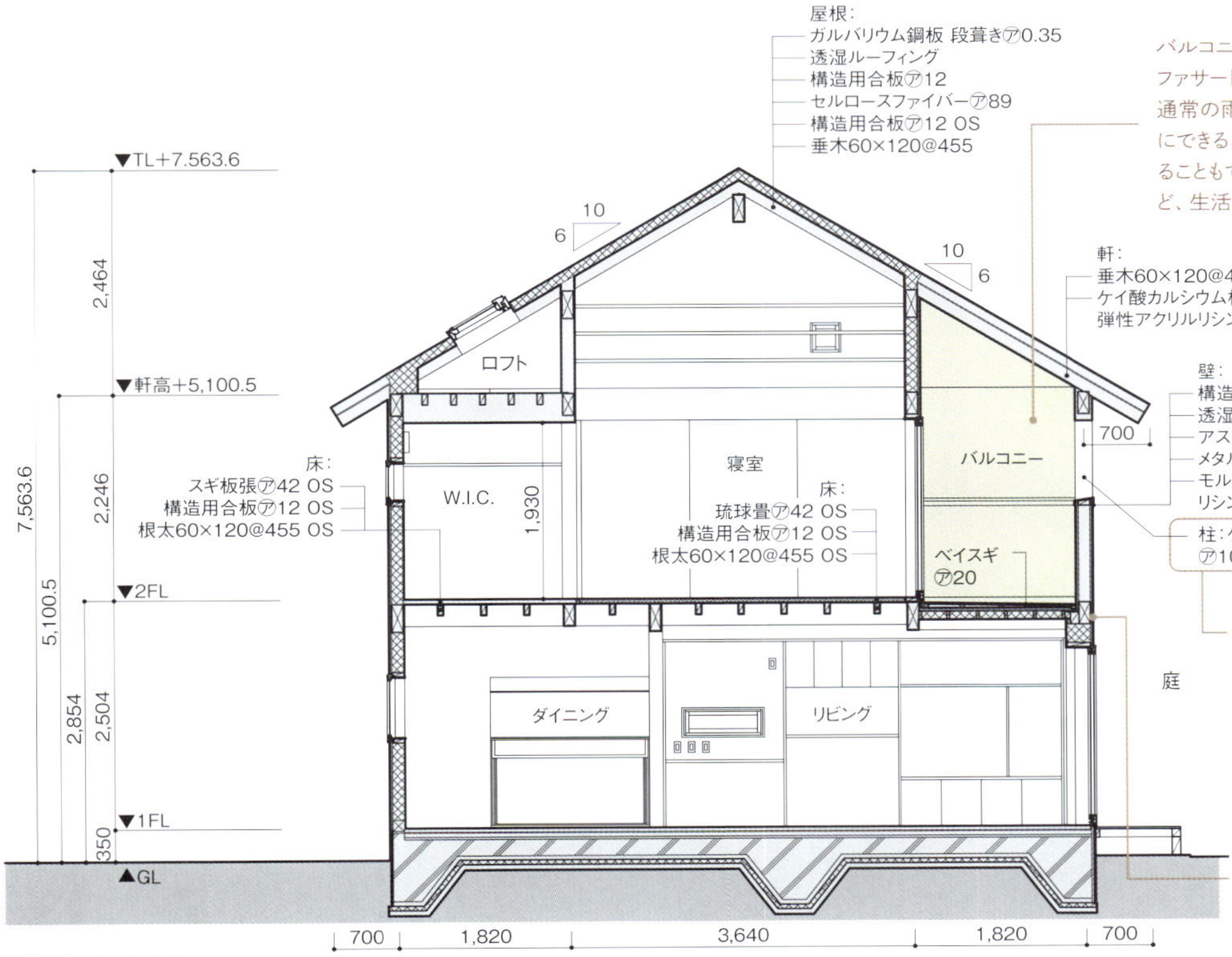

断面図　S＝1:100

バルコニーを完全に軒下に入れ込むと、ファサードの圧迫感がなくなるだけでなく、通常の雨天であれば開口部を開けたままにできる。そのほか、夏の強い日差しを遮ることもでき、洗濯物が目立たなくなるなど、生活するうえでの利点は多い

柱・梁は防火処理を施し、その上から焦げ茶色に塗装している。これにより軒の陰に紛れ、柱・梁の存在感が薄まる。さらに軒の深さが強調され、陰影のある表情となる

2層分の外壁が立ち上がると、住居が建ち並ぶ地域では圧迫感が出てしまう。外壁の高さを1.5層分に抑えることで、とても上品なプロポーションになる

西側からバルコニーを見る。深い軒と手摺壁にしっかりと囲われているため、開放的な眺望を楽しむ場所というよりは、屋内的な心地よさを感じられるプライベート性の強い空間となっている

【南側接道の敷地こそバルコニーはセットバック】

南側接道の敷地では、道路側に庭・駐車場・大開口・玄関・バルコニーという要素が集まる。南側にバルコニーが飛び出した凡庸な外観になりかねないが、バルコニーを内側に引き込むことで、すっきりと見え、外観の圧迫感も軽減される

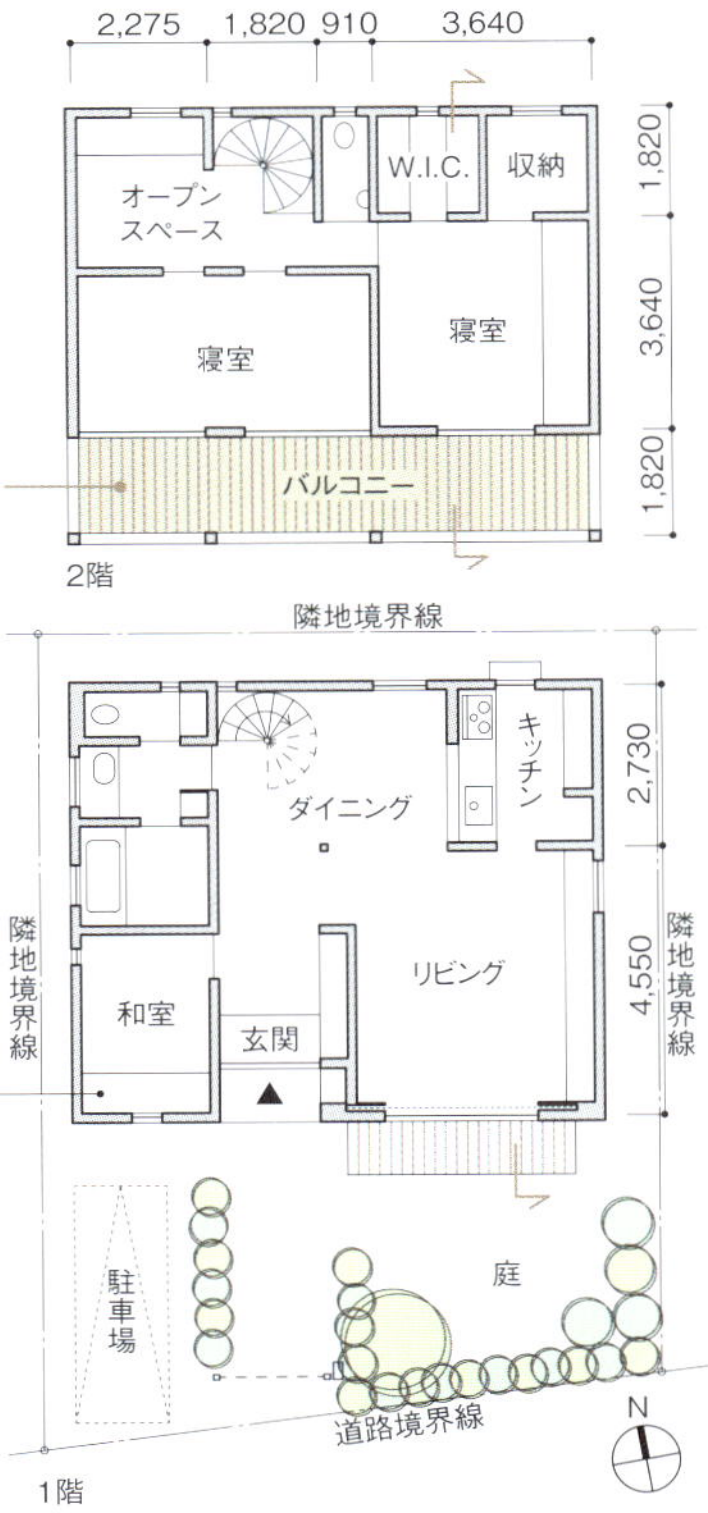

平面図　S＝1:250

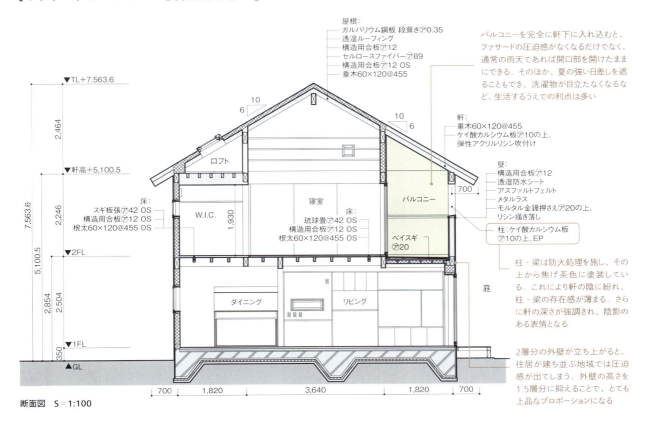

BALCONY

07

塀を高くして中庭のように開放する

建物のボリュームを切り欠いてバルコニーを設ける際に、バルコニーを塀で囲って中庭のようにすれば、密集地であっても周囲の視線を気にすることなく生活できる。ただし、塀を高くし過ぎて閉鎖的になってしまうのは好ましくないので、室内のプライバシーが守られる最低限の高さに塀を抑えることが重要だ。緑をあしらうなどして、演出するものよいだろう。

LDKとバルコニーの床レベルは、ほぼフラット。バルコニーを塀で囲うことで、バルコニーが屋内であるかのような雰囲気になる

【バルコニーをLDKの延長に】

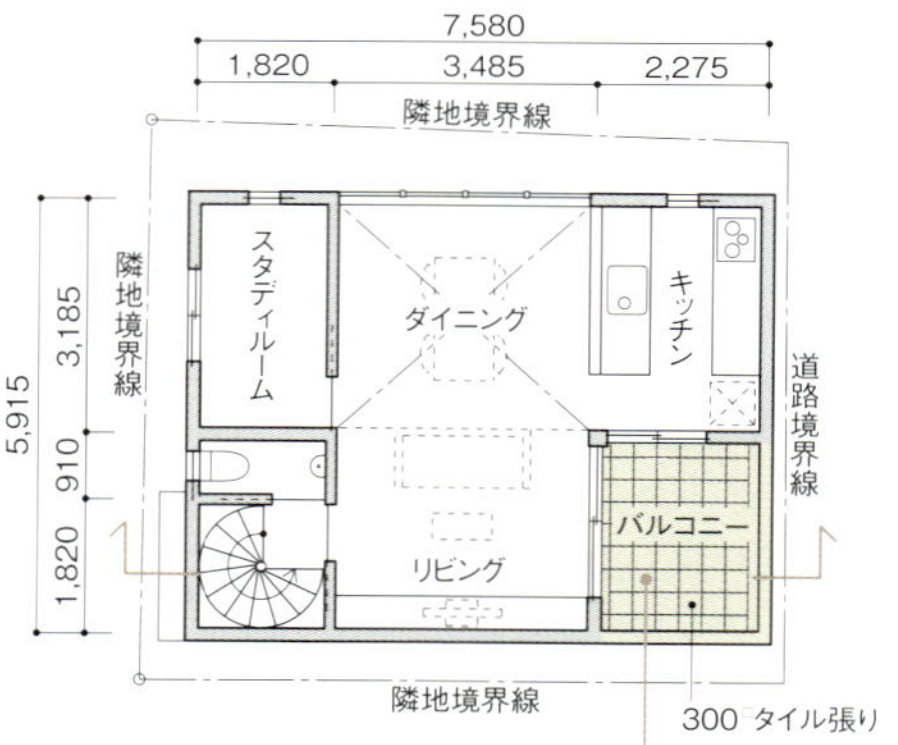
7,580
1,820
3,485
2,275
隣地境界線
スタディルーム
ダイニング
キッチン
道路境界線
隣地境界線
5,915
3,185
910
1,820
バルコニー
リビング
隣地境界線
300 タイル張り

狭小敷地で十分な庭が確保できないケースでも、LDKをL形とし、これに面してバルコニーを設ければ、閉塞感のない空間になる

2階平面図 S＝1:200

【外から見られずに外に開く】

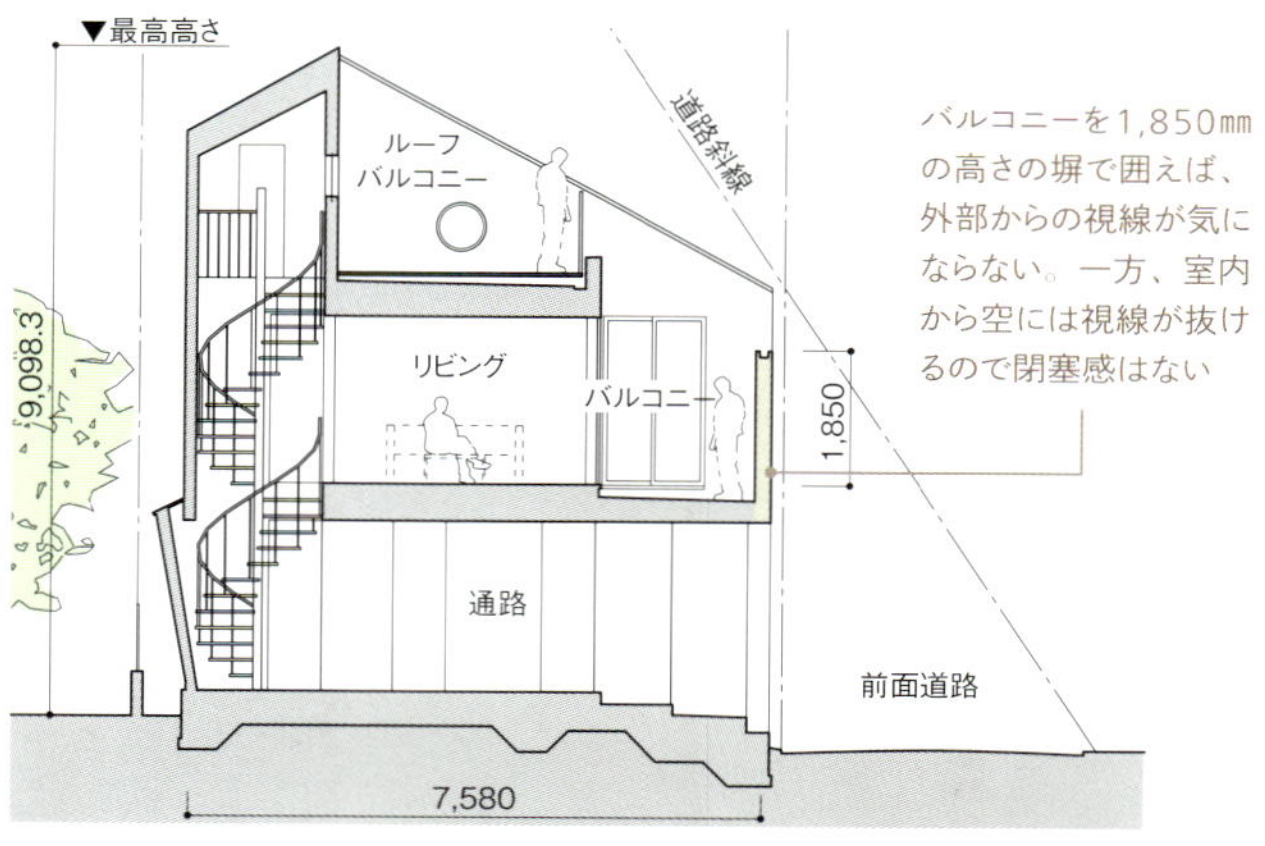
▼最高高さ
ルーフバルコニー
道路斜線
9,098.3
リビング
バルコニー
1,850
通路
前面道路
7,580
バルコニーを1,850㎜の高さの塀で囲えば、外部からの視線が気にならない。一方、室内から空には視線が抜けるので閉塞感はない

断面図 S＝1:200

BALCONY

08

バルコニーを中庭ごと壁で囲む

塀で囲われた中庭にバルコニーを設けるという手もある。人通りの多い道路からの視線を遮りたい場合や、防犯に配慮したい場合に効果的だ。中庭を介して日光を直接取り入れるなら南に、壁内の反射光を屋内に取り込む場合は北に中庭を配置する（本事例では南側に設けた）。バルコニーが建物のボリュームに取り込まれるので、外観を整えやすいという利点もある。

バルコニーの手摺は、躯体工事後ではなく、躯体工事の時点で取り付けることで、雨水の浸入を防ぎ劣化も生じにくくしている

【壁の上端を雨樋にする】

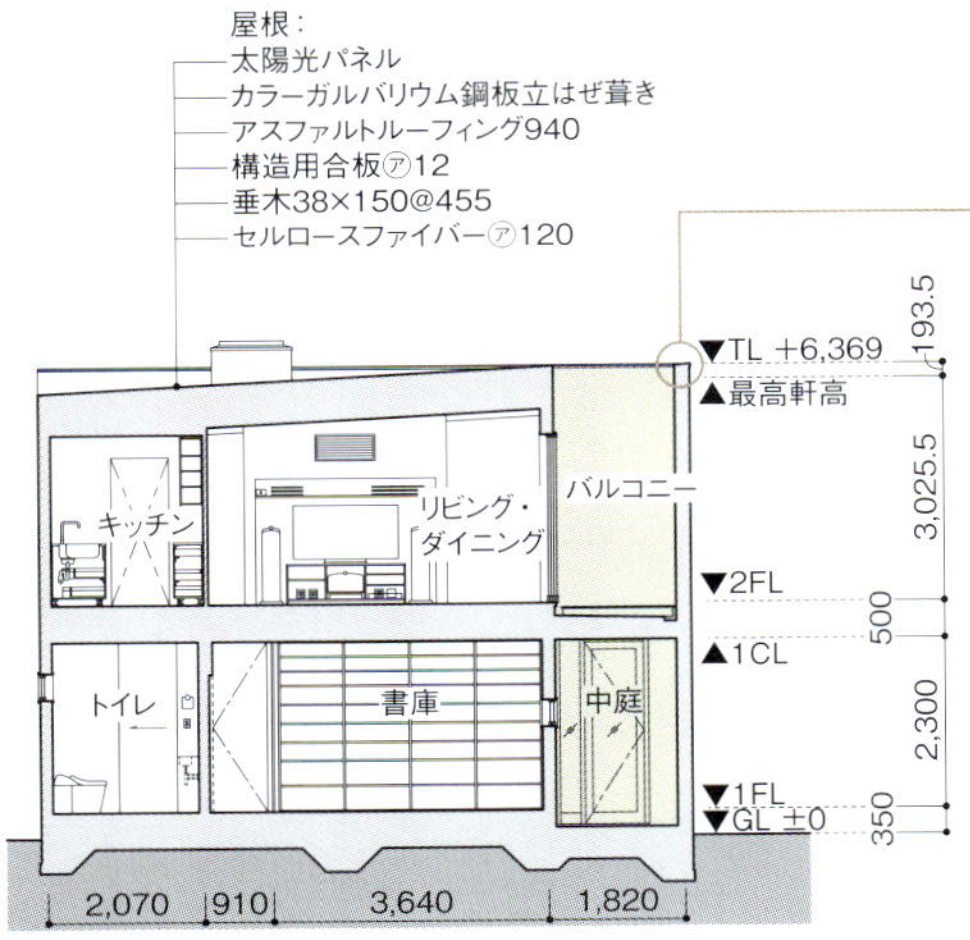

断面図　S＝1:200

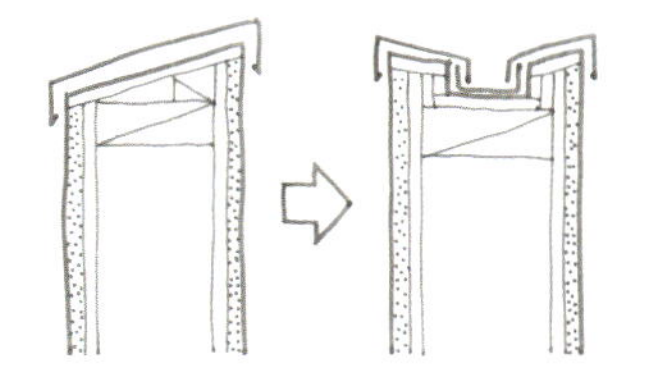

中庭の壁面は、光井戸として機能するように白色系で塗装することが望ましい。その場合、雨水が中庭側に落ちると壁面が汚れてしまい光井戸としての効果が薄れるので、雨水が壁の中心に集まる形状の笠木にして排水するとよい

中庭からバルコニーを見上げる。ここでは前面道路側（南側）からの採光と、人通りの多い道路に面したエントランスの緩衝地帯として中庭を設けている

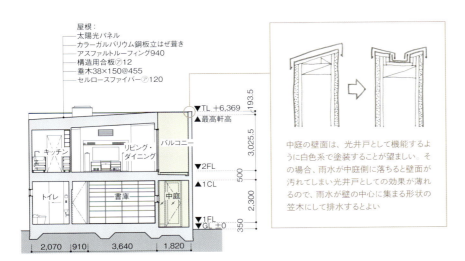

BALCONY

09

手摺をガラスにして存在感をなくす

バルコニーが開く方向によい景色がある場合は、いかにそれを楽しんでもらうかを考えたい。バルコニーの外に広がる景色をフレームレスで眺めたいという要望に対しては、手摺をガラスのみで仕上げるという方法がある。ただし、手摺をガラスのみでつくる場合は、最初に施工者と固定方法や安全性についてしっかりと打ち合わせをしておく必要がある。また、その内容を住まい手とも共有しておくことが重要だ。

2階バルコニーから庭の緑を望む。手摺が透明なので外に広がる美しい風景をそのまま切り取ることができる

【ガラスだけで自立するバルコニー手摺】

ガラスを下部だけで自立させるために、厚さ12mmの強化ガラスを採用。1枚のガラス板の幅を1,500mm程度とすることで、倒れにくく、また割れにくくしている。ガラスは僅かだが傾くことと、ガラス板ごとにその傾きに違いがでる可能性があることに留意する

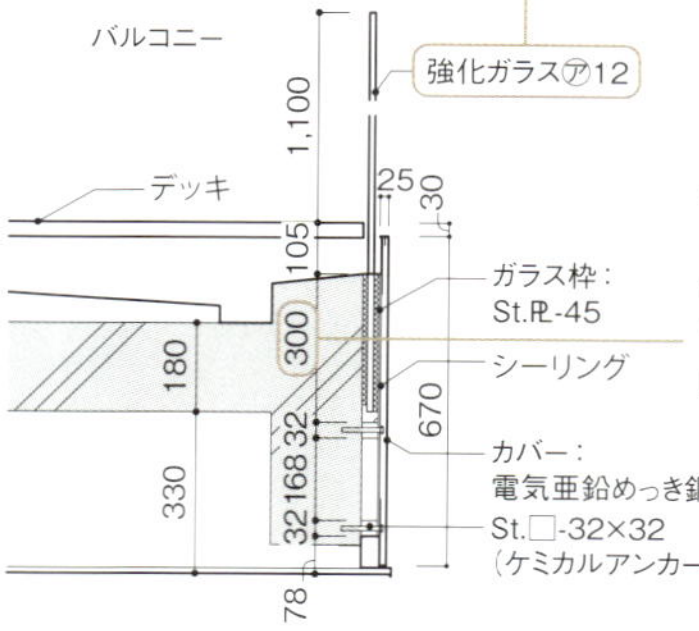

スチールのプレートでガラスを挟み込むように固定している。300mm程度は差し込んで、倒れないようにすること。住まい手の希望がある場合に限り、安全性について十分説明したうえで、採用したい

バルコニー手摺断面詳細図　S＝1:30

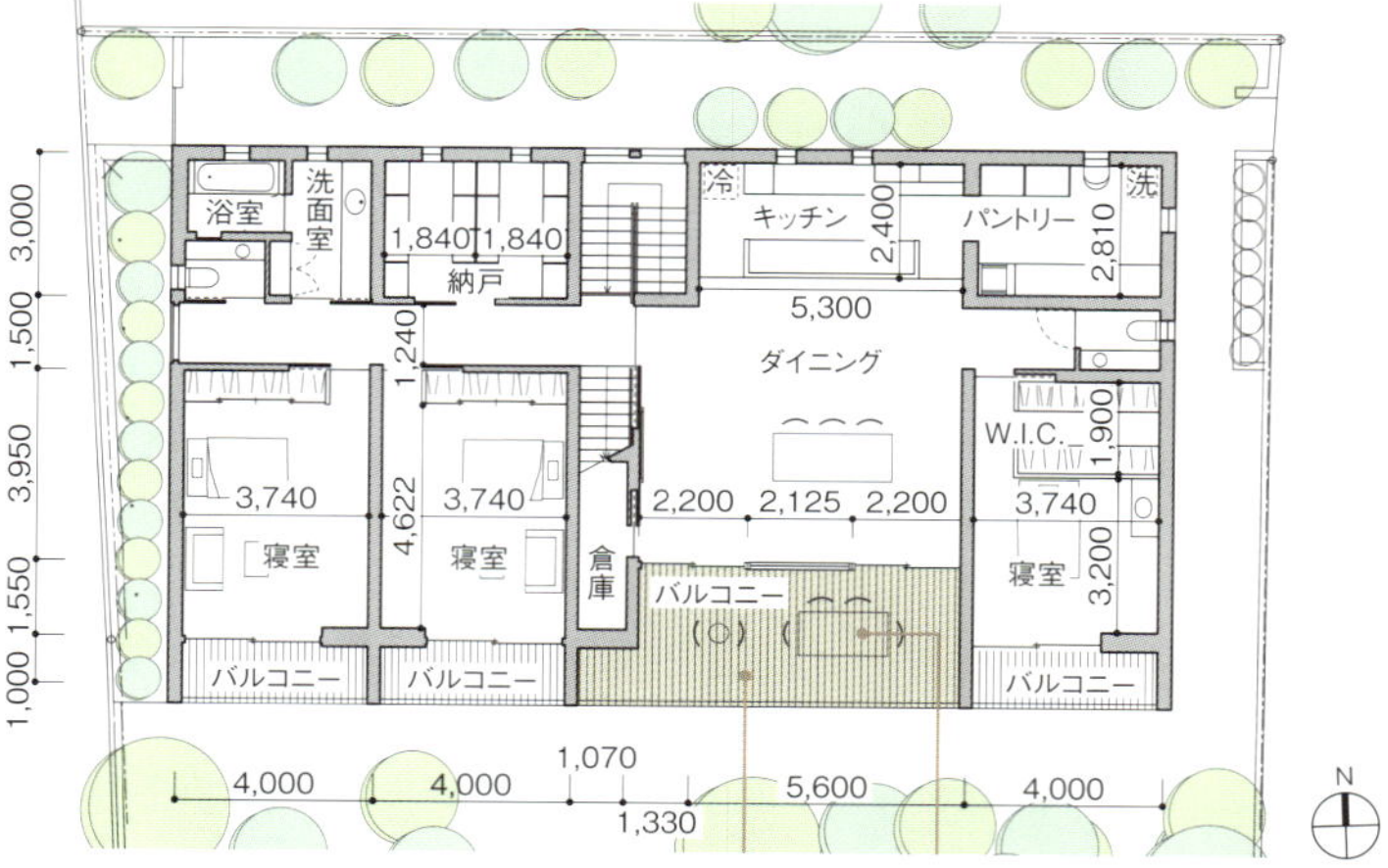

2階のダイニングと南側の庭をつなぐバルコニー。軒先と袖壁でフレーミングされたバルコニーからの眺望をめいっぱい取り込めるようにガラスの手摺を採用した

広々としたバルコニーは、机と椅子を出して食事を楽しむのに最適

2階平面図　S＝1:300

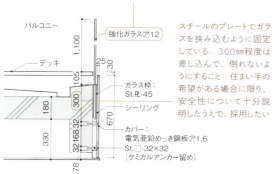

GARDEN

10章 庭

中庭に面するバルコニー。黒く塗装した焼スギの外壁と焦げ茶色に塗装されたバルコニーの手摺が緑に映える

GARDEN

01 広い敷地を生かした自然な趣の中庭

敷地に高低差がある場合は、その高低差を生かして建物を分棟し、その間に中庭を設けるとよい。樹木がスクリーンとなり、それぞれの棟から室内が見えにくくなるので、プライベートゾーンとパブリックゾーンを棟で分ける場合にとても有効だ。手前と奥の高さの違う場所に植えられた樹木の重なりによって、住空間に奥行きも生まれる。

植栽はややもすると人為的な印象になりがちだが、等間隔ではなく不規則に配植すると、緑の粗密が自然にでき、わざとらしくない庭となる。専門家に相談するなどして配植に気を配り、自然な風趣

※ このケースでは造園家の荻野寿也氏に庭づくりをお願いした

リビングから庭を見る。窓際に植えた樹木の向こうに芝生、さらに奥にまた樹木を植えることで、緑がほどよく重なる魅力的な庭になる

を醸し出したい［※］。

また、窓際に背の高い落葉樹を植えると、緑が生い茂る夏場は屋内に涼しい緑陰効果をもたらし、葉が落ちる冬場は屋内に日の光が入るので温熱環境的にもよい。「バルコニーは、できるだけ明るくして、外へ向けて開放的にしたいけれど、プライバシーは守りたい」という相反する要望は少なくない。その場合のルーバーは手摺を水平方向に細かいピッチで入れていくと、下からの視線をカットできて、開放的なバルコニーをつくることができる。

敷地の前面道路の向こう側は緑豊かな公園。公園の緑と庭に植えた緑がつながるように配植すれば、敷地の境界が曖昧になり、視界に広がりが生まれる

【大きな庭を建物で囲む】

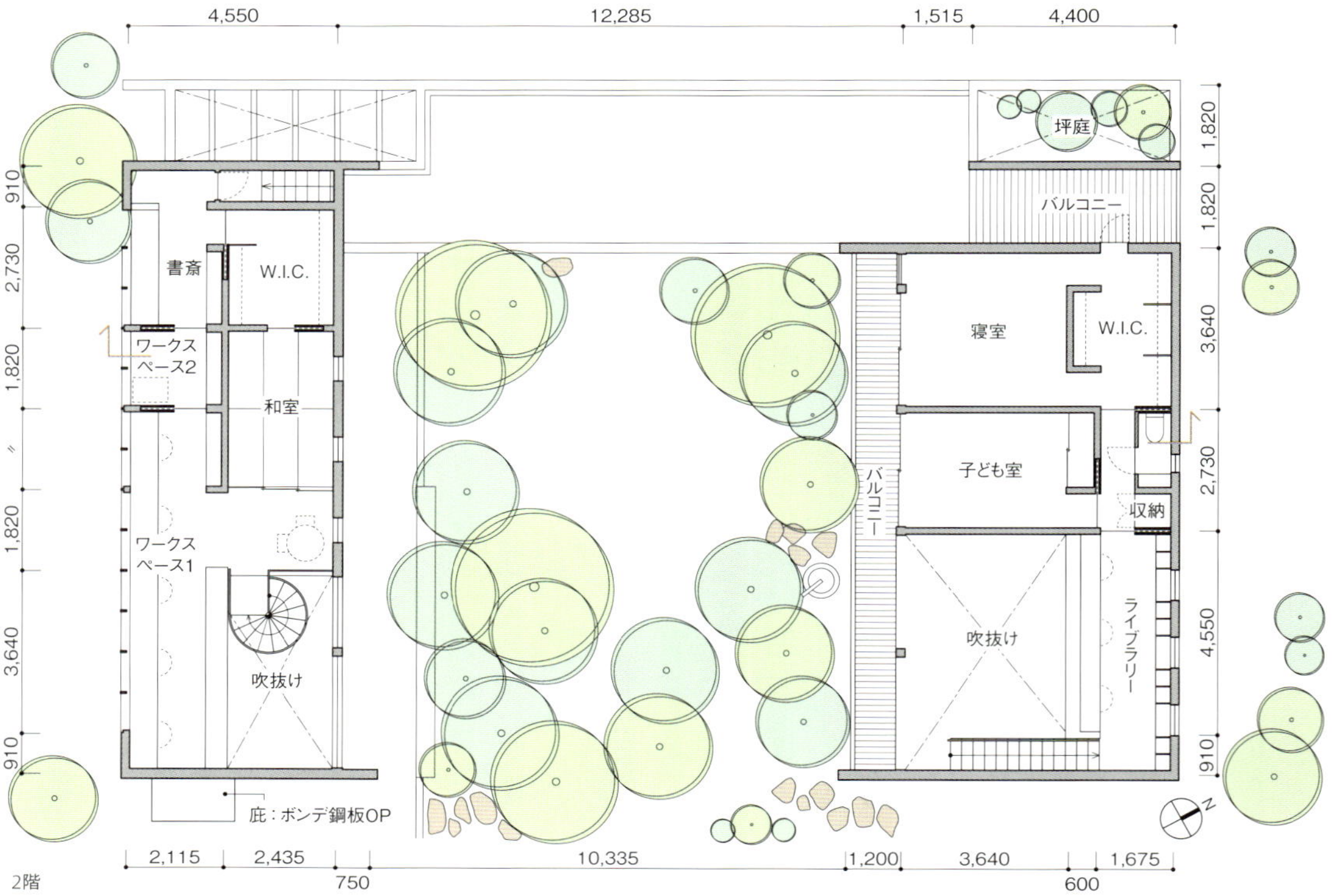

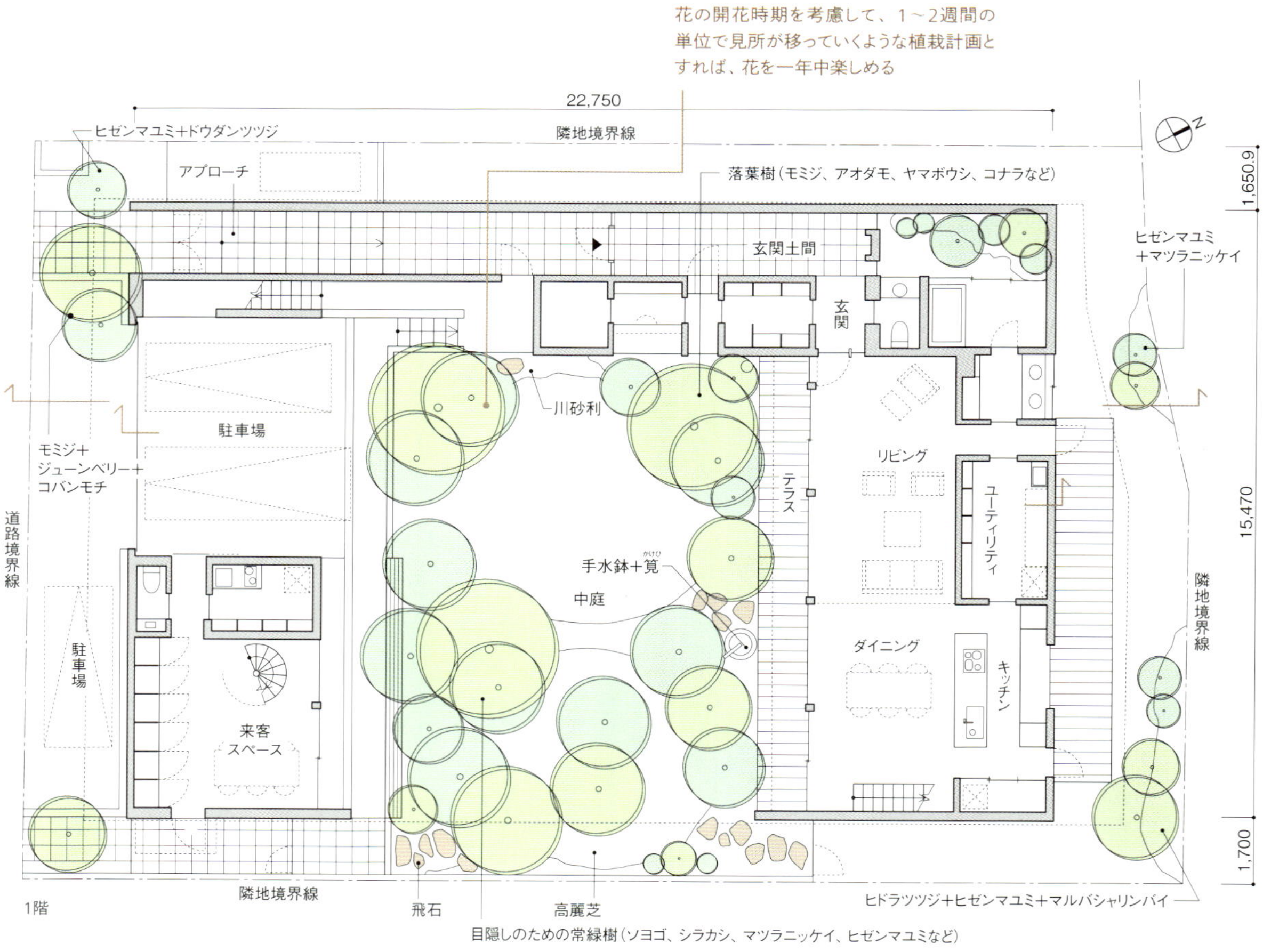

平面図　S=1:200

【敷地の高低差で視線をかわす】

子ども室や寝室のある居住棟の2階は、来客棟側からの視線をルーバー手摺のバルコニーで緩やかに遮る。道路に面するバルコニーでも同様の効果が得られる

背の高い木(ヤマボウシ・アオダモ・モミジなど)と低い木(西洋シャクナゲ・ヒドラツツジなど)を使い分けるとともに、高低差を生かした植栽計画とすることで、どちらの棟からもそれぞれの室内が見えにくくなる

断面図　S＝1:200

2階のライブラリーからダイニングを見下ろす。上下の開口部から庭の緑と公園の景色に視線を抜きつつ、南側のボリュームへの視線はバルコニーの手摺によって程よく遮られている

【ルーバー手摺でさりげなく視線コントロール】

スチールの手摺子があばれないように、手摺子の上端部どうしをフラットバーでつなげておくとよい

手摺を固定するスチールの手摺子は、溶融亜鉛めっき処理を施すとギラギラして悪目立ちしてしまうが、その後でリン酸処理をすれば、ダークグレーの落ち着いた色味に変わるので、目立つことなくほかの素材にしっかりとなじむ

手摺の部材を細くする場合は、材のあばれや経年劣化の防止のため、800mm程度の細かいピッチでスチールの手摺子を設ける

バルコニー手摺断面詳細図　S＝1:20

袖壁とぶつかる手摺の端部は、少し(10mm程度)内側に入れると、手摺の小口が隠れる。バルコニーが後付けされたように見えず、佇まいも美しく整う

バルコニー手摺平面詳細図　S＝1:20

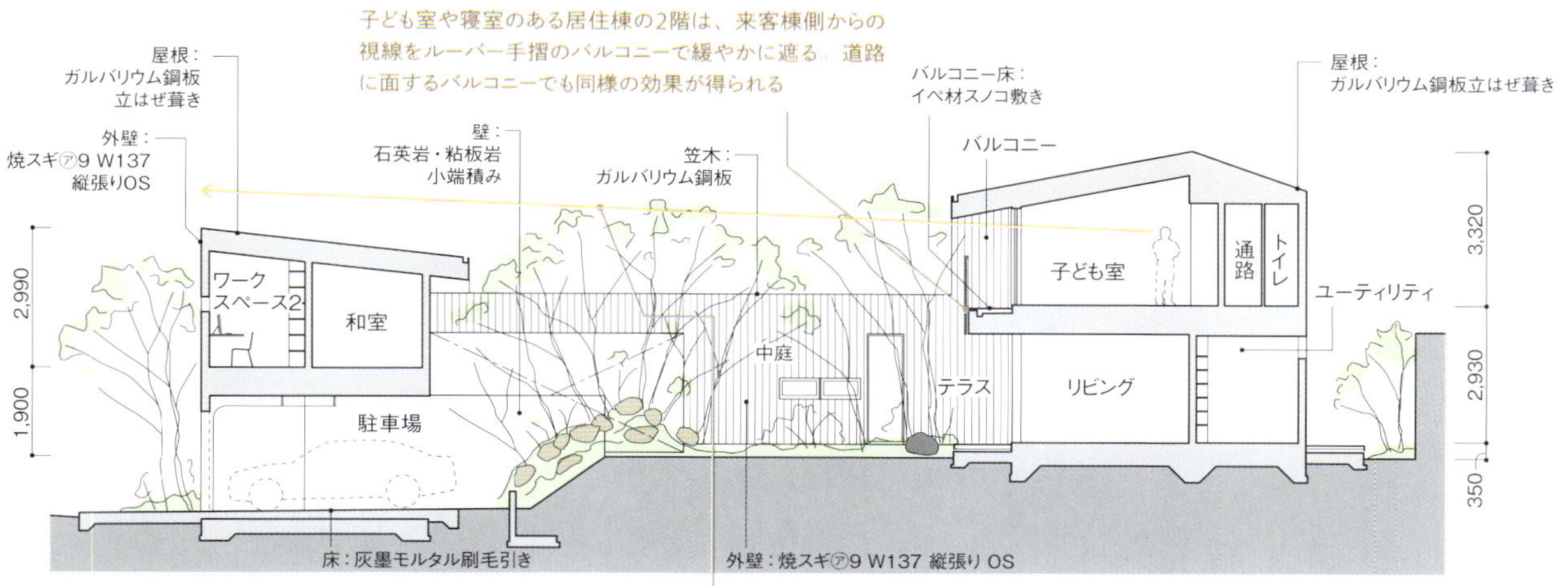

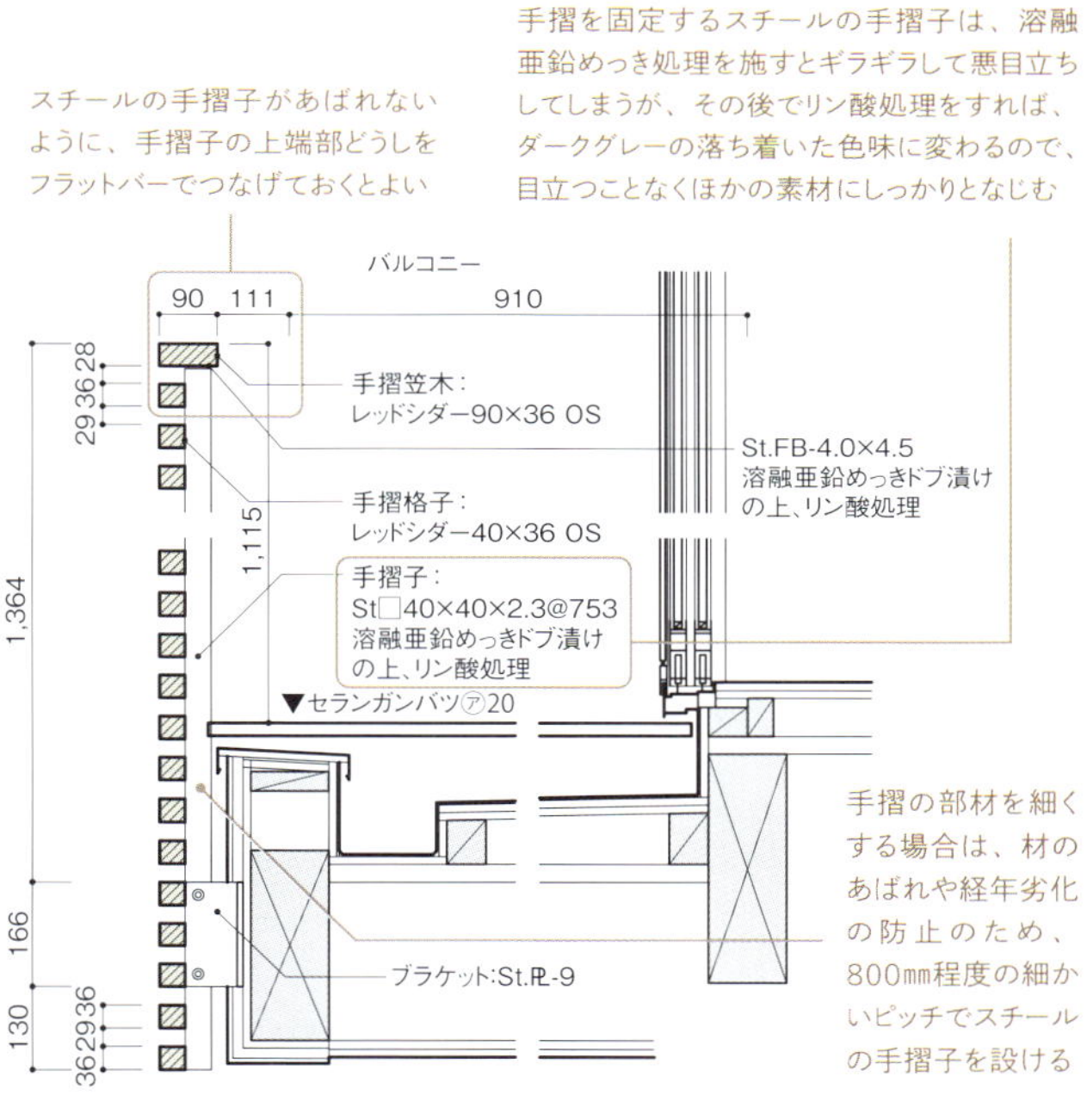

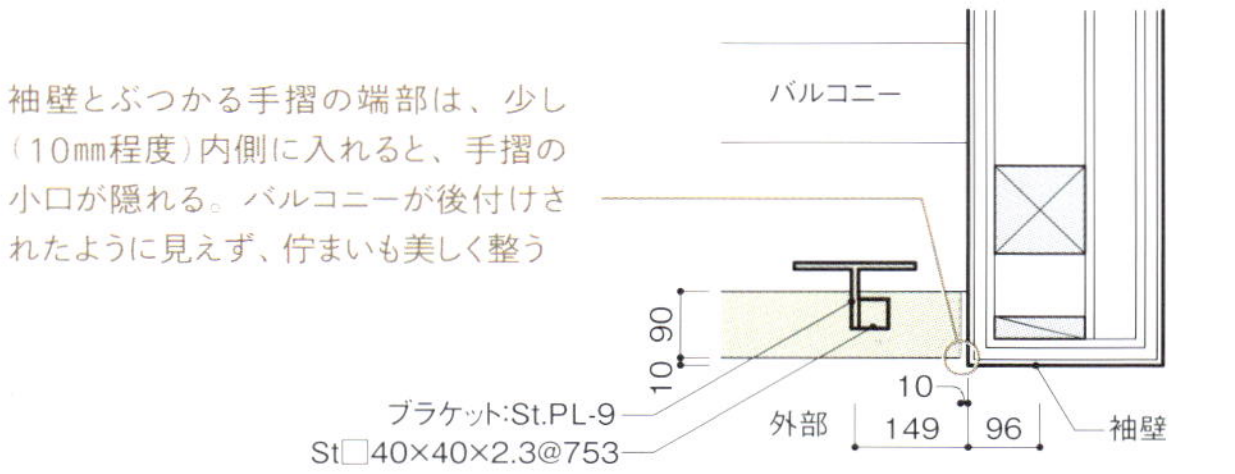

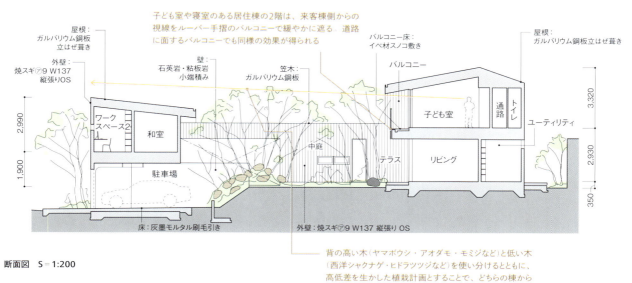

GARDEN

02

緑を楽しむ庭を敷地内に分散させる

庭などの植栽スペースを複数の場所に配置すると、家中どこにいても緑を眺められる心地よい住宅になる。さらに、それぞれの植栽スペースにふさわしい植物を植えるなど、場所ごとに異なる性格をもたせれば、多様な表情を楽しめる住宅になる。特にボリュームの大きな住宅の場合は、建物の奥に採光を確保しやすいというメリットもある。ただし、建物を雁行させると外壁の周長が長くなり、開口部の設置箇所も多くなるため、コストが上がってしまう。予算を検討しながら積極的に取り入れ方を考えたい。

左：リビング・ダイニングに面したテラスを設け、生活空間の一部として使える庭にした。また、観賞用に季節感のあるモミジ、隣地境界線沿いには目隠し用に背が高くて密度のある常緑樹のシラカシを植えるなど、樹種の特徴を生かした配植計画を行なっている｜**右：**小さな庭でも、季節の変化を楽しめる枝振りのきれいな樹種を植えれば、美しい観賞用の庭となる。植物が採光の妨げにならないように、植樹後5～10年経っても葉が茂り過ぎない樹種を選ぶのがポイント。お薦めはヤマボウシやアオダモ

【家中どこにいても緑が見られる】

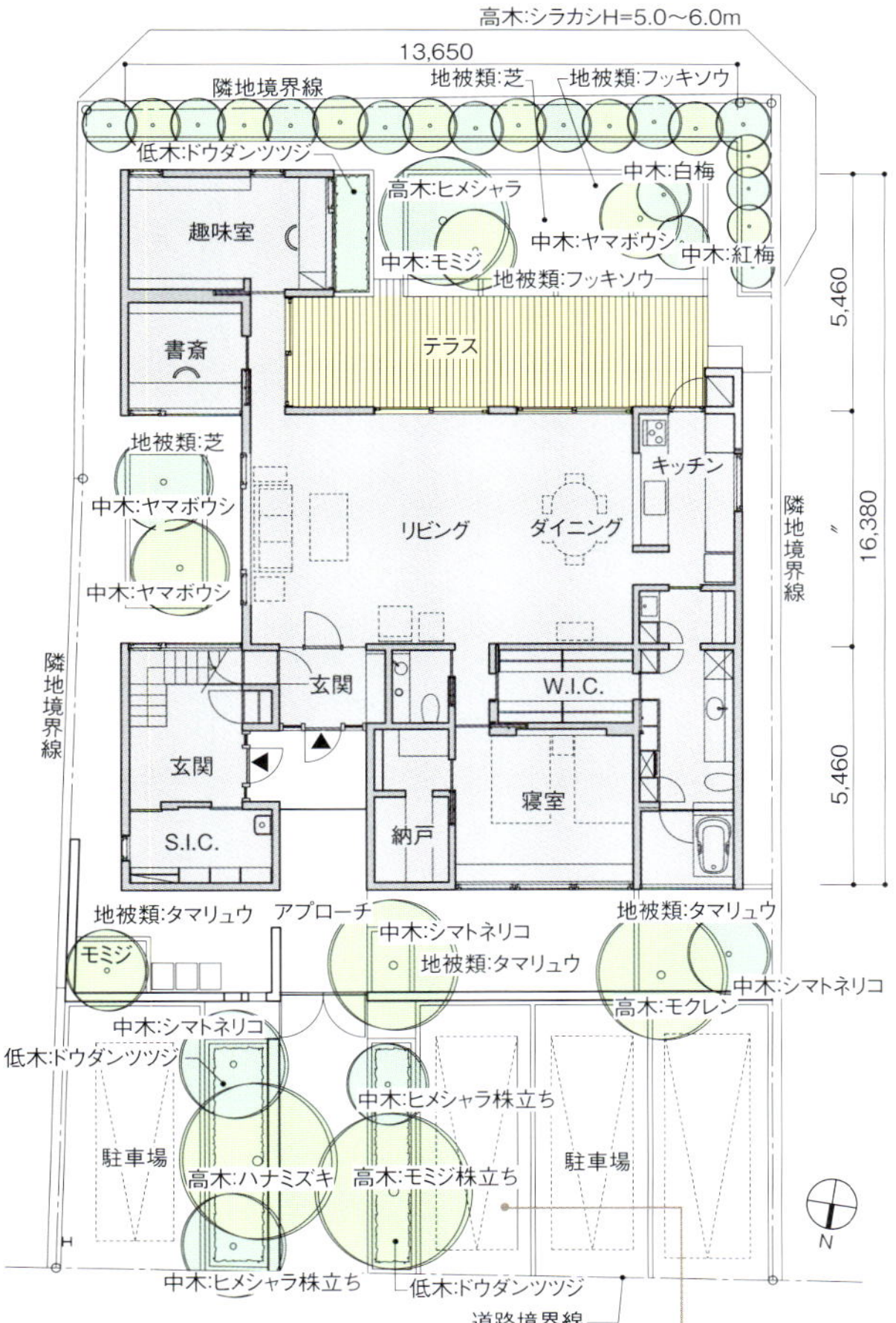

1階平面図　S＝1:250

家の顔になるアプローチ部分には、新緑や紅葉のきれいな樹種を植えるとよい。ここではモミジを植えている。モミジの葉が散ってしまう冬場もシマトネリコなどの常緑樹を植えているので寂しい印象にはならない

リビングから南側の庭（写真右側）と東側の庭（写真左側）を見る。2方向に視線が抜ける開放的な空間

GARDEN

03

高低差を生かせば塀がなくても大きく開ける

北側に向って傾斜するこの敷地は、斜面の下方向には隣家の設備機器が立ち並ぶ一方、斜面の上方向は、豊かな緑に覆われた土地が広がっていた。一般的には眺望を得るために高い場所に住宅を配置するが、ここでは、緑に覆われた斜面の眺望を取り込むべく、あえて敷地の低い場所に建物を計画した。また、内外が一体に感じられるように、深い軒に覆われたテラスを設けている。軒によって斜面の上にある道路からの視線が遮られ、優れた景観を存分に取り込みながらプライバシーを確保した。

建物長辺には室内とテラスが一体化するように全面開口を設置。正面に広がる、緑に覆われた斜面の景色を十分に楽しめる

【軒の出で視線をコントロール】

テラスの先端から約25m先に敷地境界がある。しかし、斜面の草木が生垣のような役割を担っているので、斜面の上から見下ろされても視線が届きにくい

テラスに深い軒(2,730mm)を架けることで、斜面の上の道路から視線を遮断できる。さらに袖壁を設けて、リビング・ダイニングからは目の前の斜面に視線を誘導している

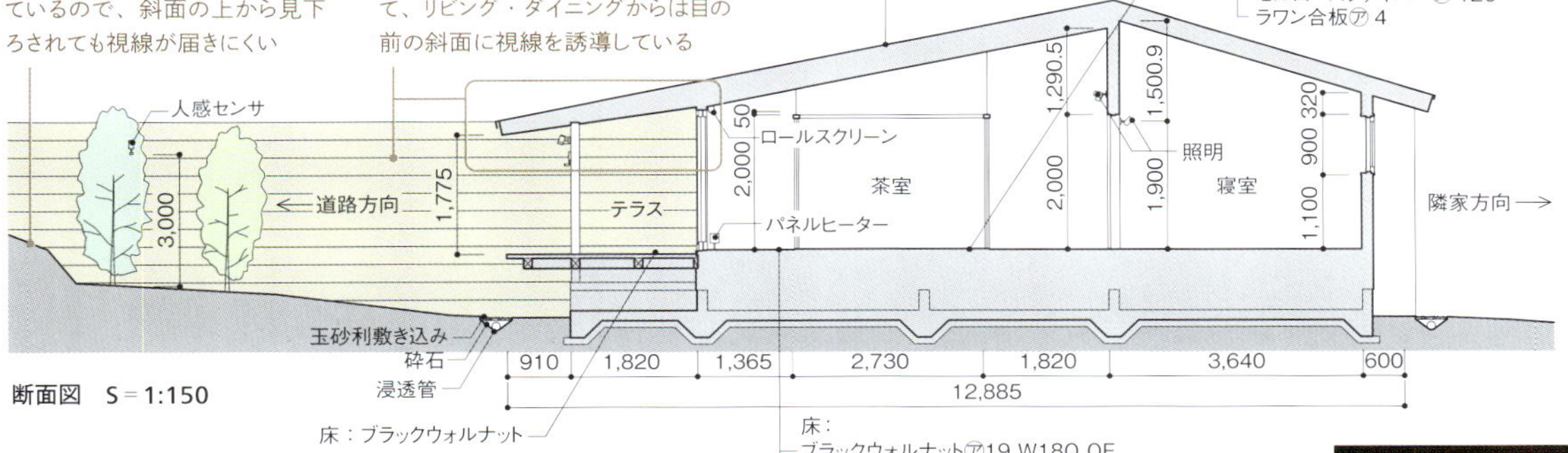

断面図　S＝1:150

【豊かな緑に大きく開く】

来客用の寝室と住まい手の寝室の間にキッチンを配置することで、音のプライバシーを確保している

浴室をテラスに面した位置に配して開口部を設けたことで、リビング・ダイニングと同様の景色を楽しめる

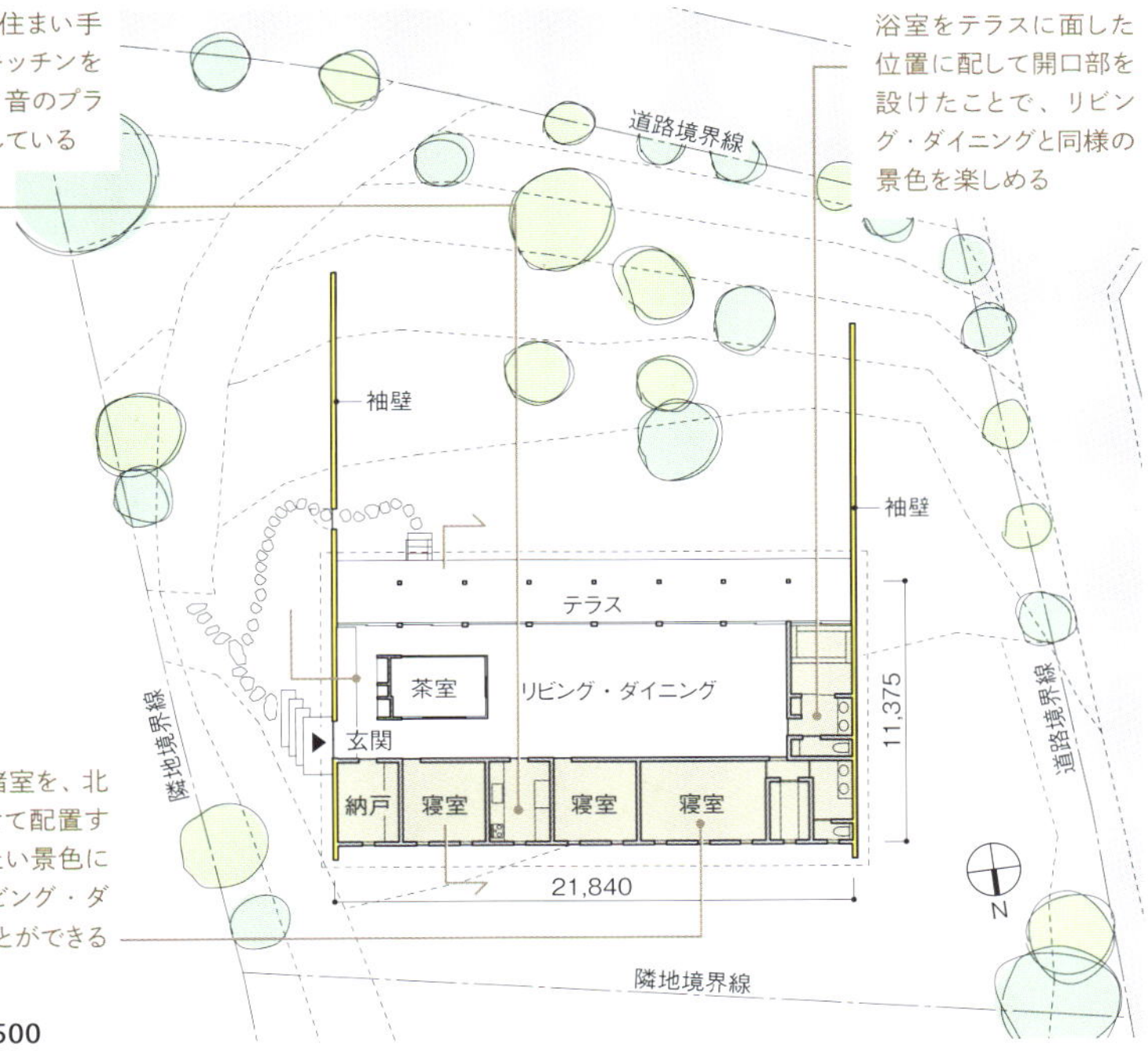

リビング以外の諸室を、北側や西側に寄せて配置することで、見せたい景色に広く開かれたリビング・ダイニングとすることができる

配置図　S＝1:500

庭からテラスを見る。庭に面する壁一面が掃出し窓の連窓になっており、テラスと屋内の床がブラックウォルナットで統一されているため、内外の一体感が高まっている

GARDEN

04

庭を囲む水盤をライトアップする

「自然エネルギーを活用した家に暮らしたい」という住まい手の希望をくみとり、エアコンを使わずに涼をとるための水盤を北側の中庭を囲むように設けた。夜になると、開口部の柱に設置したテラス用のスポットライトと室内の光が水盤に反射して、2重の照明効果が生まれる。水面に揺らぎ、きらめく照明の光が絶好の演出装置として機能している。

スポットライトの配光は、照射範囲が広すぎず狭すぎないよう中角に設定。落ち着いた照明効果を得ている

【水盤は屋内側に寄せて配置する】

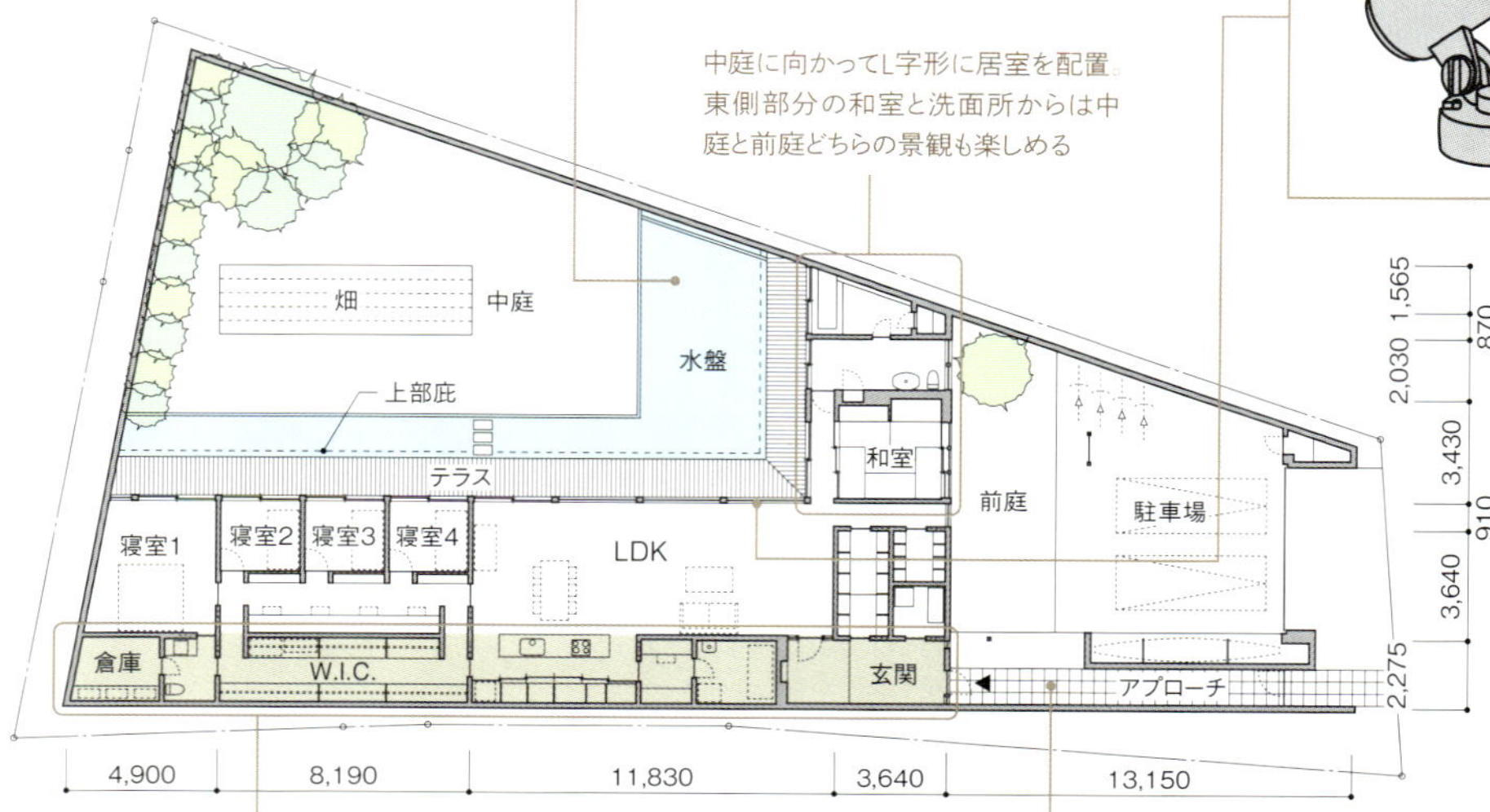
豊富な地下水を生かした水盤。敷地の横には農業用水路があり、排水の問題もクリアしている
中庭に向かってL字形に居室を配置。東側部分の和室と洗面所からは中庭と前庭どちらの景観も楽しめる
畑
中庭
水盤
上部庇
テラス
和室
前庭
駐車場
寝室1
寝室2
寝室3
寝室4
LDK
倉庫
W.I.C.
玄関
アプローチ
N
1,565
2,030
870
3,430
910
3,640
2,275
4,900
8,190
11,830
3,640
13,150
景観が好ましくない南側には、開口部をあまり必要としない諸室を配置
住まい手の要望で駐車場スペースを確保するため、長く伸びたアプローチ。スリットや間接照明を入れることで動線が単調にならないよう演出している

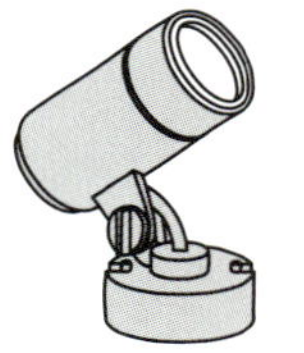

テラスのスポットライトは「アウトドアスポット／ES8601H」（遠藤照明）、光源はLED電球を使用。カラマツに黒のステイン仕上げを施した外壁になじむよう、ダークグレーで小ぶりのスポットライトを選んだ

平面図　S＝1:400

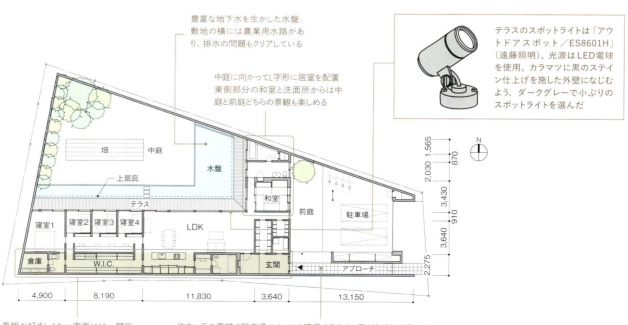

L形に配置することで中庭に奥行き感がうまれる。中庭の向こう側には住まい手の実家の木々が見える

デジタル図面集

1棟まるごと図面と美しい写真で
デザインテクニックを学ぶ！

彦根明氏が手がけた「（仮称）M邸新築工事」の図面を完全収録［※1］。図面内容がしっかり理解できるように、外観・内観の写真をすぐに見られるデジタルブックにしました。

〈 ココが凄い！ デジタル図面集 〉

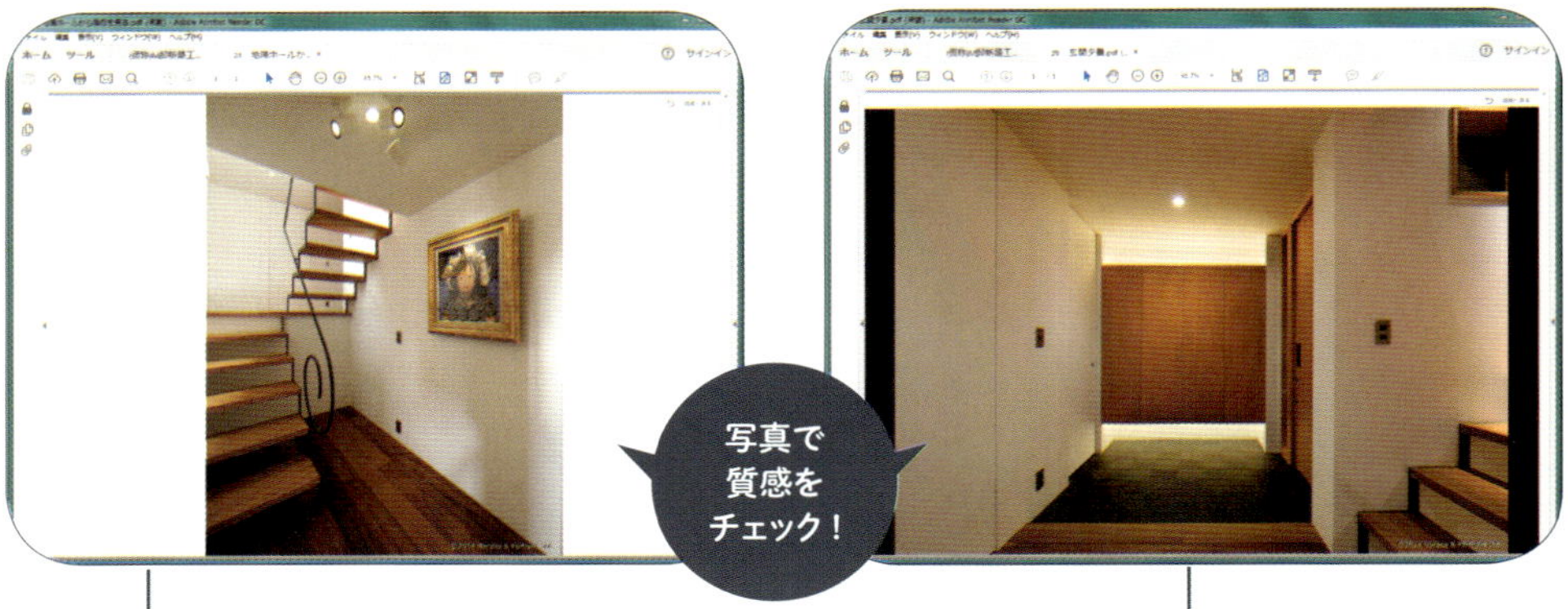
写真で
質感を
チェック！

凄い！ポイント 1

空間が分かる
美しい写真を
多数収録！

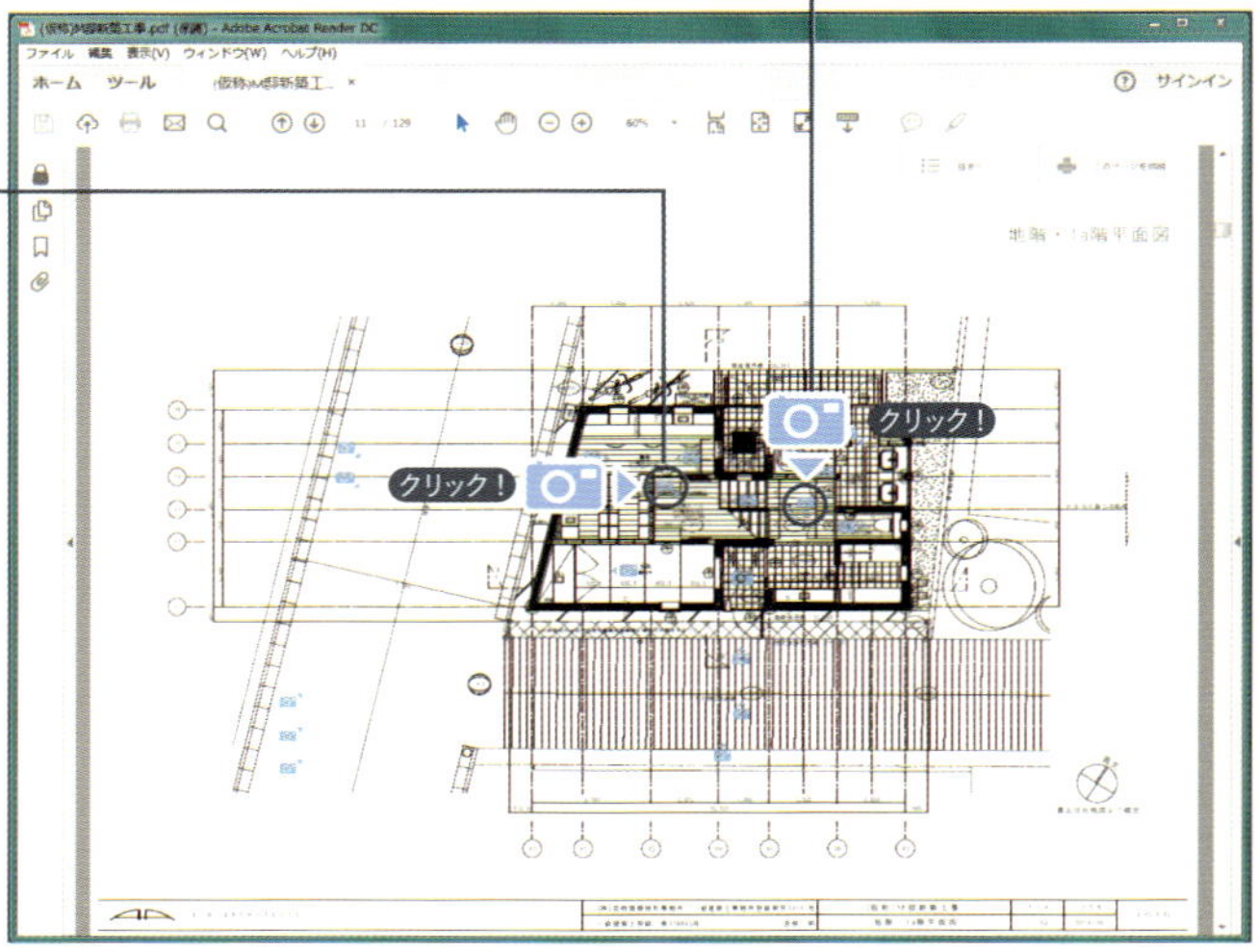
クリック！
クリック！

図面と写真がリンクしているので、図面を見ながら気になった箇所の「写真アイコン」をクリックすれば、すぐに写真で確認できます

凄い！ポイント 2

施工図面まで、
すべての図面が
印刷できる！

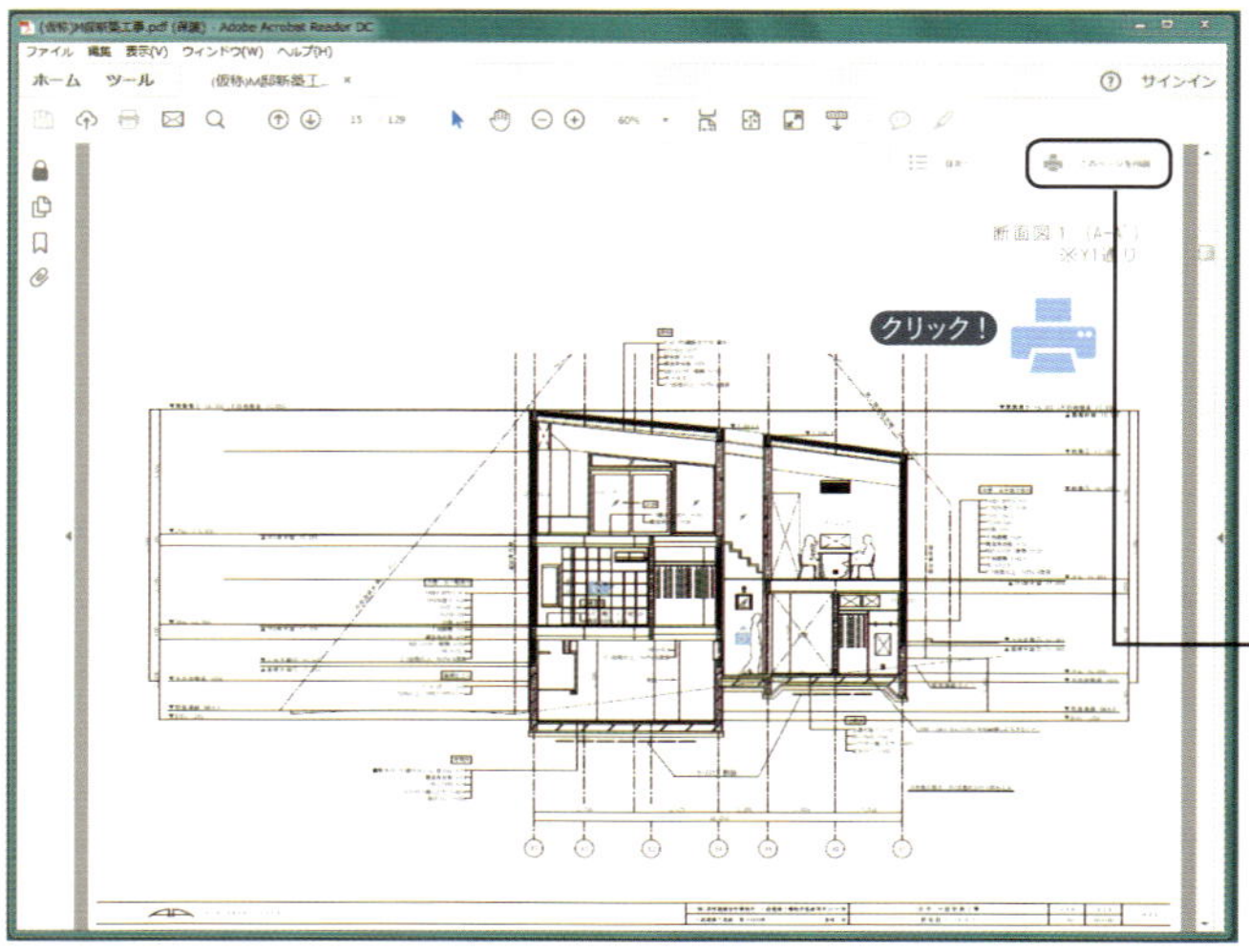
クリック！

各図面に付いている「印刷用アイコン」をクリックすれば、すべての図面または見ているページの図面をすぐにプリンターで出力できます

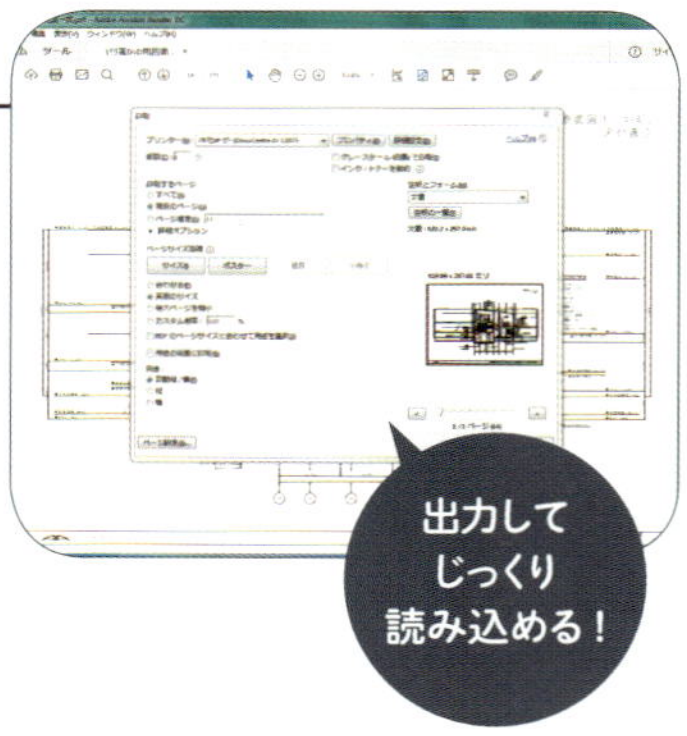
出力して
じっくり
読み込める！

実施設計図担当：彦根建築設計事務所 織田遼平／施工図担当：渡邊技建 長谷部健太郎

※1 本住宅の図面は建築当時の法規制に基づいて設計されています

〈 ラクラク操作！デジタル図面集の使い方 〉

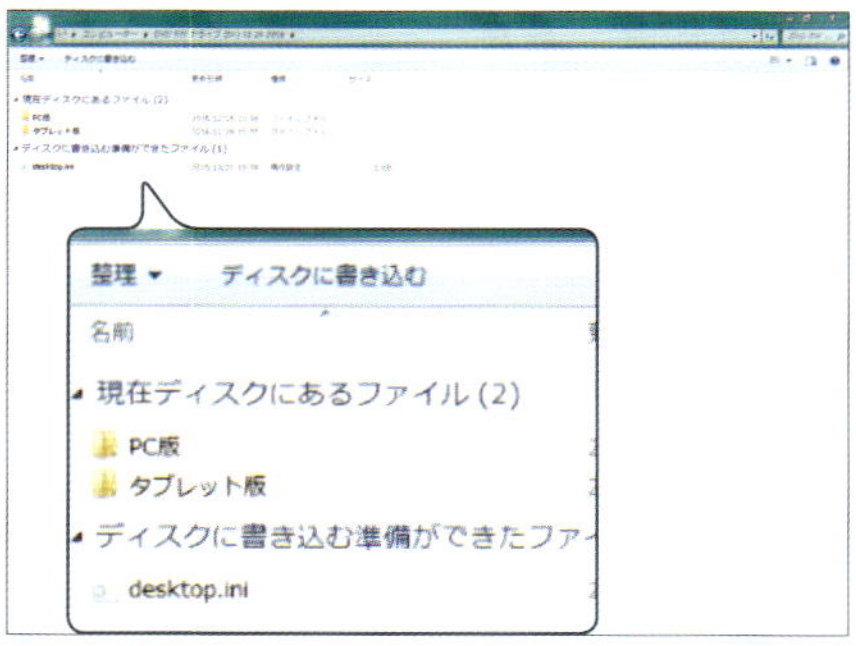

1　DVDを開くとデジタルブックを利用する端末ごとに分類されたフォルダ（PC版・タブレット版）が表示されます

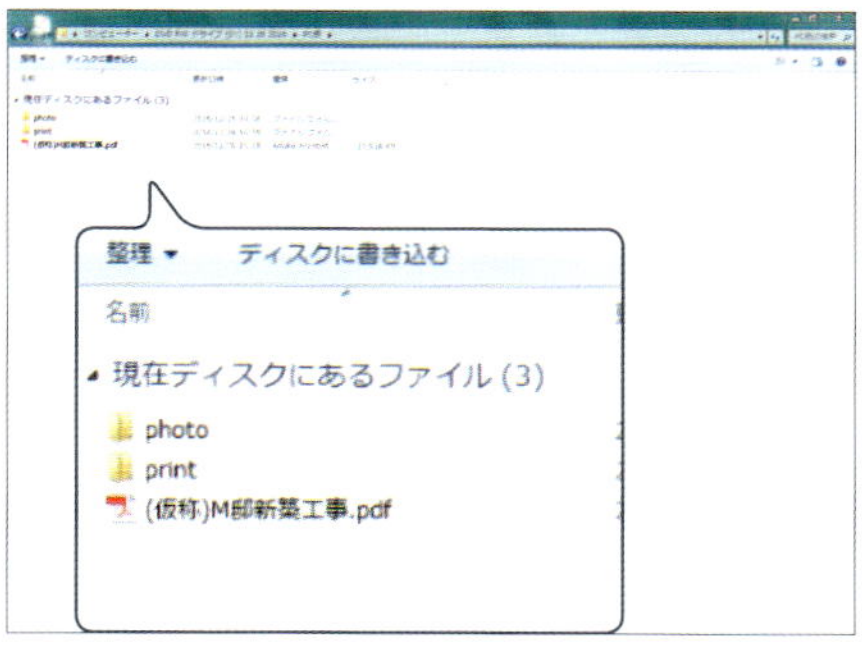

2　利用する端末に該当するフォルダをクリックすると、デジタルブックの入ったファイル「(仮称) M邸新築工事.pdf」が表示されます［※2］

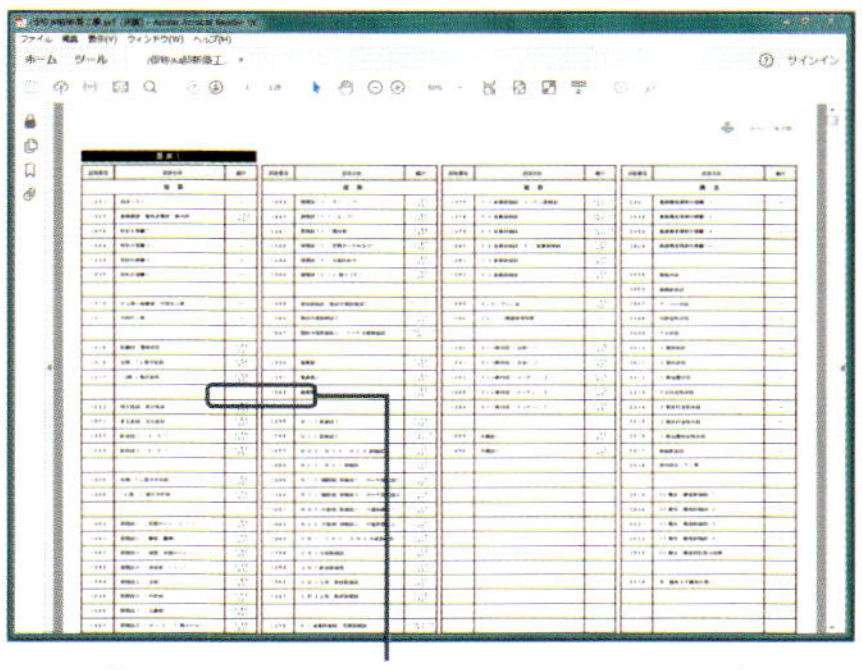

3　「図面リスト」は、それぞれの図面・写真とリンクしています。見たい項目をクリックすれば、該当ページが開きます

図面・写真のアイコン凡例

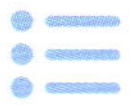
図面リスト1を開きます

写真を開きます

写真と関係のある図面を開きます

全ページまたは開いているページを印刷します。印刷する際に、アイコンはすべて表示されません

パソコンで閲覧する場合

「PC版」フォルダにある「(仮称) M邸新築工事.pdf」ファイルをAdobe Reader XI／Adobe Acrobat Reader DCで開くと、デジタルブックが表示されます

タブレット端末で閲覧する場合

「タブレット版」フォルダにある「(仮称) M邸新築工事.pdf」ファイルを利用したいタブレット端末に転送［※3］し、iBooks／Adobe Acrobat Readerで開くとデジタルブックが表示されます

注意事項

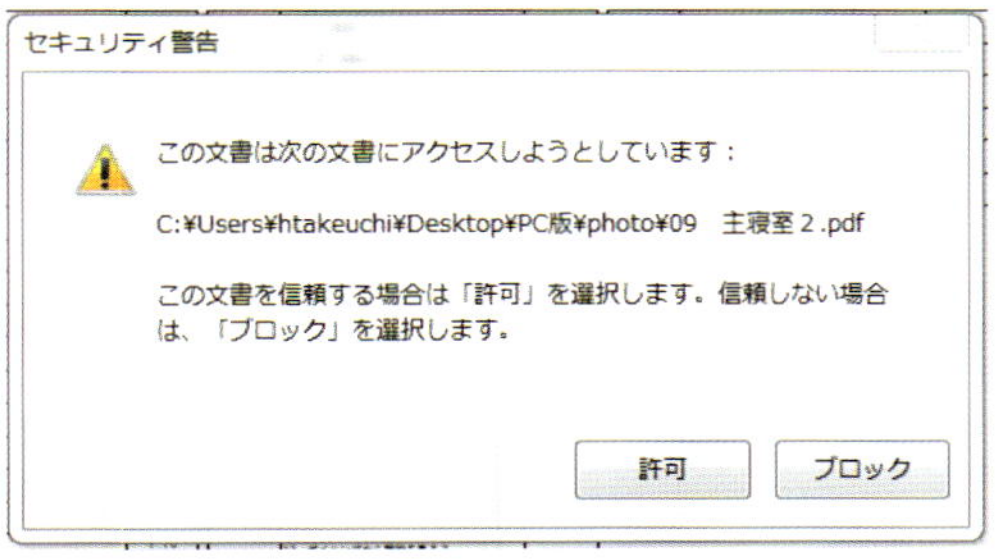

PDFファイル「PC版」フォルダごとにハードディスクにコピーして利用できます。Windows OSで、上のような警告が表示される場合は「許可」を選択してください。「C:\」にコピーすることで回避できる場合があります

動作環境

PC版	OS	Microsoft Windows 7 以降 Mac OS X v10.6.4 以降
	必要なアプリケーション	Adobe Reader XI Adobe Acrobat Reader DC 以降
タブレット版（iOSの場合）	OS	iOS 8.0 以降
	必要なアプリケーション	iBooks 4.4 以降
タブレット版（Androidの場合）	OS	Android 4.0.3 以降
	必要なアプリケーション	Adobe Acrobat Reader 15.2 以降

本DVDの使用にあたって

- 本DVDは『最高に美しい住宅をつくる方法 完全版』をご購入いただいた方が使用するためのものです
- 本DVDに収録された図面および写真はすべて著作権法により保護されています。個人が本来の目的で使用する以外の使用は認められません。また、収録された図面および写真を、弊社および著作権者に無断で譲渡、販売、複製、再配布することなども法律で固く禁じられています
- 本DVDに収録されたデジタルブックを利用したことによるいかなる結果に対しても、弊社ならびに著作権者は一切の責任を負いません。利用は使用者個人の責任において行ってください
- 本DVDに収録されたデジタルブックを再生するためのOSや再生ソフトなどは、本DVDには含まれていません。必要なものを別途ご用意ください
- 使用者のマシン環境やOS、アプリケーションのバージョンなどにより、データの一部または全体が正しく表示されない場合があります。ご了承ください
- 本DVDに収録している図面は、施工上の都合により実際に建てられた建築物と異なる場合があります。ご了承ください

＊以上の条件に同意された場合のみ、本DVDを使用できます

※2「PC版」フォルダには、「(仮称) M邸新築工事」ファイルのほか、印刷用図面一式（「print」フォルダ）と写真一式（「photo」フォルダ）が入っています
※3 外付け記録媒体（USBメモリなど）やUSBケーブル、またはクラウドを活用した各種Webサービス（Dropbox、EVERNOTE、GoogleDriveなど）で転送することができます

事例クレジット（※1）

AKB	
竣工年	2005
施工／設計担当	(株)浅野工務店／石橋麻弓・鴨田裕人
延べ床面積	95.24㎡
構造	木造在来 2 階建て
→1 章 -07、4 章 -09	

AIN (*)	
竣工年	2003
施工／設計担当	渡邊技建(株)／石橋麻弓
延べ床面積	105.69㎡
構造	木造在来 2 階建て
→1 章 -08	

KD1	
竣工年	2014
施工／設計担当	渡邊技建(株)／織田遼平
延べ床面積	105.28㎡
構造	木造(SE 構法) 2 階建て
→1 章 -09、3 章 -02、5 章 -01	

YY	
竣工年	2007
施工／設計担当	アイガー産業(株)／重久京平
延べ床面積	154.37㎡
構造	RC 造 地下 1 階 +2 階
→1 章 -10	

SON	
竣工年	2007
施工／設計担当	渡邊技建(株)／重久京平
延べ床面積	135.02㎡
構造	木造在来 2 階建て
→2 章 -01、7 章 -06	

YSK	
竣工年	2016
施工／設計担当	渡邊技建(株)／織田遼平
延べ床面積	249.55㎡
構造	混構造木(SE 構法)+RC 地下 1 階 +2 階
→2 章 -02	

MSD	
竣工年	2001
施工／設計担当	渡邊技建(株)／荒川朋子・佐藤綾子
延べ床面積	219.46㎡
構造	混構造木 +RC 2 階建て
→2 章 -03、4 章 -10	

TKD	
竣工年	2012
施工／設計担当	渡邊技建(株)／橋井慶
延べ床面積	97.58㎡
構造	木造 (SE 構法) 地下 1 階 +2 階
→1 章 -01	

ONZ	
竣工年	2011
施工／設計担当	渡邊技建(株)／川村浩二
延べ床面積	115.00㎡
構造	木造 (SE 構法) 2 階建て
→1 章 -02、3 章 -01、4 章 -04、6 章 -02	

OKY	
竣工年	2006
施工／設計担当	渡邊技建(株)／仁科真澄
延べ床面積	132.64㎡
構造	木造在来 2 階建て
→1 章 -03	

NMT	
竣工年	2006
施工／設計担当	渡邊技建(株)／川口芳納英
延べ床面積	146.82㎡
構造	木造在来 2 階建て
→1 章 -04、2 章 -05	

OMR	
竣工年	2011
施工／設計担当	東海建設(株)／多田典生
延べ床面積	99.56㎡
構造	木造在来 2 階建て
→1 章 -05、6 章 -04、7 章 -13	

OON	
竣工年	2010
施工／設計担当	渡邊技建(株)／多田典生
延べ床面積	115.17㎡
構造	木造在来 2 階建て
→1 章 -06、3 章 -07、8 章 -03	

NDT (*)

竣工年	2010
施工／設計担当	渡邊技建（株）／橋井慶
延べ床面積	131.77㎡
構造	木造在来 2 階建て

→ 3 章 -06

OTB

竣工年	2016
施工／設計担当	渡邊技建（株）／狩野翔太
延べ床面積	97.30㎡
構造	木造 (SE 構法) 3 階建て

→ 3 章 -08、5 章 -06、6 章 -06

NSN (*)

竣工年	2015
施工／設計担当	渡邊技建（株）／川口芳納英
延べ床面積	118.99㎡
構造	木造 (SE 構法) 2 階建て

→ 4 章 -02、5 章 -05

SNM

竣工年	2006
施工／設計担当	（株）北屋建設／川口芳納英
延べ床面積	184.27㎡
構造	木造在来 2 階建て

→ 4 章 -03

TKH

竣工年	2001
施工／設計担当	佐々木建築／荒川朋子・佐藤綾子
延べ床面積	133.15㎡
構造	木造在来 2 階建て

→ 4 章 -05

SNK

竣工年	2015
施工	渡邊技建（株）
延べ床面積	151.84㎡
構造	木造（SE 構法）2 階建て

→ 4 章 -06

BBH (*)

竣工年	2003
施工／設計担当	（株）栄伸建設／石橋麻弓
延べ床面積	71.22㎡
構造	木造在来 2 階建て

→ 4 章 -07

SHS

竣工年	2009
施工／設計担当	渡邊技建（株）／川村浩二
延べ床面積	297.22㎡
構造	木造（SE 構法）2 階建て

→ 2 章 -04、7 章 -04、10 章 -02

SGM (*)

竣工年	2013
施工／設計担当	渡邊技建（株）／織田遼平
延べ床面積	107.97㎡
構造	木造（SE 構法）2 階建て

→ 2 章 -06、6 章 -05

DKB

竣工年	2016
施工／設計担当	渡邊技建（株）／山本勇史
延べ床面積	115.94㎡
構造	木造（SE 構法）2 階建て

→ 2 章 -07、3 章 -04、4 章 -01

OKM

竣工年	2013
施工／設計担当	渡邊技建（株）／川村浩二
延べ床面積	143.62㎡
構造	木造（SE 構法）2 階建て

→ 2 章 -08、5 章 -08、7 章 -08

HRS

竣工年	2016
施工／設計担当	渡邊技建（株）／織田遼平
延べ床面積	185.50㎡
構造	木造（SE 構法）2 階建て

→ 2 章 -09、7 章 -01

NGC

竣工年	2014
施工／設計担当	渡邊技建（株）／織田遼平
延べ床面積	113.45㎡
構造	混構造木（SE 構法）+ RC 2 階建て

→ 3 章 -03

KTY (*)

竣工年	2015
施工／設計担当	渡邊技建（株）／橋井慶
延べ床面積	132.49㎡
構造	木造（SE 構法）3 階建て

→ 3 章 -05

※1　＊は（株）ザ・ハウスがコーディネート

KJM	
竣工年	2010
施工／設計担当	渡邊技建（株）／橋井慶
延べ床面積	113.41㎡
構造	木造在来 2 階建て
→ 7 章 -02、7 章 -11、9 章 -08	

FKM	
竣工年	2010
施工／設計担当	東海建設（株）／多田典生・林一平
延べ床面積	94.40㎡
構造	木造在来 2 階建て
→ 7 章 -03	

TNT	
竣工年	2004
施工／設計担当	渡邊技建（株）／鴨田裕人
延べ床面積	106.91㎡
構造	木造在来 2 階建て
→ 7 章 -05	

TNO	
竣工年	2014
施工／設計担当	（株）じょぶ／織田遼平
リノベーション	
→ 7 章 -07、8 章 -08	

BBV	
竣工年	2013
施工／設計担当	渡邊技建（株）／多田典生
延べ床面積	115.57㎡
構造	木造 (SE 構法) 2 階建て
→ 7 章 -10、9 章 -01	

OND	
竣工年	2005
施工／設計担当	渡邊技建（株）／仁科真澄
延べ床面積	93.56㎡
構造	木造在来 2 階建て
→ 7 章 -12	

MNY	
竣工年	2013
施工／設計担当	渡邊技建（株）／織田遼平
リノベーション	
→ 7 章 -14	

HSN	
竣工年	2006
施工	渡邊技建（株）
延べ床面積	98.54㎡
構造	木造在来 2 階建て
→ 4 章 -08	

SZS	
竣工年	2012
施工／設計担当	（株）三浦工務店／多田典生
延べ床面積	424.97㎡
構造	混構造木 +RC 地下 1 階 +2 階
→ 5 章 -02、5 章 -07、7 章 -09	

ISH	
竣工年	2010
施工／設計担当	（株）新津組／川村浩二
延べ床面積	301.69㎡
構造	木造在来 平屋
→ 5 章 -03、5 章 -04、10 章 -04	

NGK	
竣工年	2010
施工／設計担当	渡邊技建（株）／伊藤康行
延べ床面積	134.15㎡
構造	木造在来 2 階建て
→ 6 章 -01	

BOZ	
竣工年	2006
施工／設計担当	成幸建設（株）／石橋麻弓・重久京平
延べ床面積	268.23㎡
構造	木造在来 平屋
→ 6 章 -03、10 章 -03	

YSD	
竣工年	2014
施工／設計担当	渡邊技建（株）／狩野翔太
リノベーション	
→ 6 章 -08	

UES	
竣工年	2016
施工／設計担当	（株）中川工務店／織田遼平
リノベーション	
→ 6 章 -09、7 章 -15	

SAK	
竣工年	2009
施工／設計担当	(株)新津組／多田典生
延べ床面積	88.16㎡
構造	木造在来 2 階建て
→ 9 章 -03	

WAD	
竣工年	2001
施工／設計担当	(株)岩本組／荒川朋子・佐藤綾子
延べ床面積	258.91㎡
構造	RC 造 2 階建て
→ 9 章 -04	

ISS	
竣工年	2013
施工／設計担当	渡邊技建(株)／橋井慶
延べ床面積	121.99㎡
構造	木造 (SE 構法) 2 階建て
→ 9 章 -05	

KOY	
竣工年	2005
施工／設計担当	渡邊技建(株)／仁科真澄
延べ床面積	124.14㎡
構造	木造在来 2 階建て
→ 9 章 -06	

PLD	
竣工年	2013
施工	(有)渡辺建設／織田遼平
延べ床面積	88.97㎡
構造	木造在来 2 階建て
→ 9 章 -07	

SBY	
竣工年	2016
施工／設計担当	アイガー産業(株)／狩野 翔太
延べ床面積	420.18㎡
構造	RC 造 2 階建て
→ 9 章 -09	

写真クレジット（※2）

今村壽博……P9、P82、P106　**ウンノハウス**…P17（下）　**ナカサ&パートナーズ**……P20（上）、P54、P55(上)、P56、P59（下）、P76（下）、P77、P79、P124、P132、P133、P135（上）　**平井広行**……P22　**中川敦玲**……P64、P65、P70（上）**シンフォトワークス**……P67（上）

※2　上記の写真以外は、すべて彦根明 撮影

MT8	
竣工年	2015
施工／設計担当	(株)新津組／織田遼平
延べ床面積	54.96㎡
構造	木造在来 平屋
→ 7 章 -16	

SDK (*)	
竣工年	2008
施工／設計担当	(有)サラサホーム千葉／多田典生
延べ床面積	107.65㎡
構造	木造在来 2 階建て
→ 8 章 -01	

TNG	
竣工年	2012
施工／設計担当	渡邊技建(株)／橋井慶
延べ床面積	90.84㎡
構造	木造在来 2 階建て
→ 8 章 -02	

TKY (*)	
竣工年	2014
施工／設計担当	渡邊技建(株)／森屋隆洋
延べ床面積	81.27㎡
構造	木造在来 2 階建て
→ 8 章 -04	

TJM	
竣工年	2014
施工／設計担当	(株)じょぶ／川村浩二
延べ床面積	293.56㎡
構造	木造 (SE 構法) 2 階建て
→ 8 章 -05、10 章 -01	

UNO	
竣工年	2005
施工／設計担当	(株)浅野工務店／鴨田裕人
延べ床面積	134.15㎡
構造	木造在来 2 階建て
→ 8 章 -06	

KKP	
竣工年	2013
施工／設計担当	(有)丸晴工務店／林 一平・織田 遼平
延べ床面積	71.76㎡
構造	木造在来 2 階建て
→ 8 章 -07	

TKM (*)	
竣工年	2006
施工／設計担当	渡邊技建(株)／仁科真澄
延べ床面積	83.97㎡
構造	木造在来 2 階建て
→ 9 章 -02	

彦根 明［ひこね・あきら］

1962年	埼玉県生まれ
1981年	東京学芸大学附属高等学校 卒業
1985年	東京藝術大学建築学科 卒業
1987年	同大学大学院建築学科 修了
1987年	磯崎新アトリエ 入所
1990年	彦根建築設計事務所 設立（彦根アンドレアと共に）
1999年～	東海大学非常勤講師
2010年～	一般社団法人建築家住宅の会理事
2016年～	一般社団法人建築家住宅の会理事長

受賞暦

1993年	日経ニューオフィス賞 中部ニューオフィス推進賞
	第 24 回富山建築賞
1994年	日本建築士会連合会賞
	グッドデザイン賞
2003年	グッドデザイン賞
2008年	日本建築家協会　優秀建築選 2008
	日本建築学会　作品選集 2009
2010年	日本建築家協会　優秀建築選 2010
2011年	グッドデザイン賞
	日本建築家協会　優秀建築選 2011
2012年	第 32 回 INAX デザインコンテスト銀賞

最高に美しい住宅をつくる方法 完全版

2019年10月31日　初版第1刷発行

著者　彦根明
発行者　澤井聖一
発行所　株式会社エクスナレッジ
〒106-0032 東京都港区六本木 7-2-26
http://www.xknowledge.co.jp/
問合わせ先　編集部　TEL：03-3403-1381
FAX：03-3403-1345
info@xknowledge.co.jp
販売部　TEL：03-3403-1321
FAX：03-3403-1829

無断転載の禁止　本書掲載記事（本文・図表・写真・イラストなど）を当社および執筆者の承諾なしに無断で転載（翻訳・複写・インターネットでの掲載・データベースへの入力・引用など）することを禁じます。